[1위] 주간동아 선정 2022 올해의교육브랜드파워 온·오프라인 한국사능력검정시험 부문 1위 해커스
[정확도 100%] 한국사능력검정시험 고급/심화 정답 vs 해커스 한국사 ... 시 업로드한 가답안 비교 기준(38회~58회)

한국사... 모든 것

1위 해커스한국사

D-3 막판정리 LIVE

◀ 지금 바로 구독

추첨 제공

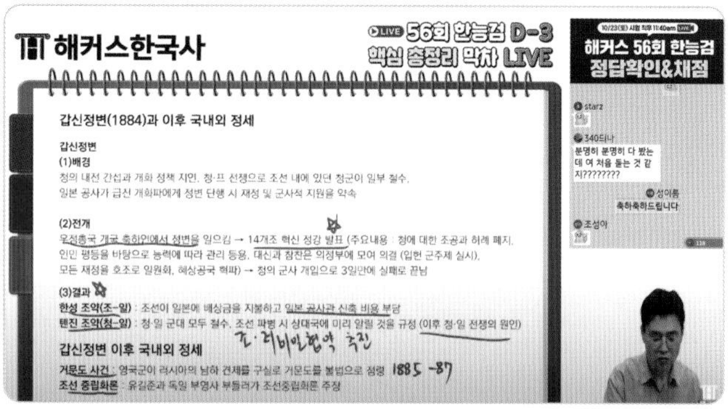

* 제공 상품은 회차별로 상이할 수 있습니다.

시험 당일 가답안 공개 & 라이브 해설까지!

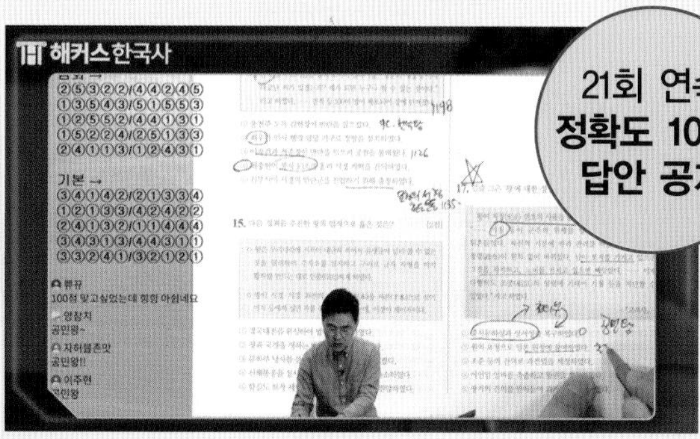

21회 연속
정확도 100%
답안 공개

YouTube 또는 NAVER 에서 해커스한국사 검색

해커스잡 · 해커스공기업 누적 수강건수 680만 선택

취업교육 1위 해커스

합격생들이 소개하는 **단기합격 비법**

삼성 그룹
최종 합격!

오*은 합격생

정말 큰 도움 받았습니다!

삼성 취업 3단계 중 많은 취준생이 좌절하는 GSAT에서
해커스 덕분에 합격할 수 있었다고 생각합니다.

국민건강보험공단
최종 합격!

신*규 합격생

모든 과정에서 선생님들이 최고라고 느꼈습니다!

취업 준비를 하면서 모르는 것이 생겨 답답할 때마다, 강의를 찾아보며 그 부분을
해결할 수 있어 너무 든든했기 때문에 모든 선생님께 감사드리고 싶습니다.

해커스 대기업/공기업 대표 교재

GSAT 베스트셀러
266주 1위

7년간 베스트셀러
1위 326회

[266주 1위] YES24 수험서 자격증 베스트셀러 삼성 GSAT분야 1위(2014년 4월 3주부터, 1판부터 20판까지 주별 베스트 1위 통산)
[326회] YES24/알라딘/반디앤루니스 취업/상식/적성 분야, 공사 공단 NCS 분야, 공사 공단 수험서 분야, 대기업/공기업/면접 분야 베스트셀러 1위 횟수 합계
(2016.02.~2023.10/1~14판 통산 주별 베스트/주간 베스트/주간집계 기준)
[취업교육 1위] 주간동아 2024 한국고객만족도 교육(온·오프라인 취업) 1위
[680만] 해커스 온/오프라인 취업강의(특강) 누적신청건수(중복수강/무료강의포함/2015.06~2024.10.15)

| 대기업 | | 공기업 |

최종합격자가
수강한 강의는?
지금 확인하기!

해커스잡 **ejob.Hackers.com**

해커스

이명호

스토리로 암기하는

한국사 능력검정시험

심화

[1·2·3급]

하

근대-현대

해커스 한국사

한국사능력검정시험을
준비하는
모든 수험생 여러분들에게

안녕하세요. 역사 전문가 이명호, 명호쌤입니다.
한국사를 가르치다 보면 한국사 과목 때문에 어려움을 겪는 많은 수험생들을 만나게 됩니다.
수험생들이 한국사 공부를 어려워하는 가장 결정적 이유는 바로 '암기'입니다.
수많은 나라 이름들, 인물 이름들, 엄청난 연도들 때문에 '이걸 정말 공부해야 되나' 싶기도 할 것입니다.
한국사는 왜 또 그렇게 '비교'가 많은가요. 삼국을 서로 비교하고, 고려와 조선을 비교하고, 심지어 조선 전기와 조선 후기도 비교합니다. 우리는 '비교'를 통해 각 시대의 특징이 무엇이 다른지 알아야 합니다.
암기를 잘하기 위해 가장 필요한 것이 바로 '이해'입니다. '이해'없는 '암기'는 없습니다.

그래서 저는 한국사를 어려워하는 학생들에게 '한국사는 재미있고, 한국사만의 공부 방법이 있다'는 것을 알려주고자 **『해커스 이명호 스토리로 암기하는 한국사능력검정시험 심화』**를 출간하게 되었습니다.

『해커스 이명호 스토리로 암기하는 한국사능력검정시험 심화』는 다음과 같은 특징이 있습니다.

1. 명호쌤만의 스토리텔링 방식으로 개념을 설명합니다.
2. 두 사건 사이의 일어난 사실을 알 수 있도록 정리되어 있습니다.
3. '이해'에 꼭 필요한 한자의 뜻을 풀이하여 서술합니다.
4. 기출 문장 자체로 본문이 구성되어 있습니다.

『해커스 이명호 스토리로 암기하는 한국사능력검정시험 심화』를 통해
'한국사 참 재미있네!, 한국사능력검정시험도 잘 볼 수 있겠어!'라고 기대하게 된다면
저도 참 기쁠 것입니다.
여러 번 읽기만 해도 점수가 올라가는 신나는 경험을 하게 되길 바라며,
여러분 모두가 원하는 목표를 꼭 달성하시길 기원합니다. 모두 파이팅!

2022년 7월
이명호

차례

본 교재는 총 2권, 40강으로 구성되어 있습니다.

상권 01~20강
선사 시대~조선 시대

하권 21~40강
근대~현대+통합 주제

이 책의 구성과 활용법

① 스토리로 흐름과 기출 개념 한 번에 공부하기

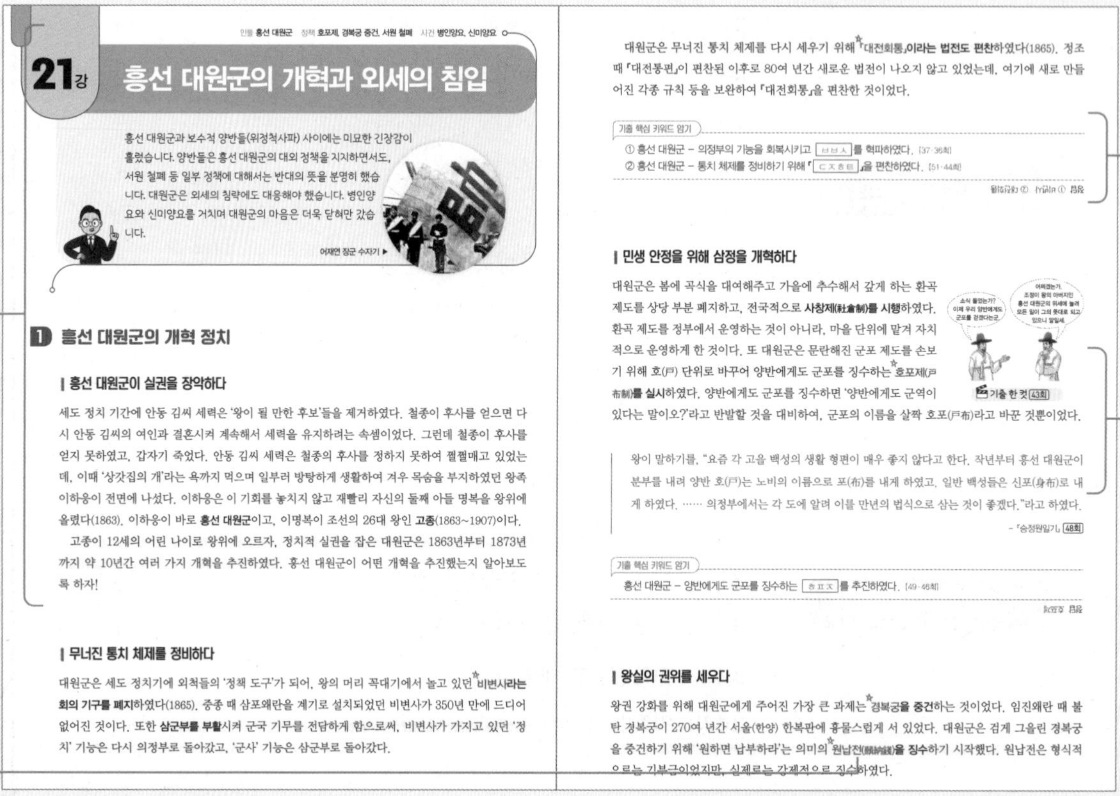

인물 **홍선 대원군** 정책 **호포제, 경복궁 중건, 서원 철폐** 사건 **병인양요, 신미양요**

21강 흥선 대원군의 개혁과 외세의 침입

흥선 대원군과 보수적 양반들(위정척사파) 사이에는 미묘한 긴장감이 흘렀습니다. 양반들은 흥선 대원군의 대외 정책을 지지하면서도, 서원 철폐 등 일부 정책에 대해서는 반대의 뜻을 분명히 했습니다. 대원군은 외세의 침략에도 대응해야 했습니다. 병인양요와 신미양요를 거치며 대원군의 마음은 더욱 닫혀만 갔습니다.

어재연 장군 수자기 ▶

Ⅰ 흥선 대원군의 개혁 정치

| 흥선 대원군이 실권을 장악하다

세도 정치 기간에 안동 김씨 세력은 '왕이 될 만한 후보'들을 제거하였다. 철종이 후사를 얻으면 다시 안동 김씨의 여인과 결혼시켜 계속해서 세력을 유지하려는 속셈이었다. 그런데 철종이 후사를 얻지 못하였고, 갑자기 죽었다. 안동 김씨 세력은 철종의 후사를 정하지 못하여 쩔쩔매고 있었는데, 이때 '상갓집의 개'라는 욕까지 먹으며 일부러 방탕하게 생활하여 겨우 목숨을 부지하였던 왕족 이하응이 전면에 나섰다. 이하응은 이 기회를 놓치지 않고 재빨리 자신의 둘째 아들 명복을 왕위에 올렸다(1863). 이하응이 바로 **흥선 대원군**이고, 이명복이 조선의 26대 왕인 **고종**(1863~1907)이다.

고종이 12세의 어린 나이로 왕위에 오르자, 정치적 실권을 잡은 대원군은 1863년부터 1873년까지 약 10년간 여러 가지 개혁을 추진하였다. 흥선 대원군이 어떤 개혁을 추진했는지 알아보도록 하자!

| 무너진 통치 체제를 정비하다

대원군은 세도 정치기에 외척들의 '정책 도구'가 되어, 왕의 머리 꼭대기에서 놀고 있던 **비변사라는 회의 기구를 폐지**하였다(1865). 중종 때 삼포왜란을 계기로 설치되었던 비변사가 350년 만에 드디어 없어진 것이다. 또한 **삼군부를 부활**시켜 군국 기무를 전담하게 함으로써, 비변사가 가지고 있던 '정치' 기능은 다시 의정부로 돌아갔고, '군사' 기능은 삼군부로 돌아갔다.

대원군은 무너진 통치 체제를 다시 세우기 위해 **『대전회통』이라는 법전도 편찬**하였다(1865). 정조 때 『대전통편』이 편찬된 이후로 80여 년간 새로운 법전이 나오지 않고 있었는데, 여기에 새로 만들어진 각종 규칙 등을 보완하여 『대전회통』을 편찬한 것이었다.

기출 핵심 키워드 암기

① 흥선 대원군 – 의정부의 기능을 회복시키고 [ㅂㅂㅅ]를 혁파하였다. [37·36회]

② 흥선 대원군 – 통치 체제를 정비하기 위해 『[ㄷㅈㅎㅌ]』을 편찬하였다. [51·44회]

정답 ① 비변사 ② 대전회통

| 민생 안정을 위해 삼정을 개혁하다

대원군은 봄에 곡식을 대여해주고 가을에 추수해서 갚게 하는 환곡 제도를 상당 부분 폐지하고, 전국적으로 **사창제(社倉制)를 시행**하였다. 환곡 제도를 정부에서 운영하는 것이 아니라, 마을 단위에 맡겨 자치적으로 운영하게 한 것이다. 또 대원군은 문란해진 군포 제도를 손보기 위해 호(戶) 단위로 바꾸어 양반에게도 군포를 징수하는 **호포제(戶布制)를 실시**하였다. 양반에게도 군포를 징수하면 '양반에게도 군역이 있다는 말이오?'라고 반발할 것을 대비하여, 군포의 이름을 살짝 호포(戶布)라고 바꾼 것뿐이었다.

소식 들었는가? 이제 우리 양반에게도 군포를 걷겠다는군.
어쩌겠는가. 조정이 왕의 아버지인 흥선 대원군의 위세에 눌려 모든 일이 그의 뜻대로 되고 있으니 말일세.

기출 한 컷 43회

왕이 말하기를, "요즘 각 고을 백성의 생활 형편이 매우 좋지 않다고 한다. 작년부터 흥선 대원군이 분부를 내려 양반 호(戶)는 노비의 이름으로 포(布)를 내게 하였고, 일반 백성들은 신포(身布)로 내게 하였다. …… 의정부에서는 각 도에 알려 이를 만년의 법식으로 삼는 것이 좋겠다."라고 하였다.

– 『승정원일기』 48회

기출 핵심 키워드 암기

흥선 대원군 – 양반에게도 군포를 징수하는 [ㅎㅍㅈ]를 추진하였다. [49·46회]

정답 호포제

| 왕실의 권위를 세우다

왕권 강화를 위해 대원군에게 주어진 가장 큰 과제는 **경복궁을 중건**하는 것이었다. 임진왜란 때 불탄 경복궁이 270여 년간 서울(한양) 한복판에 흉물스럽게 서 있었다. 대원군은 검게 그을린 경복궁을 중건하기 위해 '원하면 납부하라'는 의미의 **원납전(願納錢)을 징수**하기 시작했다. 원납전은 형식적으로는 기부금이었지만, 실제로는 강제적으로 징수하였다.

❶ 스토리텔링 서술

- 개념 학습 전, 해당 강(단원)에서 배울 주요 인물, 정책, 사건 등의 키워드가 제시되어 있어, 이번 강에 대해 무엇을 배울지 가볍게 확인할 수 있어요.
- 전체 사건과 역사적 사실들을 흐름에 맞게 스토리텔링 방식으로 서술했어요.
- 스토리를 사건 전후의 배경과 역사적 흐름으로 정리해 두 사건 사이의 일어난 사실을 쉽고 재미있게 알 수 있어요.

❷ 한자 뜻풀이

어려운 한자의 뜻을 풀어 설명해주어 개념을 정확하게 이해하며 암기할 수 있어요.

❸ 기출 문장·기출 사료·기출 삽화

- 본문 내용을 기출 문장으로 구성해 스토리를 읽기만 해도 기출 문제를 풀어본 효과를 느낄 수 있어요.
- 본문 이론에 관련 기출 사료와 삽화를 함께 구성해 스토리를 읽으며 자연스럽게 기출된 요소들을 익힐 수 있어요.

❹ 기출 핵심 키워드 암기

각 주제와 관련 있는 기출 문장을 초성 퀴즈로 풀며, 핵심 키워드를 한 번 더 암기할 수 있어요.

2 빈출 개념만 모아 암기하기

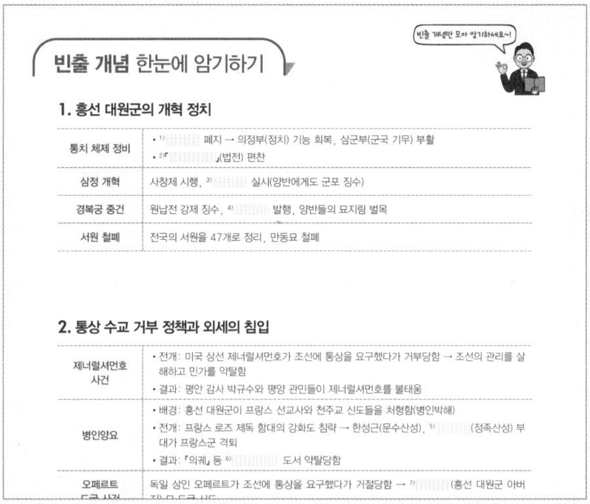

빈출 개념만 모아 암기하세요~!
빈출 개념 한눈에 암기하기
1. 흥선 대원군의 개혁 정치
통치 체제 정비
• 1) 폐지 → 의정부(정치) 기능 회복, 삼군부(군국 기무) 부활
• 2)『 』(법전) 편찬
삼정 개혁
사창제 시행, 3) 실시(양반에게도 군포 징수)
경복궁 중건
원납전 강제 징수, 4) 발행, 양반들의 묘지림 벌목
서원 철폐
전국의 서원을 47개로 정리, 만동묘 철폐
2. 통상 수교 거부 정책과 외세의 침입
제너럴셔먼호 사건
• 전개: 미국 상선 제너럴셔먼호가 조선에 통상을 요구했다가 거부당함 → 조선의 관리를 살해하고 민가를 약탈함
• 결과: 평안 감사 박규수와 평양 관민들이 제너럴셔먼호를 불태움
병인양요
• 배경: 흥선 대원군이 프랑스 선교사와 천주교 신도들을 처형함(병인박해)
• 전개: 프랑스 로즈 제독 함대의 강화도 침략 → 한성근(문수산성), 5) (정족산성) 부대가 프랑스군 격퇴
• 결과:『의궤』 등 6) 도서 약탈당함
오페르트
독일 상인 오페르트가 조선에 통상을 요구했다가 거절당함 → 7) (흥선 대원군 아버

빈출 개념 한눈에 암기하기

· 매 강마다 빈출되는 핵심 개념만 모아 표로 요약 정리해 놓았어요.

· 스토리로 본문 이론을 학습한 후, 빈출 개념만 다시 한번 복습하며 암기할 수 있어요.

· 핵심 키워드를 빈칸에 채우며 스스로 암기했는지 점검해보세요.

3 퀴즈와 대표 기출 문제로 실전 연습하기

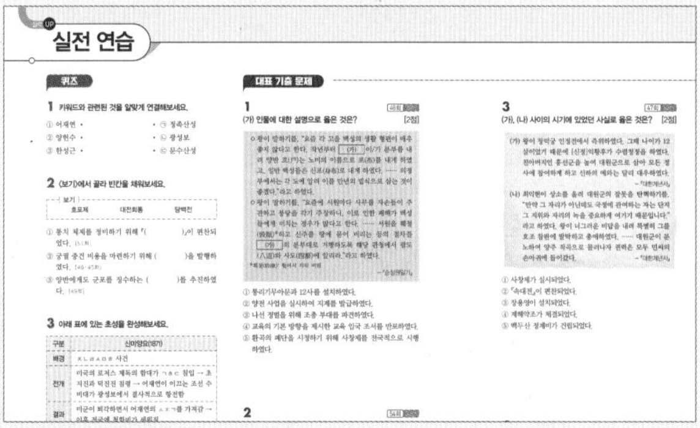

실전 연습
퀴즈
1 키워드와 관련된 것을 알맞게 연결해보세요.
2 〈보기〉에서 골라 빈칸을 채워보세요.
3 아래 표에 있는 초성을 완성해보세요.
대표 기출 문제
1 (가) 인물에 대한 설명으로 옳은 것은? [2점]
3 (가), (나) 사이의 시기에 있었던 사실로 옳은 것은? [2점]

퀴즈와 대표 기출 문제

· 연결하기, 빈칸, 초성 등 다양한 유형의 퀴즈를 가볍게 풀면서 핵심 키워드를 제대로 암기했는지 점검할 수 있어요.

· 대표 기출 문제 풀이를 통해 합격 실력과 실전 감각을 한 번에 끌어올릴 수 있어요.

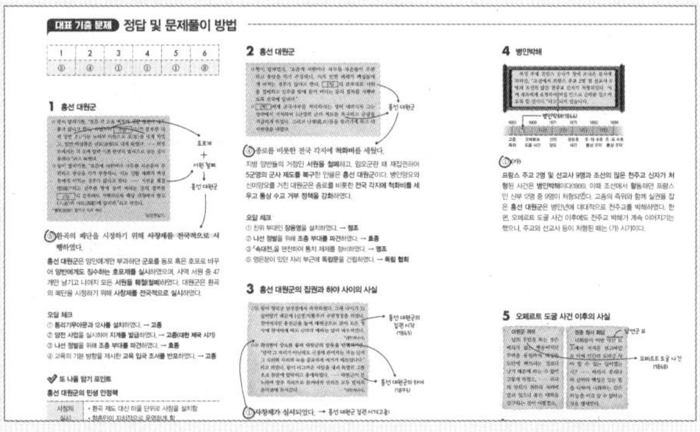

정답 및 문제풀이 방법

· 학습한 개념을 문제에 적용하는 방법을 알려주는 친절한 문제풀이 방법(첨삭 해설)을 꼼꼼히 확인하면서 합격 실력을 완성해 보세요.

· '또 나올 암기 포인트'를 통해 빈출되는 핵심 포인트만 빠르게 한 번 더 암기할 수 있어요.

V. 근대

1860년

1863 고종 즉위, 흥선 대원군 집권
1866 제너럴셔먼호 사건
병인양요
1868 오페르트 도굴 사건

1870년

1871 신미양요
1876 강화도 조약

1880년

1882 임오군란
제물포 조약
조·청 상민 수륙 무역 장정
1884 갑신정변
한성 조약
1885 톈진 조약

1890년

1894 동학 농민 운동
청·일 전쟁 발발
갑오개혁
1895 을미사변
을미개혁
1896 아관 파천
독립 협회 창립
1897 대한 제국 선포

1900년

1904 러·일 전쟁 발발
한·일 의정서
제1차 한·일 협약
1905 을사늑약
1907 국채 보상 운동
신민회 조직
헤이그 특사 파견
고종 강제 퇴위
한·일 신협약
1909 안중근 의거

1910년

1910 한·일 병합 조약

21강 흥선 대원군의 개혁과 외세의 침입

흥선 대원군과 보수적 양반들(위정척사파) 사이에는 미묘한 긴장감이 흘렀습니다. 양반들은 흥선 대원군의 대외 정책을 지지하면서도, 서원 철폐 등 일부 정책에 대해서는 반대의 뜻을 분명히 했습니다. 대원군은 외세의 침략에도 대응해야 했습니다. 병인양요와 신미양요를 거치며 대원군의 마음은 더욱 닫혀만 갔습니다.

어재연 장군 수자기 ▶

1 흥선 대원군의 개혁 정치

| 흥선 대원군이 실권을 장악하다

세도 정치 기간에 안동 김씨 세력은 '왕이 될 만한 후보'들을 제거하였다. 철종이 후사를 얻으면 다시 안동 김씨의 여인과 결혼시켜 계속해서 세력을 유지하려는 속셈이었다. 그런데 철종이 후사를 얻지 못하였고, 갑자기 죽었다. 안동 김씨 세력은 철종의 후사를 정하지 못하여 쩔쩔매고 있었는데, 이때 '상갓집의 개'라는 욕까지 먹으며 일부러 방탕하게 생활하여 겨우 목숨을 부지하였던 왕족 이하응이 전면에 나섰다. 이하응은 이 기회를 놓치지 않고 재빨리 자신의 둘째 아들 명복을 왕위에 올렸다(1863). 이하응이 바로 **흥선 대원군**이고, 이명복이 조선의 26대 왕인 **고종**(1863~1907)이다.

고종이 12세의 어린 나이로 왕위에 오르자, 정치적 실권을 잡은 대원군은 1863년부터 1873년까지 약 10년간 여러 가지 개혁을 추진하였다. 흥선 대원군이 어떤 개혁을 추진했는지 알아보도록 하자!

| 무너진 통치 체제를 정비하다

대원군은 세도 정치기에 외척들의 '정책 도구'가 되어, 왕의 머리 꼭대기에서 놀고 있던 **비변사라는 회의 기구를 폐지**하였다(1865). 중종 때 삼포왜란을 계기로 설치되었던 비변사가 350년 만에 드디어 없어진 것이다. 또한 **삼군부를 부활**시켜 군국 기무를 전담하게 함으로써, 비변사가 가지고 있던 '정치' 기능은 다시 의정부로 돌아갔고, '군사' 기능은 삼군부로 돌아갔다.

대원군은 무너진 통치 체제를 다시 세우기 위해 **『대전회통』이라는 법전도 편찬**하였다(1865). 정조 때 『대전통편』이 편찬된 이후로 80여 년간 새로운 법전이 나오지 않고 있었는데, 여기에 새로 만들어진 각종 규칙 등을 보완하여 『대전회통』을 편찬한 것이었다.

기출 핵심 키워드 암기

① 흥선 대원군 – 의정부의 기능을 회복시키고 [ㅂㅂㅅ]를 혁파하였다. [37·36회]
② 흥선 대원군 – 통치 체제를 정비하기 위해 『[ㄷㅈㅎㅌ]』을 편찬하였다. [51·44회]

정답 ① 비변사 ② 대전회통

민생 안정을 위해 삼정을 개혁하다

대원군은 봄에 곡식을 대여해주고 가을에 추수해서 갚게 하는 환곡 제도를 상당 부분 폐지하고, 전국적으로 **사창제(社倉制)를 시행**하였다. 환곡 제도를 정부에서 운영하는 것이 아니라, 마을 단위에 맡겨 자치적으로 운영하게 한 것이다. 또 대원군은 문란해진 군포 제도를 손보기 위해 호(戶) 단위로 바꾸어 양반에게도 군포를 징수하는 **호포제(戶布制)를 실시**하였다. 양반에게도 군포를 징수하면 '양반에게도 군역이 있다는 말이오?'라고 반발할 것을 대비하여, 군포의 이름을 살짝 호포(戶布)라고 바꾼 것뿐이었다.

소식 들었는가? 이제 우리 양반에게도 군포를 걷겠다는군.
어쩌겠는가. 조정이 왕의 아버지인 흥선 대원군의 위세에 눌려 모든 일이 그의 뜻대로 되고 있으니 말일세.

기출 한 컷 [43회]

> 왕이 말하기를, "요즘 각 고을 백성의 생활 형편이 매우 좋지 않다고 한다. 작년부터 흥선 대원군이 분부를 내려 양반 호(戶)는 노비의 이름으로 포(布)를 내게 하였고, 일반 백성들은 신포(身布)로 내게 하였다. …… 의정부에서는 각 도에 알려 이를 만년의 법식으로 삼는 것이 좋겠다."라고 하였다.
>
> – 『승정원일기』 [48회]

기출 핵심 키워드 암기

흥선 대원군 – 양반에게도 군포를 징수하는 [ㅎㅍㅈ]를 추진하였다. [49·46회]

정답 호포제

왕실의 권위를 세우다

왕권 강화를 위해 대원군에게 주어진 가장 큰 과제는 **경복궁을 중건**하는 것이었다. 임진왜란 때 불탄 경복궁이 270여 년간 서울(한양) 한복판에 흉물스럽게 서 있었다. 대원군은 검게 그을린 경복궁을 중건하기 위해 '원하면 납부하라'는 의미의 **원납전(願納錢)을 징수**하기 시작했다. 원납전은 형식적으로는 기부금이었지만, 실제로는 강제적으로 징수하였다.

대원군은 또 경복궁 중건을 위해 명목상 가치가 상평통보의 100배가 되는 **당백전(當百錢)을 발행**하였다(1866). 돈을 함부로 찍어냈으니, 화폐 가치가 떨어지고 물가가 폭등하는 인플레이션으로 이어지는 것은 당연한 결과였다. 당시 유행하였던 '경복궁 타령'에는 **양반들의 묘지림을 벌목**하여 '좋은 나무'를 경복궁 중건에 썼던 대원군에 대한 불만이 가득했다.

경복궁을 다시 짓는 데 부족해진 비용을 마련하기 위해 당백전을 발행해서 그렇다네.
쌀값이 이렇게나 오르다니. 도대체 이유가 뭔가?
쌀

기출 한 컷 41회

기출 핵심 키워드 암기

① 흥선 대원군 – 왕실의 권위를 세우고자 [ㄱㅂㄱ]을 중건하였다. [38·36회]
② 흥선 대원군 – 경복궁 중건을 위해 [ㅇㄴㅈ]을 징수하였다. [34회]
③ 흥선 대원군 – 궁궐 중건 비용을 마련하기 위해 [ㄷㅂㅈ]을 발행하였다. [46·45회]

정답 ① 경복궁 ② 원납전 ③ 당백전

서원 철폐로 양반들이 반발하다

대원군은 '진실로 백성에게 해되는 것이 있으면 비록 공자가 살아난다 하더라도 나는 용서하지 않겠다'며 전국의 **서원을 47개만 남기고는 모두 철폐**하였다. 면세, 면역의 특권만 주장하며, 양반들의 놀이터가 되어 있던 서원을 거의 없앤 것이었다. 게다가 당시 양반들의 정신적 지주가 되었던 **만동묘(萬東廟)도 철폐**하였다. 대원군이 서원과 만동묘를 없애자 양반들은 대원군으로부터 완전히 등을 돌렸고, '흥선 대원군은 물러나라!'라는 상소가 빗발쳤다.

> 친친(親親)의 반열에 속하는 사람은 다만 그 지위를 높이고 녹봉을 후하게 줄 뿐이며, 나라의 정사에는 관여하지 못하게 하셔야 할 것입니다.
> – 최익현의 계유상소 28회

대원군의 퇴진을 주장하는 최익현의 계유상소의 일부이다(1873). '친친(親親)'이란 부모와 자식 간의 관계를 말하는데, 고종에게 올린 이 상소에서 '친친의 반열에 속하는 사람'이란 바로 대원군이었다. 결국 대원군은 10여 년간의 집권을 마치고 하야하였다(1873).

기출 핵심 키워드 암기

흥선 대원군 – 전국의 [ㅅㅇ]을 47개소만 남기고 모두 철폐하였다. [34회]

정답 서원

2 통상 수교 거부 정책과 외세의 침입

| 병인양요, 프랑스군의 침입을 물리치다

1860년에 연해주가 러시아의 땅이 되었다. 이제 두만강만 건너면 러시아와 만날 수 있게 된 것이다. 러시아의 남하(南下) 정책이 조선에게 현실적인 위협이 된 상황에서 흥선 대원군이 집권하였다(1863). 대원군은 처음에는 천주교에 우호적이었고, 프랑스 천주교 세력을 이용하여 러시아의 위협을 막아보려고 하였다. 그런데 이 협상이 마음대로 되지 않았고, 정부 관료들도 천주교를 비난하자 대원군도 천주교를 탄압하기 시작하였다. 대원군은 1866년부터 베르뇌, 다블뤼 등 프랑스 선교사 9명을 죽이고, 천주교 신도 8천여 명을 처형하였는데 이 사건을 **병인박해**라고 한다(1866). 그러자 그해 가을에 프랑스 군대가 쳐들어왔다(1866, **병인양요**). 당시 프랑스 인도차이나 함대의 사령관이었던 로즈(Pierre Roze) 제독은 인천을 거쳐 서울의 양화진까지 침범하였다. 조선 군대는 프랑스 함대를 그저 보고만 있었고, 프랑스 함대는 유유히 한강을 빠져나갔다가 한 달 후 다시 쳐들어왔다. 이때는 강화도 근처에서 큰 싸움이 벌어졌다. **한성근은 문수산성**에서, ☆**양헌수는 정족산성**에서 프랑스 군대와 맞서 싸웠다. 프랑스군은 후퇴하면서 강화도에 있는 ☆**외규장각의 『의궤』** 등을 가져갔다. 병인양요 때 프랑스로 약탈되었던 책들은 2011년에 영구 임대 형태로 돌아왔다.

기출 한 컷 18회

기출 핵심 키워드 암기

① 병인양요 – [ㅇㅎㅅ] 부대가 정족산성에서 프랑스군을 격퇴하였다. [55·50회]
② 병인양요 – [ㅇㄱㅈㄱ]의 『의궤』가 국외로 약탈되었다. [46·40회]

정답 ① 양헌수 ② 외규장각

| 오페르트 도굴 사건, 남연군 묘의 도굴을 시도하다

독일 상인 오페르트는 두 차례에 걸쳐 조선에 통상을 요구했으나 두 번 모두 거절당했다(1866). 그러자 오페르트는 충남 덕산(지금의 충남 예산)에 있었던 남연군(흥선 대원군의 아버지)의 묘를 도굴하기로 계획하고, 프랑스 신부 및 조선인 천주교도들과 함께 **남연군의 묘를 도굴하려다 발각**되었다(1868, **오페르트 도굴 사건**). 이 사건으로 외세에 대한 흥선 대원군의 마음은 더욱 얼어붙었다.

> 방금 남연군방(南延君房)의 차지중사(次知中使)가 아뢴 바를 들으니, 덕산의 묘지에서 양놈들이 침입하여 무덤을 훼손한 변고가 있었다고 하니 아주 놀랍고 황송한 일이다. – 『고종실록』 38회

신미양요, 미군의 침입을 물리치고 척화비를 세우다

병인년 봄에 병인박해의 보복으로 프랑스 군대가 곧 쳐들어올 것이라는 소문이 흉흉한 가운데, 같은 해 여름, 미국 상선 제너럴셔먼호가 대동강을 거슬러 평양까지 올라왔다. 당시 이 선박에는 통역관 토마스를 비롯해 총 24명이 타고 있었다. 제너럴셔먼호가 조선에 통상을 요구했다가 거부당하자 관리를 살해하고 민가를 약탈하였다(1866). 이에 평안 감사 박규수는 강 위에서 불에 붙은 작은 배를 흘려보내고, 불화살을 쏘는 방법으로 제너럴셔먼호를 불태워 가라앉혔다(**제너럴셔먼호 사건**, 1866).

어재연 장군 수자기

제너럴셔먼호 사건에 대한 보복으로 **신미양요**가 일어났다(1871). 미국의 로저스(Rodgers, J.) 제독이 이끄는 함대는 강화도로 침입하여 함포 사격으로 **초지진**을 초토화시키고, **덕진진**을 무혈 입성했다. 이후 미군은 광성보를 공격하였으나 **어재연**이 이끄는 조선 수비대가 **광성보에서 결사적으로 항전**하였다. 그러나 이 전쟁에서 '帥(수)' 자가 그려진 어재연의 대장깃발도 빼앗기고 어재연도 전사하고 말았다. 대원군은 신미양요가 끝나자마자, 서양 오랑캐와 화친을 주장하는 것은 나라를 팔아먹는 것이라는 내용의 **척화비를 종로 네 거리를 비롯한 전국에 세웠다**(1871). 척화비의 내용을 보면 두 번의 '양요'를 겪은 대원군이 서양 세력을 얼마나 혐오했는지 알 수 있다.

> 이때에 이르러서는 돌을 캐어 종로에 비석을 세웠다. 그 비면에 글을 써서 이르기를, "서양 오랑캐가 침범하는데 싸우지 않으면 즉 화친하는 것이요, 화친을 주장함은 나라를 팔아먹는 것이다."라고 하였다.
>
> \- 정교, 『대한계년사』 [41회]

기출 핵심 키워드 암기

① 신미양요 – [ㅈㄴㄹㅅㅁㅎ] 사건을 구실로 미군이 강화도를 침략하였다. [44회]
② 신미양요 – [ㅇㅈㅇ] 부대가 광성보에서 결사 항전하였다. [53·49회]
③ 신미양요 – 흥선 대원군이 종로와 전국 각지에 [ㅊㅎㅂ]를 건립하였다. [51·50회]

정답 ① 제너럴셔먼호 ② 어재연 ③ 척화비

빈출 개념 한눈에 암기하기

1. 흥선 대원군의 개혁 정치

통치 체제 정비	• 1) ______ 폐지 → 의정부(정치) 기능 회복, 삼군부(군국 기무) 부활 • 2)『______』(법전) 편찬
삼정 개혁	사창제 시행, 3) ______ 실시(양반에게도 군포 징수)
경복궁 중건	원납전 강제 징수, 4) ______ 발행, 양반들의 묘지림 벌목
서원 철폐	전국의 서원을 47개로 정리, 만동묘 철폐

2. 통상 수교 거부 정책과 외세의 침입

제너럴셔먼호 사건	• 전개: 미국 상선 제너럴셔먼호가 조선에 통상을 요구했다가 거부당함 → 조선의 관리를 살해하고 민가를 약탈함 • 결과: 평안 감사 박규수와 평양 관민들이 제너럴셔먼호를 불태움
병인양요	• 배경: 흥선 대원군이 프랑스 선교사와 천주교 신도들을 처형함(병인박해) • 전개: 프랑스 로즈 제독 함대의 강화도 침략 → 한성근(문수산성), 5) ______ (정족산성) 부대가 프랑스군 격퇴 • 결과: 『의궤』 등 6) ______ 도서 약탈당함
오페르트 도굴 사건	독일 상인 오페르트가 조선에 통상을 요구했다가 거절당함 → 7) ______ (흥선 대원군 아버지) 묘 도굴 시도
신미양요	• 배경: 제너럴셔먼호 사건 • 전개: 미국 로저스 제독 함대의 강화도 침략 → 초지진·덕진진 점령 및 광성보 공격 → 8) ______ 부대가 광성보에서 항전 • 결과: 어재연 장군의 수자기를 약탈당함
척화비 건립	흥선 대원군이 통상 수교 거부 정책을 표명하며 전국 각지에 9) ______ 건립

정답 1) 비변사 2) 대전회통 3) 호포제 4) 당백전 5) 양헌수 6) 외규장각 7) 남연군 8) 어재연 9) 척화비

실전 연습

퀴즈

1 키워드와 관련된 것을 알맞게 연결해보세요.

① 어재연 • • ㉠ 정족산성
② 양헌수 • • ㉡ 광성보
③ 한성근 • • ㉢ 문수산성

2 〈보기〉에서 골라 빈칸을 채워보세요.

보기
호포제 대전회통 당백전

① 통치 체제를 정비하기 위해 『( )』이 편찬되었다. [51회]
② 궁궐 중건 비용을 마련하기 위해 ( )을 발행하였다. [46·45회]
③ 양반에게도 군포를 징수하는 ( )를 추진하였다. [49회]

3 아래 표에 있는 초성을 완성해보세요.

구분	신미양요(1871)
배경	ㅈㄴㄹㅅㅁㅎ 사건
전개	미국의 로저스 제독의 함대가 ㄱㅎㄷ 침입 → 초지진과 덕진진 점령 → 어재연이 이끄는 조선 수비대가 광성보에서 결사적으로 항전함
결과	미군이 퇴각하면서 어재연의 ㅅㅈㄱ를 가져감 → 이후 전국에 척화비가 세워짐

4 아래 기출 사료와 관련 있는 사건을 써보세요.

지난 달 조선에서 국왕의 명령에 의해, 선교 중이던 프랑스인 주교 2명과 선교사 9명, 조선인 사제 7명과 무수히 많은 남녀 노소 천주교도들이 학살되었습니다. …… 며칠 내로 우리 군대가 조선을 정복하기 위해 출발할 것입니다. …… 이제 우리는 중국 정부의 조선 왕국에 대한 어떤 영향력도 인정하지 않을 것임을 선언합니다.
– 「베이징 주재 프랑스 대리공사 벨로네의 서한」[41회]

→ □□□□

정답
1 ① ㉡ ② ㉠ ③ ㉢ 2 ① 대전회통 ② 당백전 ③ 호포제
3 제너럴셔먼호, 강화도, 수자기 4 병인양요

대표 기출 문제

1

48회 28번

(가) 인물에 대한 설명으로 옳은 것은? [2점]

○ 왕이 말하기를, "요즘 각 고을 백성의 생활 형편이 매우 좋지 않다고 한다. 작년부터 (가) 이/가 분부를 내려 양반 호(戶)는 노비의 이름으로 포(布)를 내게 하였고, 일반 백성들은 신포(身布)로 내게 하였다. …… 의정부에서는 각 도에 알려 이를 만년의 법식으로 삼는 것이 좋겠다."라고 하였다.
○ 왕이 말하기를, "요즘에 서원마다 사무를 자손들이 주관하고 붕당을 각기 주장하니, 이로 인한 폐해가 백성들에게 미치는 경우가 많다고 한다. …… 서원을 훼철(毁撤)*하고 신주를 땅에 묻어 버리는 등의 절차를 (가) 의 분부대로 거행하도록 해당 관청에서 팔도(八道)와 사도(四都)에 알리라."라고 하였다.

*훼철(毁撤): 헐어서 치워 버림

–『승정원일기』

① 통리기무아문과 12사를 설치하였다.
② 양전 사업을 실시하여 지계를 발급하였다.
③ 나선 정벌을 위해 조총 부대를 파견하였다.
④ 교육의 기본 방향을 제시한 교육 입국 조서를 반포하였다.
⑤ 환곡의 폐단을 시정하기 위해 사창제를 전국적으로 시행하였다.

2

54회 30번

(가) 인물에 대한 설명으로 옳은 것은? [2점]

○ 왕이 말하였다. "요즘에 서원마다 사무를 자손들이 주관하고 붕당을 각기 주장하니, 이로 인한 폐해가 백성들에게 미치는 경우가 많다고 한다. (가) 의 분부대로 서원을 철폐하고 신주를 땅에 묻어 버리는 등의 절차를 거행하도록 전국에 알려라."
○ (가) 에게 군국사무를 처리하라는 명이 내려지자 그는 궐내에서 거처하며 5군영의 군사 제도를 복구하고 군량을 지급하게 하였다. 그리고 난병(亂兵)들을 물러가게 하고 대사면령을 내렸다.

① 친위 부대인 장용영을 설치하였다.
② 나선 정벌을 위해 조총 부대를 파견하였다.
③ 『속대전』을 편찬하여 통치 체제를 정비하였다.
④ 종로를 비롯한 전국 각지에 척화비를 세웠다.
⑤ 영은문이 있던 자리 부근에 독립문을 건립하였다.

3

47회 30번

(가), (나) 사이의 시기에 있었던 사실로 옳은 것은? [2점]

> (가) 왕이 창덕궁 인정전에서 즉위하였다. 그때 나이가 12살이었기 때문에 [신정]익황후가 수렴청정을 하였다. 친아버지인 흥선군을 높여 대원군으로 삼아 모든 정사에 참여하게 하고 신하의 예와는 달리 대우하였다.
> – 『대한계년사』
>
> (나) 최익현이 상소를 올려 대원군의 잘못을 탄핵하기를, "만약 그 자리가 아닌데도 국정에 관여하는 자는 단지 그 지위와 자리의 녹을 중요하게 여기기 때문입니다."라고 하였다. 왕이 너그러운 비답을 내려 특별히 그를 호조 참판에 발탁하고 총애하였다. …… 대원군이 분노하여 양주 직곡으로 물러나자 권력은 모두 민씨의 손아귀에 들어갔다.
> – 『대한계년사』

① 사창제가 실시되었다.
② 『속대전』이 편찬되었다.
③ 장용영이 설치되었다.
④ 계해약조가 체결되었다.
⑤ 백두산 정계비가 건립되었다.

4

59회 30번

다음 상황이 나타난 시기를 연표에서 옳게 고른 것은? [2점]

> 북경 주재 프랑스 공사가 청에 보내온 문서에 의하면, "조선에서 프랑스 주교 2명 및 선교사 9명과 조선의 많은 천주교 신자가 처형되었다. 이에 제독에게 요청하여 며칠 안으로 군대를 일으키도록 할 것이다. "라고 되어 있습니다.

1863		1868		1871		1875		1882		1886
	(가)		(나)		(다)		(라)		(마)	
고종 즉위		오페르트 도굴 사건		신미양요		운요호 사건		조·미 수호 통상 조약		조·프 수호 통상 조약

① (가) ② (나) ③ (다) ④ (라) ⑤ (마)

5

46회 31번

다음 서신이 교환된 이후에 전개된 사실로 옳은 것은? [2점]

> **대원군 귀하**
> 남의 무덤을 파는 것은 예의가 없는 행동이지만 무력을 동원하여 백성을 도탄에 빠뜨리는 것보다 낫기 때문에 하는 수 없이 그렇게 하였소. …… 귀국의 안위가 귀하의 처리에 달려 있으니 좋은 대책을 강구하는 것이 어떻겠소.

> **영종 첨사 회답**
> 너희들이 이번 덕산 묘소에서 저지른 변고야말로 어찌 인간의 도리상 차마 할 수 있는 일이겠는가? …… 따라서 우리나라 신하와 백성은 있는 힘을 다하여 너희와는 같은 하늘을 이고 살 수 없다는 것을 맹세한다.

① 어재연 부대가 광성보에서 항전하였다.
② 외규장각의 『의궤』가 국외로 약탈되었다.
③ 평양 관민이 제너럴셔먼호를 불태웠다.
④ 로즈 제독의 함대가 양화진을 침입하였다.
⑤ 양헌수 부대가 정족산성에서 프랑스군을 격퇴하였다.

6

49회 29번

다음 상황이 나타난 시기를 연표에서 옳게 고른 것은? [2점]

> 의정부에서 아뢰기를, "서양 오랑캐가 광성진을 침범하였을 때 진무 중군 어재연의 생사는 자세히 알 수 없었습니다. 하지만 지방 수령이 대신할 진무 중군을 임명해 달라고 이미 청한 것을 보면 절개를 지켜 싸우다 전사한 것 같습니다."라고 하였다.
> – 『고종실록』

1863		1866		1868		1873		1876		1882
	(가)		(나)		(다)		(라)		(마)	
고종 즉위		병인박해		오페르트 도굴 사건		고종 친정		강화도 조약		조·미 수호 통상 조약

① (가) ② (나) ③ (다) ④ (라) ⑤ (마)

대표 기출 문제의 정답 및 문제풀이 방법을 다음 페이지에서 확인하세요. ➜

실전 연습

대표 기출 문제 정답 및 문제풀이 방법

1	2	3	4	5	6
⑤	④	①	①	①	③

1 흥선 대원군

> ○ 왕이 말하기를, "요즘 각 고을 백성의 생활 형편이 매우 좋지 않다고 한다. 작년부터 (가) 이/가 분부를 내려 양반 호(戶)는 노비의 이름으로 포(布)를 내게 하였고, 일반 백성들은 신포(身布)로 내게 하였다. …… 의정부에서는 각 도에 알려 이를 만년의 법식으로 삼는 것이 좋겠다."라고 하였다.
> ○ 왕이 말하기를, "요즘에 서원마다 사무를 자손들이 주관하고 붕당을 각기 주장하니, 이로 인한 폐해가 백성들에게 미치는 경우가 많다고 한다. …… 서원을 훼철(毁撤)*하고 신주를 땅에 묻어 버리는 등의 절차를 (가) 의 분부대로 거행하도록 해당 관청에서 팔도(八道)와 사도(四都)에 알리라."라고 하였다.
> *훼철(毁撤): 헐어서 치워 버림
> – 『승정원일기』

호포제 + 서원 철폐 → 흥선 대원군

⑤ 환곡의 폐단을 시정하기 위해 사창제를 전국적으로 시행하였다.

흥선 대원군은 양민에게만 부과하던 **군포**를 동포 혹은 호포로 바꾸어 **양반에게도 징수하는 호포제를 실시**하였으며, 사액 서원 중 47개만 남기고 나머지 모든 **서원을 훼철(철폐)**하였다. 대원군은 환곡의 폐단을 시정하기 위해 **사창제를 전국적으로 실시**하였다.

오답 체크

① **통리기무아문과 12사를 설치**하였다. → **고종**
② **양전 사업**을 실시하여 **지계를 발급**하였다. → **고종(대한 제국 시기)**
③ **나선 정벌**을 위해 **조총 부대를 파견**하였다. → **효종**
④ 교육의 기본 방향을 제시한 **교육 입국 조서를 반포**하였다. → **고종**

✔ 또 나올 암기 포인트

흥선 대원군의 민생 안정책

사창제 실시	• 환곡 제도 대신 마을 단위로 사창을 설치함 • 향촌민이 자치적으로 운영하게 함
호포제 실시	• 개인이 아닌 호(戶) 단위로 군포를 부과함 • 신분의 구별 없이 양반에게도 군포를 징수함

2 흥선 대원군

> ○ 왕이 말하였다. "요즘에 서원마다 사무를 자손들이 주관하고 붕당을 각기 주장하니, 이로 인한 폐해가 백성들에게 미치는 경우가 많다고 한다. (가) 의 분부대로 서원을 철폐하고 신주를 땅에 묻어 버리는 등의 절차를 거행하도록 전국에 알려라."
> ○ (가) 에게 군국사무를 처리하라는 명이 내려지자 그는 궐내에서 거처하며 5군영의 군사 제도를 복구하고 군량을 지급하게 하였다. 그리고 난병(亂兵)들을 물러가게 하고 대사면령을 내렸다.

흥선 대원군

④ 종로를 비롯한 전국 각지에 척화비를 세웠다.

지방 양반들의 거점인 **서원을 철폐**하고, 임오군란 때 재집권하여 **5군영의 군사 제도를 복구**한 인물은 **흥선 대원군**이다. 병인양요와 신미양요를 거친 대원군은 종로를 비롯한 **전국 각지에 척화비를 세우고 통상 수교 거부 정책을 강화**하였다.

오답 체크

① 친위 부대인 **장용영**을 설치하였다. → **정조**
② **나선 정벌**을 위해 **조총 부대를 파견**하였다. → **효종**
③ **『속대전』**을 편찬하여 통치 체제를 정비하였다. → **영조**
⑤ 영은문이 있던 자리 부근에 **독립문**을 건립하였다. → **독립 협회**

3 흥선 대원군의 집권과 하야 사이의 사실

> (가) 왕이 창덕궁 인정전에서 즉위하였다. 그때 나이가 12살이었기 때문에 [신정]익황후가 수렴청정을 하였다. 친아버지인 흥선군을 높여 대원군으로 삼아 모든 정사에 참여하게 하고 신하의 예와는 달리 대우하였다.
> – 『대한계년사』
> (나) 최익현이 상소를 올려 대원군의 잘못을 탄핵하기를, "만약 그 자리가 아닌데도 국정에 관여하는 자는 단지 그 지위와 자리의 녹을 중요하게 여기기 때문입니다."라고 하였다. 왕이 너그러운 비답을 내려 특별히 그를 호조 참판에 발탁하고 총애하였다. …… 대원군이 분노하여 양주 직곡으로 물러나자 권력은 모두 민씨의 손아귀에 들어갔다.
> – 『대한계년사』

(가) → 흥선 대원군의 집권 시작 (1863)
(나) → 흥선 대원군의 하야 (1873)

① 사창제가 실시되었다. → 흥선 대원군 집권기(고종)

(가)는 **흥선 대원군 집권 시작**이다(1863). 고종은 어린 나이에 즉위하여 **실권은 아버지 흥선군에게 있었다**. (나)는 **흥선 대원군의 하야**이다(1873). **최익현**이 **대원군의 하야를 요구하는 상소**를 올리자, **대원군이 하야**하고 권력은 민씨에게 들어갔다. (가), (나) 사이 시기인 **흥선 대원군 집권기**에 대원군은 환곡제를 상당 부분 폐지하고, **사창제를 실시**하였다.

오답 체크

② **『속대전』이 편찬**되었다. → **영조**
③ **장용영이 설치**되었다. → **정조**
④ **계해약조가 체결**되었다. → **세종**
⑤ **백두산 정계비가 건립**되었다. → **숙종**

4 병인박해

북경 주재 프랑스 공사가 청에 보내온 문서에 의하면, "조선에서 프랑스 주교 2명 및 선교사 9명과 조선의 많은 천주교 신자가 처형되었다. 이에 제독에게 요청하여 며칠 안으로 군대를 일으키도록 할 것이다."라고 되어 있습니다.

병인박해(1866) → (가)

1863	1868	1871	1875	1882	1886
고종 즉위	오페르트 도굴 사건	신미 양요	운요호 사건	조·미 수호 통상 조약	조·프 수호 통상 조약

(가) 1863–1868, (나) 1868–1871, (다) 1871–1875, (라) 1875–1882, (마) 1882–1886

① (가)

프랑스 주교 2명 및 선교사 9명과 조선의 많은 천주교 신자가 처형된 사건은 **병인박해**이다(1866). 이때 조선에서 활동하던 프랑스인 신부 12명 중 9명이 처형되었다. 고종의 즉위와 함께 실권을 잡은 **흥선 대원군**은 병인년에 대대적으로 천주교를 박해하였다. 한편, 오페르트 도굴 사건 이후에도 천주교 박해가 계속 이어지기는 했으나, 주교와 선교사 등이 처형된 때는 (가) 시기이다.

5 오페르트 도굴 사건 이후의 사실

대원군 귀하

남의 무덤을 파는 것은 예의가 없는 행동이지만 무력을 동원하여 백성을 도탄에 빠뜨리는 것보다 낫기 때문에 하는 수 없이 그렇게 하였소. …… 귀국의 안위가 귀하의 처리에 달려 있으니 좋은 대책을 강구하는 것이 어떻겠소.

영종 첨사 회답

너희들이 이번 덕산 묘소에서 저지른 변고야말로 어찌 인간의 도리상 차마 할 수 있는 일이겠는가? …… 따라서 우리나라 신하와 백성은 있는 힘을 다하여 너희와는 같은 하늘을 이고 살 수 없다는 것을 맹세한다.

덕산 묘소 → 남연군 묘

→ 오페르트 도굴 사건(1868)

① 어재연 부대가 광성보에서 항전하였다. → 신미양요(1871)

독일 상인 **오페르트는** 대원군의 생부인 **남연군의 묘**(남의 무덤, 덕산 묘지)**를 도굴하려다 발각**되었다(1868). 오페르트 도굴 사건 이후에 **신미양요**가 일어났다(1871). 신미양요 때 **어재연 부대가 미국 군대에 맞서 광성보에서 항전**하였으나 패하였다.

오답 체크

② 외규장각의 『**의궤**』가 국외로 **약탈**되었다. → **병인양요(1866)**

③ 평양 관민이 **제너럴셔먼호**를 불태웠다. → **제너럴셔먼호 사건(1866)**

④ **로즈 제독**의 함대가 **양화진**을 침입하였다. → **병인양요(1866)**

⑤ **양헌수** 부대가 **정족산성**에서 프랑스군을 격퇴하였다.
→ **병인양요(1866)**

6 신미양요

의정부에서 아뢰기를, "서양 오랑캐가 광성진을 침범하였을 때 진무 중군 어재연의 생사는 자세히 알 수 없었습니다. 하지만 지방 수령이 대신할 진무 중군을 임명해 달라고 이미 청한 것을 보면 절개를 지켜 싸우다 전사한 것 같습니다."라고 하였다. -『고종실록』

→ 신미양요(1871) → (다)

1863	1866	1868	1873	1876	1882
고종 즉위	병인박해	**오페르트 도굴 사건**	고종 친정	강화도 조약	조·미 수호 통상 조약

(가) 1863–1866, (나) 1866–1868, (다) 1868–1873, (라) 1873–1876, (마) 1876–1882

③ (다)

서양 오랑캐가 광성진을 침범하였고 **어재연**이 싸우다 전사한 이 사건은 **신미양요**이다(1871). 신미양요 때 미국 군대는 광성진(광성보)을 공격하였고, **어재연 부대가 이에 맞서 싸웠으나 패배**하였다. 신미양요는 (다) 시기인 오페르트 도굴 사건(1868)과 고종의 친정 선포(1873) 사이에 일어난 사건이다.

✔ 또 나올 암기 포인트

흥선 대원군 집권 시기 외세의 침입과 항전

병인양요 (1866)	• 배경: 프랑스가 병인박해를 구실로 조선과의 통상 수교 시도 • 전개: 프랑스군은 강화도를 점령하고 한성으로 진격하려 하였으나 한성근 부대가 문수산성에서 항전하고, 양헌수 부대가 정족산성에서 승리함 • 결과: 프랑스군이 퇴각 과정에서 외규장각 도서(『의궤』) 등 문화재 약탈
오페르트 도굴 사건 (1868)	• 배경: 독일 상인 오페르트가 조선과의 통상을 요구하였으나 실패 • 전개: 오페르트가 남연군(흥선 대원군의 아버지)의 무덤을 도굴하려다 실패
신미양요 (1871)	• 배경: 미국이 제너럴셔먼호 사건을 구실로 조선과의 통상 수교 시도 • 전개: 미군이 강화도로 침입하여 초지진·덕진진을 점령하고 광성보를 공격하였으나, 어재연이 이끄는 조선 수비대가 결사적으로 항전 • 결과: 미군이 수자기 등을 약탈하였고, 대원군은 전국에 척화비를 건립

인물 김홍집, 이만손 조약 강화도 조약, 제물포 조약 사건 임오군란, 갑신정변

22강 개항과 개화를 둘러싼 갈등

근대사란 개화파와 위정척사파의 대립의 역사라고 말해도 과언이 아닙니다. 개화파가 통상, 개항, 개화 등을 주장할 때 위정척사파는 그것을 막아보려고 애를 썼습니다. 그러나 강화도 조약, 임오군란, 갑신정변 등 큰 사건을 거치며 개화는 계속 진행되어 갔습니다.

별기군 ▶

1 통상 조약의 체결

| 강화도 조약으로 문호를 개방하다

흥선 대원군이 물러나고 고종이 직접 국정을 담당하게 되면서(1873), 점차 고종의 아내 쪽인 '민씨 세력'이 정권의 실세가 되었다. 민씨 세력은 흥선 대원군과는 달리 일본에 대하여 온건한 정책을 취했으므로 일본에 문호를 개방하는 것은 어려운 일이 아니었다.

이런 와중에 1875년 8월, 강화도에 접근한 일본의 군함 운요호에 조선군이 경고 포격을 가하자 **운요호는 강화도와 영종도를 공격**하였다(**운요호 사건**). 이후 일본은 운요호 사건의 책임을 조선에 돌리며 문호 개방을 요구했다. 그 결과 조선은 강화도 연무당에서 일본과 **강화도 조약**(조·일 수호 조규)을 체결하였다(1876. 2.).

> 제1조 조선국은 자주국이며 일본국과 평등한 권리를 가진다.
> 제4조 조선 정부는 부산과 두 항구를 개방하고 일본인이 자유롭게 왕래하면서 통상할 수 있게 한다.
> 제10조 일본국 인민이 조선국에서 지정한 각 항구에 머무르는 동안에 죄를 범한 것이 조선국 인민과 관계되더라도 모두 일본국 관원이 심의하여 처리한다.
> – 강화도 조약 [32·23회]

강화도 조약의 주요 내용이다. 강화도 조약은 우리나라가 '개항(開港)'한 조약이었다. 개항이란 항구 근처를 개방하여 외국인이 자유롭게 들어올 수 있게 하는 것을 말하는데, 이 조약으로 인해 **부산**과 '두 항구'를 더 개항하기로 했다. 나중에 '두 항구'는 **원산**(1880년 개항)과 **인천**(1883년 개항)으로 결정됨에 따라 **부산, 원산, 인천에 개항장이 설치**되었다.

또한 강화도 조약은 조선을 '자주국'이라고 표현하며 중국이 조선의 종주국이라는 사실을 부인하였으며, 처음으로 **치외법권(治外法權)**을 규정하였다. 치외법권은 항구에 머무르는 동안 일본인이 죄를 저지르더라도 우리나라의 법으로는 처벌할 수 없도록 한 것이었다.

강화도 조약 체결 이후, 답방 차원에서 김기수가 제1차 수신사로 일본에 파견되었다(1876). 일본으로 가는 사절단은 그동안 통신사라고 불렀었지만, 이제 통신사에 근대적 의미를 담아 '수신사'로 부르기 시작한 것이다.

강화도 조약이 체결되던 해에 '조·일 무역 규칙', '조·일 수호 조규 부록' 등 부속 조약이 체결되었다. 이 중 조·일 무역 규칙은 **무관세, 무항세, 무제한 곡물 유출** 등 이른바 3무(三無)를 규정하였다. 조선 시대 내내 계해약조, 임신약조 등으로 일본으로의 곡물 수출이 제한을 받아왔으나 이제 **조·일 무역 규칙**으로 인해 양곡이 일본으로 제한 없이 수출될 수 있게 된 것이다(1876. 7.). 반면에 조·일 수호 조규 부록에서는 일본 상인의 활동 범위를 개항장에서 10리로 제한하고, 개항장에서 일본 화폐를 사용할 수 있도록 하였다(1876).

그런데 임오군란 후, 조·일 무역 규칙의 내용이 수정되었다. 최혜국 대우 규정이 들어간 대신 무관세가 '관세'로, 양곡의 무제한 수출이 '제한적 수출'로 바뀐 것이다. 조선의 도지사(관찰사)가 일본에 먼저 알리고 **방곡령(防穀令, 곡물 수출 금지 명령)을 선포할 수 있도록 규정**한 이 수정 조약을 **조·일 통상 장정**이라 한다(1883. 6.).

기출 핵심 키워드 암기

① 강화도 조약 – [ㅇㅇㅎ]가 강화도와 영종도를 공격하였다. [55·54회]
② 강화도 조약 – [ㅂㅅ], 원산, 인천에 개항장이 설치되는 계기가 되었다. [49·48회]

정답 ① 운요호 ② 부산

서양 열강과 수교하다

제2차 수신사 김홍집이 일본으로 출발했다(1880). 김홍집은 "곡식이 제한 없이 유출된다는 규정, 내가 해결하고 올게!"라고 말했지만, 실제로 김홍집은 일본에 가서 **『조선책략』**이라는 책만 가져오고 말았다.

> 조선이 위태로우면 동아시아의 정세가 날로 악화될 것이다. 러시아의 영토를 공략하고자 하면 반드시 조선으로부터 시작할 것이다. …… 그러므로 오늘날 조선의 제일 급선무는 러시아를 막는 것이다. 러시아를 막는 책략은 무엇인가. 중국을 가까이하며[親中國], 일본과 관계를 공고히 하고[結日本], 미국과 연계하여[聯美國] 자강을 도모할 따름이다.
>
> – 황쭌셴, 『조선책략』 [36회]

『조선책략』은 당시 청국 주일 공사관원이었던 황쭌셴이 쓴 책인데, '러시아를 방어하기 위해 중국과 친해지고, 일본과 결합하고, 미국과 연합하라'는 내용을 담고 있었다. 이 책에서 특히 강조하는 것은 연미국(聯美國), 즉 '미국과 연합하라'였다. 당시 『조선책략』의 내용에 반대하는 사람들은 '오랑캐와 수교하는 것은 아니 되옵니다.'라며 상소를 올렸으나 **『조선책략』**의 내용에 찬성하는 사람들은 조·미 수호 통상 조약 체결을 주도하였다(1882). 이 조약의 특징은 **거중조정(居中調整)의 조항을 포함**한 것이다. 조선과 미국이 제3자로부터 괴로움을 당하고 있으면 서로 가서 조정해주자는 의미이다. 또한 외국에 대한 **최혜국 대우를 처음으로 규정**하였다. '최혜국 대우'란 최고의 특혜를 주는 국가로 대우한다는 뜻으로, 만약 조선이 다른 나라에 철도 부설권을 준다면, 미국에 광산 채굴권이라도 줘야 한다는 의미였다. 조선이 미국과 맺은 조약에 '최혜국 대우'가 들어가자, 이후 체결된 서구 열강과의 조약에도 '최혜국 대우' 규정이 모두 포함되었다.

조선은 조·미 수호 통상 조약(1882)에 이어, 영국·독일·이탈리아·러시아·프랑스와도 통상 조약을 체결하였다(1883~1886). 특히 조·프 수호 통상 조약(1886)에서는 프랑스어 교육을 허용하는 방식으로 '천주교 포교의 자유'가 인정되었다.

기출 핵심 키워드 암기

① 조·미 수호 통상 조약 – 『 ㅈㅅㅊㄹ 』의 영향으로 체결되었다. [45·30회]
② 조·미 수호 통상 조약 – ㄱㅈㅈㅈ 조항을 포함한 조약이 체결되었다. [50·48회]
③ 조·미 수호 통상 조약 – 외국에 대한 ㅊㅎㄱ ㄷㅇ 를 처음으로 규정하였다. [51·45회]

정답 ① 조선책략 ② 거중조정 ③ 최혜국 대우

2 개화 정책과 위정척사 운동

개화 세력이 형성되다

19세기 중엽, 조선에서도 근대화(近代化)를 이루어야 한다는 사람들이 나타났다. 그중 대표적인 사람은 박지원의 손자인 박규수였다. 박규수는 평안 감사로서 미국 상선 제너럴셔먼호를 화공으로 격퇴한 적이 있지만(1866), 개인적으로는 문호 개방의 필요성을 주장한 사람이다. 사람들은 박규수에게로 몰려들었고, **박규수**의 사랑방은 개화 세력의 요람이 되었다. 특히 통역관 출신인 **오경석**은 청나라를 10여 차례 왕래하면서 **『해국도지』**와 **『영환지략』** 등의 서적을 국내에 소개하기도 하였다. 사람들은 이런 책을 읽으며 변화하는 세상에 눈을 떴다. 그러나 초기 개화파는 개화의 방법과 속도를 둘러싸고 '기술만 받아들이자'는 온건 개화파와 '모든 것을 다 바꾸자'는 급진 개화파로 분화되기 시작하였다.

❙ 개항 이후 개화 정책을 추진하다

조선의 전통적인 행정 구조를 보면, 왕 밑에 의정부가 있고, 그 아래에 6조가 있다. 이와 비슷하게 조선 정부는 개화 정책을 담당하는 핵심 기구로 **통리기무아문을 설치**하고 그 아래 12사(司)를 두었다(1880). 12사에는 사대사, 교린사, 군무사, 변정사, 통상사 등을 두어 개화 업무를 분담시켰다.

또한 군사 조직에도 변화를 주었다. 우선 기존의 5군영(훈련도감, 어영청, 총융청, 수어청, 금위영)을 2영(무위영, 장어영)으로 축소하였다(1881). 사실상 구식 군대인 5군영을 '정리 해고'하고, 2영의 규모만 남겨둔 것이었다. 그 대신 신식 군대인 **별기군(別技軍)을 창설**하였다(1881). 정부는 이외에도 여러 근대 시설을 설치하였다. 우선 근대 무기 제조 공장인 기기창이 설치되었고(1883), 박문국을 설치하여 한성순보를 발행하였다(1883). 또한 화폐를 발행하는 전환국이 설치되어(1883), 백동화·적동화 등도 발행하였다.

기출 핵심 키워드 암기

① 개화 정책을 총괄하는 ㅌㄹㄱㅁㅇㅁ 이 설치되었다. [51·49회]
② 신식 군대인 ㅂㄱㄱ 을 창설하였다. [49·47회]

정답 ① 통리기무아문 ② 별기군

❙ 사절단을 파견하다

강화도 조약 이후, 일본·중국·미국의 선진 문물을 배우기 위해 사절단이 파견되었다. 강화도 조약 직후에 제1차 수신사 **김기수가 일본에 파견**되었으며(1876), 4년 후 제2차 수신사 **김홍집**이 일본에 가서 **『조선책략』**을 들여왔다(1880). 그다음 해 봄에는 **조사 시찰단**이라는 이름으로 어윤중, 박정양, 홍영식 등이 일본으로 파견되었는데, 개화 반대 여론이 강했던 때라 이들은 **'암행어사'**의 형태로 몰래 갈 수밖에 없었다(1881).

> 어윤중이 동래부 암행어사로 임명되어 왕에게서 받은 봉해진 서신을 열어보니, "일본 조정의 논의와 정국의 형세, 풍속·인물·교빙·통상 등의 대략을 염탐하는 것이 좋겠다."라는 내용이었다.
>
> – 조사 시찰단 파견 기록 [54회]

조사 시찰단이 파견된 해의 가을에는 김윤식을 중심으로 한 **영선사(領選使)**가 청나라에 파견(1881)되었고, 청나라의 **기기국에서 무기 제조 기술을 습득**하였다. 그러나 무기를 만드는 것은 어려운 일이었다. 결국 기술 습득의 한계와 재정 부족으로 영선사는 일찍 귀국하였다(1882). 그래도 귀국 후에는 청나라에서 배운 것을 바탕으로 근대적 무기를 제조하는 **기기창** 설치를 건의하였다(1883).

영선사로서 학생과 기술관을 인솔하여 선진 과학 기술을 배우게 하겠습니다.
김윤식

기출 한 컷 [43회]

조·미 수호 통상 조약이 체결되고 조선 주재 미국 공사가 파견되자 이에 대한 답례로 미국에 **보빙사**가 파견되었다(1883). 전권대신은 **민영익**이었고, **홍영식·서광범·유길준** 등도 함께 파견되었다. 보빙사가 미국의 아서(Arthur. C. A.) 대통령을 만나러 가는 길에 미국인 선교사들을 먼저 만나게 되었다. 이 선교사들은 보빙사 귀국 직후, 조선으로 함께 들어와 선교 활동을 하고 학교와 병원을 지었다. 얼마 지나지 않아 박정양이 초대 주미 공사로 파견되었다(1887).

기출 핵심 키워드 암기

① 제1차 수신사 - [ㄱㄱㅅ]가 수신사로 일본에 파견되었다. [50·48회]
② 제2차 수신사 [ㄱㅎㅈ]이『조선책략』을 들여왔다. [51·49회]
③ 영선사 - [ㄱㄱㄱ]에서 무기 제조 기술을 습득하고 돌아왔다. [51·43회]

정답 ① 김기수 ② 김홍집 ③ 기기국

❙ 유생들이 위정척사 운동을 전개하다

개화의 반대편에는 위정척사파가 있었다. 위정척사란 성리학적 전통 질서를 지키고, 성리학 이외의 것은 배척하자는 '보수 세력'을 말한다. 위정척사파는 처음에 '통상 수교를 거부'하는 흥선 대원군의 대외 정책을 지지하였고, 척화비 건립에도 박수를 보냈었다. (물론 경복궁 중건과 서원 철폐 문제로 돌아서기는 했지만….)

시대에 따라 위정척사파가 정부의 개화 정책에 대응하는 방식도 달라졌다. 1860년대에 서구 열강이 조선 정부에 무역을 하자는 '통상(通商)'을 요구하였다. 이때 개화파는 통상에 찬성했지만, 위정척사파는 반대하였다. 이항로는 '양이(洋夷, 서양 오랑캐)의 화가 금일에 이르러 홍수나 맹수의 해로움보다 더 심하다.'라고 맹비난하며 **척화 주전론**을 주장하였다. 그러다가 강화도 조약이 맺어진 1870년대에는 '개항(開港)'을 주장하는 개화파와 개항을 반대하는 위정척사파가 대립하였다. 위정척사파인 최익현은 '도끼 상소(지부복궐 척화의소)'를 올려 일본과 서양은 그 실체가 같다며 **왜양 일체론**을 주장하였다. 1880년대에는『조선책략』이 국내에 소개되자 '개화(開化)'를 주장하는 개화파와 개화를 반대하는 **위정척사파**가 대립하였다.

일본과 조약을
맺으면 우리의 땅과
집이 모두 황폐해지고
또한 망할 것입니다.
최익현
기출 한 컷 37회

신들은 모두 멀리 떨어진 영남에 있는 까닭에 …… 유신(維新)의 정치를 도운 적이 없습니다. …… 그러나 수신사 김홍집이 가지고 온 황준헌(黃遵憲)의『사의조선책략(私擬朝鮮策略)』이 유포된 것을 보고, 저도 모르게 머리카락이 곤두서고 가슴이 떨리며 이어 통곡하면서 눈물을 흘렸습니다.

- 이만손의 영남 만인소 25회

이만손의 영남 만인소(1881)의 일부이다. 『조선책략』의 유포에 반발하여 이만손과 영남 지역의 유생들이 **영남 만인소**를 올려, 미국과의 통상 수교에 반대하였다. 그러나 이런 위정척사파의 노력은 번번이 실패했다. 1860년대에 통상을 반대했으나 통상이 이루어졌고, 1870년대에 개항을 반대했으나 개항되었고, 1880년대에 개화를 반대했으나 개화가 이루어졌다. 그래서 이런 상소 운동으로는 개화의 흐름을 막을 수 없다고 여긴 위정척사파는 1890년대부터 총·칼을 들고 나와 의병을 일으켰다.

기출 핵심 키워드 암기

위정척사 운동 – 이만손이 『조선책략』 유포에 반발하여 [ㅇㄴ ㅁㅇㅅ]를 주도하였다. [41·38회]

정답 영남 만인소

3 임오군란

| 구식 군인들이 반란을 일으키다

조선 정부는 구식 군대를 5군영에서 2영으로 축소하고, 신식 군대인 **별기군**을 설치하였다(1881). 이런 조치는 구식 군인들을 자극하기에 충분했다. 게다가 구식 군인들에게 주는 급여도 몇 달이 밀려 있었는데, 급여를 주는 선혜청의 당상관 민겸호의 하인이 쌀에 벼 껍질과 모래를 섞어서 지급하는 바람에 구식 군인들은 폭발하고 말았다. 화가 난 구식 군인들은 **선혜청과 일본 공사관을 습격**하고, 별기군의 일본인 교관을 살해하였다. 이러한 구식 군인에 대한 차별 대우가 원인이 되어 발생한 반란을 **임오군란**이라 한다(1882).

기출 한 컷 15회

구식 군인들이 흥선 대원군에게 도움을 요청하고 고종이 흥선 대원군에게 반란의 수습을 맡기면서 **흥선 대원군은 약 1개월간 재집권**하며 모든 것을 과거로 돌려놓았다. 그 결과 개화 관청인 통리기무아문을 폐지하고, 5군영을 부활시키고, 별기군을 폐지하였다.

기출 핵심 키워드 암기

① 임오군란 – [ㅅㅎㅊ]과 일본 공사관을 공격하였다. [45·32회]
② 임오군란 – [ㅎㅅ ㄷㅇㄱ]이 다시 집권하는 결과를 가져왔다. [49회]

정답 ① 선혜청 ② 흥선 대원군

❙ 청군에 의해 임오군란이 진압되다

임오군란은 민란(民亂)이 아니라 군란(軍亂)이다. 몸 좋은 군인들이 일으킨 이 반란을 진압하려면 외국 군대가 필요했다. 멀리 피신해 있던 명성 황후(민비)는 청나라 군대에게 이 반란의 진압을 요청했다. **청군**은 임오군란을 진압하고, 대원군을 잡아서 톈진으로 압송해 갔다. 이렇게 임오군란은 간단하게 끝나는 듯 보였으나, 그 후폭풍은 예상보다 컸다.

❙ 청·일 양국과 조약을 체결하다

임오군란의 결과로 조선과 일본 사이에 **제물포 조약**이 체결되었다(1882). 제물포 조약에서는 일본 관원의 유족 및 부상자에게 배상금을 지불하고, **일본 공사관에 일본 경비병의 주둔을 허용**하였으며, 일본에 사과하기 위해 사절단(3차 수신사)을 파견하기로 하였다.

> 제3관 조선국이 지불한 5만 원은 해를 당한 일본 관원의 유족 및 부상자에게 지급하여 특별히 돌보아 준다.
> 제5관 일본 공사관에 일본군 약간을 두어 경비를 서게 한다.
> 제6관 조선국은 대관(大官)을 특별히 파견하고 국서를 지어 일본국에 사과한다. – 제물포 조약 35회

또한 조선 정부는 일본과 조·일 수호 조규 속약을 체결하고(1882), 청나라와 **조·청 상민 수륙 무역 장정을 체결**하였다(1882). 이 두 조약은 일본 상인과 청나라 상인이 우리나라 내륙 깊숙이 들어와 장사할 수 있도록 허용하는 내지 무역(내지 통상권) 규정을 두고 있었다. 이로 인해 청나라 상인과 일본 상인은 조선 시장에서 치열하게 경쟁하였고, 그 과정에서 조선 상인들은 피해를 입었다.

임오군란을 진압한 청은 조선의 내정을 간섭하기 위해 마젠창(내정 고문)과 묄렌도르프(외교 고문)를 고문 자격으로 조선에 파견하고, 위안스카이가 이끄는 군대를 조선에 상주시켰다. 임오군란으로 인해 청·일 양국은 '내지 무역(경제 침탈)'과 '군대 주둔(정치적 영향)'이라는 두 가지 권리를 모두 차지하였다.

기출 핵심 키워드 암기

① 임오군란의 결과 – 일본 [ㄱㅅㄱ]에 경비병이 주둔하는 계기가 되었다. [51·46회]
② 임오군란의 결과 – 청과 [ㅈ·ㅊ ㅅㅁ ㅅㄹ ㅁㅇ ㅈㅈ]을 체결하였다. [49·36회]

정답 ① 공사관 ② 조·청 상민 수륙 무역 장정

4 갑신정변

| 급진 개화파가 정변을 일으키다

임오군란을 진압한 청이 조선의 내정을 간섭하면서 개화의 속도는 더욱 느려졌다. 일본으로부터 차관을 들여오려 했던 김옥균의 노력도 실패하자 급진 개화파의 입지는 더욱 좁아졌다. 이에 **김옥균, 박영효**, 서광범, 홍영식, 서재필 등의 급진 개화파(개화당이라고도 함)는 ☆**우정총국 개국 축하연에서 정변**을 일으키기에 이르렀다(갑신정변, 1884).

갑신정변 참여자들은 민씨 정부를 무너뜨리고 새로운 정부를 세웠다. 김옥균은 호조 참판, 박영효는 전후 영사, 홍영식은 우의정을 맡았다. 이렇게 20~30대의 젊은 청년들이 개화당 정부의 요직을 차지하였다. 그리고 새 정부는 **'14개조의 혁신 정강'**을 발표하였다. 국가 재정을 **호조**로 일원화하고, 보부상을 보호하는 기구인 혜상공국을 없애고, ☆**입헌 군주제를 수립**하자는 주장 등이었다. 그러나 갑신정변은 **청군**의 개입으로 3일 만에 끝이 났고(**3일 천하**), 정변의 주동자들은 잡히면 반역죄가 되기 때문에 부랴부랴 해외로 망명하였다.

기출 한 컷 18회

기출 핵심 키워드 암기

① 갑신정변 – ㅇㅈㅊㄱ 개국 축하연에서 정변이 일어났다. [48·35회]
② 갑신정변 – ㅇㅎ ㄱㅈㅈ 수립을 목표로 전개되었다. [51회]

정답 ① 우정총국 ② 입헌 군주제

| 갑신정변 이후 조약이 체결되다

갑신정변의 결과 **조선과 일본 사이에** ☆**한성 조약이 체결**되었다(1884). 유족 및 부상자에게 약 10만 원(정확하게 11만 원)을 지급하고, 무너진 **일본 공사관의 신축 비용을 부담**하는 내용이었다.

그리고 **일본은 청나라와** ☆**톈진 조약을 체결**하였다(1885). 임오군란 때 들어온 일본 군대와 청나라 군대를 우선 철수시켰다가, 나중에 조선에 큰 변란이 있으면 '동시에 파병하자'는 약속이었다. (안타깝지만, 톈진 조약은 조선에 동학 농민 운동이 일어났을 때 청·일 동시 파병의 근거가 되었다.)

기출 핵심 키워드 암기

① 갑신정변 결과 – 조선과 일본 사이에 ㅎㅅ ㅈㅇ 이 체결되었다. [50·49회]
② 갑신정변 결과 – 청·일 간 ㅌㅈ ㅈㅇ 체결의 계기가 되었다. [50·35회]

정답 ① 한성 조약 ② 톈진 조약

| 조선을 둘러싼 주변국의 갈등이 심화되다

조선이 청나라를 견제하기 위해 러시아와 교섭을 시도하자, 영국군은 러시아의 남하를 견제한다는 구실로 **거문도를 불법적으로 점령**하였다(1885~1887). 영국은 거문도를 해밀턴 항(Port Hamilton)이라고 부르면서 영국기를 게양하고 포대와 막사까지 지었다. 조선 정부는 이에 대해 강하게 항의하였고, 청의 중재로 영국군은 결국 1887년 2월에 거문도에서 철수하였다.

> 귀국의 제주 동북쪽 100여 리 떨어진 곳에 섬이 있는데, 서양 이름으로는 해밀턴 섬이라고 합니다. 영국은 이 나라(러시아)가 남하하여 홍콩을 침략할까봐 이 섬(거문도)에 군사와 군함을 주둔시키고 그들이 오는 길을 막고 있습니다.
>
> \- 북양대신 이홍장 [18회]

갑신정변 이후 한반도를 둘러싼 열강들의 갈등이 심화되자 조선을 중립국으로 만들자는 논의가 나타났다. 조선 주재 독일 부영사 **부들러**는 '스위스와 같은 형태의 조선 중립화'를 주장하였고(1885), 미국 유학에서 귀국한 **유길준**도 '청나라를 중심으로 열강이 조선의 중립을 보장'해야 한다고 주장하였다(1885).

기출 핵심 키워드 암기

갑신정변 이후 - 영국군이 러시아를 견제하기 위해 [ㄱㅁㄷ]를 불법 점령하였다. [50·49회]

정답 거문도

빈출 개념 한눈에 암기하기

1. 통상 조약의 체결

강화도 조약 (조·일 수호 조규)	• 배경: 1) ______ 을 구실로 조선에 문호 개방 요구 • 주요 내용: 2) ______ ·원산·인천 개항, 조선에 대한 청의 종주권 부인, 치외법권 규정 • 영향: 제1차 수신사 김기수를 일본에 파견 • 부속 조약: [조·일 무역 규칙] 무관세, 무항세, 무제한 곡물 유출 허용 [조·일 통상 장정] 방곡령 선포 규정
조·미 수호 통상 조약	• 배경: 제2차 수신사 김홍집이 들여온 『3) ______』의 영향으로 체결 • 주요 내용: 거중조정, 외국에 대한 4) ______ 를 처음으로 규정 • 영향: 영국·러시아·프랑스 등 서구 열강과 통상 조약 체결, 보빙사 파견

2. 개화 정책과 위정척사 운동

정부의 개화 정책	• 5) ______ 설치: 개화 정책 담당 핵심 기구, 12사를 둠 • 군사 조직 개편: 5군영을 2영으로 축소, 6) ______ 창설(신식 군대) • 근대 시설 설치: 기기창(근대 무기 제조), 박문국(한성순보 발행), 전환국(화폐 발행) • 사절단 파견: 수신사·조사 시찰단(일본), 영선사(청), 보빙사(미국) 파견
위정척사 운동	• 통상 반대 운동(1860년대): 이항로 등이 척화 주전론 주장 • 개항 반대 운동(1870년대): 최익현 등이 왜양 일체론 주장 • 개화 반대 운동(1880년대): 『조선책략』 유포에 반발 → 이만손 등이 7) ______ 주도

3. 임오군란과 갑신정변

임오군란	• 배경: 구식 군대에 대한 차별 • 전개: 구식 군인들이 8) ______ ·일본 공사관 공격 → 흥선 대원군의 재집권 → 청의 군란 진압 • 결과: 9) ______ 체결(조-일), 조·청 상민 수륙 무역 장정 체결, 청의 내정 간섭 심화
갑신정변	• 배경: 청의 내정 간섭으로 인한 정부의 개화 정책 지연 • 전개: 10) ______ ·박영효 등 급진 개화파가 11) ______ 개국 축하연 때 정변 단행 → 14개조 혁신 정강 발표 → 청의 개입으로 3일 만에 종결 • 결과: 한성 조약 체결(조-일), 12) ______ 체결(청-일)

정답 1) 운요호 사건 2) 부산 3) 조선책략 4) 최혜국 대우 5) 통리기무아문 6) 별기군 7) 영남 만인소 8) 선혜청 9) 제물포 조약 10) 김옥균 11) 우정총국 12) 톈진 조약

실전 연습

퀴즈

1 키워드와 관련된 것을 알맞게 연결해보세요.

① 강화도 조약 •	• ㉠ 방곡령 규정
② 조·일 통상 장정 •	• ㉡ 부산·원산·인천에 개항장 설치
③ 조·미 수호 통상 조약 •	• ㉢ 거중조정 조항 규정

2 〈보기〉에서 골라 빈칸을 채워보세요.

보기
이만손 김홍집 김윤식

① 제2차 수신사 ( )이 『조선책략』을 들여왔다. [51·49회]

② ( )이 청에 영선사로 파견되었다. [49·47회]

③ ( ) 등이 영남 만인소를 올렸다. [51·47회]

3 아래 표에 있는 초성을 완성해보세요.

구분	임오군란(1882)
배경	구식 군인과 신식 군대인 ㅂㄱㄱ과의 차별 대우
전개	겨와 모래가 섞인 쌀이 밀린 급료로 지급됨 → 구식 군인들이 난을 일으킴 → ㅅㅎㅊ과 일본 공사관을 습격함 → 흥선 대원군의 일시적인 재집권 → 청군의 개입으로 진압됨
결과	조선과 일본은 ㅈㅁㅍ 조약을 체결함, 조선과 청은 조·청 상민 수륙 무역 장정을 체결함

4 아래 기출 사료와 관련 있는 사건을 써보세요.

> 이날 밤 우정총국에서 낙성연(개국 축하연)을 열었는데 …… 담장 밖에 불길이 일어나는 것이 보였다. …… 왕이 경우궁으로 거처를 옮기자 각 비빈과 동궁도 황급히 따라갔다. 깊은 밤 일본 공사 다케조에 신이치로가 군대를 이끌고 와 호위하였다. [39회]

→ □□□□

정답

1 ①㉡ ②㉠ ③㉢ 2 ① 김홍집 ② 김윤식 ③ 이만손
3 별기군, 선혜청, 제물포 4 갑신정변

대표 기출 문제

1

43회 33번

밑줄 그은 '조약'에 대한 설명으로 옳은 것은? [2점]

이번에 우리측 대표 신헌과 일본측 대표 구로다가 조약을 체결했다는군.
그렇다네. 작년에 일어났던 운요호 사건을 빌미로 일본이 요구했다더군.

① 방곡령을 선포할 수 있는 조항을 명시하였다.
② 메가타가 재정 고문으로 부임하는 근거가 되었다.
③ 외국에 대한 최혜국 대우를 처음으로 규정하였다.
④ 부산 외 2곳에 개항장이 설치되는 결과를 가져왔다.
⑤ 고종이 헤이그에 특사를 파견하여 부당성을 알리고자 하였다.

2

45회 31번

(가), (나) 조약에 대한 설명으로 옳은 것은? [2점]

> (가) 제7관 일본국 인민은 본국의 현행 여러 화폐로 조선국 인민이 소유한 물품과 교환할 수 있으며, 조선국 인민은 그 교환한 일본국의 여러 화폐로 일본국에서 생산한 여러가지 상품을 살 수 있다.
> (나) 제6칙 조선국 항구에 거주하는 일본 인민은 양미와 잡곡을 수출, 수입할 수 있다.

① (가) – 임오군란을 계기로 체결되었다.
② (가) – 최혜국 대우를 처음으로 규정하였다.
③ (나) – 『조선책략』의 영향으로 체결되었다.
④ (나) – 거중조정에 대한 내용을 포함하였다.
⑤ (가), (나) – 조·일 수호 조규의 후속 조치로 체결되었다.

3

47회 31번

다음 가상 대화 이후 전개된 사실로 옳은 것을 〈보기〉에서 고른 것은? [2점]

〈보기〉

ㄱ. 운요호 사건이 일어났다.
ㄴ. 전국에 척화비가 건립되었다.
ㄷ. 이만손 등이 영남 만인소를 올렸다.
ㄹ. 조·미 수호 통상 조약이 체결되었다.

① ㄱ, ㄴ ② ㄱ, ㄷ ③ ㄴ, ㄷ ④ ㄴ, ㄹ ⑤ ㄷ, ㄹ

4

48회 31번

다음 상소가 올려진 이후의 사실로 옳은 것은? [2점]

우리 조정은 정학(正學)을 숭상하고 이단을 물리쳐서 만백성을 바르게 이끌어 오늘에 이르렀습니다. …… 비록 황준헌의 책자로 말하더라도 그 글이 바른가 바르지 못한가 그 말이 좋은가 나쁜가에 대해 신은 진실로 모르지만 …… 기계에 관한 기술과 농업 및 식목에 대한 책이 이익이 된다면 선택하여 시행할 것이지, 군이 그들의 것이라고 해서 좋은 법까지 배척할 필요는 없습니다. – 곽기락의 상소

① 무기 제조 공장인 기기창이 설립되었다.
② 김기수가 일본에 수신사로 파견되었다.
③ 오경석이 『해국도지』를 국내에 들여왔다.
④ 어재연 부대가 광성보에서 항전하였다.
⑤ 평양 관민이 제너럴셔먼호를 불태웠다.

5

46회 32번

다음 자료에 나타난 사건에 대한 설명으로 옳은 것은? [3점]

난군(亂軍)이 궐을 침범하였다는 소식을 들었다. 이때에 나라 재정이 고갈되어 각 영이 군인에게 지급할 봉급을 몇 개월 동안 지급하지 못하였다. 영에 소속된 군인이 어느 날 밤에 부대를 조직하고 갑자기 궐내로 진입하여 멋대로 난리를 일으켰다. 중전의 국상(國喪)이 공포되자 선생은 가평 관아로 달려가 망곡례를 행하였다. 얼마 후 국상이 와전되어 사실이 아님을 알고, 군중과는 달리 상복을 입지 않고 집 밖으로 나가지 않았다.

– 『성재집』

① 통감부의 방해와 탄압으로 실패하였다.
② 통리기무아문이 설치되는 배경이 되었다.
③ 홍범 14조를 개혁의 기본 방향으로 제시하였다.
④ 일본 공사관에 경비병이 주둔하는 계기가 되었다.
⑤ 김기수가 수신사로 일본에 파견되는 결과를 가져왔다.

6

49회 31번

(가) 사건의 결과로 옳은 것은? [2점]

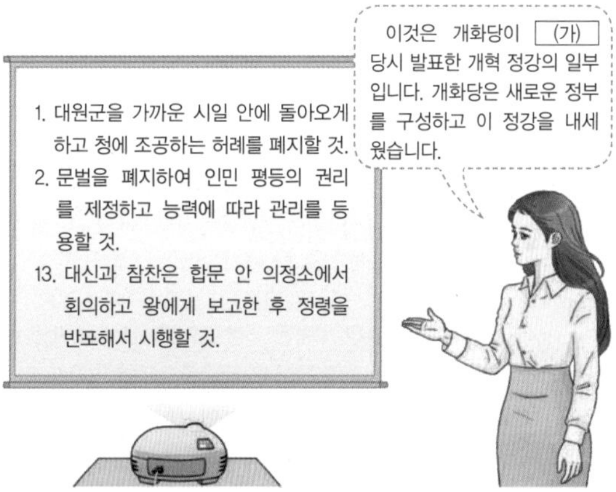

이것은 개화당이 (가) 당시 발표한 개혁 정강의 일부입니다. 개화당은 새로운 정부를 구성하고 이 정강을 내세웠습니다.
1. 대원군을 가까운 시일 안에 돌아오게 하고 청에 조공하는 허례를 폐지할 것.
2. 문벌을 폐지하여 인민 평등의 권리를 제정하고 능력에 따라 관리를 등용할 것.
13. 대신과 참찬은 합문 안 의정소에서 회의하고 왕에게 보고한 후 정령을 반포해서 시행할 것.

① 한성 조약이 체결되었다.
② 신식 군대인 별기군이 창설되었다.
③ 부산 외 두 곳의 항구가 개항되었다.
④ 김윤식이 청에 영선사로 파견되었다.
⑤ 개화 정책을 총괄하는 통리기무아문이 설치되었다.

대표 기출 문제의 정답 및 문제풀이 방법을 다음 페이지에서 확인하세요. →

대표 기출 문제 정답 및 문제풀이 방법

1	2	3	4	5	6
④	⑤	⑤	①	④	①

1 강화도 조약

이번에 우리측 대표 신헌과 일본측 대표 구로다가 조약을 체결했다는군.
그렇다네. 작년에 일어났던 운요호 사건을 빌미로 일본이 요구했다더군.

강화도 조약

④ 부산 외 2곳에 개항장이 설치되는 결과를 가져왔다.

조선 대표 신헌과 일본 대표 구로다가 체결하였으며, **운요호 사건을 빌미로 일본이 요구**하여 체결된 조약은 **강화도 조약**이다(1876). 강화도 조약으로 인해 **부산 외에 두 항구**(**원산, 인천**)에 개항장이 설치되었다.

오답 체크

① **방곡령**을 선포할 수 있는 조항을 명시하였다.
→ **조·일 통상 장정**

② **메가타**가 **재정 고문**으로 부임하는 근거가 되었다.
→ **제1차 한·일 협약**

③ 외국에 대한 **최혜국 대우**를 처음으로 규정하였다.
→ **조·미 수호 통상 조약**

⑤ 고종이 **헤이그**에 **특사를 파견**하여 부당성을 알리고자 하였다.
→ **을사늑약**

✔ 또 나올 암기 포인트

강화도 조약(조·일 수호 조규)

배경	일본이 운요호 사건을 일으키고 문호 개방을 요구함
내용	• 청의 종주권 부인: 조선은 자주국 • 부산(1876) 개항 → 원산(1880)·인천(1883) 추가로 개항 • 불평등 조항: 해안 측량권 허용, 치외 법권(영사 재판권)을 인정함
성격	최초의 근대적 조약이자 불평등 조약

2 조·일 수호 조규 부록과 조·일 무역 규칙

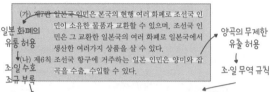

(가) 제7관 일본국 인민은 본국의 현행 여러 화폐로 조선국 인민이 소유한 물품과 교환할 수 있으며, 조선국 인민은 그 교환한 일본국의 여러 화폐로 일본국에서 생산한 여러가지 상품을 살 수 있다.
(나) 제6칙 조선국 항구에 거주하는 일본 인민은 양미와 잡곡을 수출, 수입할 수 있다.

일본 화폐의 유통 허용 ↓ 조·일 수호 조규 부록

양곡의 무제한 유출 허용 ↓ 조·일 무역 규칙

⑤ (가), (나) – 조·일 수호 조규의 후속 조치로 체결되었다.

(가)는 개항장에서 **일본국 인민이 본국의 화폐를 사용할 수 있도록 규정**한 **조·일 수호 조규 부록**이다(1876). (나)는 **일본 인민이 양미와 잡곡을 수출, 수입**할 수 있도록 **곡물의 무제한 유출을 규정**한 **조·일 무역 규칙**이다(1876). (가), (나)는 모두 **조·일 수호 조규**(**강화도 조약**)**의 부속 조약으로 체결**된 조약들이다.

오답 체크

① 임오군란을 계기로 체결되었다. → **제물포 조약(조–일), 조·청 상민 수륙 무역 장정(조–청)**

② **최혜국 대우**를 처음으로 규정하였다. → **조·미 수호 통상 조약**

③ **『조선책략』**의 **영향**으로 체결되었다. → **조·미 수호 통상 조약**

④ **거중조정**에 대한 내용을 포함하였다. → **조·미 수호 통상 조약**

3 『조선책략』 유포 이후의 사실

『조선책략』 유포(1880) 이후의 사실

⑤ ㄷ. 이만손 등이 영남 만인소를 올렸다. → 1881년
ㄹ. 조·미 수호 통상 조약이 체결되었다. → 1882년

김홍집과 **황준헌**(황쭌셴)이 대화하고 있다. 황준헌은 조선의 가장 시급한 외교 사안이 **러시아를 막는 것**이며, 이를 위해 **중국을 가까이 하고, 일본과 관계를 공고히 하며, 미국과 연계**할 것을 제시하고 있다. 황준헌의 이런 주장을 담은 **『조선책략』이 조선에 유포**되자(1880), 위정척사파인 **이만손 등이 영남 만인소를 올려 반대**하였으나(1881), 결국 **조·미 수호 통상 조약이 체결**되었다(1882).

오답 체크

모두 『조선책략』이 유포(1880)되기 이전의 사실이다.

ㄱ. 운요호 사건이 일어났다. → **운요호 사건(1875)**

ㄴ. 전국에 **척화비가 건립**되었다. → **척화비 건립(1871)**

4 곽기락 상소 이후의 사실(기기창 설립)

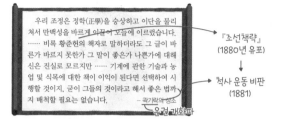

> 우리 조정은 정학(正學)을 숭상하고 이단을 물리쳐서 만백성을 바르게 이끌어 오늘에 이르렀습니다. …… 비록 황준헌의 책자로 말하더라도 그 글이 바른가 바르지 못한가 그 말이 좋은가 나쁜가에 대해 신은 진실로 모르지만 …… 기계에 관한 기술과 농업 및 식목에 대한 책이 이익이 된다면 선택하여 시행할 것이지, 굳이 그들의 것이라고 해서 좋은 법까지 배척할 필요는 없습니다.
>
> – 곽기락의 상소

『조선책략』 (1880년 유포) → 척사 운동 비판 (1881)

온건 개화파

① 무기 제조 공장인 기기창이 설립되었다. → 1883년

황준헌의 책자란 **『조선책략』**을 말한다. **곽기락**은 상소문에서 **서양의 기술은 받아들여야 한다고 주장**하고 있다. 곽기락 등 **온건 개화파**는 조선의 체제·제도는 유지하고, 기술은 받아들이자는 **동도서기론을 주장**하였다. 그 영향으로 조선 정부는 **무기 제조 공장인 기기창을 설립**하였다(1883).

오답 체크

모두 곽기락의 척사 운동 비판 상소(1881) 이전의 사실이다.

② **김기수**가 **일본에 수신사로 파견**되었다. → **1876년**

③ **오경석**이 **『해국도지』**를 국내에 들여왔다. → **개항(1876) 이전**

④ **어재연 부대**가 **광성보에서 항전**하였다. → **1871년**

⑤ 평양 관민이 **제너럴셔먼호**를 불태웠다. → **1866년**

5 임오군란

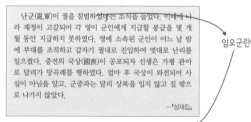

> 난군(亂軍)이 궐을 침범하였다는 소식을 들었다. 이때에 나라 재정이 고갈되어 각 영이 군인에게 지급할 봉급을 몇 개월 동안 지급하지 못하였다. 영에 소속된 군인이 어느 날 밤에 부대를 조직하고 갑자기 궐내로 진입하여 멋대로 난리를 일으켰다. 중전의 국상(國喪)이 공포되자 선생은 가평 관아로 달려가 망곡례를 행하였다. 얼마 후 국상이 와전되어 사실이 아님을 알고, 군중과는 달리 상복을 입지 않고 집 밖으로 나가지 않았다.
>
> –『성재집』

임오군란

④ 일본 공사관에 경비병이 주둔하는 계기가 되었다.

각 영이 군인에게 지급할 봉급을 몇 개월 동안 지급하지 못하여(군료를 지급하지 않아) **난군이 궐을 침범**한 사건은 **임오군란**이다(1882). 임오군란의 결과 **제물포 조약**이 체결되어 **일본 공사관에 일본 경비병이 주둔**하게 되었다.

오답 체크

① **통감부의 방해**와 탄압으로 실패하였다. → **국채 보상 운동**

② **통리기무아문**이 설치되는 배경이 되었다. → **초기 개화 정책**

③ **홍범 14조**를 개혁의 기본 방향으로 제시하였다. → **제2차 갑오개혁**

⑤ **김기수**가 **수신사**로 일본에 파견되는 결과를 가져왔다.
→ **강화도 조약**

6 갑신정변의 결과

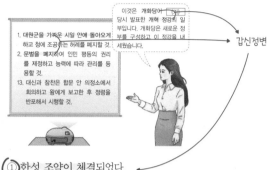

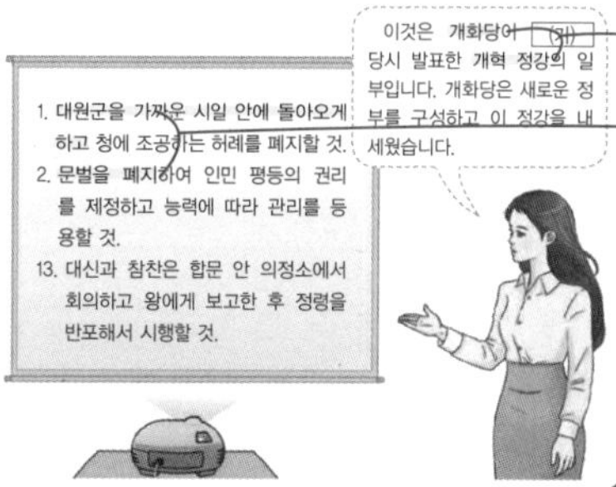

1. 대원군을 가까운 시일 안에 돌아오게 하고 청에 조공하는 허례를 폐지할 것.
2. 문벌을 폐지하여 인민 평등의 권리를 제정하고 능력에 따라 관리를 등용할 것.
13. 대신과 참찬은 합문 안 의정소에서 회의하고 왕에게 보고한 후 정령을 반포해서 시행할 것.
이것은 개화당이 (가) 당시 발표한 개혁 정강의 일부입니다. 개화당은 새로운 정부를 구성하고 이 정강을 내세웠습니다.

갑신정변

① 한성 조약이 체결되었다.

대원군의 귀국, 문벌 폐지 등을 주장하며 **개화당**(급진 개화파)이 일으킨 사건은 갑신정변이다(1884). **개혁 정강**이란 **갑신정변의 14개조 개혁 정강**을 말한다. 갑신정변의 결과 **조선과 일본 사이에 배상금 지불과 관련된 한성 조약이 체결**되었다.

오답 체크

② 신식 군대인 **별기군이 창설**되었다. → **초기 개화 정책**

③ **부산 외 두 곳의 항구가 개항**되었다.
→ **강화도 조약 체결(1876)의 결과**

④ **김윤식이 청에 영선사로 파견**되었다. → **초기 개화 정책**

⑤ 개화 정책을 총괄하는 **통리기무아문이 설치**되었다.
→ **초기 개화 정책**

✔ 또 나올 암기 포인트

갑신정변 이후에 체결된 조약

조약	체결 국가	내용
한성 조약 (1884. 11.)	조선 – 일본	• 일본 공사관의 신축 비용을 조선이 부담 • 일본(유족 및 부상자)에 배상금 지불
톈진 조약 (1885. 3.)	일본 – 청	• 조선에서 청·일 양국 군대 공동 철수 • 조선 파병 시 상대방 국가에 미리 알릴 것을 규정(청·일 전쟁의 원인이 됨)

인물 전봉준 정책 갑오개혁, 을미개혁 사건 전주 화약, 우금치 전투, 을미사변, 아관 파천

23강 동학 농민 운동과 갑오·을미개혁

서학(西學)이라 불렸던 천주교와 최제우가 창시한 동학(東學)은 모두 '평등'을 강조했습니다. 신분제 사회에서 평등을 주장했으니 두 종교는 모두 정부의 탄압을 받게 되었습니다. 동학 농민 운동으로 나라가 혼란스러울 때, 갑오개혁이 시작되어 신분제가 철폐되는 등 사회의 많은 부분에 변화가 일어났습니다.

전봉준 ▶

1 동학 농민 운동

| 교조 신원 운동을 전개하다

동학은 철종 때 경주 출신의 **최제우**가 만든 종교이다(1860). 흥선 대원군이 집권하면서 동학이 '세상을 어지럽히고 백성을 현혹한다(혹세무민)'는 이유로 최제우를 처형하였다(1864). 교주가 죽으면서 동학의 교세는 매우 약화되었다.

약 30년 후, 동학의 교세가 다시 커지자 '교조 최제우의 원한을 풀어달라'는 교조 신원 운동을 벌이기 시작했다(1892~1893). 이는 동학이라는 종교를 인정해 달라는 요청이었으며, 최제우에 이어 동학의 2대 교주가 된 **최시형**이 **교조 신원 운동**을 주도하였다.

동학은 전라도 **삼례**에서 동학 탄압 중지를 요구하는 집회를 개최하였다(1892). 그다음 해에는 **서울**에 올라가 '허리를 굽혀' 왕에게 직접 상소하는 **복합(伏閤) 상소**를 올리기도 했다(1893). 가장 규모가 큰 교조 신원 운동은 충청도 **보은**에서 열린 집회였다(1893). 보은 집회에서 동학은 **척왜양창의**(斥倭洋倡義, 일본과 서양을 물리치고 대의를 세우자는 주장)라는 정치적 구호를 내세우기도 했다.

기출 핵심 키워드 암기

① 교조 신원 운동 - [ㅊㅅㅎ]이 동학의 2대 교주로 교조 신원 운동을 주도하였다. [49회]
② 교조 신원 운동 - 서울에서 교조 신원을 위한 [ㅂㅎ ㅅㅅ]를 올리다. [47회]
③ 교조 신원 운동 - [ㅂㅇ]에서 교조 신원을 요구하는 집회가 열렸다. [51회]

정답 ① 최시형 ② 복합 상소 ③ 보은

동학 농민군이 1차 봉기를 일으키다

1894년 1월, 고부 군수 **조병갑**이 만석보라는 저수지를 만들고, 세금을 너무 많이 걷는 등 백성들을 힘들게 하자 고부에서 민란이 일어났다. 그러나 사태 수습을 위하여 파견된 안핵사 **이용태**가 오히려 조병갑 편을 들고 동학 교도를 탄압하였다.

1894년 3월, 전봉준이 **보국안민**(輔國安民, 나랏 일을 돕고 백성을 편안하게 함)과 **제폭구민**(除暴救民, 일본과 서양을 물리치고 대의를 세우자는 주장)을 기치로 내걸고 무장과 백산에서 봉기하였다. 특히 농민군은 백산에서 **4대 강령을 발표**하기도 하였다.

1894년 4월 초, **황토현 전투**(지금의 전북 정읍)에서 농민군은 관군을 상대로 큰 승리를 거두었다. 황토재 꼭대기에서 은신하고 있던 농민군은 고개 아래에 주둔하고 있던 전라 감영군을 기습 공격하였고, 관군은 미처 대응하지 못하고 혼란에 빠졌다. 4월 말에 농민군은 중앙에서 파견된 군대를 전라도 장성 **황룡촌**에서 격파하고, 북상하여 **전주성을 점령**하였다.

기출 한 컷 17회

농민군을 진압하지 못한 조선 정부는 결국 청에 군사 지원을 요청하였고, 청나라 군대가 국내로 들어오자 **톈진 조약**(갑신정변 이후 청과 일본 사이에서 체결된 조약)에 따라 일본 군대도 들어왔다. 막상 양국의 군대가 동학 농민군을 진압하기 위해 들어오자, 조선 정부는 '이웃의 힘으로 형제를 죽이는 꼴'이 되었다.

집강소를 설치하여 개혁을 도모하다

정부는 부랴부랴 전주에서 농민군과 화해의 약속을 체결하였다(**전주 화약**, 1894. 5.). 전주 화약의 결과 정부는 개혁 추진 기구로 **교정청을 설치**하였고, 농민군은 자치적 개혁 기구인 **집강소를 설치**하였다.

> 우리 정부는 왕명을 받들어 교정청을 설치하여 당상관 15명을 두고 먼저 폐정 몇 가지를 개혁하니, 이는 모두 동학당(東黨)이 호소한 일이다.
>
> – 『속음청사』 34회

농민군은 집강소에서 **폐정 개혁안 12개조**를 실천해 나갔다. 농민에게 가장 절실한 것은 '땅'이다. 동학 농민군은 폐정 개혁안을 통해 '토지의 균등 분배'를 주장하였으며, 이는 개화기에 유일하게 토지 개혁을 부르짖은 조직이었다.

기출 핵심 키워드 암기

① 제1차 동학 농민 운동 – 정부와 농민군 사이에 [ㅈㅈ ㅎㅇ]이 체결되었다. [43회]
② 제1차 동학 농민 운동 – 정부와 약조를 맺고 [ㅈㄱㅅ]를 설치하였다. [48·41회]

정답 ① 전주 화약 ② 집강소

동학 농민군이 2차 봉기를 일으키다

전주 화약으로 정부와 농민군 사이에는 '화해'가 이루어졌지만, 청나라 군대와 일본 군대가 우리나라에 그냥 머물고 있다는 것이 문제였다. 양국 군대는 서로 '네가 먼저 돌아가라'고 하면서 대치하고 있었다. 이런 와중에 **일본은 경복궁을 점령**하고, 아산만에 머물고 있던 청나라 선박에 대포를 쏘면서(풍도 해전) **청·일 전쟁**을 일으켰다(1894. 6.).

일본의 경복궁 점령에 분노한 동학 농민군은 **삼례**에서 다시 봉기를 일으켰다. 이때에는 **전봉준의** 남접과 **손병희의** 북접이 힘을 합쳐 싸웠다. 그러나 농민군은 **공주** 우금치에서 일본군 및 관군에게 대패하였다(1894. 11.). 그리고 '녹두(綠豆) 장군'이라고 불렸던 전봉준이 체포되면서 동학 농민 운동은 실패로 끝나고 말았다.

기출 한 컷 17회

기출 핵심 키워드 암기

① 제2차 동학 농민 운동 – 일본이 군대를 동원하여 [ㄱㅂㄱ]을 점령하였다. [51·42회]
② 제2차 동학 농민 운동 – [ㄴㅈ]과 [ㅂㅈ]이 연합하여 전개되었다. [48·46회]
③ 제2차 동학 농민 운동 – [ㅇㄱㅊ]에서 일본군과 관군과 맞서 싸웠다. [56회]

정답 ① 경복궁 ② 남접, 북접 ③ 우금치

2 갑오개혁과 을미개혁

제1차 갑오개혁, 군국기무처가 개혁을 주도하다

1894년 6월, 일본은 경복궁을 점령하고, 청·일 전쟁을 일으켰다. 곧이어 **군국기무처를 설치**하여 제1차 갑오개혁을 주도하였다. 이 세 사건은 거의 동시에 일어났으며, 모두가 동학 농민 운동 제1차 봉기와 제2차 봉기 사이에 일어났다.

청·일 전쟁으로 '바빴던' 일본은 갑오개혁에 신경을 크게 쓸 수가 없었다. 비록 경복궁이 점령된 상태에서 제1차 갑오개혁이 진행되었지만 조선 정부는 나름대로 자주적인 개혁을 할 수 있었다. 제1차 갑오개혁은 **김홍집**이 총재이고 **박정양**이 부총재였던 **군국기무처에서 주도**하였다(1894).

> 일본군이 경복궁을 점령한 후, 조선 왕은 일본 공사 오토리의 요청에 따라 군국기무처를 구성해야 했습니다. …… 이 기구는 의정부 영의정 김홍집이 총재를 겸임합니다.
>
> – 조선 주재 프랑스 공화국 공관 정치국 제25호 32회

제1차 갑오개혁에서는 청의 연호를 폐지하고 **'개국 기원'이라는 연호를 사용**하였다. 조선이 건국된 1392년을 개국 1년으로 하여, 1894년을 개국 503년으로 썼다. 또 중앙 행정 조직을 **6조에서 80아문으로 개편**하였다. 예를 들면 이조는 내무아문으로, 호조는 탁지아문으로 바뀌었다.

기출 한 컷 [41회]

제1차 갑오개혁에서는 신분 제도를 폐지하여 **공·사 노비법을 혁파**하였고, 이와 함께 '양반 생산 시험'인 **과거제가 폐지**되었다. 또한 연좌제와 같은 봉건적 악습도 함께 철폐하였다. 동학 농민 운동에서 주장했던 것이 갑오개혁에 그대로 반영되기도 했는데, 그 대표적인 것은 **과부의 재가를 허용**하는 것이었다.

기출 핵심 키워드 암기

① 제1차 갑오개혁 – [ㄱㄱㄱㅁㅊ]를 설치하여 근대적 개혁을 추진하였다. [49·33회]
② 제1차 갑오개혁 – 행정 기구를 6조에서 [8ㅇㅁ]으로 개편하였다. [49·42회]
③ 제1차 갑오개혁 – 공·사 [ㄴㅂㅂ]을 혁파하고 [ㄱㄱㅈ]를 폐지하였다. [46회]

정답 ① 군국기무처 ② 80아문 ③ 노비법, 과거제

제2차 갑오개혁, 홍범 14조를 반포하다

제2차 갑오개혁은 1894년 11월부터 1895년 5월까지, 갑오년과 을미년에 걸쳐 이루어졌다. 이때는 군국기무처가 폐지되어 더 이상 개혁을 주도할 수 없었다. 그 대신 일본에서 귀국한 **박영효가 김홍집과 연립 내각을 구성**하여 제2차 갑오개혁을 진행하였다.

고종은 주한 일본 공사 이노우에와 내부대신 박영효의 권고에 따라 종묘에 나가 **홍범 14조를 반포**하였다(1894. 12.). 또 교육이 국가 보존의 근본이라고 주장하는 **교육 입국 조서가 반포**되었다(1895. 2.). 교육 입국 조서가 반포된 후 여러 관립 학교가 세워졌는데, 교원 양성을 위한 **한성 사범 학교**가 우선적으로 설립되었다(1895).

제2차 갑오개혁의 특징은 조선 지방관의 권한을 축소하는 것이었다. 우선 재판소를 따로 설치함으로써 지방관이 재판할 수 없게 만들었다. 또 지방 행정 구역을 **23부 337군으로 개편**하였다. 이것은 관찰사(도지사)가 23명이나 된다는 뜻으로, 한 지방관이 통제하는 지역의 규모가 작아진 것이었다.

기출 핵심 키워드 암기

① 제2차 갑오개혁 – 개혁의 방향을 제시한 [ㅎㅂ 14ㅈ]를 반포하였다. [57·54회]
② 제2차 갑오개혁 – 교육의 기본 방향을 제시한 [ㄱㅇ ㅇㄱ ㅈㅅ]를 반포하였다. [48·42회]
③ 제2차 갑오개혁 – 지방 행정 구역을 8도에서 [23ㅂ]로 개편하였다. [52·38회]

정답 ① 홍범 14조 ② 교육 입국 조서 ③ 23부

❙ 을미사변 이후 을미개혁이 추진되다

청·일 전쟁은 일본의 승리로 끝났고, 양 국가는 **시모노세키 조약**을 맺어 전쟁을 마무리 지었다(1895. 3.). 일본은 이 조약을 통해 청의 요동 반도(랴오둥 반도)를 차지하려고 하였다. 그러자 요동 반도에 눈독을 들이고 있었던 러시아가 독일, 프랑스와 함께 일본에 압력을 넣어 요동 반도를 포기하게 만들었다(**삼국 간섭**, 1895. 3.). 이런 상황을 지켜보던 조선 정부는 '최강자'는 러시아라고 판단하였다. 삼국 간섭의 영향으로 **친러 내각이 수립**되었다. 조선의 친러 정책에 위기를 느낀 **일본**은 '친러 정부의 수장' **명성 황후를 시해**하였다(**을미사변**, 1895. 8.).

> 일본군의 엄호 속에 사복 차림의 일본인들이 건청궁으로 침입하였다. 그들은 왕과 왕후의 처소로 달려가 몇몇은 왕과 왕태자의 측근들을 붙잡았고, 다른 자들은 왕후의 침실로 향하였다. …… 의녀가 나서서 손수건으로 죽은 왕후의 얼굴을 덮어 주었다. – 주한 영국 영사의 보고문 [56회]

삼국 간섭과 을미사변을 배경으로, **을미개혁**이 전개되었다. 을미개혁에서는 ☆**태양력**을 채택하고, ☆**건양(建陽)**이라는 독자적인 연호를 사용하였다. 그리고 **단발령을 시행**하였다. 고종은 아내를 잃은 상태에서 눈물을 흘리며 상투도 잘라야 했다. 을미사변으로 인하여 궁궐은 더 이상 안전한 공간이 되지 못했다. 일본의 압력이 강해지자 친러파는 러시아 공사와 함께 **고종의 거처를** ☆**러시아 공사관으로 옮겼다**(**아관 파천**, 1896).

기출 한 컷 [41회]

기출 핵심 키워드 암기

① 을미개혁 – [ㅌㅇㄹ]을 채택하고 [ㄱㅇ]이라는 연호를 제정하였다. [36·33회]
② 아관 파천 – 고종이 [ㄹㅅㅇ ㄱㅅㄱ]으로 거처를 옮겼다. [50·37회]

정답 ① 태양력, 건양 ② 러시아 공사관

빈출 개념 한눈에 암기하기

1. 동학 농민 운동

교조 신원 운동	동학의 2대 교주 1) ______ 이 주도, 삼례 집회·보은 집회 개최
고부 민란	고부 군수 조병갑의 횡포 → 고부 민란 → 정부가 안핵사 2) ______ 파견
제1차 농민 봉기	안핵사 이용태의 농민 탄압 → 백산 봉기(4대 강령 발표) → 농민군의 황토현·황룡촌 전투 승리 → 농민군의 전주성 점령 → 정부가 청에 군사 지원 요청
청·일군의 상륙 및 전주 화약 체결	청군의 국내 상륙 → 일본군도 톈진 조약에 근거하여 상륙 → 정부와 농민군의 3) ______ 체결(정부: 교정청 설치, 농민: 폐정 개혁안 12개조 발표, 4) ______ 설치)
제2차 농민 봉기	일본의 5) ______ 점령 및 내정 간섭 → 농민군의 삼례 재봉기, 남접(전봉준)과 북접(손병희)의 연합 → 농민군의 공주 우금치 전투 패배 → 전봉준 등 동학 지도부 체포

2. 갑오개혁과 을미개혁

제1차 갑오개혁	• 6) ______ 설치 → 근대적 개혁 추진 • 개국 기원 사용(청의 연호 폐지), 6조를 7) ______ 으로 개편, 공·사 노비법 혁파, 과거제 폐지, 연좌제 등 악습 폐지, 과부의 재가 허용 등
제2차 갑오개혁	• 8) ______ 반포 → 개혁의 기본 방향 제시 • 교육 입국 조서 반포(교육의 기본 방향 제시) → 한성 사범 학교 설립, 신식 재판소 설치, 전국 8도를 9) ______ 로 개편 등
을미개혁	태양력 채택, '10) ______ ' 연호 사용, 단발령 시행 등

정답 1) 최시형 2) 이용태 3) 전주 화약 4) 집강소 5) 경복궁 6) 군국기무처 7) 8아문 8) 홍범 14조 9) 23부 10) 건양

실전 연습

퀴즈

1 키워드와 관련된 것을 알맞게 연결해보세요.

① 제1차 갑오개혁 • • ㉠ 태양력 채택
② 을미개혁 • • ㉡ 한성 사범 학교 설립
③ 제2차 갑오개혁 • • ㉢ 과거제 폐지

2 〈보기〉에서 골라 빈칸을 채워보세요.

보기
군국기무처 교육 입국 조서 집강소

① 1894년 5월에 동학 농민군은 정부와 약조를 맺고 ( )를 설치하였다. [49·48회]
② 제1차 갑오개혁 때에는 ( )를 설치하여 근대적 개혁을 추진하였다. [51·49회]
③ 제2차 갑오개혁 때에는 교육의 기본 방향을 제시한 ( )를 반포하였다. [53·48회]

3 아래 표에 있는 초성을 완성해보세요.

구분	1차 동학 농민 운동의 전개
배경	안핵사 ㅇㅇㅌ가 농민을 탄압함
전개	백산 집결 → 격문과 4대 강령 발표함 → 황토현 전투 → ㅎㄹㅊ 전투 → 전주성 점령
결과	청·일군의 상륙 → 정부와 동학 농민군이 ㅈㅈ ㅎㅇ을 체결함

4 아래 기출 사료와 관련 있는 사건을 써보세요.

아침 7시가 될 무렵 왕과 세자는 궁녀들이 타는 가마를 타고 몰래 궁을 떠났다. 탈출은 치밀하게 계획된 것이었다. 1주일 전부터 궁녀들은 몇 채의 가마를 타고 궐문을 드나들어서 경비병들이 궁녀들의 잦은 왕래에 익숙해지도록 했다. …… 왕과 세자는 긴장하며 러시아 공사관에 도착했다.
– F. A. 매켄지의 기록 [49회]

→ □□ □□

정답
1 ① ㉢ ② ㉠ ③ ㉡ 2 ① 집강소 ② 군국기무처 ③ 교육 입국 조서
3 이용태, 황룡촌, 전주 화약 4 아관 파천

대표 기출 문제

1
47회 34번

(가)에 들어갈 내용으로 가장 적절한 것은? [2점]

한국사 동영상 제작 계획안

제목: 떨어진 녹두꽃

○학년 ○반 ○모둠

▣ 제작 의도
동학 농민 운동의 전개 과정을 시간 순으로 살펴보면서 그들이 추구한 사회의 모습을 알아본다.
▣ 장면별 구성 내용
#1. 고부 농민들, 폭정에 항거하여 봉기하다
#2. 황토현에서 관군을 물리치다
#3. 동학 농민군이 정부와 전주 화약을 체결하다
#4. (가)
#5. 동학 농민군의 지도자, 전봉준이 체포되다

① 최시형이 동학의 2대 교주가 되다
② 백산에서 집결하여 4대 강령을 발표하다
③ 우금치에서 관군과 일본군에 맞서 싸우다
④ 황룡촌 전투에서 장태를 이용하여 승리하다
⑤ 서울에서 교조 신원을 위한 복합 상소를 올리다

2
49회 33번

(가) 인물에 대한 설명으로 옳은 것은? [1점]

선 고 서

고부 군수 조병갑이 부임하여 학정을 행하니 (가) 은/는 그 무리를 이끌고 고부 관아의 창고를 털어 곡식을 농민에게 나누어 주었다. …… 무장에서 일어나 장성에 이르러 관군을 격파하고, 밤낮없이 행군하여 전주성에 들어가니 전라 감사는 이미 도망하였다. …… 위에 기록한 사실은 피고와 공모자 손화중 등이 자백한 공초, 압수한 증거에 근거한 것이니 이에 피고 (가) 을/를 사형에 처한다.

① 단발령 시행에 반발하여 의병을 일으켰다.
② 우금치에서 일본군 및 관군에 맞서 싸웠다.
③ 동학의 2대 교주로 교조 신원 운동을 주도하였다.
④ 명동 성당 앞에서 이완용을 습격하여 중상을 입혔다.
⑤ 13도 창의군을 지휘하여 서울 진공 작전을 전개하였다.

3

47회 33번

밑줄 그은 '개혁'의 내용으로 옳지 않은 것은? [3점]

은본위제 채택을 포함한 여러 안건을 처리했다고 들었네.

① 과거제를 폐지하였다.
② 연좌제를 금지하였다.
③ 공·사 노비법을 혁파하였다.
④ 과부의 재가를 허용하였다.
⑤ 건양이라는 연호를 채택하였다.

4

49회 34번

다음 대화에 나타난 상황 이후의 사실로 옳은 것은? [3점]

며칠 전 러시아, 프랑스, 독일의 압력으로 일본이 청에 랴오둥 반도를 반환했다는 소식 들었는가?
들었네. 우리도 이 기회에 러시아를 이용하여 일본의 간섭에서 벗어날 방도를 찾아야 할 것이네.

① 조·청 상민 수륙 무역 장정을 체결하였다.
② 건양이라는 독자적인 연호를 사용하였다.
③ 행정 기구를 6조에서 8아문으로 개편하였다.
④ 군국기무처를 설치하여 근대적 개혁을 추진하였다.
⑤ 영국이 러시아를 견제하기 위해 거문도를 점령하였다.

5

46회 34번

밑줄 그은 '내각'에서 추진한 정책으로 옳은 것은? [2점]

이번에 새로 구성된 내각에서 태양력을 채택했다고 하더군.
나도 들었네. 올해 11월 17일을 새해 1월 1일로 삼는다는군. 이번 조치로 한동안 혼란이 있을 것 같네.

① 건양이라는 연호를 제정하였다.
② 전국 8도를 23부로 개편하였다.
③ 황제 직속의 원수부를 설치하였다.
④ 박문국을 설치하여 한성순보를 발행하였다.
⑤ 공·사 노비법을 혁파하고 과거제를 폐지하였다.

6

47회 35번

(가) ~ (다)를 일어난 순서대로 옳게 나열한 것은? [3점]

> (가) 왕이 경복궁을 나오니 이범진, 이윤용 등이 러시아 공사관으로 옮기게 하였다. 김홍집 등이 군중에게 잡혀 살해되자 유길준, 장박 등은 도주하였다.
> (나) 오늘 대군주 폐하께서 내리신 조칙에서 "짐이 신민(臣民)에 앞서 머리카락을 자르니, 너희들은 짐의 뜻을 잘 본받아 만국과 나란히 서는 대업(大業)을 이루라."라고 하셨다.
> (다) 광화문을 통해 들어온 일본 병사들은 건청궁으로 침입하였다. …… 일본 장교는 흉악한 일본 자객들이 왕후를 수색하는 것을 도왔다. 자객들은 여러 방을 샅샅이 뒤졌고 마침내 왕후를 찾아내어 시해하였다.

① (가) - (나) - (다)
② (가) - (다) - (나)
③ (나) - (가) - (다)
④ (나) - (다) - (가)
⑤ (다) - (나) - (가)

대표 기출 문제의 정답 및 문제풀이 방법을 다음 페이지에서 확인하세요. ➜

대표 기출 문제 정답 및 문제풀이 방법

1	2	3	4	5	6
③	②	⑤	②	①	⑤

1 우금치 전투

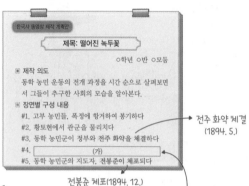

한국사 동영상 제작 계획안

제목: 떨어진 녹두꽃

○학년 ○반 ○모둠

▣ 제작 의도
동학 농민 운동의 전개 과정을 시간 순으로 살펴보면서 그들이 추구한 사회의 모습을 알아본다.

▣ 장면별 구성 내용
#1. 고부 농민들, 폭정에 항거하여 봉기하다
#2. 황토현에서 관군을 물리치다
#3. 동학 농민군이 정부와 전주 화약을 체결하다
#4. (가)
#5. 동학 농민군의 지도자, 전봉준이 체포되다

전주 화약 체결 (1894. 5.)

전봉준 체포(1894. 12.)

③ 우금치에서 관군과 일본군에 맞서 싸우다.
→ 우금치 전투(1894. 11.)

동학 농민 운동은 '고부 봉기 → 무장·백산 봉기 → 황토현·황룡촌 전투 → 청·일 동시 파병 → 전주 화약 → 일본의 경복궁 점령 → 우금치 전투 → 전봉준 체포'의 순서로 전개되었다. 전주 화약과 전봉준 체포 사이에는 우금치 전투가 들어갈 수 있다.

오답 체크

모두 전주 화약 체결(1894. 5.) 이전의 사실이다.
① 최시형이 동학의 2대 교주가 되다 → 1863년
② 백산에서 집결하여 4대 강령을 발표하다 → 1894년 3월
④ 황룡촌 전투에서 장태를 이용하여 승리하다 → 1894년 4월
⑤ 서울에서 교조 신원을 위한 복합 상소를 올리다 → 1893년 2월

또 나올 암기 포인트

제2차 동학 농민 운동

배경	일본의 경복궁 점령 → 내정 간섭 심화
전개	농민군 재봉기(삼례), 남접 + 북접 집결 → 공주 우금치 전투(11월)에서 관군과 일본군에 패배 → 동학 지도부(전봉준) 체포·처형(12월)

2 전봉준

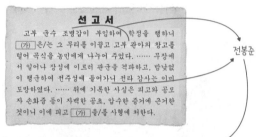

선 고 서

고부 군수 조병갑이 부임하여 학정을 행하니 (가) 은/는 그 무리를 이끌고 고부 관아의 창고를 털어 곡식을 농민에게 나누어 주었다. …… 무장에서 일어나 장성에 이르러 관군을 격파하고, 밤낮없이 행군하여 전주성에 들어가니 전라 감사는 이미 도망하였다. …… 위에 기록한 사실은 피고와 공모자 손화중 등이 자백한 공초, 압수한 증거에 근거한 것이니 이에 피고 (가) 을/를 사형에 처한다.

전봉준

② 우금치에서 일본군 및 관군에 맞서 싸웠다.

고부 군수 조병갑의 학정(가혹한 정치)에 항거하여 전봉준을 지도자로 동학 농민 운동이 일어났다(1894). 전봉준을 비롯한 동학 농민군은 정부와 전주 화약을 맺어 잠시 해산하였지만, 이후 일본이 경복궁을 점령하자 이에 반발하여 다시 봉기를 일으켰으나, 공주 우금치에서 일본군 및 관군에 패배하였다.

오답 체크

① 단발령 시행에 반발하여 의병을 일으켰다. → 유인석 등
③ 동학의 2대 교주로 교조 신원 운동을 주도하였다. → 최시형
④ 명동 성당 앞에서 이완용을 습격하여 중상을 입혔다. → 이재명
⑤ 13도 창의군을 지휘하여 서울 진공 작전을 전개하였다.
→ 이인영, 허위

3 제1차 갑오개혁

얼마 전에 정부가 교정청을 폐지하고 군국기무처를 설치하여 대대적인 개혁을 단행했다는군.
은본위제 채택을 포함한 여러 안건을 처리했다고 들었네.
제1차 갑오개혁

⑤ 건양이라는 연호를 채택하였다. → 을미개혁

군국기무처를 설치하고 은본위제 채택 등 개혁을 단행한 것은 제1차 갑오개혁이다(1894). 한편 이 시기의 개혁은 제1차 갑오개혁(1894), 제2차 갑오개혁(1894~1895), 을미개혁(1895)으로 구분되는데, 건양이라는 연호를 채택한 개혁은 을미개혁이다.

오답 체크

① 제1차 갑오개혁 때 과거제를 폐지하였다.
② 제1차 갑오개혁 때 연좌제를 금지하였다.
③ 제1차 갑오개혁 때 공·사 노비법을 혁파하였다.
④ 제1차 갑오개혁 때 과부의 재가를 허용하였다.

4 삼국 간섭 이후의 사실

며칠 전 러시아, 프랑스, 독일의 압력으로 일본이 청에 랴오둥 반도를 반환했다는 소식 들었는가?
들었네. 우리도 이 기회에 러시아를 이용하여 일본의 간섭에서 벗어날 방도를 찾아야 할 것이네.
삼국 간섭 (1895)

② 건양이라는 독자적인 연호를 사용하였다. → 을미개혁(1895)

청·일 전쟁에서 **일본이 승리**한 후, 시모노세키 조약에 따라 **청은 일본에 랴오둥(요동) 반도를 할양**하게 되었다. 그러자 러시아, 프랑스, 독일이 일본을 압력하여 **일본은 청에 랴오둥 반도를 반환**하게 되었다(**삼국 간섭**, 1895). 한편, 삼국 간섭 이후에 **건양이라는 독자적인 연호를 사용한 을미개혁**이 추진되었다(1895).

오답 체크

모두 삼국 간섭(1895) 이전의 사실이다.

① **조·청 상민 수륙 무역 장정**을 체결하였다.
  → **조·청 상민 수륙 무역 장정(1882)**

③ 행정 기구를 **6조에서 80아문으로 개편**하였다.
  → **제1차 갑오개혁(1894)**

④ **군국기무처를 설치**하여 근대적 개혁을 추진하였다.
  → **제1차 갑오개혁(1894)**

⑤ **영국**이 러시아를 견제하기 위해 **거문도를 점령**하였다.
  → **거문도 사건(1885~1887)**

5 을미개혁

김홍집 내각(제4차)
이번에 새로 구성된 내각에서 태양력을 채택했다고 하더군.
나도 들었네. 올해 11월 17일을 새해 1월 1일로 삼는다는군. 이번 조치로 한동안 혼란이 있을 것 같네.
을미개혁

① 건양이라는 연호를 제정하였다.

태양력을 채택하여, 음력 1895년 11월 17일을 양력 1896년 1월 1일로 정한 개혁은 **을미개혁**이다(1895). 이때부터 **건양(建陽)이라는 연호를 사용**하였다.

오답 체크

② 전국 8도를 23부로 **개편**하였다. → **제2차 갑오개혁**

③ 황제 직속의 **원수부를 설치**하였다. → **광무개혁**

④ **박문국을 설치**하여 한성순보를 발행하였다. → **초기 개화 정책**

⑤ **공·사 노비법을 혁파**하고 **과거제를 폐지**하였다. → **제1차 갑오개혁**

✔ 또 나올 암기 포인트

갑오·을미개혁

제1차 갑오개혁	• 정치: 왕실과 정부 사무 분리, 개국 기원 사용, 과거제 폐지, 6조를 80아문으로 개편 • 사회: 공·사 노비제 폐지, 과부의 재가 허용
제2차 갑오개혁	• 정치: 80아문을 내각과 7부로 개편, 8도를 23부로 개편 • 사회: 재판소 설치, 사법권 독립 • 교육: 교육 입국 조서 반포
을미개혁	• 정치: '건양' 연호 사용, 친위대·진위대 설치 • 사회: 단발령 반포, 태양력 사용

6 을미사변 이후의 사건

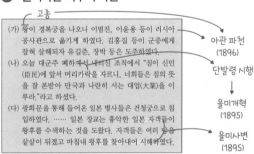

(가) 왕이 경복궁을 나오니 이범진, 이윤용 등이 러시아 공사관으로 옮기게 하였다. 김홍집 등이 군중에게 잡혀 살해되자 유길준, 장박 등은 도주하였다. (고종 → 아관 파천 (1896))

(나) 오늘 대군주 폐하께서 내리신 조칙에서 "짐이 신민(臣民)에 앞서 머리카락을 자르니, 너희들은 짐의 뜻을 잘 본받아 만국과 나란히 서는 대업(大業)을 이루라."라고 하셨다. (단발령 시행 → 을미개혁 (1895))

(다) 광화문을 통해 들어온 일본 병사들은 건청궁으로 침입하였다. …… 일본 장교는 흉악한 일본 자객들이 왕후를 수색하는 것을 도왔다. 자객들은 여러 방을 샅샅이 뒤졌고 마침내 왕후를 찾아내어 시해하였다. (을미사변 (1895))

⑤ (다) - (나) - (가)
을미사변 - 을미개혁 - 아관 파천

(다) **을미사변**(1895) : 경복궁 **건청궁**에서 **일본 자객이 왕후**(명성 황후)**를 찾아내어 시해**하였다.

(나) **을미개혁**(1895) : 을미개혁 때 **대군주 폐하**(고종)가 신민에 앞서 **머리카락을 잘랐다**(단발령).

(가) **아관 파천**(1896) : 을미사변 이후 **왕**(고종)**이 신변의 위협을 느끼고 러시아 공사관으로 거처를 옮겼다.**

인물 서재필, 고종 정책 광무개혁 사건 대한 제국 선포, 만민 공동회, 관민 공동회

24강 독립 협회와 대한 제국

거의 같은 시기에 독립 협회라는 단체와 대한 제국이라는 국가가 생겼습니다. 입헌 군주제를 주장한 독립 협회와 전제 군주제를 고집한 대한 제국은 충돌할 수밖에 없었습니다. 독립 협회가 헌의 6조를 내세웠다면, 대한 제국은 대한국 국제를 반포하여 상반되는 면모를 보였습니다.

서재필 ▶

1 독립 협회

| 독립 협회가 창립되다

갑신정변이 일어났을 때 정부 요인들을 처단하는 역할은 서재필이 담당하였다. 갑신정변이 3일 천하로 끝나자, 서재필은 김옥균, 박영효 등과 함께 일본으로 망명하였다. 그러나 갑신정변을 도와준다고 했던 일본도 이들을 외면하자 어쩔 수 없이 미국으로 다시 망명하였다. 이때 '반역자의 가족'이 되어 국내에 머물고 있던 서재필의 부모와 아내는 자살했고, 두 살 된 아들은 굶어 죽었다. 서재필은 이런 아픔을 딛고 미국에서 공부를 시작했다.

10년의 세월이 지난 후 서재필은 조선으로 돌아왔다(1895). 그러나 얼마 지나지 않아 아관 파천이 일어났다(1896). 아관 파천 중에 **서재필**은 **독립신문을 창간**하고, **독립 협회도 창립**하였다(1896).

독립문

독립 협회는 청의 사신을 맞이하는 문이던 **영은문**을 없애고 그 자리에 **독립문을 세웠다**(1897). 독립 협회의 '독립'은 일본으로부터의 독립이 아니라, 중국·러시아 등 강대국으로부터의 '독립'이었다.

독립 협회의 초기 활동은 민중 계몽을 위해 **토론회**와 **강연회를 개최**하고, 『대조선 독립 협회 회보』와 같은 잡지를 발간하는 것이었다. 계몽이란 무지한 백성들을 가르쳐서 깨우친다는 의미로, 우리나라에 계몽이라는 단어를 본격적으로 도입한 단체가 바로 독립 협회였다.

기출 핵심 키워드 암기

① 독립 협회 – 독립 협회를 창립하고 [ㄷㄹㅁ]을 세웠다. [41회]
② 독립 협회 – 민중 계몽을 위해 [ㅌㄹㅎ]와 강연회를 개최하였다. [31회]

정답 ① 독립문 ② 토론회

정치 활동을 전개하다

독립 협회의 활동은 점차 정치 활동으로 옮겨갔다. 독립 협회는 정치 집회인 만민 공동회를 열고, **러시아의 절영도 조차 요구를 저지**시켰다(1898). 러시아는 절영도(지금의 부산 영도)에 자국 선박을 위한 석탄 창고를 만들겠다면서 절영도를 빌려 달라고 요구했으나, 독립 협회가 저지시킨 것이다.

독립 협회는 **만민 공동회**에서 민권(民權) 신장을 추구하였다. 민권의 핵심은 '백성들의 정치 참여권'이다. 독립 협회는 자유 민권 운동을 전개하고 국민 참정권을 실현하기 위해 **의회 설립 운동**을 추진하였다. 정부의 **박정양 내각**은 독립 협회의 제안을 받아들여 **중추원 관제 개편을 추진**하였다.

> 제1조 중추원은 아래에 열거한 사항을 심사하고 의정(議定)하는 곳으로 할 것이다.
> 1. 법률, 칙령의 제정과 폐지 혹은 개정하는 것에 관한 사항
> 2. 의정부에서 토의를 거쳐 임금에게 상주(上奏)하는 일체 사항
>
> – 독립 협회 51회

1898년 하반기에는 '민간 단체'인 독립 협회에 박정양 내각이 함께 했는데, 이렇게 관(官)과 민(民)이 함께 한 만민 공동회를 **관민 공동회**라고 부른다. 관민 공동회에서 독립 협회의 주장을 담은 **헌의 6조가 결의**되었다. 관민의 협력을 강조한 헌의 6조에서는 고종의 눈치를 보면서도, '황제의 권한을 제한'하려는 입헌 정치의 뜻을 내비쳤다.

기출 핵심 키워드 암기

① 독립 협회 – 러시아의 [ㅈㅇㄷ] 조차 요구를 저지시켰다. [72회]
② 독립 협회 – [ㅁㅁ ㄱㄷㅎ]를 열어 민권 신장을 추구하였다. [48·43회]
③ 독립 협회 – [ㅈㅊㅇ] 개편을 통해 의회 설립을 추진하였다. [71·69회]
④ 독립 협회 – [ㄱㅁ ㄱㄷㅎ]가 개최되어 [ㅎㅇ 6ㅈ]를 결의하였다. [69회]

정답 ① 절영도 ② 만민 공동회 ③ 중추원 ④ 관민 공동회, 헌의 6조

고종, 독립 협회를 해산시키다

독립 협회가 주장한 것은 분명히 '입헌 정치 체제'였다. 그러나 고종 밑에 있던 보수적 관료들은 '독립 협회가 황제를 폐하고 공화 정치 체제로 바꾸려 한다'고 모함하기 시작했다.

> 익명서는 "독립 협회가 11월 5일 본관에서 대회를 열고, 박정양을 대통령으로, 윤치호를 부통령으로 …… 임명하여 나라의 체제를 공화 정치 체제로 바꾸려 한다."라고 꾸며서 폐하께 모함하고자 한 것이다.
>
> – 정교, 『대한계년사』 43회

독립 협회 간부들은 체포되었고, 정부는 **황국 협회(보부상 단체)**를 동원하여 독립 협회와 충돌하게 하였다. 이것을 계기로 독립 협회는 완전히 해산되었다(1898).

2 대한 제국

대한 제국을 수립하다

을미사변 이후 '우리도 황제국이 되어서 국가의 위상을 높이자!'라는 여론이 높아져 있었다. 아관파천으로 러시아 공사관에 머물던 고종이 약 1년 만에 경운궁(지금의 덕수궁)으로 돌아온 뒤, 여론의 기대에 부응하여 **연호를 광무**로 고치고, **국호를 대한 제국**(大韓帝國, 1897. 10.~1910. 8.)으로 선포하였다. 대한 제국은 황제의 측근 세력을 중심으로 **전제 군주제를 지향**하였다. 황제(皇帝)는 하늘에 제사를 지낼 수 있지만, 왕(王)은 하늘에 제사를 지낼 수 없다. 조선도 황제국이 되었으니, 하늘에 제사를 지내는 제천단인 환구단(원구단)을 세웠다. 고종은 **환구단에서 황제 즉위식을 거행**하였다(1897).

광무개혁, 옛것을 바탕으로 개혁을 추진하다

대한 제국의 첫 번째 연호가 광무(光武)였으므로, 대한 제국의 개혁을 **광무개혁**이라고 한다. 광무개혁은 **구본신참(舊本新參)**에 입각하여 개혁을 추진하였다. 정치 분야는 옛 제도를 근본으로 하지만, 경제·사회 등 나머지 분야는 모두 바꾸자는 방향이었다.

구본(舊本)을 위하여, 고종은 대한 제국의 헌법과 같은 **대한국 국제(大韓國國制)를 반포**하였다(1899). 대한국 국제에서는 군대 통수권, 입법권, 행정권, 사법권, 외교권, 인사권 등이 모두 '황제의 것'이라고 규정하였다. 이를 바탕으로 대한 제국은 황제 직속 군사 기관인 **원수부를 설치**하였다. 시위대(왕실 호위), 친위대(중앙군), 진위대(지방군) 위에 원수부를 설치하고, '모든 군대는 황제의 것'이라고 말한 것이다.

대한 제국은 외교력 강화에도 힘을 쏟았다. 연해주에 있는 우리 동포들을 보호하기 위해 **해삼위 통상 사무**를 설치하고, 북간도에 거주하는 교민을 보호하기 위해 **이범윤을 간도 관리사로 임명**하였다.

신참(新參)을 위하여 대한 제국은 지계를 발급하였다. 지계(地契)란 토지 소유권을 증명하는 문서, 즉 '땅문서'이다. 대한 제국은 **양지아문**이라는 관청을 설치(1898)하여 **양전 사업**(토지 측량)을 하고, **지계아문**을 설치(1901)해서 **지계를 발급**하였다. 그러나 이것은 토지가 '누구 땅인지를 확인해주는 것'일 뿐, '땅을 주는 것'은 아니었다. 그리고 이 지계 발급은 1904년 2월 러·일 전쟁이 일어나면서 중단되었다.

이 외에도 대한 제국은 실업 교육을 강조하고, 외국에 유학생들을 파견하여 기술을 배워오게 하였다. 그 결과 상공 학교, 실업 학교, 철도 학교, 양잠 학교 등의 교육 기관이 설립되었다.

빈출 개념 한눈에 암기하기

1. 독립 협회

창립	1) ______ 이 독립신문 창간, 독립 협회를 창립하고 독립문 건립
활동	• 민중 계몽 운동: 토론회·강연회 개최 • 이권 수호 운동: 러시아의 2) ______ 조차 요구 저지 • 3) ______ 개최: 민권 신장 추구 • 의회 설립 운동: 4) ______ 관제 개편을 통한 의회 설립 추진 • 관민 공동회 개최: 5) ______ 결의
해산	정부가 황국 협회를 동원하여 독립 협회 해산

2. 대한 제국

대한 제국 수립	고종이 아관 파천 이후 경운궁(덕수궁)으로 환궁 → 연호를 '광무'로 고치고, 국호를 '대한 제국'으로 선포, 6) ______ 에서 황제 즉위식 거행
광무개혁	• 성격: 7) ______ 에 입각하여 점진적 개혁 추진 • 대한국 국제 반포: 전제 군주제 지향 • 8) ______ (황제 직속 군사 기관) 설치: 군 통수권 장악 • 간도 관리사 임명: 9) ______ 을 간도 관리사로 임명, 북간도 교민 보호 • 양지아문 설치: 양전 사업(토지 측량) 실시 • 지계아문 설치: 10) ______ (근대적 토지 증명서) 발급 • 교육 기관 설립: 상공 학교, 실업 학교, 철도 학교 등 설립

정답 1) 서재필 2) 절영도 3) 만민 공동회 4) 중추원 5) 헌의 6조 6) 환구단 7) 구본신참 8) 원수부 9) 이범윤 10) 지계

실전 연습

퀴즈

1 키워드와 관련된 것을 알맞게 연결해보세요.

① 민중 계몽 운동 •	• ㉠ 헌의 6조 결의
② 이권 수호 운동 •	• ㉡ 토론회·강연회 개최
③ 의회 설립 운동 •	• ㉢ 러시아의 절영도 조차 요구 저지

2 〈보기〉에서 골라 빈칸을 채워보세요.

보기
간도 관리사　　지계　　원수부

① 양전 사업을 실시하여 (　　　)를 발급하였다. [56·55회]

② 황제의 군사권을 강화하기 위하여 (　　　)를 설치하였다. [49·47회]

③ 이범윤을 (　　　)로 임명하였다. [47회]

3 아래 표에 있는 초성을 완성해보세요.

구분	대한 제국의 성립(1897)
배경	고종이 ㅇㄱ ㅍㅊ 이후 약 1년 만에 경운궁으로 환궁함
성립	고종이 ㅎㄱㄷ에서 황제 즉위식을 거행하고 국호를 '대한 제국'으로 선포함
주요 활동	구본신참에 입각한 ㄱㅁㄱㅎ을 추진함

4 아래 기출 사료와 관련 있는 집회를 써보세요.

의장은 대황제 폐하가 글로 칙수(勅授)하고, 부의장은 중추원에서 공천에 따라 폐하가 칙수하며, 의관은 그 절반은 정부에서 나라에 공로가 있었던 사람을 회의에서 상주하여 추천하고 그 절반은 인민협회(人民協會) 중에서 27세 이상 되는 사람이 정치, 법률, 학식에 통달한 자를 투표해서 선거할 것이다. [51회]

→ □□ □□□

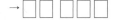

정답
1 ① ㉡ ② ㉢ ③ ㉠　2 ① 지계 ② 원수부 ③ 간도 관리사
3 아관 파천, 환구단, 광무개혁　4 관민 공동회

대표 기출 문제

1

[53회 36번]

(가) 단체에 대한 설명으로 옳은 것은? [1점]

이달의 독립운동가

국권을 지키기 위해 노력한 남궁억

- 생몰년: 1863~1939
- 생애 및 활동

서울 정동에서 태어났다. 동문학에서 교육을 받았다. 1896년 서재필 등과 함께 (가) 을/를 창립하여 활동하였다. (가) 의 의회 설립 운동이 공화제를 수립하려는 것이라는 의심을 받아 이상재 등과 함께 체포되었다. 러시아와 일본의 한국 침략을 고발하는 논설과 기사를 실은 황성신문 사장을 역임하였다. 정부는 그의 공훈을 기려 건국훈장 독립장을 추서하였다.

① 고종의 강제 퇴위 반대 운동을 전개하였다.
② 일제가 조작한 105인 사건으로 와해되었다.
③ 영은문이 있던 자리 부근에 독립문을 건립하였다.
④ 광주 학생 항일 운동의 진상 조사단을 파견하였다.
⑤ 독립운동 자금 마련을 위해 독립 공채를 발행하였다.

2

[46회 33번]

(가) 단체에 대한 설명으로 옳은 것은? [3점]

발신: V. 콜랭 드 플랑시(서울 주재 프랑스 공사)
수신: 아노토(프랑스 외무부 장관)

서울에서 러시아 교관들과 재정 고문의 체류를 반대하려는 움직임이 점점 거세졌습니다. 이를 주도하는 (가) 을/를 따라서 전 국민이 같은 입장을 취하였고 길거리에서 모임을 갖고 있습니다. 10일에 유명한 상인의 주재 하에 약 8,000명이 대로에 모여 러시아 장교들과 알렉세예프에 대한 송환을 외부 대신에게 어떻게 요구할 것인가에 대한 토론이 이루어졌습니다. 박수가 터지는 가운데 의견이 만장일치로 결정되었습니다.

① 만세보를 발행하여 민중 계몽에 힘썼다.
② 일본의 황무지 개간권 요구를 저지하였다.
③ 중추원 개편을 통한 의회 설립을 추진하였다.
④ 독립운동 자금 마련을 위해 독립 공채를 발행하였다.
⑤ 대성 학교와 오산 학교를 설립하여 인재를 양성하였다.

3

49회 35번

밑줄 그은 '협회'에 대한 설명으로 옳은 것은? [2점]

해산 명령을 철회하고 탄압을 중지하라!
정부가 우리 협회에 해산 명령을 내리고 보부상까지 동원하여 만민 공동회를 탄압하고 있습니다. 오늘 오후 종로에 모여 해산 명령 철회와 탄압 중지를 요구합시다.

① 대성 학교와 오산 학교를 설립하였다.
② 고종 강제 퇴위 반대 운동을 주도하였다.
③ 일본의 황무지 개간권 요구를 저지하였다.
④ 중추원 개편을 통해 의회 설립을 추진하였다.
⑤ 일본에 진 빚을 갚자는 국채 보상 운동을 전개하였다.

4

47회 36번

다음 조서가 반포된 이후 추진된 정책으로 옳은 것은? [2점]

> 여러 신하와 온 백성이 수십 차례나 글을 올려 한 목소리로 반드시 황제의 칭호로 높이라고 간청하였다. 나는 여러 번 사양했지만 끝내 거절할 수 없어 …… 백악산 남쪽에서 하늘과 땅에 제사를 지내고 황제의 자리에 올랐다. 나라 이름을 '대한'이라고 정하고 올해를 광무 원년으로 삼는다.

① 신식 군대인 별기군을 창설하였다.
② 청에 영선사로 김윤식을 파견하였다.
③ 군 통수권 장악을 위하여 원수부를 설치하였다.
④ 서양식 근대 교육 기관인 육영 공원을 설립하였다.
⑤ 개화 정책을 담당하는 통리기무아문을 신설하였다.

5

54회 34번

밑줄 그은 '개혁'의 내용으로 옳은 것은? [1점]

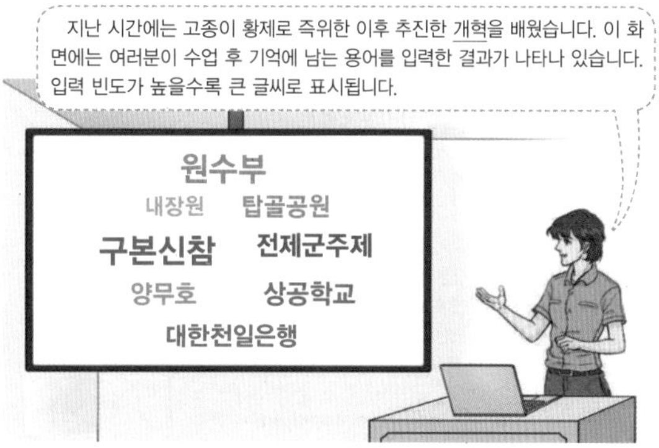

지난 시간에는 고종이 황제로 즉위한 이후 추진한 개혁을 배웠습니다. 이 화면에는 여러분이 수업 후 기억에 남는 용어를 입력한 결과가 나타나 있습니다. 입력 빈도가 높을수록 큰 글씨로 표시됩니다.
원수부
내장원
탑골공원
구본신참
전제군주제
양무호
상공학교
대한천일은행

① 5군영에서 2영으로 군제를 개편하였다.
② 양전 사업을 시행하여 지계를 발급하였다.
③ 박문국을 설치하여 한성순보를 발행하였다.
④ 개혁의 방향을 제시한 홍범 14조를 반포하였다.
⑤ 서양식 근대 교육 기관인 육영 공원을 설립하였다.

6

49회 37번

밑줄 그은 '개혁'에 대한 설명으로 옳은 것은? [1점]

구본신참을 원칙으로 추진된 개혁에 대해 말해보자.
상공업 진흥에 필요한 인재를 양성하기 위해 상공 학교를 세웠어.
양전 사업을 실시하여 지계를 발급했어.

① 과거제를 폐지하였다.
② 홍범 14조를 반포하였다.
③ 공사 노비법을 혁파하였다.
④ 전국 8도를 23부로 개편하였다.
⑤ 황제 직속의 원수부를 설치하였다.

대표 기출 문제의 정답 및 문제풀이 방법을 다음 페이지에서 확인하세요. ➜

대표 기출 문제 정답 및 문제풀이 방법

1	2	3	4	5	6
③	③	④	③	②	⑤

1 독립 협회

이달의 독립운동가

• 생몰년: 1863~1939
• 생애 및 활동
서울 정동에서 태어났다. 동문학에서 교육을 받았다. 1896년 서재필 등과 함께 (가) 을/를 창립하여 활동하였다. (가) 의 의회 설립 운동이 공화제를 수립하려는 것이라는 의심을 받아 이상재 등과 함께 체포되었다. 러시아와 일본의 한국 침략을 고발하는 논설과 기사를 실은 황성신문 사장을 역임하였다. 정부는 그의 공훈을 기려 건국훈장 독립장을 추서하였다.

→ 독립 협회

③ 영은문이 있던 자리 부근에 독립문을 건립하였다.

남궁억이 서재필 등과 함께 창립하였으며, 의회 설립 운동을 전개하였던 (가) 단체는 **독립 협회**이다(1896). 독립 협회는 **청의 사신을 맞이하던 영은문을 헐고, 그 부근에 독립문을 세웠다.**

오답 체크

① **고종의 강제 퇴위 반대 운동**을 전개하였다. → **대한 자강회**
② 일제가 조작한 **105인 사건으로 와해**되었다. → **신민회**
④ **광주 학생 항일 운동**의 진상 조사단을 파견하였다. → **신간회**
⑤ 독립운동 자금 마련을 위해 **독립 공채를 발행**하였다.
→ **대한민국 임시 정부**

또 나올 암기 포인트

독립 협회의 활동

민중 계몽 운동	• 독립신문 배포 • 강연회와 토론회 개최 • 독립문 건립
자주 국권 운동	만민 공동회 개최 → 러시아의 절영도 조차 요구 저지
의회 설립 운동	관민 공동회 개최 → 헌의 6조 채택

2 독립 협회

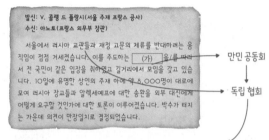

발신: V. 콜랭 드 플랑시(서울 주재 프랑스 공사)
수신: 아노토(프랑스 외무부 장관)

서울에서 러시아 교관들과 재정 고문의 체류를 반대하려는 움직임이 점점 거세졌습니다. 이를 주도하는 (가) 을/를 따라서 전 국민이 같은 입장을 취하였고 길거리에서 모임을 갖고 있습니다. 10일에 유명한 상인의 주재 아래 약 8,000명이 대로에 모여 러시아 장교들과 알렉세예프에 대한 송환을 외부 대신에게 어떻게 요구할 것인가에 대한 토론이 이루어졌습니다. 박수가 터지는 가운데 의견이 만장일치로 결정되었습니다.

→ 만민 공동회 → 독립 협회

③ 중추원 개편을 통한 의회 설립을 추진하였다.

서울에서 **러시아 교관들과 재정 고문의 체류를 반대**하였다는 것은 아관 파천 이후 조선에 대한 영향력을 키운 러시아에 반대하는 것을 말한다. 반러 운동을 주도하며 **길거리에서 모임(만민 공동회)**을 갖은 (가) 단체는 **독립 협회**이다. 한편, 독립 협회는 **중추원 개편을 통한 의회 설립**을 추진하였다.

오답 체크

① **만세보**를 발행하여 민중 계몽에 힘썼다. → **천도교**
② 일본의 **황무지 개간권 요구를 저지**하였다. → **보안회**
④ 독립운동 자금 마련을 위해 **독립 공채를 발행**하였다.
→ **대한민국 임시 정부**
⑤ **대성 학교와 오산 학교를 설립**하여 인재를 양성하였다. → **신민회**

3 독립 협회

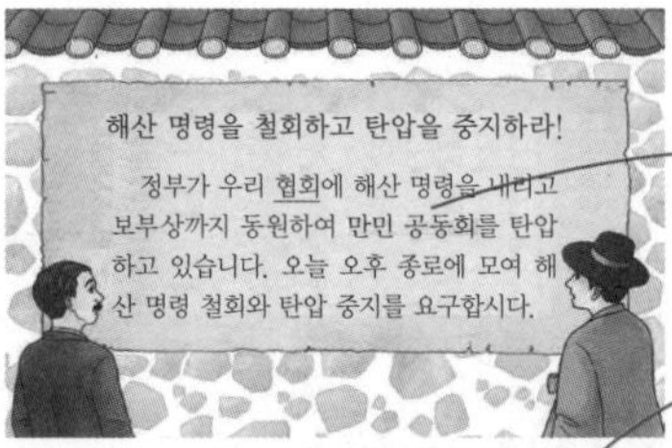
해산 명령을 철회하고 탄압을 중지하라!
정부가 우리 협회에 해산 명령을 내리고 보부상까지 동원하여 만민 공동회를 탄압하고 있습니다. 오늘 오후 종로에 모여 해산 명령 철회와 탄압 중지를 요구합시다.

→ 독립 협회

④ 중추원 개편을 통해 의회 설립을 추진하였다.

독립 협회가 황제를 폐하고 공화제를 실시하려 한다고 주장하는 보수파의 모함으로 간부들이 체포되고, 해산 명령이 내려졌다. 이에 저항하자 고종은 **보부상 단체인 황국 협회를 동원하여 만민 공동회를 탄압**하고 유혈 충돌을 일으켜, 결국 독립 협회는 해산되었다. 한편, 독립 협회는 **중추원 개편을 통한 의회 설립을 추진**하였다.

오답 체크

① **대성 학교와 오산 학교를 설립**하였다. → **신민회**
② **고종 강제 퇴위 반대 운동을 주도**하였다. → **대한 자강회**
③ **일본의 황무지 개간권 요구를 저지**하였다. → **보안회**
⑤ 일본에 진 빚을 갚자는 **국채 보상 운동을 전개**하였다.
→ **국채 보상 기성회**

4 대한 제국 선포 이후 추진된 정책

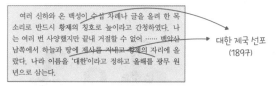

> 여러 신하와 온 백성이 수십 차례나 글을 올려 한 목소리로 반드시 황제의 칭호로 높이라고 간청하였다. 나는 여러 번 사양했지만 끝내 거절할 수 없어 …… 백악산 남쪽에서 하늘과 땅에 제사를 지내고 황제의 자리에 올랐다. 나라 이름을 '대한'이라고 정하고 올해를 광무 원년으로 삼는다.

→ 대한 제국 선포 (1897)

③ 군 통수권 장악을 위하여 원수부를 설치하였다.

→ 1899년

아관 파천으로 러시아 공사관에 머물던 고종이 경운궁(덕수궁)으로 돌아온 뒤, **국호를 대한 제국, 연호를 광무**로 삼고, 스스로를 **황제**라 칭하여 독립 국가의 체제를 갖추었다. 대한 제국은 군사력을 황제에게 집중시키기 위하여 **황제 직속의 원수부를 설치**하고, 그 밑에 시위대, 친위대, 진위대를 소속시켰다.

오답 체크

모두 대한 제국 선포(1897) 이전의 사실이다.

① 신식 군대인 **별기군**을 **창설**하였다. → **1881년**

② 청에 **영선사**로 **김윤식**을 **파견**하였다. → **1881년**

④ 서양식 근대 교육 기관인 **육영 공원**을 **설립**하였다. → **1886년**

⑤ 개화 정책을 담당하는 **통리기무아문**을 **신설**하였다. → **1880년**

5 광무개혁

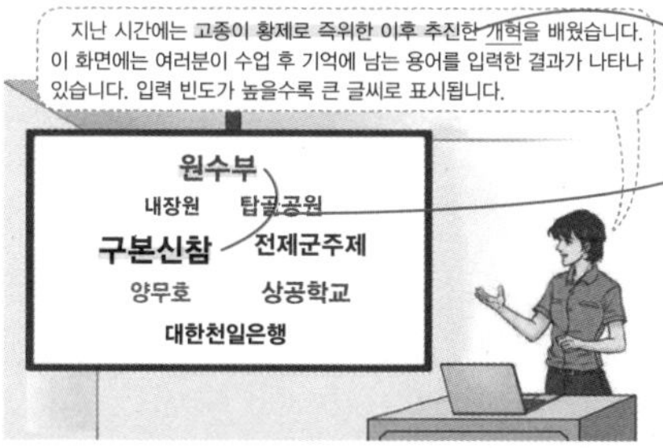
지난 시간에는 고종이 황제로 즉위한 이후 추진한 개혁을 배웠습니다. 이 화면에는 여러분이 수업 후 기억에 남는 용어를 입력한 결과가 나타나 있습니다. 입력 빈도가 높을수록 큰 글씨로 표시됩니다.
원수부
내장원
탑골공원
구본신참
전제군주제
양무호
상공학교
대한천일은행

→ 광무개혁

② 양전 사업을 시행하여 지계를 발급하였다.

고종이 황제로 즉위한 이후에 추진한 개혁으로서 **원수부, 구본신참** 등을 내세운 개혁은 **광무개혁**이다. 대한 제국은 광무개혁을 통해 조세 수입을 늘리고, 근대적인 토지 소유권 제도를 확립하기 위하여 **양전 사업을 시행하고 지계를 발급**하였다.

오답 체크

① 5군영에서 **2영**으로 군제를 개편하였다. → **초기 개화 정책**

③ **박문국**을 설치하여 **한성순보**를 발행하였다. → **초기 개화 정책**

④ 개혁의 방향을 제시한 **홍범 14조**를 반포하였다. → **제2차 갑오개혁**

⑤ 서양식 근대 교육 기관인 **육영 공원**을 설립하였다.
→ **초기 개화 정책**

6 광무개혁

구본신참을 원칙으로 추진된 개혁에 대해 말해보자.
상공업 진흥에 필요한 인재를 양성하기 위해 상공 학교를 세웠어.
양전 사업을 실시하여 지계를 발급했어.

→ 광무개혁

⑤ 황제 직속의 원수부를 설치하였다.

옛 제도를 근본으로 하고 새로운 제도를 참작한다는 **구본신참**을 원칙으로 삼고, **상공 학교**를 세우고, **지계를 발급**한 개혁은 **광무개혁**이다. 구본(舊本)은 곧 황제권의 강화를 의미하는데, 이에 따라 **원수부를 설치하여 군사력을 황제에게 집중**시켰다.

오답 체크

① **과거제**를 **폐지**하였다. → **제1차 갑오개혁**

② **홍범 14조**를 **반포**하였다. → **제2차 갑오개혁**

③ **공·사 노비법**을 **혁파**하였다. → **제1차 갑오개혁**

④ **전국 8도**를 **23부**로 **개편**하였다. → **제2차 갑오개혁**

또 나올 암기 포인트

광무개혁

정치	• 대한국 국제 반포: 전제 군주제 • 원수부 설치: 황제 직속 기관, 군 통수권 장악
경제	양전 사업 실시, 지계 발급
교육	상공 학교·실업 학교 등 설립, 산업 기술을 배우기 위해 유학생 파견

인물 이토 히로부미, 메가타, 스티븐스 조약 한·일 의정서, 제1차 한·일 협약, 을사늑약, 한·일 신협약

25강 국권 피탈 과정

우리나라가 일제의 식민지 시대가 될 때까지 일제는 여러 조약을 맺어 우리나라의 외교권, 군사권, 사법권, 경찰권 등을 빼앗아 갔습니다. 일제는 우리나라에 고문을 보내고, 통감을 보내고, 차관을 보내고 마침내 총독을 보내 나라를 강제 병합하였습니다. 이 모든 과정은 나라가 힘이 없으면 어떤 결과가 나타나는지 잘 보여줍니다.

헤이그 특사(이준, 이상설, 이위종) ▶

1 한반도를 둘러싼 러·일의 대립

러시아가 용암포를 점령하다

1900년에 중국에서 서양에 대한 반감을 노골적으로 드러낸 의화단 운동이 일어났다. 많은 나라들이 의화단 운동을 진압하기 위해 지원군을 보냈는데, 그중 한 나라가 러시아였다. 그런데 러시아군은 의화단 운동 진압 후에도 돌아가지 않고, 압록강 하류의 ☆**용암포를 점령**하고 강제로 조차(租借, 땅을 빌림)를 요구하였다(1903). 일본이 이에 항의하였고 러시아와 일본은 대치 국면에 들어갔다.

기출 핵심 키워드 암기

러시아가 ㅇㅇㅍ를 점령하고 조차를 요구하였다. [55회]

정답 용암포

러·일 전쟁이 발발하다

정말 전쟁이 일어날 것만 같았다. 그러자 고종은 '너희가 싸우더라도 우리는 건드리지 말라'는 전시(戰時) ☆**국외 중립을 선언**하였다(1904. 1.). 그러나 일본의 함대가 요동 반도 끝에 있는 뤼순 군항을 기습 공격하면서 **러·일 전쟁**이 일어났고(1904. 2.), 고종의 국외 중립 선언은 무시되었다.

기출 핵심 키워드 암기

고종이 ㄱㅇ ㅈㄹ을 선언하였다. [47·30회]

정답 국외 중립

2 일제의 국권 피탈 과정

일본이 한국의 내정에 간섭하다

1904년 2월에 발발한 러·일 전쟁은 1905년까지 계속되었다. 이 기간에 대한 제국은 일본과 한·일 의정서와 제1차 한·일 협약을 체결하였다. 최초의 국권 피탈은 **'한·일 의정서'**로 시작되었다(1904. 2.). 이른바 '군용지 조약'으로 러·일 전쟁을 위해 일본이 '군사 전략상 필요한 지점을 정황에 따라 차지하여 이용할 수 있다'는 것이 이 조약의 핵심이다.

> 제4조 …… 대한 제국 황실의 안녕과 영토 보전에 위험이 있을 경우에 대일본 제국 정부는 …… 군사 전략상 필요한 지점을 정황에 따라 차지하여 이용할 수 있다. - 한·일 의정서 [34회]

두 번째 국권 피탈 조약은 **'제1차 한·일 협약'**이었다(1904. 8.). 이 조약은 러·일 전쟁에서 승기를 잡은 일본이 한국에 고문을 파견하여 내정을 간섭하기로 한 조약이다. 제1차 한·일 협약에 따라 일본은 **재정 고문** 메가타와 **외교 고문** 스티븐스를 파견하였다.

> • 대한 제국 정부는 일본 제국 정부가 추천한 일본인 1명을 재정 고문에 초빙하여 재무에 관한 사항은 모두 그의 의견을 들어 시행할 것
> • 대한 제국 정부는 외국과의 조약 체결, 기타 중요한 안건의 처리에 관하여는 미리 일본 정부와 협의할 것 - 제1차 한·일 협약 [22회]

기출 핵심 키워드 암기

① 제1차 한·일 협약 - [ㅁㄱㅌ]가 재정 고문으로 부임하는 계기가 되었다. [57회]
② 제1차 한·일 협약 - [ㅅㅌㅂㅅ]가 외교 고문으로 부임하는 계기가 되었다. [41회]

정답 ① 메가타 ② 스티븐스

을사늑약(을사조약)이 체결되다

서구 열강은 일본의 한국 침략을 눈감아줬다. 미국은 필리핀을 차지하고 일본은 한국을 차지하기로 한다는 **'가쓰라-태프트 밀약'**으로 우선 미국이 한국에서 손을 뗐다(1905. 7.). 영국은 인도를 차지하고 일본은 한국을 차지하기로 한다는 **'제2차 영·일 동맹'**으로 영국도 한국에서 손을 뗐다(1905. 8.). 그리고 러·일 전쟁의 패배를 받아들이기 어려웠던 러시아도 **포츠머스 강화 조약**으로 인해 한국에서 손을 뗄 수밖에 없었다(1905. 9.). 이렇게 '가-영-포' 조약으로 서구 열강이 일본의 한국 침략을 묵인한 상태에서 '을사늑약'이 맺어졌다.

세 번째 국권 피탈 조약은 **'을사늑약(제2차 한·일 협약)'**이다(1905. 11.). 일본은 을사늑약으로 대한 제국의 **외교권을 박탈**하였다. 어느 나라에도 조약을 통해 '우리나라를 도와달라'는 말을 할 수 없게 만든 것이다. 외교를 전담하기 위해 **통감부(초대 통감: 이토 히로부미)를 설치**하고 일본인 통감을 앉혔는데, 실제로는 외교 이외에도 모든 것에 손을 댔다. 을사늑약은 우리나라 사람들에게 '나라가 실제로 망했다'는 인식을 주었다. 그래서 많은 사람이 자결을 했는데, 그중 대표적인 인물은 시종무관이었던 **민영환**이었다. 민영환은 '죽어도 죽지 않고 저승에서라도 제공을 기어이 돕겠다.'는 유서를 쓰고는 단도로 목을 찔러 자결하였다(1905). 이외에도 조병세, 송병찬, 이한응 등이 자결하였다. 또한 대한 제국의 고종 황제는 을사늑약이 무효임을 알리기 위해 네덜란드 **헤이그에서 열린 만국 평화 회의**에 이상설·이준·이위종을 특사로 파견하였다(1907). 그러나 특사는 회의 참석과 발언권이 거부되어 실질적인 효과를 거두지 못했고, 오히려 헤이그 특사 파견으로 인해 **고종 황제**만 일본에 의해 **강제 퇴위**당하고 말았다(1907).

헤이그 특사

기출 핵심 키워드 암기

① 을사늑약 – [ㅇㄱㄱ]이 강탈되고 [ㅌㄱㅂ]가 설치되었다. [52회]
② 을사늑약에 대한 저항 – 고종이 [ㅎㅇㄱ]에서 열린 만국 평화 회의에 특사를 파견하였다. [53회]

정답 ① 외교권, 통감부 ② 헤이그

대한 제국이 국권을 빼앗기다

네 번째 국권 피탈 조약은 **'한·일 신협약(정미 7조약)'**이다(1907). 이 조약에 따라 일본인이 정부의 **차관**으로 부임하면서 통감의 권한은 더욱 강화되었고, 부속 조약에 따라 대한 제국의 **군대는 강제적으로 해산**되었다(1907). 군대 해산으로 인해 시위대 대대장 **박승환**이 자결하고, 해산된 군인들은 의병에 가담하였다.

> 제2조 한국 정부의 법령 제정 및 중요한 행정상 처분은 미리 통감의 승인을 거칠 것.
> 제5조 한국 정부는 통감이 추천하는 일본인을 한국 관리에 임명할 것. – 한·일 신협약 [42·35회]

다섯 번째 국권 피탈 조약은 **'기유각서'**(1909)로 **사법권과 감옥 사무 처리권이 박탈**되었다. 마지막 국권 피탈 조약은 **'한·일 병합 조약'**이다(1910). 통감 데라우치와 총리대신 이완용이 양국의 대표로 체결한 이 조약으로 인해, 대한 제국의 주권은 완전히 일본으로 넘어갔다.

기출 핵심 키워드 암기

① 한·일 신협약 – 대한 제국의 [ㄱㄷ]가 해산되었다. [57회]
② 기유각서 – 일제에 [ㅅㅂㄱ]을 박탈당하였다. [52회]

정답 ① 군대 ② 사법권

빈출 개념 한눈에 암기하기

용암포 사건 (1903)	러시아의 1) ______ 불법 점령 및 조차 요구 → 러시아와 일본의 대치
↓	
러·일 전쟁 발발 (1904. 2.)	고종의 2) ______ 선언 → 일본 함대가 요동 반도의 뤼순 기습 공격 → 러·일 전쟁 발발
↓	
한·일 의정서 (1904. 2.)	일본이 대한 제국 내의 군사 전략상 필요한 지점 이용
↓	
제1차 한·일 협약 (1904. 8.)	재정 고문 3) ______ 와 외교 고문 4) ______ 파견
↓	
을사늑약 (제2차 한·일 협약, 1905. 11.)	대한 제국의 5) ______ 박탈, 통감부 설치 → 을사늑약에 대한 저항: 항일 순국(6) ______ ·조병세 등 자결), 고종이 7) ______ 특사 파견(이상설·이준·이위종)
↓	
8) ______ (정미 7조약, 1907)	통감의 권한 강화, 대한 제국의 군대 강제 해산
↓	
기유각서 (1909)	대한 제국의 9) ______ 과 감옥 사무 처리권 박탈
↓	
한·일 병합 조약 (1910)	통감 데라우치와 총리대신 이완용이 체결, 대한 제국의 국권 피탈

정답 1) 용암포 2) 국외 중립 3) 메가타 4) 스티븐스 5) 외교권 6) 민영환 7) 헤이그 8) 한·일 신협약 9) 사법권

실력 UP

실전 연습

퀴즈

1 키워드와 관련된 것을 알맞게 연결해보세요.

① 기유각서 •	• ㉠ 국권 피탈
② 한·일 의정서 •	• ㉡ 사법권 박탈
③ 한·일 병합 조약 •	• ㉢ 군용지 사용 가능

2 〈보기〉에서 골라 빈칸을 채워보세요.

보기
한·일 신협약　　　메가타　　　을사늑약

① 제1차 한·일 협약에 따라 (　　　　)가 대한 제국의 재정 고문으로 부임하였다. [51·50회]

② (　　　　) 조약 체결에 반대하여 민영환이 자결하였다. [48·45회]

③ (　　　　　　)의 부속 조약에 대한 제국의 군대 해산을 규정하였다. [51회]

3 아래 표에 있는 초성을 완성해보세요.

구분	을사늑약(제2차 한·일 협약, 1905)
체결	가쓰라-태프트 밀약(미국-일본), 제2차 영·일 동맹(영국-일본), ㅍㅊㅁㅅ 강화 조약(러시아-일본)의 체결로 서구 열강이 일본의 한국 침략을 묵인함
내용	ㅌㄱㅂ를 설치하고 외교권을 박탈함
결과	고종이 을사늑약이 무효임을 알리기 위해 ㅎㅇ ㄱ ㅌㅅ를 파견함

4 아래 기출 사료와 관련 있는 조약을 써보세요.

제2조 한국 정부의 법령 제정 및 중요한 행정상 처분은 미리 통감의 승인을 거칠 것.
제5조 한국 정부는 통감이 추천하는 일본인을 한국 관리에 임명할 것. [42회]

→ □·□ □□□

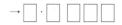

정답
1 ① ㉡ ② ㉢ ③ ㉠　2 ① 메가타 ② 을사늑약 ③ 한·일 신협약
3 포츠머스, 통감부, 헤이그 특사　4 한·일 신협약

대표 기출 문제

1
34회 35번

(가)~(다)를 체결된 순서대로 옳게 나열한 것은? [2점]

(가)
- 대한 정부는 대일본 정부가 추천한 외국인 1명을 외교 고문으로 삼아 외부(外部)에 용빙하여 외교에 관한 주요 사무는 일체 그의 의견을 물어서 시행해야 한다.
- 대한 정부는 외국과 조약을 체결하거나 기타 중요한 외교 안건 즉 외국인에 대한 특권 양여와 계약 등의 문제 처리에 관해서는 미리 대일본 정부와 상의해야 한다.

(나)
제2조 러시아 제국 정부는 일본국이 한국에서 정치상, 군사상 및 경제상의 탁절(卓絕)한 이익을 갖는다는 것을 승인하고, 일본 제국 정부가 한국에서 필요하다고 인정하는 지도, 보호 및 감리의 조치를 취함에 있어 이를 방해하거나 간섭하지 않을 것을 약정한다.

(다)
제4조 제3국의 침해나 혹은 내란으로 인하여 대한 제국 황실의 안녕과 영토 보전에 위험이 있을 경우에 대일본 제국 정부는 …… 군사 전략상 필요한 지점을 정황에 따라 차지하여 이용할 수 있다.

① (가) - (나) - (다)　② (가) - (다) - (나)
③ (나) - (가) - (다)　④ (나) - (다) - (가)
⑤ (다) - (가) - (나)

2
51회 38번

(가)에 대한 설명으로 옳은 것은? [1점]

국권 침탈의 아픔이 서린
중명전

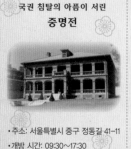

• 주소: 서울특별시 중구 정동길 41-11
• 개방 시간: 09:30~17:30

⊙ 소개
지상 2층 지하 1층의 붉은 벽돌 건물인 중명전은 러시아 건축가 사바틴이 설계하였다. 이 건물은 황실의 도서관으로 사용되다가 1904년 경운궁의 대화재 이후 고종 황제의 집무실로 사용되었다. 이곳에서 이토 히로부미가 대한 제국의 외교권을 박탈하는 (가) 의 체결을 강요하였다.

① 아관 파천의 배경이 되었다.
② 청·일 전쟁 발발의 원인이 되었다.
③ 통감부가 설치되는 결과를 가져왔다.
④ 대한 제국의 군대 해산을 규정하였다.
⑤ 천주교 포교를 허용하는 조항이 들어있다.

3

50회 34번

다음 사건이 전개된 결과로 옳은 것은? [2점]

사건 일지

11월 10일 이토, 고종에게 일왕의 친서 전달
11월 15일 이토, 고종을 접견하고 협상 초안 제출
11월 16일 이토, 대한 제국 대신들에게 조약 체결 강요
11월 17일 일본군을 동원한 강압적 분위기 속에서 조약 체결 진행
11월 18일 이토, 외부인(外部印)을 탈취하여 고종의 윤허 없이 조인

① 대한국 국제가 반포되었다.
② 별기군 교관으로 일본인이 임명되었다.
③ 외교권이 박탈되고 통감부가 설치되었다.
④ 고종이 러시아 공사관으로 거처를 옮겼다.
⑤ 제물포에서 러시아 함대가 일본 해군에게 격침되었다.

4

53회 37번

(가), (나) 조약 사이의 시기에 있었던 사실로 옳은 것은? [2점]

(가) 제2조 일본국 정부는 한국과 타국 사이에 현존하는 조약의 실행을 완수하는 책임을 지며 한국 정부는 금후 일본국 정부의 중개를 거치지 않고서는 국제적 성질을 가진 어떤 조약이나 약속을 맺지 않을 것을 약속한다.
제3조 일본국 정부는 그 대표자로서 한국 황제 폐하의 아래에 1명의 통감을 두되, 통감은 오로지 외교에 관한 사항을 관리하기 위하여 서울에 주재하고 직접 한국 황제 폐하를 궁중에서 알현할 권리를 가진다.
(나) 제2조 한국 정부의 법령 제정 및 중요한 행정상의 처분은 미리 통감의 승인을 거친다.
제4조 한국 고등 관리를 임명하고 해임시키는 것은 통감의 동의에 의하여 집행한다.
제5조 한국 정부는 통감이 추천한 일본인을 한국 관리로 임명한다.

① 13도 창의군이 서울 진공 작전을 전개하였다.
② 관민 공동회가 개최되어 헌의 6조를 결의하였다.
③ 동학 농민군이 우금치에서 관군 및 일본군에 맞서 싸웠다.
④ 영국이 러시아를 견제하기 위해 거문도를 불법 점령하였다.
⑤ 고종이 헤이그에서 열린 만국 평화 회의에 특사를 파견하였다.

5

55회 37번

다음 상소가 올려진 이후의 사실로 옳은 것은? [3점]

일본이 러시아에 선전 포고한 이후 우리의 독립과 영토를 보전한다고 몇 번이나 말하였지만, 그것은 우리나라의 이익을 빼앗아 차지하려는 것이었습니다. …… 지금 저들이 황실을 보전하겠다는 말을 폐하께서는 과연 믿으십니까? 지금까지 군주의 지위가 아직 바뀌지 않았고 백성도 아직 죽지 않았으며 각국 공사도 아직 돌아가지 않았습니다. 그리고 조약서가 다행히 폐하의 인준과 참정의 인가를 받은 것이 아니니, 저들이 가지고 있는 것은 역적들이 억지로 만든 헛된 조약에 불과합니다.

① 제1차 영·일 동맹이 체결되었다.
② 일본이 경인선 부설권을 인수하였다.
③ 묄렌도르프가 외교 고문으로 파견되었다.
④ 통감부가 설치되고 초대 통감이 부임하였다.
⑤ 러시아가 용암포를 점령하고 조차를 요구하였다.

6

48회 35번

다음 상황 이후에 일어난 사실로 옳은 것은? [2점]

대한 제국이 여러 국가와 외교 관계를 단절한 것은 우리의 의사가 아니라 일본의 폭력에 의해 이루어진 것이다. 우리가 만국 평화 회의에 참석하여 이를 폭로할 수 있도록 귀국 총통 및 대표의 호의적인 중재를 부탁한다.

① 고종이 강제로 퇴위당하였다.
② 영국이 거문도를 불법으로 점령하였다.
③ 구식 군인들이 일본 공사관을 습격하였다.
④ 우정총국 개국 축하연에서 정변이 일어났다.
⑤ 일본과 미국이 가쓰라·태프트 밀약을 체결하였다.

대표 기출 문제의 정답 및 문제풀이 방법을 다음 페이지에서 확인하세요. ➜

실전 연습

대표 기출 문제 정답 및 문제풀이 방법

1	2	3	4	5	6
⑤	③	③	⑤	④	①

1 국권 피탈 과정

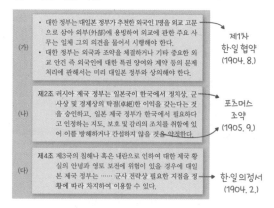

(가)
- 대한 정부는 대일본 정부가 추천한 외국인 1명을 외교 고문으로 삼아 외부(外部)에 용빙하여 외교에 관한 주요 사무는 일체 그의 의견을 물어서 시행해야 한다.
- 대한 정부는 외국과 조약을 체결하거나 기타 중요한 외교 안건 즉 외국인에 대한 특권 양여와 계약 등의 문제 처리에 관해서는 미리 대일본 정부와 상의해야 한다.

→ 제1차 한·일 협약 (1904. 8.)

(나)
제2조 러시아 제국 정부는 일본국이 한국에서 정치상, 군사상 및 경제상의 탁절(卓絕)한 이익을 갖는다는 것을 승인하고, 일본 제국 정부가 한국에서 필요하다고 인정하는 지도, 보호 및 감리의 조치를 취함에 있어 이를 방해하거나 간섭하지 않을 것을 약정한다.

→ 포츠머스 조약 (1905. 9.)

(다)
제4조 제3국의 침해나 혹은 내란으로 인하여 대한 제국 황실의 안녕과 영토 보전에 위험이 있을 경우에 대일본 제국 정부는 …… 군사 전략상 필요한 지점을 정황에 따라 차지하여 이용할 수 있다.

→ 한·일 의정서 (1904. 2.)

⑤ (다) – (가) – (나)
한·일 의정서 / 제1차 한·일 협약 / 포츠머스 조약

(다) **한·일 의정서**(1904. 2.) : 일본은 대한 제국 황실의 안녕과 영토 보전을 명분으로, 러·일 전쟁 수행을 위하여 **군사 전략상 필요한 지점을 이용할 수 있도록 규정**하였다.

(가) **제1차 한·일 협약**(1904. 8.) : **대일본 정부가 추천한 외국인 1명을 외교 고문**으로 한다는 것은 **스티븐스**를 조선에 파견한다는 의미이다.

(나) **포츠머스 조약**(1905. 9.) : 미국의 알선으로 **러시아가 한국에서의 일본의 이익을 승인하고 간섭하지 않기로 약정**하는 러·일 전쟁의 강화 조약이 맺어졌다.

✔ 또 나올 암기 포인트

국권 피탈 과정

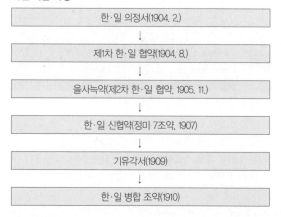

한·일 의정서(1904. 2.)
↓
제1차 한·일 협약(1904. 8.)
↓
을사늑약(제2차 한·일 협약, 1905. 11.)
↓
한·일 신협약(정미 7조약, 1907)
↓
기유각서(1909)
↓
한·일 병합 조약(1910)

2 을사늑약

국권 침탈의 아픔이 서린 **중명전**

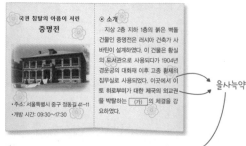

- 주소: 서울특별시 중구 정동길 41-11
- 개방 시간: 09:30~17:30

⊙ 소개
지상 2층 지하 1층의 붉은 벽돌 건물인 중명전은 러시아 건축가 사바틴이 설계하였다. 이 건물은 황실의 도서관으로 사용되다가 1904년 경운궁의 대화재 이후 고종 황제의 집무실로 사용되었다. 이곳에서 이토 히로부미가 대한 제국의 외교권을 박탈하는 [(가)]의 체결을 강요하였다.

→ 을사늑약

③ 통감부가 설치되는 결과를 가져왔다.

덕수궁 중명전에서 **이토 히로부미**가 **대한 제국의 외교권을 박탈**하는 을사늑약(제2차 한·일 협약)의 체결을 강요하였다(1905. 11.). 을사늑약의 결과 **통감부가 설치**되고, 이토 히로부미가 초대 통감으로 임명되었다.

오답 체크

① 아관 파천의 **배경**이 되었다. → **을미사변**
② 청·일 전쟁 발발의 **원인**이 되었다. → **톈진 조약**
④ 대한 제국의 **군대 해산**을 **규정**하였다. → **한·일 신협약(정미 7조약)**
⑤ **천주교 포교**를 **허용**하는 조항이 들어있다. → **조·프 수호 통상 조약**

3 을사늑약

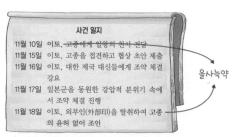

사건 일지

11월 10일	이토, 고종에게 일왕의 친서 전달
11월 15일	이토, 고종을 접견하고 협상 초안 제출
11월 16일	이토, 대한 제국 대신들에게 조약 체결 강요
11월 17일	일본군을 동원한 강압적 분위기 속에서 조약 체결 진행
11월 18일	이토, 외부인(外部印)을 탈취하여 고종의 윤허 없이 조인

→ 을사늑약

③ 외교권이 박탈되고 통감부가 설치되었다.
→ 을사늑약 체결(1905)의 결과

이토(이토 히로부미)가 대한 제국 대신들에게 강요하여 고종의 윤허 없이 체결한 조약은 **을사늑약(제2차 한·일 협약)**이다(1905). 을사늑약에 따라 **대한 제국의 외교권이 박탈되고, 통감부가 설치**되었다.

오답 체크

모두 을사늑약 체결(1905) 이전의 사실이다.
① **대한국 국제**가 반포되었다. → **1899년**
② **별기군 교관**으로 일본인이 임명되었다. → **1881년**
④ **고종**이 **러시아 공사관**으로 거처를 옮겼다. → **1896년**
⑤ **제물포**에서 **러시아 함대**가 일본 해군에게 격침되었다. → **1904년**

4 을사늑약과 한·일 신협약 사이의 사실

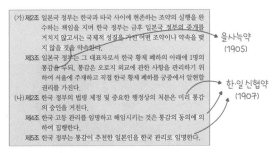

(가) 제2조 일본국 정부는 한국과 타국 사이에 현존하는 조약의 실행을 완수하는 책임을 지며 한국 정부는 금후 일본국 정부의 중개를 거치지 않고서는 국제적 성질을 가진 어떤 조약이나 약속을 맺지 않을 것을 약속한다.
제3조 일본국 정부는 그 대표자로서 한국 황제 폐하의 아래에 1명의 통감을 두되, 통감은 오로지 외교에 관한 사항을 관리하기 위하여 서울에 주재하고 직접 한국 황제 폐하를 궁중에서 알현할 권리를 가진다.

→ 을사늑약(1905)

(나) 제2조 한국 정부의 법령 제정 및 중요한 행정상의 처분은 미리 통감의 승인을 거친다.
제4조 한국 고등 관리를 임명하고 해임시키는 것은 통감의 동의에 의하여 집행한다.
제5조 한국 정부는 통감이 추천한 일본인을 한국 관리로 임명한다.

→ 한·일 신협약(1907)

⑤ 고종이 헤이그에서 열린 만국 평화 회의에 특사를 파견하였다. → 1907년

(가)는 한국이 **일본 정부의 중개**를 거쳐 **외교 활동**을 하고, **통감을 둔다는 을사늑약**이다(1905). (나)는 각 사안에 **통감의 승인, 통감의 동의, 통감의 추천**이 필요한 **한·일 신협약**이다(1907). (가), (나) 조약 사이의 시기에 **헤이그 특사 파견**이 있었다(1907).

오답 체크

① 13도 **창의군**이 **서울 진공 작전**을 전개하였다. → **1908년**
② **관민 공동회**가 개최되어 **헌의 6조**를 결의하였다. → **1898년**
③ **동학 농민군**이 **우금치**에서 관군 및 일본군에 맞서 싸웠다. → **1894년**
④ **영국**이 러시아를 견제하기 위해 **거문도를 불법 점령**하였다. → **1885~1887년**

5 을사늑약 이후의 사실

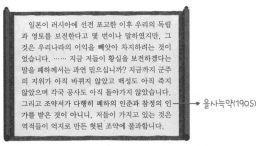

일본이 러시아에 선전 포고한 이후 우리의 독립과 영토를 보전한다고 몇 번이나 말하였지만, 그것은 우리나라의 이익을 빼앗아 차지하려는 것이었습니다. …… 지금 저들이 황실을 보전하겠다는 말을 폐하께서는 과연 믿으십니까? 지금까지 군주의 지위가 아직 바뀌지 않았고 백성도 아직 죽지 않았으며 각국 공사도 아직 돌아가지 않았습니다. 그리고 조약서가 다행히 폐하의 인준과 참정의 인가를 받은 것이 아니니, 저들이 가지고 있는 것은 역적들이 억지로 만든 헛된 조약에 불과합니다.

→ 을사늑약(1905)

④ 통감부가 설치되고 초대 통감이 부임하였다. → 1906년

일본이 러시아에 선전 포고한 것은 1904년 2월이다. 또한 **조약서가 폐하의 인준과 참정의 인가를 받지 않았다**는 것은 **을사늑약의 불법성**을 말한다. 을사늑약이 체결된 후, **통감부가 설치되고, 초대 통감으로 이토 히로부미가 부임**하였다.

오답 체크

① **제1차 영·일 동맹**이 체결되었다. → **1902년**
② **일본이 경인선 부설권을 인수**하였다. → **1898년**
③ **묄렌도르프가 외교 고문으로 파견**되었다. → **1882년**
⑤ **러시아가 용암포를 점령**하고 **조차를 요구**하였다. → **1903년**

또 나올 암기 포인트

을사늑약(제2차 한·일 협약)

체결	일본이 덕수궁 중명전에서 고종의 비준 없이 강제로 체결함
내용	• 대한 제국의 외교권 박탈 • 통감부를 설치하여 통감 정치(보호 정치) 시행, 초대 통감에 이토 히로부미 임명
저항	• 항일 순국: 민영환, 조병세 등이 자결 • 고종이 네덜란드 헤이그에서 열린 만국 평화 회의에 이상설·이준·이위종을 특사로 파견(고종 강제 퇴위의 빌미가 됨)

6 헤이그 특사 파견 이후의 사실

대한 제국이 여러 국가와 외교 관계를 단절한 것은 우리의 의사가 아니라 일본의 폭력에 의해 이루어진 것이다. 우리가 만국 평화 회의에 참석하여 이를 폭로할 수 있도록 귀국 총통 및 대표의 호의적인 중재를 부탁한다.

→ 헤이그 특사 파견(1907)

① 고종이 강제로 퇴위당하였다. → 1907년

을사늑약이 **체결**된 후 고종은 네덜란드 수도 헤이그에서 열린 제2회 **만국 평화 회의**에 이상설, 이준, 이위종 등의 특사를 파견하였다(1907). 이후 헤이그 특사 사건을 구실로 **일본에 의해 고종이 강제로 퇴위**당하였다(1907).

오답 체크

모두 헤이그 특사 파견(1907) 이전의 사실이다.
② **영국이 거문도를 불법으로 점령**하였다. → **1885~1887년**
③ **구식 군인들이 일본 공사관을 습격**하였다. → **1882년**
④ **우정총국 개국 축하연**에서 **정변**이 일어났다. → **1884년**
⑤ 일본과 미국이 **가쓰라·태프트 밀약**을 체결하였다. → **1905년**

의병 을미·을사·정미의병 인물 장인환, 전명운, 안중근, 이재명 단체 보안회, 대한 자강회, 신민회

26강 항일 의병 운동과 애국 계몽 운동

일본의 국권 피탈에 맞서서, 한국인들은 크게 세 가지 방향으로 대응하였습니다. 첫째는 '총'을 들고 일본과 싸우는 항일 의병입니다. 둘째는 친일파나 일본 통감을 공격하는 방식의 의거 활동입니다. 셋째는 학교와 회사를 세워 '장기전'을 준비하자는 애국 계몽 운동입니다. 방식은 달랐지만 이들의 공통 목표는 '국권 회복'이었습니다.

정미의병 ▶

1 항일 의병 운동

| 을미의병, 을미사변과 단발령에 저항하다

항일 의병(抗日義兵)은 '일본의 국권 침탈에 맞서 싸웠던 구국민병(救國民兵)'으로 정의할 수 있다. 즉 항일 의병이란 그 대상을 정확히 '일본'으로 하는 의병이다. 이런 항일 의병은 크게 을미의병(1895), 을사의병(1905), 정미의병(1907~1908)으로 나뉜다.

을미의병은 **을미사변(명성 황후 시해 사건)**과 **단발령(을미개혁)** 시행이 원인이 되었다(1895). 오랜 기간 전통으로 여겨왔던 '상투'를 자르라는 명령을 따를 수 없었기 때문이다.

> 짐이 머리카락을 이미 깎았으니 너희 백성들도 어찌 받들어 시행하지 않겠는가? 짐의 뜻을 잘 새겨서 서로 알리고 서로 권하여 너희들의 머리카락과 구습을 한꺼번에 끊으며, 모든 일에서 오직 실질만을 추구하여 짐의 부국강병하는 사업을 도울 것이다.
>
> – 『고종실록』 23회

을미의병은 위정척사 사상을 가진 유생 출신 **이소응, 유인석 등이 주도**하였고, **동학의 잔여 세력이 가담**하여 일어났다. 을미의병은 단발을 강요하는 친일 수령을 처단하고, 지방의 관아를 습격하였다. 특히 유인석이 이끄는 의병이 충주성을 점령하기도 하였다. 아관 파천으로 친일 정권이 무너지면서 단발령이 철회되고, 고종도 의병에게 해산하라고 권고하자 대부분 해산하였다.

기출 핵심 키워드 암기

① 을미의병 – [ㄷㅂㄹ] 시행에 반발하여 일어났다. [50회]
② 을미의병 – [ㅇㅅㅇ], [ㅇㅇㅅ] 등이 주도하였다. [52회]

정답 ① 단발령 ② 이소응, 유인석

을사의병, 평민 의병장이 등장하다

약 10년이 지난 1905년에 일본의 강요로 **을사늑약이 체결**되면서 대한 제국의 외교권이 박탈되었고, 이에 반발하여 다시 한번 의병이 일어났다(**을사의병**, 1905). 을사의병 때는 태인에서 거병한 **최익현**이 순창으로 진격하였으며, **민종식**이 이끄는 의병이 홍주성을 점령하기도 하였다. **평민 출신 의병장 신돌석**은 강원도와 경상도 지역에서 활동하였다.

기출 핵심 키워드 암기

① 을사의병 – ㅇㅅㄴㅇ 에 반발하여 봉기하였다. [45회]
② 을사의병 – ㅊㅇㅎ , ㅁㅈㅅ 등이 주도하였다. [53회]

정답 ① 을사늑약 ② 최익현, 민종식

정미의병, 의병 전쟁으로 확대되다

1907년, 헤이그 특사 파견을 이유로 고종 황제가 강제 퇴위당했으며, 한·일 신협약의 부속 조약에 따라 대한 제국의 군대도 해산되었다. 자신이 모시던 왕이 퇴위되고 왕을 호위하던 군대도 해산되자, 시위대의 참령인 박승환이 자결하였다. 이것이 계기가 되어 해산된 군인들이 의병에 참여하였다(**정미의병**, 1907). 훈련된 군인들이 의병에 참여하면서 의병의 전투력은 한층 강화되었다.

이제 대한 제국의 군대도 해산되었는데, 어쩔 셈인가?
그래서 정미의병에 합류하려고 하네.

기출 한 컷 34회

이때 모인 사람들은 **13도 창의군을 결성**하여 총대장에 **이인영**을, 군사장에는 **허위**를 세웠다(1907). 이인영은 각국 영사관에 연락하여 의병을 국제법상 교전 단체로 승인해 줄 것을 요구하고 **서울 진공 작전을 계획**하였다. 그런데 때마침 13도 창의군의 총사령관이었던 이인영의 아버지가 돌아가셨다. 이인영은 충(忠)과 효(孝)의 갈등 속에서 효를 선택하였고, 결국 아버지의 장례식을 치르러 갔다. 13도 창의군은 군사장 허위의 지도 아래 서울 진공 작전을 펼쳤으나 동대문 밖 30리 지점까지 진격하여 일본에 위협을 가한 것이 서울 진공 작전의 전부였다.

> 군사장(허위)은 미리 군비를 신속히 정돈하여 철통과 같이 함에 한 방울의 물도 샐 틈이 없는지라. …… 3백 명을 인솔하고 선두에 서서 동대문 밖 삼십 리 되는 곳에 나아가 전군이 모이기를 기다려 일거에 서울을 공격하여 들어가기로 계획하였다.
>
> – 대한매일신보 31회

기출 핵심 키워드 암기

정미의병 – 13ㄷ ㅊㅇㄱ 이 ㅅㅇ ㅈㄱ ㅈㅈ 을 전개하였다. [57·53회]

정답 13도 창의군, 서울 진공 작전

2 의거 활동

을사늑약이 체결된 이후 한·일 병합 조약이 체결되기까지 많은 의거 활동이 일어났다. 국권을 다시 찾으려는 간절함이 표출된 것이었다.

제1차 한·일 협약 때 외교 고문으로 우리나라에 '친일 미국인' 스티븐스가 들어왔다(1904). 을사늑약이 맺어진 이후에 나름 뿌듯한 마음으로 샌프란시스코에 들른 스티븐스는 크로니클(Chronicle) 신문에 '일본의 한국 지배는 한국에 유익하다.'는 친일 성명서를 발표하였다. 미국 내 한국인들은 크게 분개하였고, **스티븐스**가 오클랜드 페리 부두를 걸어가고 있을 때 **장인환**과 **전명운**이 총을 쏴서 사살하였다(1908).

을사늑약이 맺어지고 통감부가 설치되면서 초대 통감으로 이토 히로부미가 부임하였다. 그는 정치, 경제, 문화, 교육 등 모든 면에서 한국은 극도로 피폐하였기 때문에 이를 개조하지 않고는 한국을 구제할 수 없다고 주장하였다. 이에 안중근은 '한국의 주권을 침탈한 원흉'이며 '동양 평화의 교란자'인 이토 히로부미를 죽이기로 계획하였다. **안중근**은 하얼빈 역에 도착한 **이토 히로부미**를 향해 권총 세 발을 쏘았고, 이토는 사살되었다(1909. 10.). 이후 안중근은 뤼순 감옥에 수감되어 『동양평화론』을 저술하던 중 순국하였다.

기출 한 컷 40회

이토 히로부미의 장례식이 끝난 지 한 달이 지난 후 '친일 단체' 일진회가 한·일 병합을 찬성한다는 성명서를 발표하였다. 이에 사람들은 친일파 이완용, 이용구 등을 제거하기로 계획하였다. 벨기에 황제의 추도식에 참여한 이완용이 명동 성당에서 나올 때, **이재명**은 **이완용**의 어깨와 배를 칼로 수차례 찔러 중상을 입혔다(1909. 12.).

기출 핵심 키워드 암기

① 장인환, 전명운 – 친일 인사인 [ㅅㅌㅂㅅ]를 사살하였다. [56회]
② 안중근 – 하얼빈역에서 [ㅇㅌ ㅎㄹㅂㅁ]를 사살하였다. [53·46회]
③ 이재명 – 명동 성당 앞에서 [ㅇㅇㅇ]을 습격하였다. [56회]

정답 ① 스티븐스 ② 이토 히로부미 ③ 이완용

3 애국 계몽 운동

보안회, 일본의 황무지 개간권 요구를 저지하다

계몽(啓蒙)이라는 단어를 한반도에 상륙시킨 단체는 독립 협회였다. 그러나 독립 협회는 설립된 지 3년 만에 해산되고 말았다(1896~1898). 러·일 전쟁 즈음하여 이들은 국권 회복을 위해 다시 모였다. 그래서 보안회(1904), 대한 자강회(1906), 신민회(1907), 서북 학회(1908) 등의 단체를 만들고 **'애국 계몽(啓蒙) 운동'**을 전개하였다.

일본은 대한 제국의 황무지(미경지)를 개간하기로 결정하고 대한 제국 정부에 개간권의 허가를 강요하였다. 이에 애국적 지식인과 시민들은 **'일본의 황무지 개간권 요구 저지'**를 목표로 **보안회**라는 단체를 만들어 활동하였다(1904).

> 지금 산림과 하천 및 못, 원야, 황무지를 일본인이 청구하니, 국가의 존망과 인민의 생사가 경각에 달려 있노라.
>
> \- 황성신문 50회

또한 '우리가 직접 황무지를 개간하겠다.'는 포부로 일본의 토지 침탈을 막고자 **농광 회사**를 만들었다(1904). 보안회와 농광 회사의 노력으로 일본은 결국 황무지 개간권 요구를 철회하였다.

기출 핵심 키워드 암기

보안회 – 일제의 [ㅎㅁㅈ ㄱㄱㄱ] 요구를 저지하였다. [58·56회]

정답 황무지 개간권

대한 자강회, 국권 회복 운동을 전개하다

을사늑약이 체결된 이후, **장지연·윤효정** 등은 '나라의 독립은 오로지 자강 여하에 달려 있다.'고 주장하며 **대한 자강회**를 설립하였다(1906. 4.). 대한 자강회는 을사늑약이 체결되고(1905. 11.), 통감부가 설치되고(1906. 2.), 이토 히로부미가 통감에 취임한(1906. 3.) 직후에 설립되었는데, 한마디로 '가장 어려운 때' 설립된 것이다.

> 나라의 독립은 오직 자강(自强)의 여하에 달려 있을 뿐이다. 우리나라가 예전부터 자강할 방법을 배우지 않아 인민이 저절로 우매해지고 국력이 쇠퇴의 길로 나아가, 마침내 오늘날의 어려운 처지에 이르러 끝내는 다른 나라의 보호를 받게 되었다.
>
> \- 대한 자강회 월보 제1호 33회

대한 자강회는 교육 진흥과 산업 개발, 월보 간행 등을 통해 국권 회복 운동을 전개하였다. 그러다가 헤이그 특사 파견으로 인해 고종이 강제 퇴위된다는 소식을 듣고, **'고종의 강제 퇴위 반대 운동'을 전개**하다가 결국 해산되고 말았다(1907).

기출 핵심 키워드 암기

대한 자강회 – [ㄱㅈ]의 강제 퇴위 반대 운동을 전개하였다. [57·53회]

정답 고종

신민회, 실력 양성과 무장 투쟁을 준비하다

아들 이름을 필립(Philip)이라고 지을 정도로 '필(必)사적으로 독립(立)을 위해 뛰었던 사람'이 안창호이다. 미국에 머물고 있던 안창호는 귀국하여 **신민회**라는 항일 비밀 결사를 조직하였다(1907). **안창호, 양기탁, 이동휘** 등이 중심이 된 신민회는 **'공화 정치 체제**의 근대 국가' 수립을 추구하였다.

신민회도 애국 계몽 운동 단체이므로, 교육과 산업을 강조하였다. 그래서 이승훈은 정주에 **오산 학교**(1907)를, 안창호는 평양에 **대성 학교**(1908)를 설립하여 민족 교육을 실시하였다. 그리고 계몽 서적의 보급을 위해 **태극 서관**을 설립하였고(1908), 민족 산업 육성을 위해 평양에 **자기 회사**를 설립하였다(1908).

일제는 신민회가 데라우치 총독을 암살하려 했다고 조작하여 신민회 회원 등 600여 명을 검거하고, 그중 105명을 투옥하였다(**105인 사건**). 이 사건을 계기로 신민회는 해체(1911)되었으나 국내의 거점이 사라진 이후에도 남만주 삼원보로 이동하여 **독립운동 기지를 건설**하는 등 독립운동을 계속 이어갔다.

기출 핵심 키워드 암기

① 신민회 – [ㄷㅅ ㅎㄱ]와 [ㅇㅅ ㅎㄱ]를 설립하여 민족 교육을 실시하였다. [54·39회]
② 신민회 – [ㅌㄱ ㅅㄱ]을 운영하였다. [56회]
③ 신민회 – 평양에 [ㅈㄱ ㅎㅅ]를 설립하였다. [50회]
④ 신민회 – 일제가 조작한 [105ㅇ ㅅㄱ]으로 와해되었다. [53·48회]

정답 ① 대성 학교, 오산 학교 ② 태극 서관 ③ 자기 회사 ④ 105인 사건

서북 학회, 교육 운동을 전개하다

한반도의 북서쪽에서 애국 계몽 운동이 나름대로 성과를 내고 있었다. 그러나 일본의 지속적인 탄압으로 국권 회복 운동이 어려워지자 이동휘, 안창호, 박은식 등의 평안도·황해도·함경도 인사들은 '학회' 형태의 단체를 만들었다. 이들은 기존의 서우 학회와 한북 흥학회를 통합하여 서울에서 **서북 학회**를 만들었다(1908). 그리고 '서북 학회 월보'를 간행하여 교육 운동을 전개하였다. 그러나 일제에 의해 1910년 9월 강제 해산되었다.

빈출 개념 한눈에 암기하기

1. 항일 의병 운동

을미의병	• 배경: 을미사변, 1) ______ 시행 • 주도 세력: 유인석·이소응 등 주도 + 동학 농민군 잔여 세력 가담 • 해산: 단발령 철회 및 고종의 해산 권고로 자진 해산
을사의병	• 배경: 2) ______ 체결 • 주도 세력: 민종식(충청도)·3) ______ (전라도) + 평민 의병장 신돌석(강원도·경상도)
정미의병	• 배경: 고종의 강제 퇴위, 대한 제국의 군대 강제 해산 • 전개: 해산 군인의 의병 합류 → 4) ______ 결성(총대장 이인영, 군사장 허위) → 각국 영사관에 의병을 국제법상 교전 단체로 승인 요구 → 13도 창의군이 5) ______ 전개 → 실패

2. 의거 활동

장인환·전명운	샌프란시스코에서 친일 외교 고문 6) ______ 사살
안중근	하얼빈역에서 초대 통감 7) ______ 사살
이재명	명동 성당 앞에서 8) ______ 을 습격하여 중상을 입힘

3. 애국 계몽 운동

보안회	일본의 9) ______ 개간권 요구 저지
대한 자강회	고종의 강제 퇴위 반대 운동 전개
신민회	• 조직: 안창호, 양기탁 등이 조직한 항일 비밀 결사 단체 • 목표: 공화 정치 체제의 근대 국가 수립 • 활동 – 오산 학교(정주, 이승훈), 10) ______ (평양, 안창호) 설립 – 자기 회사(민족 산업 육성), 11) ______ (계몽 서적 보급) 설립 – 국권 피탈 이후 남만주 삼원보에 독립운동 기지 건설 • 해산: 일제가 조작한 12) ______ 으로 해체

정답 1) 단발령 2) 을사늑약 3) 최익현 4) 13도 창의군 5) 서울 진공 작전 6) 스티븐스 7) 이토 히로부미 8) 이완용 9) 황무지 10) 대성 학교 11) 태극 서관 12) 105인 사건

실전 연습

퀴즈

1 키워드와 관련된 것을 알맞게 연결해보세요.

① 이재명	•	• ㉠ 이토 히로부미
② 안중근	•	• ㉡ 스티븐스
③ 장인환·전명운	•	• ㉢ 이완용

2 〈보기〉에서 골라 빈칸을 채워보세요.

보기
대한 자강회 신민회 보안회

① (　　　　)는 일본의 황무지 개간권 요구를 저지하였다. [49·46회]

② (　　　　　　)는 고종의 강제 퇴위 반대 운동을 전개하였다. [49회]

③ (　　　　)는 계몽 서적 출판을 위해 태극 서관을 설립하였다. [56·52회]

3 아래 표에 있는 초성을 완성해보세요.

구분	신민회
조직	ㅇㅊㅎ, 양기탁 등이 조직한 비밀 결사 단체
목표	실력 양성을 통한 국권 회복, ㄱㅎ ㅈㅊ 체제의 근대 국가 수립
해산	일제가 조작한 105ㅇ ㅅㄱ으로 와해됨

4 아래 기출 자료와 관련 있는 항일 의병을 써보세요.

왕산 허위(1854~1908)

경상북도 구미에서 출생하였다. …… 한·일 신협약 체결과 군대 해산에 반발하여 결성된 의병에서 군사장을 맡았다. 각지의 유생 의병장이 중심이 되어 결성한 의병 부대로 총 병력이 1만여 명에 이르렀으며, 총대장에는 대한관동창의대장 이인영을 추대하였다. [35회]

→ □□□□

정답

1 ① ㉢ ② ㉠ ③ ㉡ 2 ① 보안회 ② 대한 자강회 ③ 신민회
3 안창호, 공화 정치, 105인 사건 4 정미의병

대표 기출 문제

1 [55회 35번]

(가)~(다) 학생이 발표한 내용을 일어난 순서대로 옳게 나열한 것은? [2점]

① (가) - (나) - (다)　② (가) - (다) - (나)
③ (나) - (가) - (다)　④ (나) - (다) - (가)
⑤ (다) - (나) - (가)

2 [52회 37번]

다음 상황이 나타난 시기를 연표에서 옳게 고른 것은? [2점]

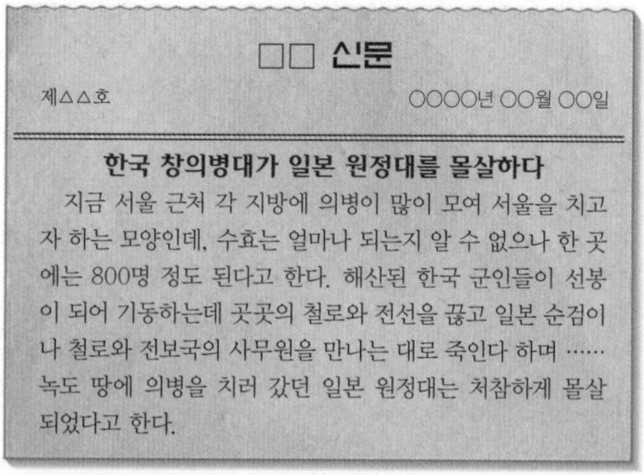
□□ 신문

제△△호　○○○○년 ○○월 ○○일

한국 창의병대가 일본 원정대를 몰살하다

지금 서울 근처 각 지방에 의병이 많이 모여 서울을 치고자 하는 모양인데, 수효는 얼마나 되는지 알 수 없으나 한 곳에는 800명 정도 된다고 한다. 해산된 한국 군인들이 선봉이 되어 기동하는데 곳곳의 철로와 전선을 끊고 일본 순검이나 철로와 전보국의 사무원을 만나는 대로 죽인다 하며 …… 녹도 땅에 의병을 치러 갔던 일본 원정대는 처참하게 몰살되었다고 한다.

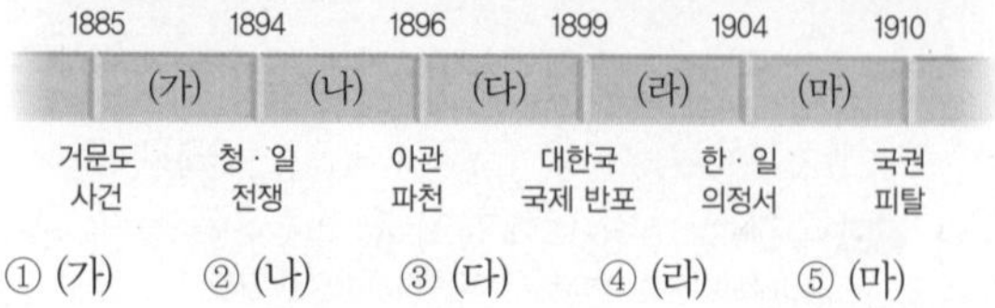
1885
1894
1896
1899
1904
1910
(가)
(나)
(다)
(라)
(마)
거문도 사건
청·일 전쟁
아관 파천
대한국 국제 반포
한·일 의정서
국권 피탈

① (가)　② (나)　③ (다)　④ (라)　⑤ (마)

3

53회 39번

밑줄 그은 '그'에 대한 설명으로 옳은 것은? [1점]

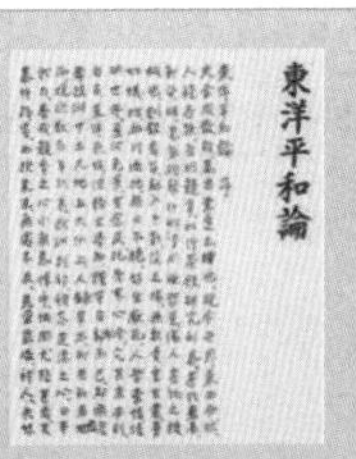

이 자료는 1910년 그가 옥중에서 저술한 『동양평화론』으로, 원래 5편으로 구상되었으나 사형 집행이 앞당겨져 서문과 전감(前鑑)만 집필되었다. 일제의 한국 침략에 대한 비판과 진정한 동양 평화를 위한 한중일 삼국의 대등한 연합이 주된 내용을 이룬다. 국내에서 삼흥 학교 등을 세워 인재 양성에 힘쓰던 그는 망명하여 연해주 의병의 우영장으로 국내 진공 작전을 전개하였다. 1910년 뤼순 감옥에서 순국하였다.

① 봉오동 전투에서 일본군을 격파하였다.
② 베델과 함께 대한매일신보를 발간하였다.
③ 하얼빈역에서 이토 히로부미를 사살하였다.
④ 서전서숙을 설립하여 민족 교육을 실시하였다.
⑤ 고종의 밀지를 받아 독립 의군부를 조직하였다.

4

46회 38번

다음 학생들이 발표하고 있는 인물에 대한 설명으로 옳은 것은? [1점]

이것은 그가 뤼순에서 재판받는 장면을 묘사한 취재 삽화입니다. 재판장, 검사, 변호사들이 모두 일본인으로 구성된 불공정한 재판 상황을 보여주고 있습니다.

① 동양 척식 주식회사에 폭탄을 투척하였다.
② 하얼빈역에서 이토 히로부미를 사살하였다.
③ 한인 애국단을 결성하여 의거 활동을 전개하였다.
④ 조선 혁명 간부 학교를 세워 독립군을 양성하였다.
⑤ 명동 성당 앞에서 이완용을 습격하여 중상을 입혔다.

5

48회 36번

밑줄 그은 '이 단체'에 대한 설명으로 옳은 것은? [2점]

이 신문 광고를 낸 태극 서관에 대해 말씀해 주세요.
태극 서관은 신지식 보급과 민족의식 고취를 위해 운영되었습니다. 또한 대성 학교와 오산 학교를 세운 이 단체의 산하 기관 역할을 하기도 하였습니다.

① 일제가 조작한 105인 사건으로 와해되었다.
② 파리 강화 회의에 독립 청원서를 제출하였다.
③ 만민 공동회를 열어 민권 신장을 추구하였다.
④ 독립운동 자금 마련을 위해 독립 공채를 발행하였다.
⑤ 『어린이』 등의 잡지를 발간하여 소년 운동을 주도하였다.

6

47회 38번

다음 방송에서 소개하는 인물에 대한 설명으로 옳은 것은? [2점]

이곳은 도산 ○○○ 기념관입니다. 이 인물에 대해 알고 있는 사실을 올려 주세요.
대화창
신민회 결성을 주도했어요.
서북 학회를 조직했어요.
흥사단을 창설했어요.
글쓰기
독립운동가의 숨결을 찾아서

① 국문 연구소의 위원으로서 국문 연구에 힘썼다.
② 대성 학교를 설립하여 민족 교육을 실시하였다.
③ 도쿄에서 일왕이 탄 마차를 향해 폭탄을 던졌다.
④ 『한국독립운동지혈사』에서 독립 투쟁을 서술하였다.
⑤ 13도 창의군을 이끌고 서울 진공 작전을 전개하였다.

대표 기출 문제의 정답 및 문제풀이 방법을 다음 페이지에서 확인하세요. →

실전 연습

대표 기출 문제 정답 및 문제풀이 방법

1	2	3	4	5	6
③	⑤	③	②	①	②

1 항일 의병 운동의 전개

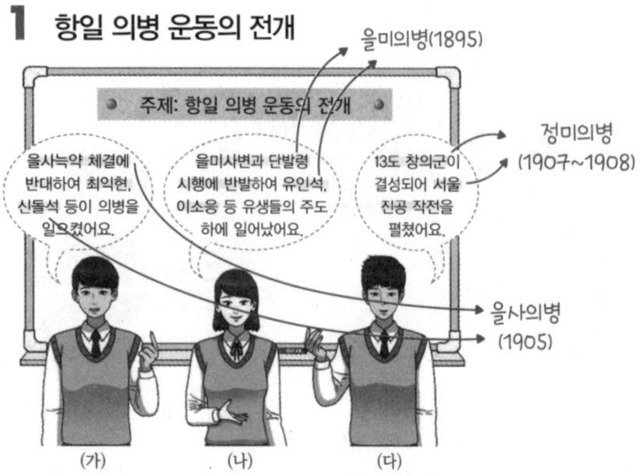

③ (나) – (가) – (다)
을미의병 - 을사의병 - 정미의병

(나) **을미의병**(1895): **을미사변과 단발령에 반발**하여 **유인석, 이소응 등의 유생들이 주도**하여 의병을 일으켰다.

(가) **을사의병**(1905): **을사늑약(을사조약) 체결에 반대**하여 **최익현, 신돌석 등**이 의병을 일으켰다.

(다) **정미의병**(1907): **고종 퇴위와 군대 해산에 항거**하여 다시 의병이 일어났다. 이때 **13도 창의군이 결성되어 서울 진공 작전을 전개**하였다(1908).

또 나올 암기 포인트

항일 의병 운동

을미의병	• 배경: 을미사변, 단발령 시행 • 주도 세력: 유인석·이소응 등 주도 + 동학 농민군 잔여 세력 가담 • 해산: 단발령 철회 및 고종의 해산 권고로 자진 해산
을사의병	• 배경: 을사늑약 체결 • 주도 세력: 민종식(충청도)·최익현(전라도) + 평민 의병장 신돌석(강원도·경상도)
정미의병	• 배경: 고종의 강제 퇴위, 대한 제국의 군대 강제 해산 • 전개: 해산 군인의 의병 합류 → 13도 창의군 결성(총대장 이인영, 군사장 허위) → 각국 영사관에 의병을 국제법상 교전 단체로 승인 요구 → 13도 창의군이 서울 진공 작전 전개 → 실패

2 서울 진공 작전

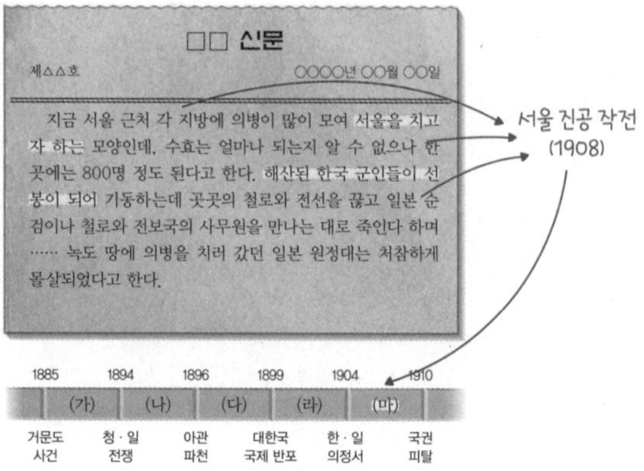

⑤ (마)

한국 창의병대(13도 창의군)가 **서울을 치고자 모였다**는 것은 **서울 진공 작전**을 말한다(1908). **해산된 군인들이 선봉이 되어** 이 작전을 전개하였으나, 실패하였다. 한편 서울 진공 작전은 정미의병의 연장선상에서 일어난 사건으로, (마)에 들어간다.

3 안중근

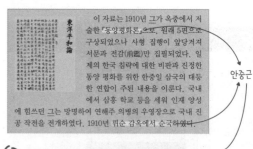

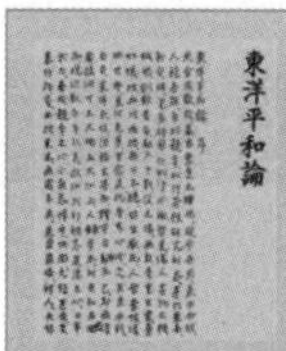

이 자료는 1910년 그가 옥중에서 저술한 「동양평화론」으로, 원래 5편으로 구상되었으나 사형 집행이 앞당겨져 서문과 전감(前鑑)만 집필되었다. 일제의 한국 침략에 대한 비판과 진정한 동양 평화를 위한 한중일 삼국의 대등한 연합이 주된 내용을 이룬다. 국내에서 삼흥 학교 등을 세워 인재 양성에 힘쓰던 그는 망명하여 연해주 의병의 우영장으로 국내 진공 작전을 전개하였다. 1910년 뤼순 감옥에서 순국하였다.

안중근

③ 하얼빈역에서 이토 히로부미를 사살하였다.

옥중에서 **「동양평화론」을 집필**하고, **뤼순 감옥에서 순국**한 인물은 **안중근**이다. 안중근은 대한의군 참모중장으로서 침략의 원흉인 **이토 히로부미를 하얼빈역에서 처단**하였다(1909).

오답 체크

① **봉오동 전투**에서 일본군을 격파하였다. → **홍범도**

② 베델과 함께 **대한매일신보를 발간**하였다. → **양기탁**

④ **서전서숙**을 설립하여 민족 교육을 실시하였다. → **이상설**

⑤ 고종의 밀지를 받아 **독립 의군부**를 조직하였다. → **임병찬**

4 안중근

이것은 그가 뤼순에서 재판받는 장면을 묘사한 취재 삽화입니다. 재판장, 검사, 변호사들이 모두 일본인으로 구성된 불공정한 재판 상황을 보여 주고 있습니다.

② 하얼빈역에서 이토 히로부미를 사살하였다.

하얼빈역에서 이토 히로부미를 사살하여(1909), 뤼순에서 재판을 받았으며, 『동양평화론』을 저술하던 중 순국한(1910) 인물은 **안중근**이다. 안중근은 동양 평화를 위해서는 한·중·일 3국이 독립 국가로서 대등하게 상호 협력해야 한다고 주장하였다.

오답 체크

① 동양 척식 주식회사에 폭탄을 투척하였다. → **나석주**
③ 한인 애국단을 결성하여 의거 활동을 전개하였다. → **김구**
④ 조선 혁명 간부 학교를 세워 독립군을 양성하였다. → **김원봉**
⑤ 명동 성당 앞에서 이완용을 습격하여 중상을 입혔다. → **이재명**

5 신민회

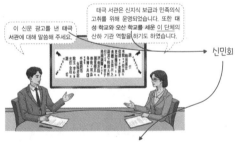

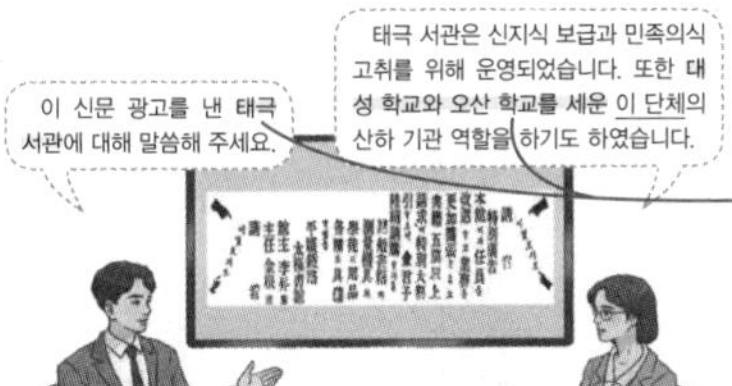

이 신문 광고를 낸 태극 서관에 대해 말씀해 주세요.
태극 서관은 신지식 보급과 민족의식 고취를 위해 운영되었습니다. 또한 대성 학교와 오산 학교를 세운 이 단체의 산하 기관 역할을 하기도 하였습니다.
신민회

① 일제가 조작한 105인 사건으로 와해되었다.

태극 서관을 설립하고, 대성 학교와 오산 학교를 설립한 단체는 **신민회**이다(1907~1911). 신민회는 **일제가 조작한 105인 사건으로 와해되었다**(1911).

오답 체크

② 파리 강화 회의에 독립 청원서를 제출하였다. → **신한청년당**
③ 만민 공동회를 열어 민권 신장을 추구하였다. → **독립 협회**
④ 독립운동 자금 마련을 위해 독립 공채를 발행하였다.
→ **대한민국 임시 정부**
⑤ 『어린이』 등의 잡지를 발간하여 소년 운동을 주도하였다.
→ **천도교 소년회**

✔ 또 나올 암기 포인트

신민회

설립	안창호, 신채호, 양기탁 등이 주도하여 조직한 비밀 결사 단체(1907)
활동	• 민족 교육 추진: 대성 학교(평양, 안창호), 오산 학교(정주, 이승훈) 설립 • 민족 산업 육성: 자기 회사 설립(평양), 태극 서관 운영(평양, 대구) • 국외 독립운동 기지 건설: 남만주 삼원보(신흥 강습소)
해산	일제가 조작한 105인 사건으로 해산됨

6 안창호

안창호의 호

② 대성 학교를 설립하여 민족 교육을 실시하였다.

호가 **도산**이며, **신민회 결성을 주도**했고, **서북 학회와 흥사단을 세운** 인물은 **안창호**이다. 안창호는 양기탁, 이동휘 등과 함께 신민회를 결성하고(1907), **대성 학교를 설립**하여 민족 교육을 실시하였다(1908).

오답 체크

① 국문 연구소의 위원으로서 국문 연구에 힘썼다. → **주시경**
③ 도쿄에서 일왕이 탄 마차를 향해 폭탄을 던졌다. → **이봉창**
④ 『한국독립운동지혈사』에서 독립 투쟁을 서술하였다. → **박은식**
⑤ 13도 창의군을 이끌고 서울 진공 작전을 전개하였다. → **이인영, 허위**

27강 열강의 경제 침탈과 경제적 구국 운동

힘이 없는 나라에게 '최혜국 대우'는 치명적이었습니다. 한 나라에 '돈 되는' 사업을 주면 다른 나라에도 줘야 한다는 이 조항 때문에 일본과 서구 열강들이 앞다투어 우리나라로 들어왔습니다. 이에 대응하여 우리 민족은 상권 수호 운동(우리 시장 지키기 운동)이나, 국채 보상 운동(빚 갚기 운동) 등을 전개하였습니다.

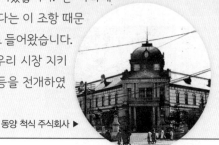

동양 척식 주식회사 ▶

1 열강의 경제 침탈

개항 이후 청과 일본의 상인이 들어오다

강화도 조약이 체결(1876)되면서, 조선과 일본의 무역량도 늘어났다. 강화도 조약과 함께 체결된 조·일 수호 조규 부록에서는 일본 상인의 활동 범위를 개항장에서 10리로 제한하였다(간행이정 10리, 1876). 10리가 약 4킬로미터 정도 되니까, 일본인들이 마음대로 다닐 수 있는 면적이 그렇게 넓은 것은 아니었다. 일본인들은 어쩔 수 없이 항구에 있는 조선인 중개상들(객주, 여각 등)에게 물품을 팔 수밖에 없었다.

그런데 임오군란으로 청나라와 **조·청 상민 수륙 무역 장정**이 체결되고, 일본과 **조·일 수호 조규 속약**이 체결되면서 조선은 양국에 **내지 통상권**을 인정할 수밖에 없었다(1882). 이로써 청나라 상인과 일본 상인이 우리나라 내륙 깊숙이 들어와 장사를 할 수 있게 된 것이었다. '고래 싸움에 새우 등 터진다'라는 말처럼 청나라 상인과 일본 상인의 경쟁 속에서 우리나라 상인들은 큰 피해를 당하였다. 조선의 상인들은 우리 시장을 지키기 위해서 갖은 노력을 하였으나 청·일 전쟁에서 일본이 승리하면서 일본은 조선의 시장을 독점하다시피 했다.

요즘은 공주, 전주 등에도 장이 열리면 청 상인들이 물건을 팔러 온다고 하네.
그렇다네. 청 상인들에게 상권을 빼앗긴 조선 상인들이 많다더군.

기출 한 컷 40회

기출 핵심 키워드 암기

조·청 상민 수륙 무역 장정 – 외국 상인의 [ㄴㅈ ㅌㅅㄱ]을 최초로 규정하였다. [41회]

정답 내지 통상권

화폐 정리 사업이 실시되다

제1차 한·일 협약에 따라 일본인 메가타가 재정 고문으로 입국하였다(1904). **메가타의 주도**로 '우리 돈' 백동화를 발행하던 전환국을 없애고(1904), **화폐 정리 사업을 시작**했다(1905). 화폐 정리 사업이란 **'백동화'**를 정리하고 일본의 제일은행이 발행한 **제일은행권**을 사용하게 하는 조치였다. **백동화를 제일은행권으로 교환**해야 했는데, 백동화 등급이 대부분 낮게 평가되어 백동화 소유자들은 제대로 된 보상을 받지 못하였다.

백동화

> 제3조 구 백동화의 백동 비율·무게·무늬·모양·형체가 정식 화폐 기준을 충족할 경우, 1개당 금 2전 5리로 새로운 화폐와 교환한다. 이 기준에 합당하지 않은 부정(不正) 백동화는 1개당 금 1전의 가격으로 정부에서 사들인다. …… 단, 형태나 품질이 조악하여 화폐로 인정할 수 없는 것은 사들이지 않는다.
>
> – 「관보」, 1905년 6월 29일 [34회]

통화량이 줄어들자 국내 상인들은 큰 타격을 입었고, 백동화를 많이 가지고 있었던 금융 기관도 위축되었다. 화폐 정리 사업으로 인해 민족 전체가 가난해졌다. 그런데 일본은 철도 부설 등을 이유로 우리에게 강제적으로 차관을 제공했고, 이로 인해 대한 제국 정부는 일본에 재정적으로 예속되었다.

기출 핵심 키워드 암기

① 화폐 정리 사업 – [ㅁㄱㅌ]의 주도로 화폐 정리 사업이 실시되었다. [45·44회]
② 화폐 정리 사업 – 구(舊) [ㅂㄷㅎ]를 제일은행권으로 교환하는 사업을 시행하였다. [36회]

정답 ① 메가타 ② 백동화

열강의 이권 침탈이 심화되다

일본은 당시 화륜차(火輪車)라고 불렸던 철도의 부설권도 독점하였다. 경인선 철도 부설권은 원래 미국이 가져갔으나(1896) 이후 일본에 양도되었다(1897). 경의선 철도 부설권도 처음에는 프랑스가 가져갔으나(1896) 이후 일본에게 넘어갔다(1904). **일본**은 **경부선 철도 부설권**도 확보하였다(1898). 그리하여 일본의 주도하에 경인선(1899), 경부선(1905), 경의선(1906) 등의 철도가 개통되었다.

일본 이외의 국가들도 대한 제국에서 '돈 되는 사업들'을 가져가기 시작했다. **러시아**는 아관 파천 이후 고종의 보호를 빌미로 목소리가 한껏 높아져 있었고, 우리에게 많은 것들을 요구하였다. 당시에 목재만큼 중요한 재료는 없었기 때문에 **압록강과 두만강 유역**의 삼림 채벌권, 그리고 **울릉도의 삼림 채벌권**을 확보하였다.

또한 러시아는 부산의 절영도 조차를 요구하였는데, 이 요구는 독립 협회가 나서서 저지했다(1898). 몇 년 후에는 러시아가 용암포를 점령하고 조차를 요구하였다(1903). 이는 결국 러·일 전쟁(1904)의 원인이 되었다.

청은 한성과 의주를 연결하는 전신 가설권을 확보하였다(1885). **미국**은 평안북도의 **운산 금광 채굴권**을 확보하였고(1896), 독일은 강원도의 당현 금광 채굴권을 확보하였다(1897). 한반도 전체가 열강의 '사업장'이 된 것이다.

기출 핵심 키워드 암기

① 일본 – [ㄱㅂㅅ] 철도 부설권 [33회]
② 러시아 – 두만강 유역과 울릉도의 [ㅅㄹ ㅊㅂㄱ] [33회]
③ 미국 – [ㅇㅅ] 금광 채굴권 [33회]

정답 ① 경부선 ② 삼림 채벌권 ③ 운산

| 동양 척식 주식회사가 설립되다

일본은 대한 제국의 황무지에도 눈독을 들였다. **보안회와 농광 회사**가 반대하여 **일본의 황무지 개간권 요구가 철회**되었지만(1904), 일본은 끝내 황무지를 포기하지 못하고 **동양 척식 주식회사**를 설립하였다(1908).

이들이 말하는 척식(拓殖)이란 '대한 제국의 황무지를 개척하여 일본인이 들어와 산다'는 의미였다. 이것은 토지 약탈과 다를 바가 없었다.

기출 핵심 키워드 암기

[ㄷㅇ ㅊㅅ ㅈㅅㅎㅅ]가 창립되었다. [39회]

정답 동양 척식 주식회사

2 경제적 구국 운동

| 방곡령을 선포하다

강화도 조약과 함께 체결된 조·일 무역 규칙(1876)에서는 '양곡이 무제한적으로 일본으로 수출될 수 있다'고 규정하고 있다. 임오군란 이후 조·일 무역 규칙이 개정된 조·일 통상 장정이 맺어졌는데, 이 조약에 따라 일본은 최혜국 대우를 확보하는 대신 '방곡령 선포'를 허용하였다(1883). 이후 일본으로 쌀이 너무 많이 유출되자 **함경도와 황해도**에서 지방관이 **방곡령을 선포**하였다(1889~1890).

> 우리 고을에 흉년이 든 것은 일본 총영사께서도 잘 알고 계실 것입니다. 가난한 백성의 먹을 것이 없는 참상이 눈앞에 가득하니, 곡물 수출은 당분간 중지하지 않을 수 없습니다. …… 한 달이 지난 이후부터는 쌀 수출이 금지되니 이러한 점을 귀국의 상민(商民)들에게 통지하여 주시기 바랍니다.
>
> –「방곡관계서류철」 제1권 [35회]

그러나 사전 통보 없이 방곡령을 선포했다는 이유로 일본에 배상금만 지불하고, 방곡령은 철회되고 말았다.

기출 핵심 키워드 암기

함경도에서 [ㅂㄱㄹ]이 선포되었다. [49·48회]

정답 방곡령

상권 수호 운동을 전개하다

조선의 상권 수호 운동은 두 단계로 이루어졌다. 임오군란 이후 청 상인과 일본 상인의 내지 통상이 가능해지자 이들은 조선의 내륙 시장에 들어와서 물건을 팔기 시작했다. 더 이상 조선의 여각이나 객주들을 중개하여 물건을 팔 이유가 없었다. 그래서 조선의 여각과 객주는 시장을 지키기 위해 근대적 상회사인 ☆**대동 상회와 장통 상회를 설립**하여 대응하였다(1883).

아관 파천 이후에 다시 한번 상권 수호 운동이 일어났다. 아관 파천으로 러시아의 이권 침탈이 심화되고, '최혜국 대우' 조항에 따라 미국, 프랑스, 독일 등도 조선의 이권을 가져가기 시작했다. 시전 상인들은 ☆**철시 투쟁을 전개**하고, ☆**황국 중앙 총상회를 조직**(1898)하여 외국 상인들에게 대응하였다.

기출 핵심 키워드 암기

① 상권 수호 운동 – 근대적 상회사인 [ㄷㄷ ㅅㅎ]를 설립하였다. [44·40회]
② 상권 수호 운동 – 시전 상인들이 [ㅊㅅ ㅌㅈ]을 전개하였다. [44회]
③ 상권 수호 운동 – 상권 수호를 위해 [ㅎㄱ ㅈㅇ ㅊㅅㅎ]가 조직되었다. [51·48회]

정답 ① 대동 상회 ② 철시 투쟁 ③ 황국 중앙 총상회

국채 보상 운동을 전개하다

일본의 화폐 정리 사업으로 우리나라는 '가난'해졌다. 그런데 일본은 러·일 전쟁 수행을 위한 철도를 놓고, 그 밖의 개화 정책을 실행하라며 우리나라에 강제적으로 돈을 빌려줬다. 이로 인해 우리나라는 당시 돈으로 1,300만 원이라는 거액의 빚을 지게 되었다. 일본에 대한 경제적 예속이 심해지자, 국민이 성금을 모아 일본에 진 빚을 갚자는 ☆**국채 보상 운동이 일어났다**(1907). 국채 보상 운동

은 **대구**에서 **서상돈, 김광제**의 발의로 본격화되었고, 서울에서 **국채 보상 기성회**가 조직되어 전국으로 확산되었다.

> 국채 1,300만 원은 우리 대한 제국의 존망에 직결된 것이다. …… 2천만 인민들이 3개월 동안 담배를 끊고 그 대금으로 1명당 20전씩 징수하면 1,300만 원이 될 수 있다. - 대한매일신보 [14회]

부인들은 손가락에서 가락지를 빼고, 남자들은 금주·금연을 하며 차관 갚기에 일조하였다. 신문들은 국채 보상 운동을 홍보하며 대대적으로 지원 활동에 나섰다. 그중 가장 적극적으로 참여한 신문은 **대한매일신보**였다. 그러나 국채 보상 운동은 **통감부의 탄압과 방해로 중단**되고 말았다.

기출 핵심 키워드 암기

① 일본에 진 빚을 갚자는 [ㄱㅊ ㅂㅅ ㅇㄷ]이 전개되었다. [51·50회]
② 국채 보상 운동 - [ㄷㅎㅁㅇㅅㅂ] 등 당시 언론이 적극적으로 참여하였다. [48·46회]
③ 국채 보상 운동 - [ㅌㄱㅂ]의 탄압으로 중단되었다. [47·46회]

정답 ① 국채 보상 운동 ② 대한매일신보 ③ 통감부

빈출 개념 한눈에 암기하기

1. 열강의 경제 침탈

일본의 경제 침탈	• 화폐 정리 사업 – 주도: 재정 고문 1) 가 주도 – 전개: 조선 화폐인 2) 를 등급에 따라 일본의 제일은행이 발행한 제일은행권으로 교환하도록 강요 → 백동화의 등급이 대부분 낮게 평가되어 제대로 된 보상을 받지 못함 – 결과: 국내 상공업자 타격, 금융 기관 위축 • 이권 침탈: 경인선, 경의선, 3) 등 철도 부설권 독점 • 토지 약탈: 보안회가 일본의 황무지 개간권 요구 철회 → 일본이 4) 를 설립하여 토지를 수탈하고자 함
열강의 이권 침탈	• 5) : 압록강, 두만강 유역과 울릉도 삼림 채벌권 • 6) : 경인선 철도 부설권(이후 일본에 양도), 운산 금광 채굴권 • 프랑스: 경의선 철도 부설권(이후 일본이 획득) • 독일: 강원도 당현 금광 채굴권

2. 경제적 구국 운동

방곡령 선포	함경도와 황해도의 지방관이 7) 선포
상권 수호 운동	• 근대적 상회사인 대동 상회, 장통 상회 등 설립 • 시전 상인들이 철시 투쟁 전개, 8) 조직
국채 보상 운동	• 배경: 일본의 강요로 차관 1,300만 원 도입 • 전개: 대구에서 서상돈 · 9) 등을 중심으로 시작 → 서울에서 국채 보상 기성회 조직 → 금주 · 금연 운동 및 모금 운동 전개, 10) 등 언론의 적극적인 홍보 및 지원 → 전국으로 확산 • 결과: 11) 의 방해와 탄압으로 실패

정답 1) 메가타 2) 백동화 3) 경부선 4) 동양 척식 주식회사 5) 러시아 6) 미국 7) 방곡령 8) 황국 중앙 총상회 9) 김광제 10) 대한매일신보 11) 통감부

실전 연습

퀴즈

1 키워드와 관련된 것을 알맞게 연결해보세요.

① 러시아 •	• ㉠ 운산 금광 채굴권
② 미국 •	• ㉡ 울릉도 삼림 채벌권
③ 일본 •	• ㉢ 경부선 철도 부설권

2 〈보기〉에서 골라 빈칸을 채워보세요.

보기
황국 중앙 총상회　동양 척식 주식회사　화폐 정리 사업

① 메가타의 주도로 (　　　　　　　)이 실시되었다 [45·44회]

② 시전 상인들이 (　　　　　　　)를 조직하였다. [51·48회]

③ 일제에 의해 (　　　　　　　)가 창립되었다. [39회]

3 아래 표에 있는 초성을 완성해보세요.

구분	국채 보상 운동
배경	일본의 강요로 ㅊㄱ이 증가(1,300만 원) → 빚을 갚기 위해 추진
전개	대구에서 서상돈, 김광제 등의 발의로 시작 → 서울에서 ㄱㅊ ㅂㅅ ㄱㅅㅎ가 조직되고 대한매일신보 등의 적극적인 후원으로 전국적으로 확산
결과	ㅌㄱㅂ의 탄압으로 실패

4 아래 기출 사료와 관련 있는 사건을 써보세요.

> 우리 고을에 흉년이 든 것은 일본 총영사께서도 잘 알고 계실 것입니다. 가난한 백성의 먹을 것이 없는 참상이 눈앞에 가득하니, 곡물 수출은 당분간 중지하지 않을 수 없습니다. …… 한 달이 지난 이후부터는 쌀 수출이 금지되니 이러한 점을 귀국의 상민(商民)들에게 통지하여 주시기 바랍니다. [35회]

→ □□□ □□

정답

1 ① ㉡ ② ㉠ ③ ㉢　2 ① 화폐 정리 사업 ② 황국 중앙 총상회 ③ 동양 척식 주식회사　3 차관, 국채 보상 기성회, 통감부
4 방곡령 선포

대표 기출 문제

1 50회 31번

다음 상황이 전개된 배경으로 옳은 것은? [2점]

백동화를 제일은행권으로 바꾸려고 교환소에 갔더니, 터무니없이 낮게 평가해 바꿔 주더군.
백동화는 곧 사용할 수 없을 테니 손해를 보더라도 교환할 수밖에 없지 않겠나.

① 금속류 회수령이 공포되었다.
② 국채 보상 운동이 전개되었다.
③ 산미 증식 계획이 실시되었다.
④ 조선 물산 장려회가 조직되었다.
⑤ 재정 고문으로 메가타가 임명되었다.

2 34회 40번

다음 자료에 해당하는 사업에 대한 설명으로 옳은 것은? [2점]

> **구(舊) 백동화(白銅貨) 교환에 관한 건**
>
> 제1조 구 백동화 교환에 관한 사무는 금고(金庫)로 처리하도록 하며 탁지부 대신이 이를 감독한다.
>
> 제2조 교환을 위해 제출한 구 백동화는 모두 화폐감정역(貨幣鑑定役)이 감정하도록 한다. 화폐감정역은 탁지부 대신이 임명한다.
>
> 제3조 구 백동화의 백동 비율[品位]·무게[量目]·무늬 모양[印像]·형체가 정식 화폐[正貨] 기준을 충족할 경우, 1개 당 금 2전 5리로 새로운 화폐와 교환한다. 이 기준에 합당하지 않은 부정(不正) 백동화는 1개 당 금 1전의 가격으로 정부에서 사들인다. …… 단, 형태나 품질이 조악하여 화폐로 인정할 수 없는 것은 사들이지 않는다.
>
> -「관보」, 1905년 6월 29일

① 화폐 발행을 위해 전환국이 설치되었다.
② 재정 고문 메가타의 주도로 시행되었다.
③ 은 본위제가 본격적으로 실시되는 배경이 되었다.
④ 황국 중앙 총상회가 중심이 되어 반대 운동을 전개하였다.
⑤ 함경도 관찰사 조병식이 방곡령을 선포하는 계기가 되었다.

3

(가)~(마)에 들어갈 내용으로 옳지 <u>않은</u> 것은? [3점]

〈 청·일 전쟁 이후 열강이 침탈한 이권 〉

국가	사례
독일	(가)
일본	(나)
미국	(다)
러시아	(라)
프랑스	(마)

① (가) - 당현 금광 채굴권
② (나) - 경부선 철도 부설권
③ (다) - 운산 금광 채굴권
④ (라) - 울릉도 삼림 채벌권
⑤ (마) - 경인선 철도 부설권

5

(가)에 들어갈 민족 운동에 대한 설명으로 옳은 것은? [2점]

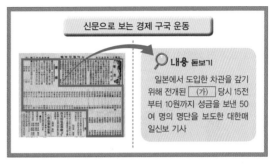

신문으로 보는 경제 구국 운동

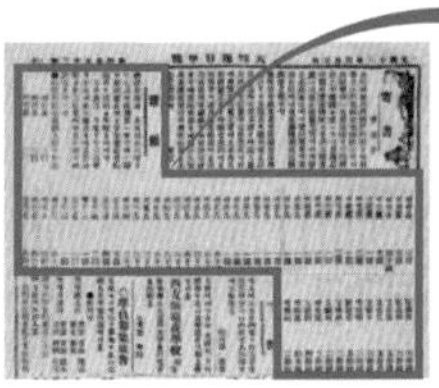

🔍 내용 돋보기

일본에서 도입한 차관을 갚기 위해 전개된 (가) 당시 15전부터 10원까지 성금을 보낸 50여 명의 명단을 보도한 대한매일신보 기사

① 회사령 폐지에 영향을 받았다.
② 김광제 등의 발의로 시작되었다.
③ 색동회가 주도적인 역할을 하였다.
④ 민족주의 계열과 사회주의 계열이 함께 준비하였다.
⑤ 중국, 프랑스 등의 노동 단체로부터 격려 전문을 받았다.

4

다음 자료를 활용한 탐구 활동으로 가장 적절한 것은? [1점]

○ 신(臣) 등이 들은 말에 의하면 일전에 외부(外部)에서 산림과 원야(原野)와 진황지(陳荒地)를 50년 기한으로 일본인에게 빌려주는 일을 정부에 청의(請議)하여 도하(都下)의 인심이 매우 술렁거리고 있습니다. - 『해학유서』

○ 종로에서 송수만, 심상진 씨 등이 각 부(府)·부(部)·원(院)·청(廳)과 각 대관가(大官家)에 알리노라. 지금 산림과 하천 및 못, 원야, 황무지를 일본인이 청구하니, 국가의 존망과 인민의 생사가 경각에 달려 있노라. - 황성신문

① 105인 사건의 영향을 조사한다.
② 보안회의 활동 내용을 파악한다.
③ 독립문이 건립된 과정을 살펴본다.
④ 조선 형평사의 설립 목적을 검색한다.
⑤ 황국 중앙 총상회의 활동을 파악한다.

6

밑줄 그은 '이 운동'에 대한 설명으로 옳은 것은? [2점]

이것은 일제로부터 도입한 차관을 갚기 위해 일어난 이 운동을 기념하여 대구에 세운 조형물입니다. 개화 지식인, 상인, 여성이 엽전을 떠받치고 있는 모습으로 형상화되었습니다.

① 황국 중앙 총상회의 주도로 전개되었다.
② 러시아의 절영도 조차 요구에 반대하였다.
③ 조선 총독부의 방해와 탄압으로 실패하였다.
④ 대한매일신보 등 당시 언론이 적극적으로 참여하였다.
⑤ 일본, 프랑스 등의 노동 단체로부터 격려 전문을 받았다.

대표 기출 문제의 정답 및 문제풀이 방법을 다음 페이지에서 확인하세요. →

대표 기출 문제 정답 및 문제풀이 방법

1	2	3	4	5	6
⑤	②	⑤	②	②	④

1 화폐 정리 사업의 배경

백동화를 제일은행권으로 바꾸려고 교환소에 갔더니, 터무니없이 낮게 평가해 바꿔 주더군.
백동화는 곧 사용할 수 없을 테니 손해를 보더라도 교환할 수밖에 없지 않겠나.

화폐 정리 사업

⑤ 재정 고문으로 메가타가 임명되었다.

백동화를 제일은행권으로 바꾸려는 모습은 **화폐 정리 사업** 때 볼 수 있다(1905). 화폐 정리 사업은 제1차 한·일 협약으로 임명된 **재정 고문 메가타가 주도**하였다. 일제는 백동화를 액면가대로 교환해 주지 않았고, 이로 인해 백동화를 보유하고 있던 사람들이 큰 타격을 받았다.

오답 체크

① **금속류 회수령**이 공포되었다. → **금속류 회수령**
② **국채 보상 운동**이 전개되었다. → **국채 보상 운동**
③ **산미 증식 계획**이 실시되었다. → **산미 증식 계획**
④ **조선 물산 장려회**가 조직되었다. → **물산 장려 운동**

또 나올 암기 포인트

화폐 정리 사업

시행	1905년에 대한 제국의 재정 고문 메가타에 의해 시행됨
내용	• 구 백동화를 일본 제일은행권으로 교환함 • 백동화에 등급을 매겨 차등적으로 교환함
결과	국내 중소 상공업자와 금융 기관이 큰 타격을 입음

2 화폐 정리 사업

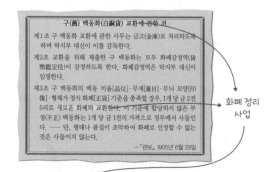

구(舊) 백동화(白銅貨) 교환에 관한 건

제1조 구 백동화 교환에 관한 사무는 금고(金庫)로 처리하도록 하며 탁지부 대신이 이를 감독한다.

제2조 교환을 위해 제출한 구 백동화는 모두 화폐감정역(貨幣鑑定役)이 감정하도록 한다. 화폐감정역은 탁지부 대신이 임명한다.

제3조 구 백동화의 백동 비율[品位]·무게[量目]·무늬 모양[印像]·형체가 정식 화폐[正貨] 기준을 충족할 경우, 1개 당 금 2전 5리로 새로운 화폐와 교환한다. 이 기준에 합당하지 않은 부정(不正) 백동화는 1개 당 금 1전의 가격으로 정부에서 사들인다. …… 단, 형태나 품질이 조악하여 화폐로 인정할 수 없는 것은 사들이지 않는다.

– 「관보」, 1905년 6월 29일

화폐 정리 사업

② 재정 고문 메가타의 주도로 시행되었다.

구 백동화 교환에 관한 건은 **화폐 정리 사업**의 시행 규정이다(1905). 일본은 **구 백동화의 백동 비율(품위) 등을 따져 새로운 화폐(제일은행권)로 교환**해 줬다. 화폐 정리 사업은 제1차 한·일 협약으로 임명된 **재정 고문 메가타의 주도로 시행**되었다.

오답 체크

① 화폐 발행을 위해 **전환국**이 설치되었다. → **초기 개화 정책**
③ **은 본위제**가 본격적으로 실시되는 배경이 되었다. → **제1차 갑오개혁**
④ **황국 중앙 총상회**가 중심이 되어 반대 운동을 전개하였다.
→ **개항 이후 상권 수호 운동**
⑤ 함경도 관찰사 조병식이 **방곡령**을 선포하는 계기가 되었다.
→ **조·일 통상 장정**

3 열강의 이권 침탈

〈청·일 전쟁 이후 열강이 침탈한 이권〉

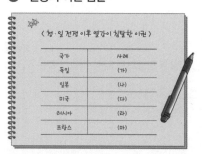

국가	사례
독일	(가)
일본	(나)
미국	(다)
러시아	(라)
프랑스	(마)

⑤ (마) – 경인선 철도 부설권 → 미국, 일본

청·일 전쟁 이후 열강이 침탈한 이권 중 철도 부설권은 일본이 독점하였다. 경의선 부설권은 프랑스가 획득하였으나 일본으로 넘어갔고, **경인선 부설권은 미국이 획득하였으나 일본으로 넘어갔다.**

오답 체크

① (가) – **당현 금광 채굴권** → **독일**
② (나) – **경부선 철도 부설권** → **일본**
③ (다) – **운산 금광 채굴권** → **미국**
④ (라) – **울릉도 삼림 채벌권** → **러시아**

4 황무지 개간권 요구 반대 운동

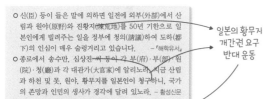

> ○ 신(臣) 등이 들은 말에 의하면 일전에 외부(外部)에서 산림과 원야(原野)와 진황지(陳荒地)를 50년 기한으로 일본인에게 빌려주는 일을 정부에 청의(請議)하여 도하(都下)의 인심이 매우 술렁거리고 있습니다. –「해학유서」
> ○ 종로에서 송수만, 심상진 씨 등이 각 부(府)·부(部)·원(院)·청(廳)과 각 대관가(大官家)에 알리노라. 지금 산림과 하천 및 못, 원야, 황무지를 일본인이 청구하니, 국가의 존망과 인민의 생사가 경각에 달려 있노라. – 황성신문

일본의 황무지 개간권 요구 반대 운동

② 보안회의 활동 내용을 파악한다.

일본이 진황지(황무지) 개간을 요구하자, 송수만·심상진 등이 보안회를 조직하여 반대 운동을 벌였다(1904).

오답 체크

① 105인 사건의 영향을 조사한다. → **신민회 해체**
③ 독립문이 건립된 과정을 살펴본다. → **독립 협회의 활동**
④ 조선 형평사의 설립 목적을 검색한다. → **형평 운동**
⑤ 황국 중앙 총상회의 활동을 파악한다. → **상권 수호 운동**

5 국채 보상 운동

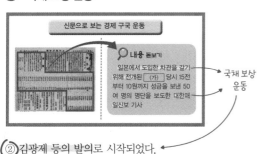

신문으로 보는 경제 구국 운동

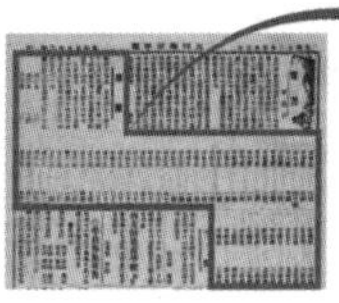

내용 돋보기
일본에서 도입한 차관을 갚기 위해 전개된 [(가)] 당시 15전부터 10원까지 성금을 보낸 50여 명의 명단을 보도한 대한매일신보 기사

국채 보상 운동

② 김광제 등의 발의로 시작되었다.

일본에서 도입한 차관을 갚기 위해 전개된 운동은 국채 보상 운동이다(1907). 국채 보상 운동은 서상돈, 김광제 등의 발의로 대구에서 시작되었다.

오답 체크

① 회사령 폐지에 영향을 받았다. → **물산 장려 운동**
③ 색동회가 주도적인 역할을 하였다. → **소년 운동**
④ 민족주의 계열과 사회주의 계열이 함께 준비하였다.
→ **6·10 만세 운동**
⑤ 중국, 프랑스 등의 노동 단체로부터 격려 전문을 받았다.
→ **원산 총파업**

6 국채 보상 운동

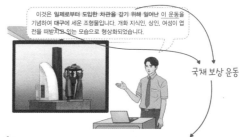

이것은 **일제로부터 도입한 차관을 갚기 위해 일어난** 이 운동을 기념하여 **대구**에 세운 조형물입니다. 개화 지식인, 상인, 여성이 엽전을 떠받치고 있는 모습으로 형상화되었습니다.

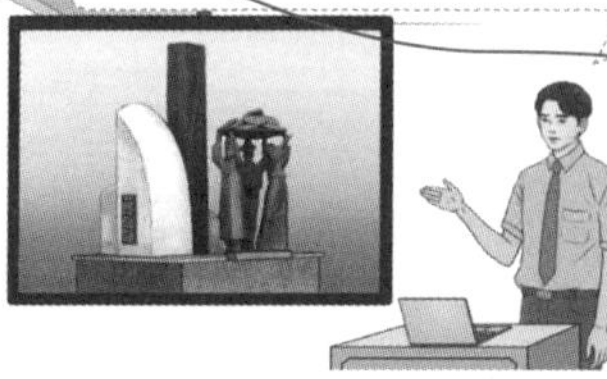

국채 보상 운동

④ 대한매일신보 등 당시 언론이 적극적으로 참여하였다.

일제로부터 도입한 차관을 갚기 위해 일어난 운동은 국채 보상 운동이다(1907). 국채 보상 운동은 서상돈, 김광제 등의 발의로 대구에서 시작되었다. 이 운동에는 대한매일신보 등 당시 언론이 적극적으로 참여하였다.

오답 체크

① 황국 중앙 총상회의 주도로 전개되었다. → **상권 수호 운동**
② 러시아의 절영도 조차 요구에 반대하였다.
→ **독립 협회의 이권 수호 운동**
③ 조선 총독부의 방해와 탄압으로 실패하였다. → **X(총독부 설치, 1910)**
⑤ 일본, 프랑스 등의 노동 단체로부터 격려 전문을 받았다.
→ **원산 노동자 총파업**

또 나올 암기 포인트

국채 보상 운동

배경	일본의 강요로 차관 1,300만 원 도입 → 대한 제국의 재정이 일본에 예속됨
전개	• 대구에서 시작, 서울에서 국채 보상 기성회가 조직됨 • 대한매일신보 등 언론 기관들의 후원 • 금주, 금연 및 반지와 비녀 모으기 등의 모금 운동 전개
결과	국채 보상 기성회의 간사인 양기탁에게 공금을 횡령했다는 혐의를 씌워 구속하는 등 일진회와 통감부의 방해·탄압으로 실패

V. 근대

해커스 이명호 스토리로 암기하는 한국사능력검정시험 심화 하

28강 근대 문화의 형성

개화 정책이 실행되면서 근대 건축물이 세워지고, 여러 신문들이 발행되었습니다. 정부는 관립 학교를 설립하고, 애국 계몽 운동 계열과 개신교 선교사들은 사립 학교를 설립하였습니다. 국어 연구와 국사 연구도 활발히 진행되었습니다. 나라를 빼앗길지 모른다는 위기감에서 비롯된 것입니다.

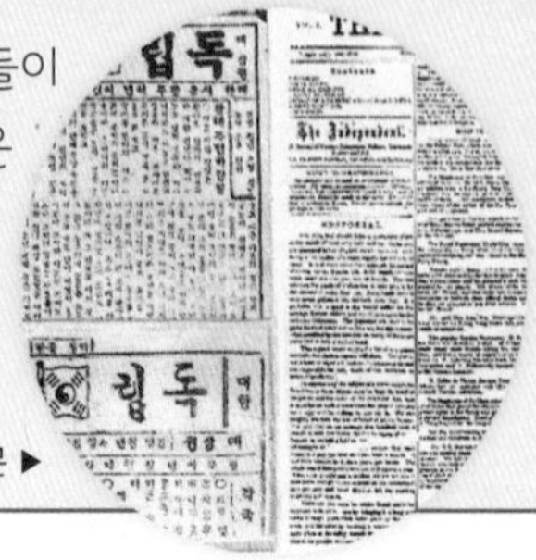

독립신문 ▶

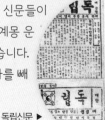

1 근대의 시설과 건축물

근대 시설이 갖춰지다

임오군란이 진압되고(1882), 개화 정책이 다시 시작되었다. 무기 제조 공장인 **기기창**이 설립되고, 인쇄 관청인 **박문국**이 설립되었으며, 화폐를 발행하는 전환국이 세워졌다(1883). 그리고 그 이듬해에는 우편 제도를 담당하는 **우정총국**이 만들어졌다(1884). 그러나 우정총국 개국 축하 파티에서 갑신정변(1884)이 일어나 많은 사람이 죽거나 다쳤고, 우정총국은 폐쇄되었다. 정부는 갑신정변의 주역이었던 홍영식의 집을 몰수하여 최초의 근대적 병원인 **광혜원**(지금의 헌법 재판소 자리에 위치)을 세웠다(1885). 고종은 미국 의료 선교사인 **알렌(Allen)의 건의**를 받아들여 ☆광혜원을 세우고, 2주 후 제중원(세브란스 병원으로 계승)으로 이름을 바꿨다.

시간이 한참 흘러 대한 제국 시기가 되었다(1897~1910). 우리는 이 시기를 흔히 구한말(舊韓末)이라고 부르기도 한다. 구한말이 되면서 정부는 구본신참의 기치 아래 개혁에 박차를 가하였다. 우선 대한 제국은 미국과 합작하여 ☆**한성 전기 회사를 설립**하였다(1898). 주로 전차와 전등 사업을 했던 이 회사는 서대문에서 청량리에 이르는 전차를 개통하였다(1899). 그리고 같은 해에 노량진에서 제물포를 잇는 **경인선**(우리나라 최초의 철도)도 개통되었다(1899). 러·일 전쟁이 끝날 즈음에는 경부선이 개통되었고(1905), 그다음 해에는 경의선도 개통되었다(1906).

기출 핵심 키워드 암기

① 알렌의 건의로 [ㄱㅎㅇ]이 세워졌다. [50·48회]

② 미국과 합작하여 [ㅎㅅ ㅈㄱ ㅎㅅ]를 설립하였다. [42·40회]

정답 ① 광혜원 ② 한성 전기 회사

근대 건축물이 세워지다

근대에는 서양식 건축물도 많이 세워졌다. '위로 뾰족한' 고딕 양식의 명동 성당이 세워졌고(1898), '옆으로 퍼진' 르네상스 양식의 덕수궁 석조전도 세워졌다(1910). 그리고 국내 최초의 서양식 극장인 **원각사가 건립**되었다(1908). 원각사에서는 이인직의 신소설 「은세계」와 「치악산」 등 신극을 공연하였다. 그러나 원각사는 재정적 어려움을 견디지 못하고 그다음 해에 문을 닫았다(1909).

명동 성당

덕수궁 석조전

원각사

기출 핵심 키워드 암기

국내 최초의 서양식 극장인 [ㅇㄱㅅ]가 건립되었다. [40·32회]

정답 원각사

2 근대의 신문

박문국에서 신문을 발행하다

정부는 임오군란 진압 후, **박문국을 설치**하여 우리나라 최초의 신문인 **한성순보(漢城旬報)를 발행**하였다(1883). '순(旬)'은 10일을 뜻하는 것으로, 한성순보는 **열흘마다 발행**하는 것이 원칙이었다. 이 신문은 한문을 잘 아는 관리들이 주 독자층이었기 때문에 **순 한문으로 발행**되었다. 그러나 갑신정변 때 박문국 건물과 인쇄기가 모두 불에 타버려 한성순보는 1년 만에 종간하였다.

갑신정변 이후 다시 설치된 박문국에서 주간 신문인 **한성주보(漢城周報)**를 발간하기 시작하였다(1886). 한성주보는 상인들을 위하여 국한문 혼용체를 사용하였고, 상인들에게 광고를 게재하게 하였다. 한성주보는 우리나라 최초로 **상업 광고를 실은 신문**이 된 것이다.

박문국에서 한성순보를 발행한다고 하네.
한 달에 세 번씩 발간한다는군.

기출 한 컷 [29회]

기출 핵심 키워드 암기

① [ㅂㅁㄱ]을 설치하여 한성순보를 발행하였다. [51·50회]
② 한성순보 – [ㅅ ㅎㅁ] 신문으로 열흘마다 발행하는 것이 원칙이었다. [42·37회]
③ 한성주보 – 최초로 [ㅅㅇ ㄱㄱ]를 실었다. [49·47회]

정답 ① 박문국 ② 순 한문 ③ 상업 광고

❙ 민간 신문이 발행되다

우리나라 최초의 민간 신문은 **독립신문**이다(1896). 독립신문은 고종이 러시아 공사관에 피신해 있는 아관 파천 중에 창간되었다. '우리는 첫째, 편벽되지 아니한 고로 무슨 당에도 상관이 없고……'라는 창간사를 시작으로 발간된 독립신문은 처음에는 4면으로 되어 있는 작은 신문이었다. 그러나 점차 **영문판**까지 발행하면서 규모를 키워갔다.

대한 제국이 선포되고 황제(皇帝)가 생기자(1897), 신문의 이름에도 황(皇)이나 제(帝)라는 단어를 사용하기 시작했다. 그래서 생긴 신문이 **황성(皇城)신문**과 **제국(帝國)신문**이다(1898). **남궁억**이 발간한 황성신문은 을사늑약이 체결되자, '이 날에 이르러 크게 소리내어 운다'는 ☆**시일야방성대곡(是日也放聲大哭)이라는 글을 게재**하기도 하였다. 이종일이 발행한 제국신문은 순 한글로 되어 있었는데, 신교육과 실업 발전을 강조하는 등 민중 계몽에 힘썼다.

20세기로 넘어가면서, 매우 큰 영향력을 발휘한 **대한매일신보**가 발행되었다(1904). **양기탁이 영국인 ☆베델과 함께 창간**하였으며, 베델을 사장으로 하여 '겉보기'에는 영국 신문사 같았다. 그러나 사실은 총무를 맡고 있던 양기탁이 주도적인 역할을 하였다. 대한매일신보는 항일 의병 운동을 사실 그대로 보도하고, 을사늑약의 부당성을 주장하였으며, **국채 보상 운동**도 가장 적극적으로 지원하였다. 그러나 이런 대한매일신보마저 황성신문·제국신문과 함께 한·일 강제 병합 때 폐간되고 말았다(1910).

기출 핵심 키워드 암기

① 황성신문에 [ㅅㅇㅇㅂㅅㄷㄱ]이 게재되었다. [51·33회]

② 양기탁이 영국인 [ㅂㄷ]과 함께 대한매일신보를 창간하였다. [49·44회]

정답 ① 시일야방성대곡 ② 베델

3 근대의 교육

❙ 관립 학교가 설립되다

정부가 육영 공원이라는 근대식 학교를 세운다고 합니다.
외국인을 교사로 초빙한다고 하네요.

기출 한 컷 16회

조·미 수호 통상 조약이 체결(1882)되어 외국과의 교섭이 많아졌다. 임오군란 때 조선에 들어온 독일인 묄렌도르프는 '영어 잘하는 사람이 필요하다.'며 정부 주도하에 외국어 교육 기관인 ☆**동문학을 세웠다**(1883). 동문학은 1886년에 문을 닫았으나 같은 해 새로운 공립 학교인 **육영 공원**이 세워졌다(1886). 상류층 자제를 주로 가르쳤던 육영 공원은 **헐버트, 길모어, 벙커** 등 미국인 선교사들을 교사로 초빙하였다.

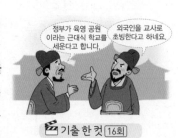

제2차 갑오개혁의 일환으로 **교육 입국 조서**가 반포되었다(1895). **교육 입국 조서 반포**를 계기로 제일 먼저 설립된 것은 **한성 사범학교**였는데(1895), 학교 중에도 '선생님'을 배출하는 학교가 제일 먼저 생겨야 했기 때문이다.

> 짐이 정부에 명하여 학교를 널리 세우고 인재를 양성하는 것은 너희들 신하와 백성의 학식으로 나라를 중흥시키는 큰 공로를 이룩하기 위해서이다. 너희는 임금에게 충성하고 나라를 사랑하는 마음으로 덕성, 체력, 지혜를 기르라. 왕실의 안전도 신하와 백성의 교육에 달려 있고, 나라의 부강도 신하와 백성의 교육에 달려 있다.
>
> – 교육 입국 조서 35회

기출 핵심 키워드 암기

① 정부가 외국어 교육 기관인 [ㄷㅁㅎ]을 세웠다. [50회]

② 한성 사범학교 – [ㄱㅇ ㅇㄱ ㅈㅅ] 반포를 계기로 설립되었다. [37·34회]

정답 ① 동문학 ② 교육 입국 조서

사립 학교가 설립되다

우리나라 최초의 근대적인 사립 학교는 **원산 학사**이다(1883). 원산 학사는 **덕원(지금의 원산)의 관민들이 합심하여 세운 학교**로 외국어·자연 과학 등의 근대 학문뿐만 아니라 무술도 교육했다는 것이 특징이다.

> 덕원 부사 정현석이 장계를 올립니다. 신이 다스리는 이곳 읍은 해안의 요충지에 있고 아울러 개항지가 되어 소중함이 다른 곳에 비할 바가 아닙니다. 개항지를 빈틈없이 운영해 나가는 방도는 인재를 선발하여 쓰는 데 달려 있고, 인재 선발의 요체는 교육에 있습니다. 그러므로 학교를 설립하고자 합니다.
>
> – 「덕원부계록」 40회

미국에 갔던 보빙사가 귀국하면서(1884) 미국의 선교사들도 뒤따라 들어왔다. 선교사들은 조선에 들어와서 경신 학교(1885), 배재 학당(1885), 이화 학당(1886) 등의 사립 학교를 세웠다. **언더우드(Underwood)**가 세운 경신 학교는 기독교 목회자를 양성하는 데 주력하였다. **아펜젤러(Appenzeller)**가 세운 **배재 학당**은 기독교 정신과 개화 사상에 근거하여 **신학문 보급**에 기여하였다. **스크랜튼(Scranton)**이 세운 **이화 학당**은 **근대적 여성 교육**에 기여하였다.

기출 핵심 키워드 암기

① 원산 학사 – [ㄷㅇ] 지방의 관민들이 합심하여 설립하였다. [34·32회]

② [ㅂㅈ ㅎㄷ]을 세워 신학문 보급에 기여하였다. [48·44회]

③ [ㅇㅎ ㅎㄷ]을 설립하여 근대적 여성 교육에 기여하였다. [48·45회]

정답 ① 덕원 ② 배재 학당 ③ 이화 학당

4 국학 연구와 문예 활동

| 국어 연구, 한글 연구를 체계화하다

개화기에 한글 연구에 가장 적극적이었던 사람은 **'주시경'**이다. 주시경은 배재 학당에서 신학문을 배웠으며, 독립신문 발간에도 참여하였다. 주시경은 한글 신문을 만들면서 국문을 정리하고 철자법을 연구할 필요를 느껴 국문 동식회를 만들었다(1896). '주보따리'라는 별명에 맞게 보따리만 싸서 동분서주했던 주시경은 여러 학교에서 학생들을 가르쳤고, 대한 제국의 학부(지금의 교육부) 아래에 **국문 연구소를 세워 한글을 체계적으로 연구**했다(1907). 이렇게 축적된 학문은 『국어문법』(1910)과 『말의 소리』(1914) 등으로 빛을 보았다.

기출 핵심 키워드 암기

주시경이 [ㄱㅁ ㅇㄱㅅ]를 세워 한글을 체계적으로 연구하였다. [47·40회]

정답 국문 연구소

| 국사 연구, 민족정신을 지키다

우리나라가 일본의 식민지가 되던 해에, 우리나라의 민족 고전을 간행하는 **조선 광문회**가 조직되었다(1910). 조선 광문회는 박은식과 최남선이 주도하여 만든 단체이나, 신민회가 그 주축이 되었다고 말해도 된다. 이 단체는 『동국통감』, 『삼국사기』, 『열하일기』 등을 재간하여, 식민지 치하에서도 민족정신을 지키려고 노력하였다.

| 문학과 연극, 새로운 경향이 나타나다

일제 강점기가 되기 직전 10년간 문학과 연극에는 새 바람이 불었다. 이 시기에 전통시에서 근대시로 넘어가는 **신체시(新體詩)**라는 새로운 형태가 등장하였다. 신체시의 대표적인 작품은 '텨…ㄹ썩, 텨…ㄹ썩, 텩, 쏴…아'로 시작하는 **최남선의 '해에게서 소년에게'**이다. 바다가 소년에게 말을 하는 형태의 이 시는 최남선이 직접 창간한 잡지 『소년』에 수록되었다(1908).

또 봉건적 가치관을 비판하는 내용의 **신소설**도 발표되었는데, 대표적인 것은 이인직의 「**혈의 누**」(1906)와 안국선의 「**금수회의록**」(1908)이다. 특히 「금수회의록」은 금수들(동물과 곤충들)이 인간 사회를 비판하는 우화적 소설로 유명하였다.

그리고 국내 최초의 서양식 극장인 **원각사**가 건립되었다(1908). 원각사에서는 은세계, 치악산 등의 연극이 공연되었다.

빈출 개념 한눈에 암기하기

1. 근대의 시설과 건축물

근대 시설	• 정부 기구: 기기창(무기 제조 공장), 박문국(인쇄 관청), 전환국(화폐 발행) • 의료 시설: 1) ________ (알렌의 건의로 설립) → 제중원, 세브란스 병원으로 계승 • 교통 시설: 전차 – 2) ________ (미국과 합작하여 설립)가 서대문~청량리에 가설, 철도 – 경인선·경부선·경의선 등 개통
건축물	명동 성당(고딕 양식), 3) ________ (국내 최초의 서양식 극장)

2. 근대의 신문

한성순보	우리나라 최초의 신문, 순 한문, 4) ________ 에서 열흘마다 발행
한성주보	국·한문 혼용체, 최초로 5) ________ 게재
독립신문	우리나라 최초의 민간 신문, 한글판·영문판 발행
황성신문	남궁억 등이 발행, '시일야방성대곡' 게재
제국신문	이종일 등이 발행, 순 한글
대한매일신보	양기탁과 영국인 6) ________ 이 발행, 7) ________ 을 적극적으로 지원함

3. 근대의 교육

관립 학교	• 동문학: 묄렌도르프가 정부의 지원을 받아 설립한 외국어 교육 기관 • 8) ________ : 헐버트, 길모어 등을 교사로 초빙한 최초의 근대식 관립 학교 • 한성 사범학교: 교육 입국 조서 반포를 계기로 설립된 관립 학교
사립 학교	• 9) ________ : 덕원의 관민들이 합심하여 설립한 최초의 근대식 사립 학교 • 기타: 배재 학당(신학문 보급), 이화 학당(근대적 여성 교육)

4. 국학 연구와 문예 활동

국학 연구	• 국어 연구: 주시경 등이 10) ________ 를 설립하여 한글을 체계적으로 연구 • 국사 연구: 박은식·최남선 등이 조선 광문회를 조직하여 민족 고전 간행
문예 활동	• 문학: 신소설(「혈의 누」, 「금수회의록」), 신체시('해에게서 소년에게') • 연극: 원각사에서 은세계, 치악산 등 공연

정답 1) 광혜원 2) 한성 전기 회사 3) 원각사 4) 박문국 5) 상업 광고 6) 베델 7) 국채 보상 운동 8) 육영 공원 9) 원산 학사
10) 국문 연구소

실력 UP

실전 연습

퀴즈

1 키워드와 관련된 것을 알맞게 연결해보세요.

① 기기창 •	• ㉠ 최초의 서양식 극장
② 광혜원 •	• ㉡ 근대식 병원
③ 원각사 •	• ㉢ 무기 제조 공장

2 〈보기〉에서 골라 빈칸을 채워보세요.

보기		
조선 광문회	동문학	국문 연구소

① 정부가 외국어 교육 기관인 (　　　　)을 세웠다. [50회]

② (　　　　　　)는 한글 연구를 목적으로 학부 아래에 설립되었다. [50·48회]

③ 박은식·최남선 등이 (　　　　　　)를 조직하여 민족 고전을 간행하였다. [48회]

3 아래 표에 있는 초성을 완성해보세요.

근대 신문	내용
한성주보	ㅂㅁㄱ에서 발행, 우리나라 최초로 상업 광고가 게재됨
독립신문	우리나라 최초의 민간 신문으로 ㅇㅁㅍ도 함께 발행함
대한매일신보	ㅇㄱㅌ과 영국인 베델이 창간한 신문으로 국채 보상 운동을 적극 지원함

4 아래 기출 사료와 관련 있는 기관을 써보세요.

덕원 부사 정현석이 장계를 올립니다. 신이 다스리는 이곳 읍은 해안의 요충지에 있고 아울러 개항지가 되어 소중함이 다른 곳에 비할 바가 아닙니다. 개항지를 빈틈없이 운영해 나가는 방도는 인재를 선발하여 쓰는 데 달려 있고, 인재 선발의 요체는 교육에 있습니다. 그러므로 학교를 설립하고자 합니다. －「덕원부계록」[40회]

→ □□ □□

정답

1 ① ㉢ ② ㉡ ③ ㉠　2 ① 동문학 ② 국문 연구소 ③ 조선 광문회
3 박문국, 영문판, 양기탁　4 원산 학사

대표 기출 문제

1

[53회 32번]

밑줄 그은 '이곳'이 운영되던 시기에 볼 수 있는 모습으로 가장 적절한 것은? [3점]

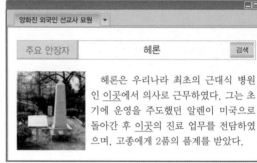

양화진 외국인 선교사 묘원

주요 안장자	헤론	검색

헤론은 우리나라 최초의 근대식 병원인 이곳에서 의사로 근무하였다. 그는 초기에 운영을 주도했던 알렌이 미국으로 돌아간 후 이곳의 진료 업무를 전담하였으며, 고종에게 2품의 품계를 받았다.

① 배재 학당에 입학하는 학생
② 영선사 일행으로 청에 가는 생도
③ 우정총국 개국 축하연에 참석하는 외교관
④ 연무당에서 일본과 조약을 체결하는 관리
⑤ 제너럴셔먼호의 통상 요구를 거부하는 평양 관민

2

[49회 36번]

교사의 질문에 대한 학생의 답변으로 옳은 것은? [2점]

이것은 한성 전기 회사가 공급하는 전기를 사용하여 서대문과 청량리 사이를 운행하던 전차입니다. 전차가 개통된 이후에 도입된 근대 문물에 대해 말해 볼까요?

① 박문국이 세워졌어요.
② 경부선이 완공되었어요.
③ 기기창이 설치되었어요.
④ 한성주보가 발행되었어요.
⑤ 육영 공원이 설립되었어요.

3

55회 36번

(가) 신문에 대한 설명으로 옳은 것은? [1점]

여기는 양기탁과 함께 (가) 을/를 창간하여 항일 언론 활동을 전개한 베델의 묘입니다. 그는 "나는 죽지만, (가) 은/는 영원히 살려 한국 동포를 구하시오."라는 유언을 남겼습니다.

① 최초로 상업 광고를 실었다.
② 천도교의 기관지로 발행되었다.
③ 우리나라 최초의 민간 신문이었다.
④ 국채 보상 운동의 확산에 기여하였다.
⑤ 일장기를 삭제한 손기정 사진을 게재하였다.

4

47회 37번

(가) 신문에 대한 설명으로 옳은 것은? [1점]

독립 유공자의 명패를 부착하는 행사가 해외에서는 처음으로 영국에 있는 베델의 손녀 집에서 열렸습니다. 베델은 양기탁과 함께 (가) 을/를 창간하여 항일 언론 활동을 전개하였습니다.

해외에서 독립 유공자 명패 부착 행사 열려

① 박문국에서 발간하였다.
② 최초로 상업 광고를 실었다.
③ 을사늑약의 부당성을 주장하였다.
④ 우리나라 최초의 민간 신문이었다.
⑤ 일장기를 삭제한 손기정 사진을 게재하였다.

5

49회 39번

다음 퀴즈의 정답으로 옳은 것은? [1점]

덕원부의 관민이 힘을 합쳐 설립한 우리나라 최초의 근대 학교로, 외국어 교육 등을 실시한 이 교육 기관은 무엇일까요?

6

38회 34번

다음 인물에 대한 설명으로 옳은 것은? [2점]

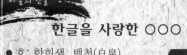

이달의 인물

한글을 사랑한 ○○○

- 호: 한힌샘, 백천(白泉)
- 생몰: 1876년~1914년
- 주요 활동
  - 독립신문 교보원 활동
  - 국문 동식회 조직
  - 『국어문법』, 『말의 소리』 저술
- 서훈: 1980년 건국 훈장 대통령장

① 잡지 「한글」을 간행하였다.
② 한글 맞춤법 통일안을 제정하였다.
③ 가갸날을 제정하고 기념식을 거행하였다.
④ 국문 연구소에서 한글 연구를 체계화하였다.
⑤ 조선어 학회 사건으로 구속되어 옥고를 치렀다.

대표 기출 문제의 정답 및 문제풀이 방법을 다음 페이지에서 확인하세요. ➜

실전 연습

대표 기출 문제 정답 및 문제풀이 방법

1	2	3	4	5	6
①	②	④	③	③	④

1 광혜원이 운영되던 시기의 모습

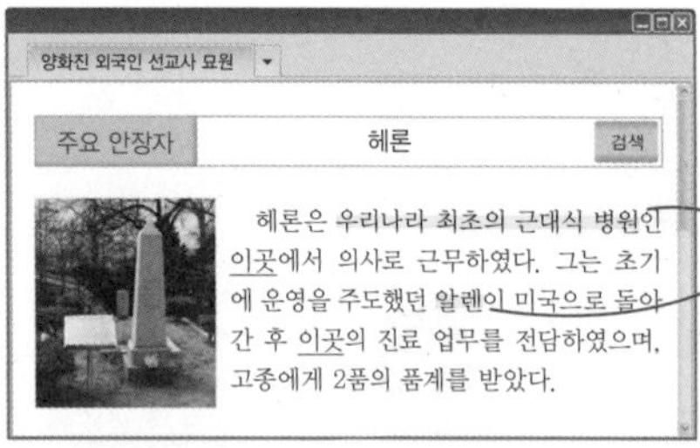

양화진 외국인 선교사 묘원
주요 안장자
헤론
검색
헤론은 우리나라 최초의 근대식 병원인 이곳에서 의사로 근무하였다. 그는 초기에 운영을 주도했던 알렌이 미국으로 돌아간 후 이곳의 진료 업무를 전담하였으며, 고종에게 2품의 품계를 받았다.

광혜원 (1885. 2.)

① 배재 학당에 입학하는 학생 → 1885년 8월

우리나라 최초의 근대식 병원이며 알렌에 이어 헤론이 운영한 곳은 광혜원이다(1885). 한편 광혜원이 운영되던 시기인 1885년에 미국 선교사 아펜젤러가 근대식 학교인 배재 학당을 설립하였다.

오답 체크

② 영선사 일행으로 청에 가는 생도 → **1881년**
③ 우정총국 개국 축하연에 참석하는 외교관 → **1884년**
④ 연무당에서 일본과 조약을 체결하는 관리 → **1876년**
⑤ 제너럴셔먼호의 통상 요구를 거부하는 평양 관민 → **1866년**

2 전차 개통 이후에 도입된 문물

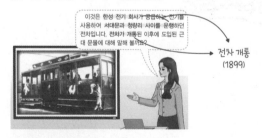

이것은 한성 전기 회사가 공급하는 전기를 사용하여 서대문과 청량리 사이를 운행하던 전차입니다. 전차가 개통된 이후에 도입된 근대 문물에 대해 말해 볼까요?

전차 개통 (1899)

② 경부선이 완공되었어요. → 1904년

한성 전기 회사가 공급하는 전기를 사용하여 서대문과 청량리 사이를 운행하는 전차가 개통되었다(1899). 이후 경부선이 개통되고 (완공 1904, 개통 1905), 그다음 해엔 경의선도 개통되었다(1906).

오답 체크

① 박문국이 세워졌어요. → **1883년**
③ 기기창이 설치되었어요. → **1883년**
④ 한성주보가 발행되었어요. → **1886년**
⑤ 육영 공원이 설립되었어요. → **1886년**

3 대한매일신보

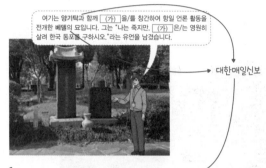

여기는 양기탁과 함께 (가) 을/를 창간하여 항일 언론 활동을 전개한 베델의 묘입니다. 그는 "나는 죽지만, (가) 은/는 영원히 살려 한국 동포를 구하시오."라는 유언을 남겼습니다.

대한매일신보

④ 국채 보상 운동의 확산에 기여하였다.

양기탁과 함께 영국인 베델이 창간한 신문은 대한매일신보이다(1904). 대한매일신보는 일본에 진 빚을 갚자는 국채 보상 운동을 후원하여, 운동이 전국적으로 확산되는 데 기여하였다.

오답 체크

① 최초로 상업 광고를 실었다. → **한성주보**
② 천도교의 기관지로 발행되었다. → **만세보**
③ 우리나라 최초의 민간 신문이었다. → **독립신문**
⑤ 일장기를 삭제한 손기정 사진을 게재하였다.
→ **동아일보, 조선중앙일보**

4 대한매일신보

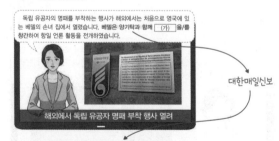

독립 유공자의 명패를 부착하는 행사가 해외에서는 처음으로 영국에 있는 베델의 손녀 집에서 열렸습니다. 베델은 양기탁과 함께 (가) 을/를 창간하여 항일 언론 활동을 전개하였습니다.

대한매일신보

③ 을사늑약의 부당성을 주장하였다.

양기탁과 영국인 베델이 함께 발행한 신문은 대한매일신보이다. 대한매일신보는 을사늑약의 부당성을 주장하였고, 을사늑약이 무효임을 선언하는 고종의 친서도 게재하였다.

오답 체크

① 박문국에서 발간하였다. → **한성순보, 한성주보**
② 최초로 상업 광고를 실었다. → **한성주보**
④ 우리나라 최초의 민간 신문이었다. → **독립신문**
⑤ 일장기를 삭제한 손기정 사진을 게재하였다.
→ **동아일보, 조선중앙일보**

또 나올 암기 포인트

근대의 신문

한성순보	• 우리나라 최초의 근대 신문 • 순 한문체, 박문국에서 10일에 한 번씩 발행
한성주보	• 국·한문 혼용체, 박문국에서 발행 • 우리나라 최초로 상업 광고 게재
독립신문	• 서재필 등이 발행한 우리나라 최초의 민간 신문 • 한글판과 영문판을 함께 발행
제국신문	이종일이 발행, 순 한글판으로 발간되어 부녀자 및 서민에게 인기를 얻음
황성신문	• 남궁억이 발행, 민족주의적 성격의 국한문 혼용 신문 • 장지연의 '시일야방성대곡'을 게재함
대한매일신보	• 양기탁과 영국인 베델이 발행 • 의병 운동을 높이 평가하고, 국채 보상 운동을 지원함

또 나올 암기 포인트

근대의 교육 기관

원산 학사 (1883)	• 최초의 근대식 사립 학교 • 덕원 부사 정현석과 덕원·원산 주민들이 공동으로 설립, 근대 학문과 무술 교육
동문학 (1883)	묄렌도르프가 정부의 지원을 받아 설립한 통역관 양성소
배재 학당 (1885)	• 아펜젤러가 설립 • 최초의 개신교 계통의 근대식 사립 학교
육영 공원 (1886)	• 최초의 근대식 공립 학교, 상류층(양반) 자제를 대상으로 외국어와 근대 학문을 교육 • 헐버트·길모어·벙커 등 외국인 교사 초빙
이화 학당 (1886)	• 스크랜튼이 설립 • 최초의 여성 전문 교육 기관

5 원산 학사

덕원부의 관민이 힘을 합쳐 설립한 우리나라 최초의 근대 학교로, 외국어 교육 등을 실시한 이 교육 기관은 무엇일까요?

③ 원산 학사

덕원부(원산)의 관민이 힘을 합쳐 설립한 우리나라 최초의 근대 학교는 **원산 학사**이다(1883). 원산 학사는 외국어, 산수, 법률, 국제법 등의 **근대 학문과 무술을 가르쳤다.**

오답 체크

① 동문학 → **관립 외국어 교육 기관**
② 명동 학교 → **북간도의 민족 교육 기관**
④ 서전서숙 → **북간도의 민족 교육 기관**
⑤ 배재 학당 → **근대식 사립 학교**

6 주시경

이달의 인물
한글을 사랑한 ○○○
● 호: 한힌샘, 백천(白泉)
● 생몰: 1876년~1914년
● 주요 활동
– 독립신문 교보원 활동
– 국문 동식회 조직
– 『국어문법』, 『말의 소리』 저술
● 서훈: 1980년 건국 훈장 대통령장
주시경

④ 국문 연구소에서 한글 연구를 체계화하였다.

최초의 국어 연구회인 **국문 동식회를 조직**하고(1896), **『국어문법』, 『말의 소리』 등을 저술**한 인물은 **주시경**이다. 주시경은 지석영 등과 함께 **국문 연구소를 설립하여 국문 정리와 국어의 이해 체계를 확립**하였다(1907).

오답 체크

① 잡지 「**한글**」을 간행하였다. → **조선어 연구회**
② **한글 맞춤법 통일안**을 제정하였다. → **조선어 학회**
③ **가갸날**을 제정하고 기념식을 거행하였다. → **조선어 연구회**
⑤ **조선어 학회 사건**으로 구속되어 옥고를 치렀다.
→ **이윤재, 이극로, 최현배 등**

VI. 일제 강점기

1910년

- **1912** 조선 태형령 공포
  토지 조사 사업 시작
  독립 의군부 조직
- **1915** 대한 광복회 조직
- **1919** 3·1 운동
  대한민국 임시 정부 수립
  의열단 조직

1920년

- **1920** 봉오동 전투
  청산리 대첩
  간도 참변
- **1925** 치안 유지법 제정
  미쓰야 협정 체결
- **1926** 6·10 만세 운동
- **1927** 신간회 창립
- **1929** 광주 학생 항일 운동

1930년

- **1931** 한인 애국단 조직
- **1932** 윤봉길 의거
- **1937** 중·일 전쟁 발발
- **1938** 국가 총동원법 제정
  조선 의용대 조직

1940년

- **1940** 한국광복군 창설
- **1941** 태평양 전쟁 발발
- **1942** 조선어 학회 사건
- **1944** 조선 건국 동맹 결성

29강 일제의 식민 통치와 경제 수탈

우리나라는 1910년 여름에 일제의 식민지가 되었습니다. 1910년대에는 무단 통치로 우리 민족을 폭압적으로 다루다가, 1920년대에는 문화 통치를 하며 '풀어주는 듯' 보였습니다. 그러다가 1930년대 이후로는 민족 말살 통치를 하며 우리 민족을 강하게 탄압하였습니다. 이 단원에서는 식민 통치의 변화와 함께 경제 수탈의 변화도 살펴볼 것입니다.

조선 총독부 ▶

1 무단 통치(1910년대)

| 헌병 경찰을 내세워 무단 통치를 실시하다

1910년부터 1945년까지를 '일제 강점기'라고 한다. 일제 강점기가 시작되자 일제는 식민 통치를 위해 **조선 총독부**를 세우고, 마지막 통감이었던 데라우치를 첫 번째 총독으로 세웠다(1910).

1910년대의 일제의 통치 방식은 **'무단 통치'** 또는 **'헌병 경찰 통치'**로 부를 수 있다. ☆**헌병 경찰제**란 '헌병'이라는 군인이 '경찰' 역할도 하는 강압적 통치 방식이다. 일제는 러·일 전쟁 이후 우리나라에 파견되는 헌병의 수를 지속적으로 늘리다가, 1910년에 우리나라의 경찰권이 박탈된 이후 '헌병 경찰'을 제도화했다. 헌병 경찰은 **범죄 즉결례**를 통해 재판 없이 한국인을 처벌할 수 있었다. 또한 일제는 ☆**조선 태형령을 공포**하였다(1912).

> 제1조 3개월 이하의 징역 또는 구류에 처하여야 할 자는 그 정상에 따라 태형에 처할 수 있다.
> 제11조 태형은 감옥 또는 즉결 관서에서 비밀리에 행한다.
> 제13조 본령은 조선인에 한하여 적용한다.
>
> \- 조선 태형령 11회

태형령의 '태(笞)'는 조선 시대에 있었던 태·장·도·유·사의 그 '태'로 태형은 '때리는 형벌'이었다. 사실 일제 강점기라는 것은 '대한 제국'을 멸망시키고 식민지 시대가 된 것인데, 일제는 계속하여 '조선'이라는 표현을 썼다. 반면에 민족주의 독립운동가들은 '대한'과 '한국'이라는 말을 자주 썼다. 그런데 조선 태형령에 '조선'이라는 말이 붙어 있다는 것은 이 법령이 한국인에게만 적용되었다는 의미이다.

기출 핵심 키워드 암기

① 무단 통치 – 강압적 통치를 목적으로 [ㅎㅂ ㄱㅊㅈ]가 실시되었다. [51·47회]
② 무단 통치 – 한국인에 한해 적용되는 [ㅈㅅ ㅌㅎㄹ]을 공포하였다. [49·45회]

정답 ① 헌병 경찰제 ② 조선 태형령

| 식민지 교육을 실시하다

일제는 **제1차 조선 교육령**을 통해 식민지 교육 방침을 발표하였다(1911). 제1차 조선 교육령은 한마디로 우민화(愚民化, 어리석은 사람 만들기) 교육이었다. 한국인들은 초등 교육과 기술 교육 정도의 실업 교육 위주로 받고 더 이상의 고등 교육은 받지 못하게 하는 것이 제1차 조선 교육령의 핵심이었다.

2 1910년대 일제의 경제 수탈

| 토지 조사 사업을 실시하다

1910년대에 일제는 '근대적 토지 소유권 확립'을 명분으로 ☆**토지 조사 사업을 실시**했다. 대한 제국의 지계 발급은 '근대적 토지 소유권 확립'이 진짜 목적이었지만, 일제의 토지 조사 사업의 진짜 목적은 '토지 점탈'이었다. 일제가 토지 조사 사업을 시행하기 위해 ☆**토지 조사령을 제정**하였다(1912).

> 제1조 토지의 조사 및 측량은 본령에 의한다.
> 제4조 토지 소유자는 조선 총독이 정하는 기간 내에 주소, 씨명 또는 명칭 및 소유지의 소재, 지목, 자번호, 사표, 등급, 지적, 결수를 임시 토지 조사국장에게 신고해야 한다. 단 국유지는 보관 관청에서 임시 토지 조사국장에게 통지해야 한다.
> – 토지 조사령 [39회]

자기 땅이 있어도 (심지어 대한 제국으로부터 지계를 발급받았어도) 그 땅을 기간 내에 '신고'하지 않으면 조선 총독부에 땅을 빼앗겼다. 일제는 빼앗은 토지를 일본인에게 헐값에 판매하거나, 동양 척식 주식회사에 넘겼다.

기출 핵심 키워드 암기

① 1910년대 경제 수탈 – 근대적 토지 소유권 확립을 명분으로 [ㅌㅈ ㅈㅅ ㅅㅇ]을 실시하였다. [49·47회]
② 1910년대 경제 수탈 – 기한 내에 소유지를 신고하게 하는 [ㅌㅈ ㅈㅅㄹ]을 제정하였다. [48·42회]

정답 ① 토지 조사 사업 ② 토지 조사령

| 산업 침탈이 이루어지다

일제는 한국인들이 회사를 세우는 것도 어렵게 만들었다. 민족 자본이 성장하여 '돈'을 벌게 되면 그것으로 무기도 사고, 학교도 세울 수 있었기 때문이다. 그래서 조선 총독부는 회사를 설립할 때 총독의 허가를 받도록 하는 **회사령을 제정**하였다(1910). 이 외에도 일제는 한국의 어장을 차지하기 위해 **조선 어업령**을 공포하고(1911), 한국의 산을 차지하기 위해 **삼림령**을 공포하고(1911), 지하 자원을 약탈하기 위해 **조선 광업령**을 제정하였다(1915).

3 문화 통치(1920년대)

| 3·1 운동 이후 문화 통치로 변화하다

3·1 운동은 일본이 무단 통치를 **문화 통치**로 바꾸는 계기가 되었다(1919). 1919년에 부임한 사이토 마코토 총독은 시정 방침에서 '위력을 동반한 문화 운동'을 강조하며, 소위 '문화 통치'를 실시하였다. '겉으로는 풀어주고, 뒤에서는 친일파를 양성하는' 통치 방식이었다.

> 생각건대, 장래의 운동은 작년 봄 행해진 만세 소요 같은 어린애 장난 같은 것은 아닐 것이다. …… 어떠한 방책으로 이를 이용하여, 오히려 일선 병합의 대정신, 대이상인 일선 동화(日鮮同化)로 돌아오게 할 수 있을까? 이 방책은 다른 것이 아니다. 위력을 동반한 문화 운동 이것뿐이다.
>
> – 사이토 마코토 [31회]

1920년대에 친일파를 양성하는 가장 대표적인 방법은 **도 평의회, 부·면 협의회 등의 자문 기구를 설치**하는 것이었다. 평의회와 협의회라는 자치 기구를 두고, 주요 자리에 친일파를 임명하는 방식이었다. 이렇게 문화 통치는 기만적인 유화 통치였다. 문관 출신도 조선 총독에 임명할 수 있도록 규정을 바꿨지만, 광복 때까지 문관 총독은 한 명도 임명된 적이 없었다. 표면적으로는 경찰 제도를 헌병 경찰 제도에서 보통 경찰 제도로 바꾼 것처럼 보였지만, 실상은 경찰 관서의 수와 경찰의 수가 3배 이상 늘어났고 고등 경찰이라는 비밀 정치 경찰이 등장하였다. 조선일보와 동아일보 등 민족 신문의 발행을 허용하였지만(1920), 실제로는 검열을 강화하고 기사를 삭제하는 등 통제를 강화하였다. 일제는 식민지 교육 정책도 바꾸었다. 교육의 기회 확대를 표방하면서 보통학교(지금의 초등학교)의 수업 연한을 6년제로 하고, 대학 설립을 가능하게 하는 등의 **제2차 조선 교육령을 시행**하였다(1922). 그러나 실제로는 민립 대학 설립 운동을 탄압하는 등 기만적인 태도를 보였다.

❙ 사회주의 사상이 유입되다

1920년대의 가장 큰 특징은 사회주의의 유입이다. 1917년에 일어난 러시아 혁명으로 '최초의 사회주의 국가'가 생겨났고, 러시아와 국경이 닿아 있던 우리는 그 영향을 직접적으로 받았다. 심지어 이동휘는 러시아 하바로프스크에서 한인 사회당이라는 최초의 한인 사회주의 정당을 만들기도 하였다(1918). 1920년대에 우리나라에 많은 사회주의자가 생겨나자 일제는 사회주의 운동을 탄압하기 위해 ☆**치안 유지법을 시행**했다(1925).

> 제1조 국체를 변혁하거나 사유 재산 제도를 부인하는 것을 목적으로 결사를 조직하거나 또는 사정을 알고 이에 가입하는 자는 10년 이하의 징역 또는 금고에 처한다. 전항의 미수죄도 처벌한다.
>
> – 치안 유지법 [36회]

치안 유지법은 국가의 형태(국체)를 바꾸거나 사유 재산 제도를 부인하는 목적을 가진 단체나 인물을 탄압하기 위해 만든 법령이다. 이 법령으로 인해 사회주의 사상을 가진 독립운동가들이 크게 탄압을 받았다.

기출 핵심 키워드 암기

문화 통치 – 사회주의자를 탄압하기 위한 [ㅊㅇ ㅇㅈㅂ]을 제정하였다. [58회]

정답 치안 유지법

4 1920년대 일제의 경제 수탈

❙ 산미 증식 계획을 실시하다

1910년대에 토지 조사 사업으로 우리나라의 '땅'을 빼앗았던 일제는 1920년대에 들어서는 '쌀'을 빼앗기 시작하였다. 일제는 제1차 세계 대전(1914~1918) 중 무기를 팔면서 급격한 공업화가 추진되었고, 농업 생산력이 떨어진 상황이었다. 이로 인해 자국의 식량이 부족해지고 쌀값이 폭등하자, 이 문제를 식민지인 한국에서 해결하려고 하였다. 그렇게 일제는 쌀 수탈을 목적으로 ☆**산미 증식 계획**(1920~1934)을 추진하였다. 우리나라의 토지를 개량하고, 저수지를 늘리고, 신품종을 투입하는 등의 방식으로 쌀 생산을 늘렸다. 쌀 증산량은 목표량에 못 미쳤지만, 일제는 계획대로 쌀을 가져가 국내의 식량 부족이 심화되었다.

기출 핵심 키워드 암기

1920년대 경제 수탈 – 쌀 수탈을 목적으로 하는 [ㅅㅁ ㅈㅅ ㄱㅎ]을 실시하였다. [50·45회]

정답 산미 증식 계획

| 회사령을 철폐하다

1910년부터는 회사를 설립하기 위해서 총독의 허가를 받아야만 했다. 그러나 1920년에 **회사령이 폐지**되면서, 회사 설립이 허가제에서 신고제로 바뀌었다. 회사령이 철폐되면서 회사의 설립이 쉬워지자 많은 일본 기업이 우리나라에 들어왔다. 회사령 폐지는 국산품을 사용하여 우리 경제의 자립을 이루자는 **'물산 장려 운동'에 영향**을 주었다.

5 민족 말살 통치(1930년대 이후)

| 한반도를 병참 기지화하다

1929년에 미국의 주가 대폭락으로 세계 경제 대공황이 시작되었다. 미국은 뉴딜(New Deal) 정책으로 이 불황을 극복했지만, 일본은 '전쟁터에 무기를 팔아서 돈을 버는 방식'을 택했다. 일본은 더 나아가 식민지 확보를 위해 전쟁을 일으키기 시작하였다. 1931년에 **만주 사변**을 일으켜서 만주 지역을 차지하고, 1937년에는 **중·일 전쟁**을 일으켜서 중국 본토를 공격하였다. 1941년에는 **태평양 전쟁**을 일으켜서 미국과 '맞짱'을 떴다. 전쟁터에 끌려간 것은 결국 우리 민족이었다. 중·일 전쟁이 발발하자 일제는 ☆**국가 총동원법을 제정**하여 인력과 물자를 강제 동원하였다(1938).

기출 한 컷 [10회]

> 제1조 국가 총동원이란 전시(전시에 준할 경우도 포함)에 국방 목적을 달성하기 위하여 국가의 전력을 가장 유효하게 발휘하도록 인적 및 물적 자원을 통제 운용하는 것을 말한다.
>
> – 국가 총동원법 [35회]

이 법을 모체로 하여 많은 구체적인 법안들이 통과되었다. 우선 일제는 ☆**국민 징용령을 시행**하여(1939) 노동력을 동원하였고, **물자 통제령과** ☆**금속류 회수령을 공포**하여 물자를 통제하였다(1941).

기출 핵심 키워드 암기

① 민족 말살 통치 – [ㄱㄱ ㅊㄷㅇㅂ]을 제정하여 인력과 물자를 강제 동원하였다. [46·44회]
② 민족 말살 통치 – 노동력 동원을 위해 [ㄱㅁ ㅈㅇㄹ]을 시행하였다. [45·33회]
③ 민족 말살 통치 – [ㄱㅅㄹ ㅎㅅㄹ]이 공포되었다. [50회]

정답 ① 국가 총동원법 ② 국민 징용령 ③ 금속류 회수령

❙ 민족정신을 말살시키고, 황국 신민화 정책을 추진하다

일제는 **조선 사상범 보호 관찰령을 통과**시켰다(1936). 이 법은 치안 유지법을 위반한 사람들을 계속하여 감시할 수 있는 법이었다. 그러다가 5년 후에는 독립운동가들을 재판 없이 가둘 수 있는 **조선 사상범 예방 구금령을 공포**하여 독립운동을 탄압하였다(1941).

> 제1조 치안 유지법의 죄를 범하여 형에 처하여진 자가 집행을 종료하여 석방되는 경우에 석방 후 다시 동법의 죄를 범할 우려가 현저한 때에는 재판소는 검사의 청구에 의하여 본인을 예방 구금에 부친다는 취지를 명할 수 있다.
>
> – 조선 사상범 예방 구금령 [41회]

식민지 교육 정책은 또 바뀌었는데 보통학교를 소학교라고 부르고, 조선어를 수의 과목(선택 과목)으로 하는 **제3차 조선 교육령이 발표**되었다(1938). 이어서 '학생도 전쟁터로 가자'는 제4차 조선 교육령이 발표되었고(1943), 이 교육령의 취지에 따라 몇 달 후 '학도 지원병 제도'가 실시되었다(1943).

전쟁이 본격화되면서 일제는 **'황국 신민화 정책'**을 노골적으로 시행하였다. 여기서 황국 신민화란 '완전한 일본인 만들기' 정책이었다. 일제는 '우리는 황국 신민이다'로 시작하는 **황국 신민 서사를 일본어로 외우도록 강요**하였다(1937). 그리고 초등학교의 명칭도 '황국 신민의 학교'라는 뜻의 **국민학교**로 바꿨다(1941). 또한 일제는 민사령을 개정하여 한국인들에게 일본식 성과 이름을 쓰도록 강요하였다(**창씨 개명**, 1939). 이 정책의 강압성으로 인해 1940년에는 약 80%의 한국인들이 '창씨 개명'하였다.

기출 핵심 키워드 암기

① 민족 말살 통치 – 독립운동 탄압을 위한 [ㅈㅅ ㅅㅅㅂ ㅂㅎ ㄱㅊㄹ]을 공포하였다. [45·44회]
② 민족 말살 통치 – [ㅈㅅ ㅅㅅㅂ ㅇㅂ ㄱㄱㄹ]을 통해 독립운동을 탄압하였다. [48·47회]
③ 민족 말살 통치 – 내선일체를 강조한 [ㅎㄱ ㅅㅁ ㅅㅅ]의 암송이 강요되었다. [58·53회]

정답 ① 조선 사상범 보호 관찰령 ② 조선 사상범 예방 구금령 ③ 황국 신민 서사

6 1930년대 이후 일제의 경제 수탈

❙ 농촌 진흥 운동을 실시하다

만주 사변 이후, 일제는 농민의 자력갱생을 내세운 **농촌 진흥 운동을 실시**하였다(1932~1940). 일제는 농촌 진흥 운동의 일환으로 소작 제도 개선을 골자로 하는 **조선 농지령**을 발표하였다(1934).

제3조 임대인이 마름 등 소작지의 관리자를 둘 때에는 조선 총독이 정하는 바에 의하여 부윤, 군수 또는 도사에게 신청한다.

제7조 소작지의 임대차 기간은 3년 이하로 할 수 없다.

- 조선 농지령 [33회]

이 법은 농민의 소작권 확립을 위하여 '마름(지주 대신 소작권을 관리하는 사람)'을 통제하고 소작지의 임대차 기간도 3년 이하로 할 수 없게 규정하였다. 농민들은 조선 농지령에 나름 감동하고 있었는데, 농촌 진흥 운동은 농민들을 전쟁에 동원하며 그 속내를 드러냈다.

기출 핵심 키워드 암기

1930년대 이후 경제 수탈 – 농민의 자력갱생을 내세운 [ㄴㅊ ㅈㅎ ㅇㄷ]을 실시하였다. [46회]

정답 농촌 진흥 운동

물적·인적 수탈을 자행하다

일제는 군량미 확보를 위해 중단되었던 산미 증식 계획을 재개하고(1940), **식량 배급 제도**(일본어로 '하이규')와 **미곡 공출 제도를 시행**하였다. 그럼 농사는 누가 지었는가? 남자들은 '총동원'되어 전쟁터로 나갔으니, 이제 동네에 남은 여성들이 **몸뻬**를 입고 '보국대'라는 이름으로 강제 노동을 하게 되었다. 심지어 전쟁 막바지에는 **여자 정신 근로령을 공포**하여(1944), 수십만 명의 여성을 군수 공장에서 일하게 했다.

기출 핵심 키워드 암기

① 1930년대 이후 경제 수탈 – 식량 배급 및 미곡 [ㄱㅊ] 제도를 시행하였다. [48·35회]
② 1930년대 이후 경제 수탈 – [ㅇㅈ ㅈㅅ ㄱㄹㄹ]을 공포하였다. [48·38회]

정답 ① 공출 ② 여자 정신 근로령

빈출 개념 한눈에 암기하기

1. 무단 통치와 일제의 경제 수탈(1910년대)

무단 통치	• 조선 총독부 설치: 식민 통치의 중심 기관 • 1) ______ 실시: 군인인 헌병 경찰이 범죄 즉결례에 의해 한국인 처벌 • 2) ______ 공포: 한국인에 한하여 적용 • 제1차 조선 교육령 시행: 식민지 교육 방침 규정
경제 수탈	• 3) ______ 실시: 근대적 토지 소유권 확립 명분으로 실시, 토지 조사령 제정 • 4) ______ 제정: 회사 설립 시 총독의 허가를 받도록 함(민족 자본의 성장 억압)

2. 문화 통치와 일제의 경제 수탈(1920년대)

문화 통치	• 도 평의회, 부·면 협의회 설치: 한국인이 참여하는 자문 기구 • 제2차 조선 교육령 시행: 교육 기회 확대 표방 • 5) ______ 제정: 사회주의 운동 탄압
경제 수탈	• 6) ______ 실시: 조선의 쌀 수탈 목적으로 실시 • 회사령 철폐: 회사 설립을 허가제에서 신고제로 변경

3. 민족 말살 통치와 일제의 경제 수탈(1930년대 이후)

민족 말살 통치	• 독립운동 탄압: 조선 사상범 보호 관찰령, 조선 사상범 예방 구금령 공포 • 교육 통제: 제3차 조선 교육령, 국민학교령, 제4차 조선 교육령 시행 • 황국 신민화 정책: 7) ______ 암송 강요, 창씨 개명 실시
경제 수탈	• 8) ______ 제정: 인력과 물자 강제 동원 • 9) ______ 실시: 농민의 자력 갱생 표방 • 물적 수탈: 금속류 회수령 공포, 식량 배급 및 미곡 공출 제도 시행 • 인적 수탈: 국민 징용령·여자 정신 근로령 공포, 학도 지원병제 실시 등

정답 1) 헌병 경찰제 2) 조선 태형령 3) 토지 조사 사업 4) 회사령 5) 치안 유지법 6) 산미 증식 계획 7) 황국 신민 서사
8) 국가 총동원법 9) 농촌 진흥 운동

실전 연습

퀴즈

1 키워드와 관련된 것을 알맞게 연결해보세요.

① 무단 통치 • • ㉠ 황국 신민 서사 암송
② 문화 통치 • • ㉡ 조선 태형령 시행
③ 민족 말살 통치 • • ㉢ 치안 유지법 제정

2 〈보기〉에서 골라 빈칸을 채워보세요.

보기
회사령 국가 총동원법 헌병 경찰제

① 무단 통치 시기에 강압적 통치를 목적으로 ( )가 실시되었다. [51·47회]
② 문화 통치 시기에 ( )이 철폐되었다. [38회]
③ ( )을 제정하여 인력과 물자를 강제 동원하였다. [46·44회]

3 아래 표에 있는 초성을 완성해보세요.

구분	토지 조사 사업
목적	근대적 ㅌㅈ ㅅㅇㄱ 확립을 명분으로 실시함
방법	ㅌㅈ ㅈㅅㄹ을 제정하여 기한 내에 토지를 신고하게 함 → 신고하지 않으면 조선 총독부에 귀속시킴
결과	조선 총독부가 일본인에게 값싸게 토지를 판매함, ㄷㅇ ㅊㅅ ㅈㅅㅎㅅ의 보유 토지가 확대됨

4 아래 기출 자료와 관련 있는 정책을 써보세요.

- 일제가 조선을 자국의 식량 공급 기지로 만들기 위해 1920년부터 추진한 농업 정책
- 일제는 급격한 공업화와 농촌의 황폐화로 자국의 식량 사정이 악화하자, 조선을 이용하여 식량 부족 문제를 해결하려 하였다. [51회]

→ □□ □□ □□

정답

1 ① ㉡ ② ㉢ ③ ㉠ 2 ① 헌병 경찰제 ② 회사령 ③ 국가 총동원법
3 토지 소유권, 토지 조사령, 동양 척식 주식회사 4 산미 증식 계획

대표 기출 문제

1

48회 34번

다음 법령이 시행된 시기에 볼 수 있는 모습으로 적절한 것은? [1점]

제1조 조선 주차(駐箚) 헌병은 치안 유지에 관한 경찰 및 군사 경찰을 담당한다.
제5조 헌병은 직무에 관해 정당한 직권을 가진 사람의 요구가 있을 때에는 즉시 응해야 한다.
제18조 헌병의 복무 및 헌병 보조원에 관한 규정은 조선 총독이 정한다.

① 경성 제국 대학에 다니는 학생
② 원산 총파업에 동참하는 노동자
③ 조선어 학회에서 활동하는 교사
④ 암태도 소작 쟁의에 참여하는 농민
⑤ 조선 태형령을 관보에 게재하는 관리

2

46회 43번

(가) 법령이 적용된 시기 일제의 정책으로 옳은 것은? [2점]

한·일 병합 이후 일반 기업들이 발흥하여 회사 조직으로써 각종 사업을 경영하려 하는 자가 점차 증가함으로, 일본 정부는 한인의 사업 경영에 제한을 주기 위하여 총독부제령(總督府制令)으로서 (가) 을/를 공포해서 허가주의를 채택하여(일본인에게는 관대하고 한인에게는 가혹함은 물론) 사소한 일까지 간섭을 다하되, 이를 어기는 자에게는 신체형 및 벌금형을 부과하였다.

－『한·일관계사료집』

① 제2차 조선 교육령을 시행하였다.
② 범죄 즉결례에 의해 한국인을 처벌하였다.
③ 조선 사상범 예방 구금령을 통해 독립운동을 탄압하였다.
④ 농민의 자력갱생을 내세운 농촌 진흥 운동을 실시하였다.
⑤ 국가 총동원법을 제정하여 인력과 물자를 강제 동원하였다.

3

27회 35번

(가) 사업에 대한 설명으로 옳은 것은? [2점]

> (가) 은/는 지세의 부담을 공평히 하고 지적을 명확히 하여 그 소유권을 보호하고, 그 매매·양도를 간편·확실하게 함으로써 토지의 개량 및 이용을 자유롭게 하고 또 그 생산력을 증진시키려는 것으로서 조선의 긴요한 시책이라는 것은 말할 필요도 없다. – 조선 총독부 시정 연보

① 농촌 진흥 운동의 일환으로 실시되었다.
② 농민들의 관습적인 경작권을 보장해 주었다.
③ 지주들을 산업 자본가로 전환시키고자 하였다.
④ 일제가 식민지 통치의 재정 기반을 확대하려고 시행하였다.
⑤ 세계적 대공황으로 인해 일제의 정책이 바뀌면서 중단되었다.

4

49회 43번

밑줄 그은 '시기'에 볼 수 있는 모습으로 적절하지 않은 것은? [1점]

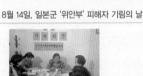

역사 속 오늘 8월 14일, 일본군 '위안부' 피해자 기림의 날

1991년 8월 14일은 고(故) 김학순 할머니가 국내에서 처음으로 일본군 '위안부' 피해 사실을 공개 증언한 날이다. 그의 용기 있는 행동은 일본군 '위안부' 문제가 국제 사회에 알려지는 계기가 되었다. 정부는 이날을 〈일본군 '위안부' 피해자 기림의 날〉로 제정하여 2018년부터 매년 국가 기념일로 기리고 있다. 김학순 할머니는 일제가 국가 총동원법을 적용하여 인적·물적 자원을 수탈하던 시기에 일본군 '위안부'로 끌려가 참혹한 고통을 겪었다.

① 태형을 집행하는 헌병 경찰
② 신사 참배를 강요하는 교사
③ 황국 신민 서사를 암송하는 어린이
④ 학도병 출전 권고 연설을 하는 친일파 인사
⑤ 공출한 놋그릇, 수저를 정리하는 면사무소 관리

5

59회 41번

밑줄 그은 '시기'에 시행된 일제의 정책으로 옳은 것은? [2점]

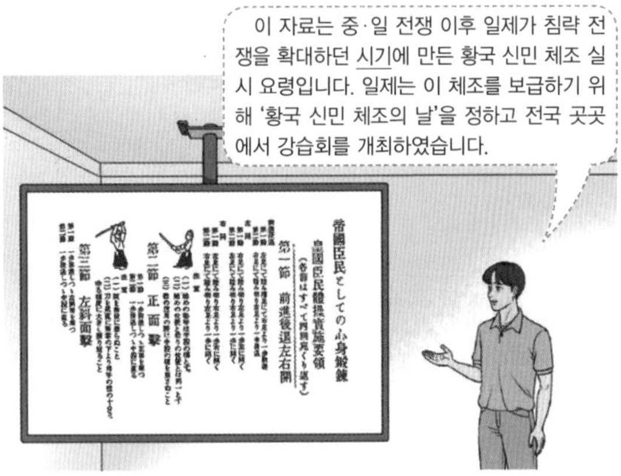

이 자료는 중·일 전쟁 이후 일제가 침략 전쟁을 확대하던 시기에 만든 황국 신민 체조 실시 요령입니다. 일제는 이 체조를 보급하기 위해 '황국 신민 체조의 날'을 정하고 전국 곳곳에서 강습회를 개최하였습니다.

① 회사령을 제정하였다.
② 미쓰야 협정을 체결하였다.
③ 경성 제국 대학을 설립하였다.
④ 토지 조사 사업을 실시하였다.
⑤ 조선 사상범 예방 구금령을 공포하였다.

6

48회 44번

밑줄 그은 '이 시기'에 시행된 일제의 정책으로 옳지 않은 것은? [2점]

① 여자 정신 근로령을 공포하였다.
② 육군 특별 지원병제를 실시하였다.
③ 식량 배급 및 미곡 공출 제도를 시행하였다.
④ 조선 사상범 예방 구금령을 통해 독립운동을 탄압하였다.
⑤ 기한 내에 소유지를 신고하게 하는 토지 조사령을 제정하였다.

대표 기출 문제의 정답 및 문제풀이 방법을 다음 페이지에서 확인하세요. ➜

대표 기출 문제 정답 및 문제풀이 방법

1	2	3	4	5	6
⑤	②	④	①	⑤	⑤

1 헌병 경찰 제도가 시행된 시기의 모습

> 제1조 조선 주차(駐箚) 헌병은 치안 유지에 관한 경찰 및 군사 경찰을 담당한다.
> 제5조 헌병은 직무에 관해 정당한 직권을 가진 사람의 요구가 있을 때에는 즉시 응해야 한다.
> 제18조 헌병의 복무 및 헌병 보조원에 관한 규정은 조선 총독이 정한다.

헌병 경찰 제도 → 무단 통치 시기

⑤ 조선 태형령을 관보에 게재하는 관리

조선 주차(외국에 머물러 있음) **헌병이 경찰 업무까지 담당**하는 **헌병 경찰 제도**가 시행된 시기는 **1910년대 무단 통치 시기**이다. 이 시기에 일제는 **조선 태형령을 공포**하였다(1912).

오답 체크

① **경성 제국 대학**에 다니는 학생 → **문화 통치 시기**
② **원산 총파업**에 동참하는 노동자 → **문화 통치 시기**
③ **조선어 학회**에서 활동하는 교사 → **민족 말살 통치 시기**
④ **암태도 소작 쟁의**에 참여하는 농민 → **문화 통치 시기**

2 회사령이 적용된 시기 일제의 정책

> 한·일 병합 이후 일반 기업들이 발흥하여 회사 조직으로써 각종 사업을 경영하려 하는 자가 점차 증가함으로, 일본 정부는 한인의 사업 경영에 제한을 주기 위하여 총독부제령(總督府制令)으로서 (가) 을/를 공포해서 허가주의를 채택하여(일본인에게는 관대하고 한인에게는 가혹함은 물론) 사소한 일까지 간섭을 다하되, 이를 어기는 자에게는 신체형 및 벌금형을 부과하였다.
> – 『한·일관계사료집』

회사령 → 무단 통치 시기

② 범죄 즉결례에 의해 한국인을 처벌하였다.

일제가 **한인의 사업 경영에 제한**을 주고, 민족 자본의 육성을 막기 위해 **회사 설립을 허가주의로 한 시기는 1910년대 무단 통치 시기**이다. 이 시기에 일제는 **헌병 경찰 제도를 실시**하였고, **범죄 즉결례를 통해 한국인을 처벌**할 수 있도록 하였다.

오답 체크

① **제2차 조선 교육령**을 시행하였다. → **문화 통치 시기**
③ **조선 사상범 예방 구금령**을 통해 독립운동을 탄압하였다.
→ **민족 말살 통치 시기**
④ 농민의 자력갱생을 내세운 **농촌 진흥 운동**을 실시하였다.
→ **민족 말살 통치 시기**
⑤ **국가 총동원법**을 제정하여 인력과 물자를 강제 동원하였다.
→ **민족 말살 통치 시기**

3 토지 조사 사업

> (가) 은/는 지세의 부담을 공평히 하고 지적을 명확히 하여 그 소유권을 보호하고, 그 매매·양도를 간편·확실하게 함으로써 토지의 개량 및 이용을 자유롭게 하고 또 그 생산력을 증진시키려는 것으로서 조선의 긴요한 시책이라는 것은 말할 필요도 없다.
> – 조선 총독부 시정 연보

토지 조사 사업

④ 일제가 식민지 통치의 재정 기반을 확대하려고 시행하였다.

조선 **총독부**는 지세의 부담을 공평히 하고 지적을 명확히 하여 그 **소유권을 보호**한다는 명목으로 **토지 조사 사업**을 시행하였다(1912~1918). 이 사업의 실제 목적은 **한국인의 토지를 강탈하여 식민지 통치를 위한 재정 기반을 확대**하는 것이었다.

오답 체크

① **농촌 진흥 운동**의 일환으로 실시되었다. → **토지 조사 사업 이후**
② 농민들의 **관습적인 경작권**을 **보장**해 주었다.
→ **토지 조사 사업은 관습적인 경작권을 부정함**
③ 지주들을 **산업 자본가**로 전환시키고자 하였다.
→ **이승만 정부의 농지 개혁**
⑤ 세계적 **대공황**으로 인해 일제의 정책이 바뀌면서 **중단**되었다.
→ **산미 증식 계획**

✔ 또 나올 암기 포인트

토지 조사 사업

목적	• 명분: 근대적 토지 소유권 확립 • 실상: 토지 약탈, 한국인 지주층 회유 목적
방법	• 임시 토지 조사국 설치(1910) → 토지 조사령 공포(1912) • 기한부 신고주의 원칙으로 운영
내용	신고 기간이 짧고 절차가 복잡하여 미신고 토지가 많았음 → 일제가 이를 약탈
결과	토지 약탈, 토지 불하, 지세 수입 증가, 지주의 권한 강화, 농민의 몰락

4 민족 말살 통치 시기의 모습

역사 속 오늘 8월 14일, 일본군 '위안부' 피해자 기림의 날

1991년 8월 14일은 고(故) 김학순 할머니가 국내에서 처음으로 일본군 '위안부' 피해 사실을 공개 증언한 날이다. 그의 용기 있는 행동은 일본군 '위안부' 문제가 국제 사회에 알려지는 계기가 되었다. 정부는 이날을 〈일본군 '위안부' 피해자 기림의 날〉로 제정하여 2018년부터 매년 국가 기념일로 기리고 있다. 김학순 할머니는 일제가 국가 총동원법을 적용하여 인적·물적 자원을 수탈하던 시기에 일본군 '위안부'로 끌려가 참혹한 고통을 겪었다.

→ 민족 말살 통치 시기

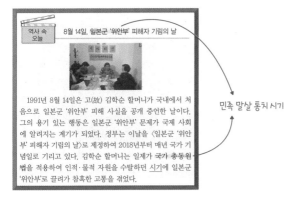

① 태형을 집행하는 헌병 경찰 → 무단 통치 시기

일제가 **국가 총동원법**을 적용하여 인적·물적 자원을 수탈하던 시기는 1930년대 이후의 **민족 말살 통치 시기**이다. 이때 **일본군 위안부** 피해가 있었다. 그러나 **태형을 집행하는 헌병 경찰은 1910년대의 무단 통치 시기**에 볼 수 있었다.

오답 체크

② **민족 말살 통치 시기**에 **신사 참배**가 강요되었다.
③ **민족 말살 통치 시기**에 **황국 신민 서사 암송**이 강제되었다.
④ **민족 말살 통치 시기**에 학생들이 **학도병**으로 전쟁에 동원되었다.
⑤ **민족 말살 통치 시기**에 **놋그릇, 수저 등 금속 제품이 공출**되었다.

5 민족 말살 통치 시기

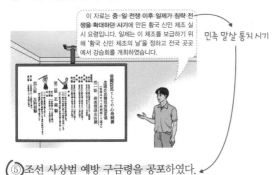

이 자료는 중·일 전쟁 이후 일제가 침략 전쟁을 확대하던 시기에 만든 황국 신민 체조 실시 요령입니다. 일제는 이 체조를 보급하기 위해 '황국 신민 체조의 날'을 정하고 전국 곳곳에서 강습회를 개최하였습니다. → 민족 말살 통치 시기

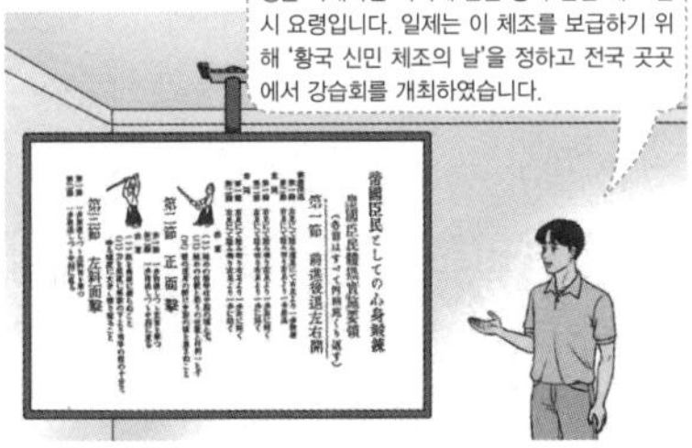

⑤ 조선 사상범 예방 구금령을 공포하였다.

중·일 전쟁(1937) **이후**, 일제는 실제적인 행위가 없더라도 범죄를 일으킬 수 있다는 우려만으로 사상범을 구금할 수 있도록 한 **조선 사상범 예방 구금령을 공포**하였다(1941).

오답 체크

① **회사령**을 제정하였다. → **무단 통치 시기**
② **미쓰야 협정**을 체결하였다. → **문화 통치 시기**
③ **경성 제국 대학**을 설립하였다. → **문화 통치 시기**
④ **토지 조사 사업**을 실시하였다. → **무단 통치 시기**

6 민족 말살 통치 시기 일제의 정책

일본 정부가 우리 역사를 왜곡한 산업유산정보센터를 도쿄에 개관하였습니다. 중·일 전쟁 이후 일제가 침략 전쟁을 확대하던 이 시기의 한국인 강제 동원 사실을 부정하는 전시를 하고 있어 큰 파장이 예상됩니다.
일본, 역사 왜곡 산업유산정보센터 개관

→ 민족 말살 통치 시기

⑤ 기한 내에 소유지를 신고하게 하는 토지 조사령을 제정하였다. → 무단 통치 시기

중·일 전쟁 이후 일제가 침략 전쟁을 확대하고, **한국인을 강제 동원**하던 시기는 1930년대 이후의 **민족 말살 통치 시기**이다. 그러나 일제가 토지 조사 사업을 추진하기 위해 **토지 조사령**(1912)을 **제정한 시기는 1910년대 무단 통치 시기**이다.

오답 체크

① **민족 말살 통치 시기**에 일제는 **여자 정신 근로령**을 공포하였다.
② **민족 말살 통치 시기**에 일제는 **육군 특별 지원병제**를 실시하였다.
③ **민족 말살 통치 시기**에 일제는 **식량 배급 및 미곡 공출 제도**를 시행하였다.
④ **민족 말살 통치 시기**에 일제는 **조선 사상범 예방 구금령**을 통해 독립운동을 탄압하였다.

✔ 또 나올 암기 포인트

일제의 식민 통치

무단 통치 (1910년대)	• 조선 총독부 설치: 식민 통치의 중심 기관 • 헌병 경찰제 실시: 군인인 헌병 경찰이 범죄 즉결례에 의해 한국인 처벌 • 조선 태형령 공포: 한국인에 한하여 적용 • 제1차 조선 교육령 시행: 식민지 교육 방침 규정
문화 통치 (1920년대)	• 도 평의회, 부·면 협의회 설치: 한국인이 참여하는 자문 기구 • 제2차 조선 교육령 시행: 교육 기회 확대 표방 • 치안 유지법 제정: 사회주의 운동 탄압
민족 말살 통치 (1930년대 이후)	• 독립운동 탄압: 조선 사상범 보호 관찰령, 조선 사상범 예방 구금령 공포 • 교육 통제: 제3차 조선 교육령, 국민학교령, 제4차 조선 교육령 시행 • 황국 신민화 정책: 황국 신민 서사 암송 강요, 창씨 개명 실시

인물 박상진, 이회영, 안창호 단체 독립 의군부, 신한청년당 사건 대동 단결 선언, 독립 청원서 제출

30강 1910년대 독립운동

21세기의 대한민국 청년들이 '식민지 현실'을 상상이나 할 수 있을까요? 1910년대에 한국인들은 항일 비밀 결사를 조직하고, 국외에서는 무장 투쟁을 준비하기도 하였습니다. 만주와 상하이, 미주 지역에 독립 운동 단체가 만들어지고, 연해주에는 최초의 망명 정부가 생겨나기도 하였습니다.

대조선 국민 군단 ▶

1 국내의 독립운동

| 독립 의군부와 대한 광복회가 조직되다

1910년대에는 헌병 경찰 통치로 강압적인 통치를 하고, 토지 조사 사업으로 우리의 토지를 약탈하고, 총독부의 허가를 받아 회사를 설립하게 하는 등 식민지 현실은 처음부터 참혹하였다. 이에 국내외에서 나라를 되찾으려는 독립운동이 전개되었다.

국내에서는 대한 독립 의군부, 조선 국권 회복단, 대한 광복회 등의 항일 비밀 결사가 조직되었다. 이 중 **대한 독립 의군부**는 고종의 밀지를 받은 **임병찬**에 의해 조직되었다(1912). 임병찬은 을사늑약 때 전라북도 순창에서 의병 활동을 했던 사람으로, 그가 조직한 대한 독립 의군부 역시 의병 전쟁을 준비하는 단체였다. 이 단체는 **복벽주의(復辟主義)를 목표**로 하였는데, 여기서 '벽(辟)'은 임금을 뜻하는 것으로, 복벽이란 '군주 국가'를 다시 회복하자는 뜻이다. 대한 독립 의군부는 조선 총독부에 **국권 반환 요구서**를 제출하려고 하였으나 지도부가 발각되어 모두 체포되고 말았다.

대한 광복회는 **박상진**을 중심으로 대구에서 조직된 항일 비밀 결사이다(1915). 대한 광복회는 애국 계몽 운동 계열의 조선 국권 회복단과 의병 계열의 풍기 광복단이 합쳐져서 조직된 단체이다. 대한 광복회가 원하는 국가는 '**공화정(共和政)**'이었다. 의회에서 여러 사람의 의견을 모아 정책을 결정하는 것이 옳다고 여겼기 때문이다. 또한 대한 광복회는 경상도 관찰사 장승원, 도고 면장 박용하 등의 **친일 부호들을 처단**하고, **군자금을 모금**하여 만주에 사관 학교를 설립하려고 하였다.

기출 핵심 키워드 암기

① 독립 의군부 – 조선 총독부에 [ㄱㄱ ㅂㅎ ㅇㄱㅅ]를 발송하려 하였다. [46·45회]
② 대한 광복회 – [ㄱㅎㅈ]체의 국가 건설을 지향하였다. [45·39회]

정답 ① 국권 반환 요구서 ② 공화정

2 국외의 독립운동

| 만주와 중국 관내에 독립운동 기지를 건설하다

일제 강점기에 **서간도**(백두산 서쪽에 있는 만주)에 세워진 독립운동 기지 중 **'삼원보'**라는 곳이 있었다. 여기에서 신민회 소속의 양기탁과 이회영·이시영 등 경주 이씨 6형제는 농업 개발과 교육 사업을 하는 **경학사(耕學社)**를 만들었다(1911).

경주 이씨 6형제는 국내에 있던 재산을 모두 팔아 지금 돈으로 600억 정도를 가지고 경학사를 운영하였다. 경학사가 실시한 교육 사업은 '사관 학교 설립'이었다. 경학사는 독립군 양성을 위해 사관 학교인 **신흥 강습소를 설립**하였고(1911), 이후 **신흥 무관 학교로 개편**하였다(1919).

이회영

북간도(백두산 동쪽에 있는 만주)에서 가장 먼저 학교를 세운 사람은 이상설이었다. 이상설은 북간도 용정에 민족 교육을 위해 **서전서숙을 설립**하였다(1906). 이상설은 서전서숙의 숙장(교장)으로서 학생들을 가르치다가, 고종으로부터 특명을 받고 네덜란드 헤이그에 특사로 파견되었다(1907). 귀국길에 고종이 강제 퇴위되었다는 소식을 들었고(1907), 연해주로 이동하였다.

북간도의 독립운동은 **중광단**을 중심으로 전개되었다. 1909년에 국내에서 단군을 숭배하는 대종교가 생겼는데, 중광단은 바로 '대종교의 북간도 지부'와 같은 것이었다. 대종교 세력들은 북간도에서 중광단을 결성하여 항일 투쟁을 전개하였고(1911), 김좌진이 참여하면서, 중광단은 **북로 군정서라는 군대로 개편**되었다(1919).

중국 상하이에서는 동제사(1912), 신한 혁명당(1915), 신한청년당(1918) 등이 독립운동을 전개하였다. 이 중 **신한청년당**은 파리 강화 회의에 프랑스어를 잘하는 **김규식**을 파견하였다. 김규식은 이 회의에서 우리나라의 어려운 사정을 알리고 **독립 청원서를 제출**하였다. 이와 동시에 임시 정부를 만들기 위한 노력도 진행되어 갔다. 신한청년당이 만들어지기 1년 전에 신규식, 박은식, 신채호 등은 **대동 단결 선언을 발표**하여 임시 정부 수립을 준비하였고(1917), 그 결과 신한청년당을 중심으로 상하이 임시 정부가 생겼다(1919).

> 융희 황제(순종)가 삼보(三寶)*를 포기한 경술년 8월 29일은, 우리 동지가 이를 계승한 날이니 …… 황제권 소멸의 때가 즉 민권 발생의 때요. 구한국 최후의 날은 즉 신한국 최초의 날이니…….
>
> *삼보: 토지, 인민, 정치
>
> – 대동 단결 선언 49회

기출 핵심 키워드 암기

① 서간도 – [ㅅㅎ ㄱㅅㅅ]를 설립하여 독립군을 양성하였다. [51·49회]
② 북간도 – 민족 교육을 위해 [ㅅㅈㅅㅅ]을 설립하였다. [51·46회]
③ 중국 상하이 – 신한청년당이 파리 강화 회의에 [ㄷㄹ ㅊㅇㅅ]를 제출하였다. [50·48회]

정답 ① 신흥 강습소 ② 서전서숙 ③ 독립 청원서

연해주에 독립운동 기지를 건설하다

두만강만 건너면 러시아의 연해주로 들어갈 수 있다. **연해주**에도 우리 교민들이 많이 살고 있었는데, 이 지역의 교민들은 먼저 **해조신문**이라는 신문을 발간하였다(1908). 독립운동을 위하여 13도 의군이라는 의병 조직을 만들었고(1910), **성명회**라는 단체를 만들기도 하였다(1910). 그러나 이런 단체들은 오래 가지 못하였고, 연해주의 독립운동은 무엇보다도 **권업회**를 중심으로 전개되었다(1911). 권업회는 **권업신문을 발간**하였고(1912), 우리나라 최초의 망명 정부인 **대한 광복군 정부를 수립**하였다(1914). 대한 광복군 정부의 정통령(대통령)은 이상설이었고, 부통령은 이동휘였다. 그러나 1914년에 제1차 세계 대전이 터지면서 (그전까지는 앙숙이던) 러시아와 일본이 연합하게 되었고, 그 결과 우리는 러시아 땅에서 독립운동을 하기 힘들어졌다.

기출 핵심 키워드 암기

① 연해주 – [ㄱㅇㅎ]가 조직되어 [ㄱㅇㅅㅁ]을 발간하였다. [58·56회]
② 연해주 – [ㄷㅎ ㄱㅂㄱ ㅈㅂ]가 조직되어 무장 독립 투쟁을 준비하였다. [41·38회]

정답 ① 권업회, 권업신문 ② 대한 광복군 정부

미주에 독립운동 기지를 건설하다

미주 지역에서는 대한인 국민회(1909), 흥사단(1913), 대조선 국민 군단(1914) 등이 독립운동을 전개하였다. 친일 미국인 스티븐스를 사살한 사건을 계기로 이승만, 안창호, 박용만 등은 **샌프란시스코**에 **대한인 국민회**를 만들었다(1909).

신민회 인사였던 안창호는 미국에 자리잡고 **흥사단**을 조직하였다(1913). 미국에 있다 보니 흥사단은 영어식 이름도 있었는데, 그 이름은 'Young Korean Academy'였다.

박용만은 **하와이**로 이동하여 **대조선 국민 군단**이라는 사관 학교를 만들어 무장 투쟁을 준비하였다(1914). 당시 하와이에는 사탕수수 농장에서 일하는 많은 한국인이 있었기 때문에 이곳에 자리를 잡은 것이었다.

멕시코에도 노동 이민으로 이주한 한국인들이 많았다. 멕시코 교민들은 **숭무 학교**를 설립하여 독립군을 양성하였다(1910).

기출 핵심 키워드 암기

① 미주 – [ㄷㅎㅇ ㄱㅁㅎ]를 중심으로 외교 활동을 전개하였다. [49·46회]
② 미주 – [ㄷㅈㅅ ㄱㅁ ㄱㄷ]을 조직하여 무장 투쟁을 준비하였다. [51·50회]

정답 ① 대한인 국민회 ② 대조선 국민 군단

빈출 개념 한눈에 암기하기

1. 국내의 독립운동

독립 의군부	• 고종의 밀지를 받은 임병찬이 조직 • 복벽주의를 목표로 의병 전쟁 준비 • 조선 총독부에 1) ______ 발송 시도
대한 광복회	• 2) ______ 을 중심으로 대구에서 조직된 항일 비밀 결사 • 3) ______ 체의 국가 건설 지향 • 친일 부호 처단 및 군자금 모금

2. 국외의 독립운동

서간도	• 양기탁·이회영 등이 삼원보에 경학사 설립 • 4) ______ (→ 신흥 무관 학교)를 설립하여 독립군 양성
북간도	• 서전서숙(이상설) 등 교육 기관 설립 • 대종교 신자들이 5) ______ (→ 북로 군정서)을 결성하여 항일 투쟁 전개
상하이	• 신한청년당이 파리 강화 회의에 김규식 파견, 6) ______ 제출 • 신규식·박은식 등이 대동 단결 선언 발표
연해주	• 권업회 조직, 권업신문 발간 • 7) ______ 수립(정·부통령: 이상설·이동휘)
미주	• 이승만·안창호 등이 샌프란시스코에 8) ______ 조직, 외교 활동 전개 • 박용만이 하와이에 9) ______ 조직, 무장 투쟁 준비 • 멕시코에 독립군을 양성하기 위한 숭무 학교 설립

정답 1) 국권 반환 요구서 2) 박상진 3) 공화정 4) 신흥 강습소 5) 중광단 6) 독립 청원서 7) 대한 광복군 정부 8) 대한인 국민회 9) 대조선 국민 군단

실전 연습

퀴즈

1 키워드와 관련된 것을 알맞게 연결해보세요.

① 미주 •	• ㉠ 대조선 국민 군단
② 상하이 •	• ㉡ 권업회
③ 연해주 •	• ㉢ 신한청년당

2 〈보기〉에서 골라 빈칸을 채워보세요.

보기
흥사단　　중광단　　대한 광복회

① 북간도에서는 (　　　　)을 결성하여 항일 투쟁을 전개하였다. [48회]
② 안창호가 샌프란시스코에서 (　　　　)을 창립하였다. [50회]
③ 박상진이 (　　　　)를 조직하여 친일파를 처단하였다. [51·50회]

3 아래 표에 있는 초성을 완성해보세요.

구분	독립 의군부(1912)
조직	ㅇㅂㅊ이 고종의 밀지를 받아 결성함
특징	ㅂㅂㅈㅇ를 목표로 함
활동	조선 총독부에 ㄱㄱ ㅂㅎ ㅇㄱㅅ를 제출하려고 함 → 발각되어 실패함

4 아래 기출 자료와 관련 있는 인물을 써보세요.

- 1906년 북간도 용정에 서전서숙 설립
- 1907년 헤이그 만국 평화 회의에 특사로 파견되어 을사늑약의 부당성 폭로
- 1910년 연해주에서 13도 의군, 성명회 조직
- 1914년 대한 광복군 정부의 정통령으로 취임 [49회]

→ □□□

정답
1 ① ㉠ ② ㉢ ③ ㉡　2 ① 중광단 ② 흥사단 ③ 대한 광복회
3 임병찬, 복벽주의, 국권 반환 요구서　4 이상설

대표 기출 문제

1
46회 37번

(가) 단체에 대한 설명으로 옳은 것은? [2점]

이것은 임병찬의 순지비(殉趾碑)입니다. 임병찬은 스승인 최익현과 함께 의병을 일으켰다가 체포되어 쓰시마 섬으로 끌려갔습니다. 유배에서 돌아와 의병 봉기를 도모하던 중 고종의 밀지를 받아 (가) 을/를 조직하였습니다.

① 정우회 선언의 영향으로 결성되었다.
② 일제가 꾸며낸 105인 사건으로 해체되었다.
③ 일제가 치안 유지법을 적용하여 탄압하였다.
④ 백산 상회를 통해 독립운동 자금을 마련하였다.
⑤ 국권 반환 요구서를 조선 총독에게 제출할 것을 계획하였다.

2
49회 41번

(가) 지역에서 전개된 민족 운동에 대한 설명으로 옳은 것은? [2점]

□□신문
제△△호　○○○○년 ○○월 ○○일

허은 지사, 독립 유공자로 서훈

대한민국 임시 정부 초대 국무령 석주 이상룡 선생의 손부(孫婦) 허은 지사에게 건국훈장 애족장이 추서되었다. 허 지사는 (가) 의 삼원보에서 결성된 서로 군정서의 숨은 공로자였다. 그녀는 기본적인 생계 활동과 공식적인 행사 준비 외에도 서로 군정서 대원들의 군복을 제작·배급하는 등 독립운동에 힘을 보탰다. 허은 지사의 회고록에는 당시의 상황이 생생하게 담겨 있다.

① 해조신문을 발간하여 국권 회복에 힘썼다.
② 신흥 강습소를 설립하여 독립군을 양성하였다.
③ 대한인 국민회를 조직하여 외교 활동을 펼쳤다.
④ 대조선 국민 군단을 창설하여 군사 훈련을 하였다.
⑤ 유학생들이 중심이 되어 2·8 독립 선언서를 발표하였다.

3 48회 40번

(가) 지역에서 전개된 민족 운동에 대한 설명으로 옳은 것은? [2점]

① 권업회를 조직하여 기관지를 발행하였다.
② 중광단을 결성하여 항일 투쟁을 전개하였다.
③ 숭무 학교를 설립하여 독립군을 양성하였다.
④ 조선 독립 동맹을 창립하여 대일 항전을 준비하였다.
⑤ 조선 청년 독립단을 결성하여 2·8 독립 선언서를 배포하였다.

4 49회 38번

(가) 인물에 대한 설명으로 옳은 것은? [2점]

연해주 우수리스크에 있는 (가) 의 유허비를 관리하기 위해 현지 교민들이 나섰습니다. 이 비에는 헤이그 특사로 파견되었던 (가) 이/가 연해주에서 성명회와 권업회를 조직하여 독립운동을 이끈 사실 등이 기록되어 있습니다.
연해주 교민들, (가) 유허비 지킴이로 나서

① 대한 광복군 정부 수립을 주도하였다.
② 이토 히로부미를 하얼빈에서 사살하였다.
③ 의열단을 조직하여 단장으로 활동하였다.
④ 숭무 학교를 설립하여 독립군을 양성하였다.
⑤ 일본의 침략 과정을 서술한 『한국통사』를 저술하였다.

5 49회 44번

다음 선언문이 발표된 시기를 연표에서 옳게 고른 것은? [3점]

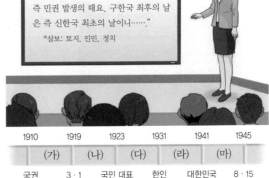

1910		1919		1923		1931		1941		1945
	(가)		(나)		(다)		(라)		(마)	
국권 피탈		3·1 운동		국민 대표 회의 개최		한인 애국단 조직		대한민국 건국 강령 발표		8·15 광복

① (가) ② (나) ③ (다) ④ (라) ⑤ (마)

6 46회 35번

(가) 지역에서 전개된 민족 운동에 대한 설명으로 옳은 것은? [2점]

국외 민족 운동 유적지 답사 안내

우리 학회에서는 (가) 지역의 민족 운동을 조명하는 답사를 진행하고자 합니다. 관심 있는 분들의 많은 참여 바랍니다.

- 기간: 2020년 ○○월 ○○일 ~ ○○일
- 답사 코스
  다뉴바 애국선열 기념비 → 리들리 한인 이민 역사 기념각 → 장인환, 전명운 의거지 → 공립 협회 회관 터
- 주관: □□ 학회

① 신흥 강습소를 세워 독립군을 양성하였다.
② 해조신문을 발간하여 국권 회복에 힘썼다.
③ 서전서숙을 설립하여 민족 교육을 실시하였다.
④ 대한인 국민회를 중심으로 외교 활동을 펼쳤다.
⑤ 조선 독립 동맹을 결성하여 대일 항전을 준비하였다.

대표 기출 문제의 정답 및 문제풀이 방법을 다음 페이지에서 확인하세요. →

실전 연습

대표 기출 문제 정답 및 문제풀이 방법

1	2	3	4	5	6
⑤	②	②	①	①	④

1 독립 의군부

이것은 임병찬의 순지비(殉趾碑)입니다. 임병찬은 스승인 최익현과 함께 의병을 일으켰다가 체포되어 쓰시마 섬으로 끌려갔습니다. 유배에서 돌아와 의병 봉기를 도모하던 중 고종의 밀지를 받아 (가) 을/를 조직하였습니다.

→ 독립 의군부

⑤ 국권 반환 요구서를 조선 총독에게 제출할 것을 계획하였다.

임병찬은 **최익현과 함께 을사의병**을 일으켰다(1905). 이후 임병찬이 **고종의 밀지를 받아 조직**한 단체는 **독립 의군부**이다(1912). 독립 의군부는 **국권 반환 요구서를 조선 총독에게 제출할** 것을 계획하였다.

오답 체크

① **정우회 선언의 영향**으로 결성되었다. → **신간회**
② 일제가 꾸며낸 **105인 사건**으로 **해체**되었다. → **신민회**
③ 일제가 **치안 유지법을 적용**하여 탄압하였다. → **조선어 학회**
④ **백산 상회**를 통해 독립운동 자금을 마련하였다.
→ **대한민국 임시 정부**

✔ 또 나올 암기 포인트

1910년대 국내의 독립운동 단체

독립 의군부	• 임병찬이 고종의 밀지를 받아 결성 • 복벽주의를 목표로 의병 전쟁 준비 • 조선 총독부에 국권 반환 요구서 제출 시도
대한 광복회	• 박상진을 중심으로 대구에서 조직된 항일 비밀 결사 • 풍기 광복단과 조선 국권 회복단의 인사들이 참여 • 공화정체의 국가 건설 지향 • 군자금 모금 및 친일 부호 처단

2 서간도 지역의 민족 운동

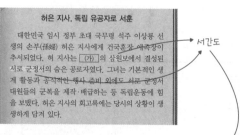

허은 지사, 독립 유공자로 서훈

대한민국 임시 정부 초대 국무령 석주 이상룡 선생의 손부(孫婦) 허은 지사에게 건국훈장 애족장이 추서되었다. 허 지사는 (가) 의 삼원보에서 결성된 서로 군정서의 숨은 공로자였다. 그녀는 기본적인 생계 활동과 공식적인 행사 준비 외에도 서로 군정서 대원들의 군복을 제작·배급하는 등 독립운동에 힘을 보탰다. 허은 지사의 회고록에는 당시의 상황이 생생하게 담겨 있다.

→ 서간도

② 신흥 강습소를 설립하여 독립군을 양성하였다.

서로 군정서가 결성되었고, 독립 운동 기지의 명칭이 **삼원보**였던 (가) 지역은 **서간도**이다. 양기탁, 이회영, 이상룡 등 **신민회** 간부들은 이곳에 **경학사를 설립**하였다(1911). 경학사는 부설 기관으로 **신흥 강습소를 설립하고 독립군을 양성**하였다(1911).

오답 체크

① **해조신문**을 발간하여 국권 회복에 힘썼다. → **연해주**
③ **대한인 국민회**를 조직하여 외교 활동을 펼쳤다. → **미주**
④ **대조선 국민 군단**을 창설하여 군사 훈련을 하였다. → **하와이**
⑤ 유학생들이 중심이 되어 **2·8 독립 선언서**를 발표하였다.
→ **일본 도쿄**

3 북간도 지역의 민족 운동

국외 민족 운동 유적지 답사 사진전
우리 학교 역사 동아리에서는 (가) 지역의 민족 운동을 조명하는 답사 사진전을 개최합니다. 학생 여러분의 많은 관심과 참여 바랍니다.
명동 학교
삼종사 묘
봉오동 전투 전적비
■ 기간: 2020. ○○. ○○. ~ ○○. ○○.
■ 장소: 본관 2층 동아리실

→ 북간도

② 중광단을 결성하여 항일 투쟁을 전개하였다.

명동 학교가 설립되었고, 대한 독립군이 **봉오동 전투**를 승리로 이끈 (가) 지역은 **북간도**이다. 서일 등 **대종교 지도자**들은 북간도에서 **중광단을 조직**하여 항일 투쟁을 전개하였다(1911).

오답 체크

① **권업회**를 조직하여 기관지를 발행하였다. → **연해주**
③ **숭무 학교**를 설립하여 독립군을 양성하였다. → **멕시코**
④ **조선 독립 동맹**을 **창립**하여 대일 항전을 준비하였다.
→ **중국 화북 지역**
⑤ 조선 청년 독립단을 결성하여 2·8 독립 **선언서**를 배포하였다.
→ **일본 도쿄**

4 이상설

연해주 우수리스크에 있는 (가) 의 유허비를 관리하기 위해 현지 교민들이 나섰습니다. 이 비에는 헤이그 특사로 파견되었던 (가) 이/가 연해주에서 성명회와 권업회를 조직하여 독립운동을 이끈 사실 등이 기록되어 있습니다.
연해주 교민들, (가) 유허비 지킴이로 나서
이상설

①대한 광복군 정부 수립을 주도하였다.

헤이그 특사로 파견되었으며, **연해주에서 성명회와 권업회를 조직**하여 독립운동을 전개한 인물은 **이상설**이다. 이상설은 권업회를 중심으로 **대한 광복군 정부 수립을 주도**하고, 정통령에 선임되었다(1914).

오답 체크

② 이토 히로부미를 하얼빈에서 사살하였다. → **안중근**
③ 의열단을 조직하여 단장으로 활동하였다. → **김원봉**
④ 숭무 학교를 설립하여 독립군을 양성하였다. → **이근영 등**
⑤ 일본의 침략 과정을 서술한 『한국통사』를 저술하였다. → **박은식**

5 대동 단결 선언 발표

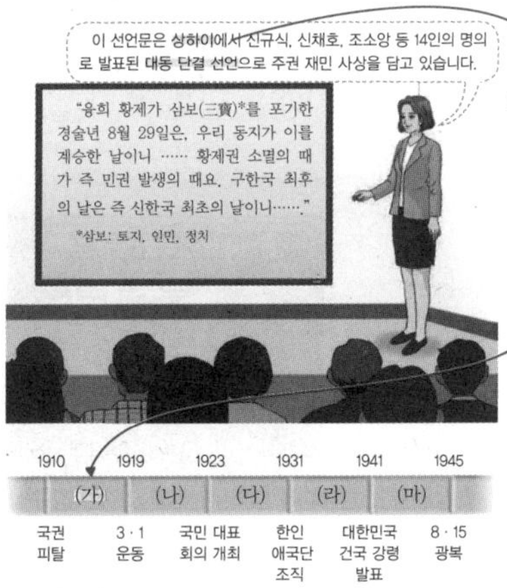

이 선언문은 상하이에서 신규식, 신채호, 조소앙 등 14인의 명의로 발표된 대동 단결 선언으로 주권 재민 사상을 담고 있습니다.
"융희 황제가 삼보(三寶)*를 포기한 경술년 8월 29일은, 우리 동지가 이를 계승한 날이니 …… 황제권 소멸의 때가 즉 민권 발생의 때요, 구한국 최후의 날은 즉 신한국 최초의 날이니……"
*삼보: 토지, 인민, 정치
대동 단결 선언 (1917)
1910 1919 1923 1931 1941 1945
(가) (나) (다) (라) (마)
국권 피탈
3·1 운동
국민 대표 회의 개최
한인 애국단 조직
대한민국 건국 강령 발표
8·15 광복

①(가)

대동 단결 선언은 **상하이**에서 신규식, 박은식, 신채호 등 14명의 명의로 발표된 선언문이다(1917). 이 선언은 **경술년 융희 황제의 주권 포기는 우리 국민에 대한 묵시적 선위(禪位)라고 주장**하였다. 이 선언이 발표된 시기는 1910년대이므로, (가)에 들어간다.

6 미주 지역의 민족 운동

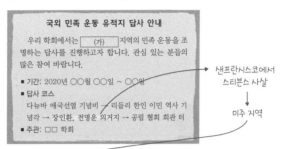

> **국외 민족 운동 유적지 답사 안내**
>
> 우리 학회에서는 (가) 지역의 민족 운동을 조명하는 답사를 진행하고자 합니다. 관심 있는 분들의 많은 참여 바랍니다.
>
> ■ 기간: 2020년 ○○월 ○○일 ~ ○○일
> ■ 답사 코스
> 다뉴바 애국선열 기념비 → 리들리 한인 이민 역사 기념각 → 장인환, 전명운 의거지 → 공립 협회 회관 터
> ■ 주관: □□ 학회

샌프란시스코에서 스티븐스 사살 → 미주 지역

④대한인 국민회를 중심으로 외교 활동을 펼쳤다.

장인환·전명운이 친일 인사 스티븐스를 저격한 (가) 지역은 **미주 지역**이다. 한편 스티븐스 저격 사건을 계기로 **미국 샌프란시스코에 대한인 국민회가 설립**되어 외교 활동을 전개하였다.

오답 체크

① **신흥 강습소**를 세워 독립군을 양성하였다. → **서간도**
② **해조신문**을 발간하여 국권 회복에 힘썼다. → **연해주**
③ **서전서숙**을 설립하여 민족 교육을 실시하였다. → **북간도**
⑤ **조선 독립 동맹**을 결성하여 대일 항전을 준비하였다.
→ **중국 화북 지역**

✔ 또 나올 암기 포인트

미주 지역의 민족 운동

샌프란시스코	• 대한인 국민회(1909): 박용만·이승만 중심 • 흥사단(1913): 안창호가 조직, 미주 동포들이 애국 계몽 운동 전개
하와이	대조선 국민 군단(1914): 박용만이 조직, 독립군을 양성하여 무장 투쟁 준비
멕시코	숭무 학교(1910): 독립군 양성

31강 3·1 운동과 대한민국 임시 정부

1919년 3월 1일, 한국인들은 가슴 속에 숨기고 있던 태극기를 꺼내어 흔들었습니다. 그리고 만세를 불렀습니다. 그러나 이렇게 비폭력으로 시작된 만세 운동은 결국 일제의 총탄에 의해 피로 물들었습니다. 사람들은 점차 독립 운동의 구심점이 되는 단체를 원했고, 그 결과 대한민국 임시 정부가 수립되었습니다.

대한민국 임시 정부 청사 ▶

1 3·1 운동

3·1 운동의 움직임이 나타나다

3·1 운동은 일제의 무단 통치에 저항한 구국(救國) 운동이었다(1919). 현재의 헌법 전문은 '유구한 역사와 전통에 빛나는 우리 대한국민은 3·1 운동으로 건립된 대한민국 임시 정부의 법통과…' 이렇게 시작된다. 우리나라 헌법이 3·1 운동으로 시작된다는 것은 이 사건이 우리 민족에게 특별한 의미가 있다는 말이다.

3·1 운동은 갑자기 일어난 사건이 아니다. 미국 대통령 윌슨이 파리 강화 회의에서 **민족 자결주의를 제창**하였는데, 이것이 3·1 운동에 영향을 주었다. 민족 자결주의(民族 自決主義)란 '각 민족은 정치적 운명을 스스로 결정할 권리가 있으며, 다른 민족의 간섭을 받아서는 안 된다'는 주장이다. 이 민족 자결주의가 우리에게는 '식민지 해방'으로 이해되었고, 일제의 식민 지배를 받던 우리 민족을 크게 고무시켰다.

상하이에서 조직된 **신한청년당**은 파리 강화 회의에 김규식을 파견하여 **독립 청원서를 제출**하였다(1919). 일본 도쿄에서는 유학생들을 중심으로 **조선 청년 독립단**이 조직되어 **2·8 독립 선언서를 작성하여 발표**하였다(1919). 이와 같은 해외에서의 독립 운동이 3·1 운동에 영향을 주었다.

파리 강화 회의에 참석한 김규식

> 조선 청년 독립단은 우리 2천만 민족을 대표하여 정의와 자유를 쟁취한 세계 모든 나라 앞에 독립을 성취할 것을 선언한다. …… 일본이 만일 우리 민족의 정당한 요구에 불응한다면 우리는 일본에 대하여 영원의 혈전을 선포하노라.
>
> – 2·8 독립 선언서 51회

1919년 1월 21일, 덕수궁 함녕전에서 식혜와 한약 등을 마신 고종이 갑자기 사망하는 일이 발생했는데, 일제가 독살하였다는 의혹이 강하게 제기되어 이 사건도 3·1 운동의 주요 원인 중의 하나가 되었다.

기출 핵심 키워드 암기

① 3·1 운동의 배경 – 미국 대통령 윌슨이 [ㅁㅈ ㅈㄱㅈㅇ]를 제창하였다. [35회]
② 신한 청년당이 파리 강화 회의에 [ㄷㄹ ㅊㅇㅅ]를 제출하였다. [50·48회]
③ 3·1 운동의 배경 – 조선 청년 독립단이 [2·8 ㄷㄹ ㅅㅇㅅ]를 작성하여 발표하였다. [50·49회]

정답 ① 민족 자결주의 ② 독립 청원서 ③ 2·8 독립 선언서

3·1 운동이 전개되다

고종의 인산일(장례일)을 기회로 삼아 대규모 시위가 전개되었다(1919). 우선 손병희, 이승훈, 한용운 등 민족 대표 33인 명의의 **독립 선언서가 발표**되었다. 태화관에서 이 선언을 발표한 민족 대표들은 스스로 일본 경찰에 출두하였다. 탑골 공원에 집결해 있던 학생과 시민들은 '대한 독립 만세'를 외치며 시위를 전개하였다.

> 파고다 공원에 모였던 수백 명의 학생들이 10여 년간 억눌려 온 감정을 터뜨려 '만세, 독립 만세'를 외치자 뇌성 벽력 같은 소리에 공원 근처에 살던 시민들도 크게 놀랐다. 공원 문을 쏟아져 나온 학생들은 종로 거리를 달리며 몸에 숨겼던 선언서들을 길가에 뿌리며 거리를 누볐다. 윌슨 대통령이 주장한 약소 민족의 자결권이 실현되는 신세계가 시작된 것이다.
>
> – 스코필드 기고문 [48회]

만세의 열기는 광화문 네거리까지 가득 채웠다. '왜놈 물러가라'는 함성이 땅을 흔들었다. '맨손', '맨주먹'으로 시작한 비폭력 만세 운동은 농촌으로 확산되면서 보름 만에 폭력 투쟁으로 발전해 나갔다.

기출 한 컷 [30회]

4월이 되자, 약이 바짝 오른 일제는 **화성 제암리**에서 주민들을 교회에 감금하고 불을 지르는 **제암리 학살을 자행**하였다(1919). '만세 운동을 진압하며 너무 심한 매질을 한 것을 사과하려고 왔다.'고 거짓말한 일본 군대가 한국인들을 학살한 사건이었다. 이 사건은 현장으로 달려간 스코필드 선교사가 제암리의 참상을 국제 사회에 알리면서 널리 공개되었다.

기출 핵심 키워드 암기

① 3·1 운동 – [ㄱㅈ]의 인산(因山)을 기회로 삼아 대규모 시위를 전개하였다. [36·30회]
② 3·1 운동 – 민족 대표 33인 명의의 [ㄷㄹ ㅅㅇㅅ]가 발표되었다. [51·36회]
③ 3·1 운동 – 전개 과정에서 일제가 [ㅈㅇㄹ ㅎㅅ] 등을 자행하였다. [48·46회]

정답 ① 고종 ② 독립 선언서 ③ 제암리 학살

❙ 3·1 운동이 영향을 끼치다

3·1 운동은 '3'개 사건의 계기가 되었고, '1'개의 사건에 영향을 주었다. 첫째, 3·1 운동은 일제가 무단 통치에서 ☆**문화 통치를 실시**하는 계기가 되었다. 둘째, 독립운동을 좀 더 조직적이고 체계적으로 하기 위한 ☆**대한민국 임시 정부 수립**의 계기가 되었다. 셋째, '더 이상 비폭력으로 대응할 수 없다'는 생각이 커져 무장 독립운동을 본격적으로 유발하는 계기가 되었다. 그리고 3·1 운동은 **중국의 5·4 운동** 등 외국의 민족 해방 운동에 영향을 주었다.

기출 핵심 키워드 암기

① 3·1 운동 영향 – 일제가 이른바 [ㅁㅎ ㅌㅊ]를 실시하는 배경이 되었다. [51·49회]
② 3·1 운동 영향 – [ㄷㅎㅁㄱ ㅇㅅ ㅈㅂ] 수립의 계기가 되었다. [50·49회]

정답 ① 문화 통치 ② 대한민국 임시 정부

2 대한민국 임시 정부

❙ 대한민국 임시 정부가 수립되다

3·1 운동 직후 국내외에 대한 국민 의회(연해주), 한성 정부(국내), 상하이 임시 정부(상하이) 등 여러 임시 정부가 생겨났다. 이들은 곧바로 통합 운동을 전개하였고, 외교 독립론의 입장을 수용하여 외국 대사관이 많은 상하이로 통합하여 **대한민국 임시 정부**를 조직하였다(1919. 9.).

기출 한 컷 25회

대한민국 임시 정부는 입법, 행정, 사법이 분리된 최초의 민주 공화제 정부이다. 대한민국 임시 정부의 초대 대통령에는 **이승만**, 국무총리에는 이동휘가 선임되었다. 임시 정부 안에 입법 기관인 '임시 의정원', 행정 기관인 '국무원', 사법 기관인 '법원'을 설치하였다. 입법 기관인 임시 의정원의 초대 의장은 **이동녕**이 맡았다.

❙ 대한민국 임시 정부가 다양한 활동을 전개하다

대한민국 임시 정부는 상하이에 있었고, '돈'은 국내에 있었다. 사람들은 국내에 있는 '돈'을 상하이로 이동시키기 위해 **연통제**를 조직하여 독립운동 자금을 모았고, 압록강 건너에 있는 이륭양행에 **교통국**을 설치하여 국내와 연락을 취했다. 이륭양행은 겉으로 보기에는 '의류 등을 거래하는 무역 회사'였지만 비밀리에 군자금 조달책의 역할을 수행하였다. 또 임시 정부는 독립운동 자금을 마련하기 위해 **독립 공채(애국 공채)를 발행**하기도 하였다.

임시 정부는 외교 활동에도 열심이었다. 신한청년당 소속의 김규식이 파리 강화 회의에서 활동하고 있는 동안에 신한청년당이 상하이 정부로 바뀌어서 김규식은 이제 대한민국 임시 정부의 소속이 되었다. 김규식이 머물던 곳을 **파리 위원부**라고 했고, 미국에서 이승만이 머물던 곳을 **구미 위원부**라고 했다. 대한민국 임시 정부는 두 위원부를 통해 **외교 활동을 전개**하였다.

임시 정부는 문헌 편찬 사업에도 앞장섰다. 박은식은 임시 정부 안에 독립신문사를 두어 독립신문을 편찬하고, 임시 사료 편찬회를 두어 **『한·일관계사료집』을 간행**하였다.

임시 정부는 학교도 많이 세웠다. 육군 무관 학교, 간호 학교 등을 세웠고, 독립군 비행사 육성을 위해 **한인 비행 학교**를 세웠다.

기출 핵심 키워드 암기

① 대한민국 임시 정부 – 독립운동 자금 마련을 위해 [ㄷㄹ ㄱㅊ]를 발행하였다. [71회]
② 대한민국 임시 정부 – [ㄱㅁ ㅇㅇㅂ]를 설치하여 외교 활동을 전개하였다. [65·62회]
③ 대한민국 임시 정부 – 임시 사료 편찬회를 두어 『[ㅎ·ㅇㄱㄱㅅㄹㅈ]』을 간행하였다. [51·43회]

정답 ① 독립 공채 ② 구미 위원부 ③ 한·일관계사료집

국민 대표 회의가 소집되다

대한민국 임시 정부에도 어려움이 찾아왔다. 우선 일제에 연통제와 교통국이 발각되면서 군자금 모금과 전달이 어려워졌다. 또한 임시 정부의 요인들 사이에도 갈등이 많았는데, 이승만이 국제 연맹에 대한민국을 위임 통치해줄 것을 청원한 사실이 알려져 임시 정부 내부에서 논쟁이 생겼다. 이승만은 국제 기구의 보호를 받으려는 입장이었고, 다른 사람들은 '우리끼리 하자'는 것이었다.

이처럼 임시 정부 안에서 분열이 심해지자, 독립운동의 방략을 논의하기 위하여 **국민 대표 회의가 개최**되었다(1923).

> 본 국민 대표 회의는 이천만 민중의 공정한 뜻에 바탕을 둔 국민적 대회합으로 최고의 권위를 지녀 …… 독립을 완성하기를 기도하고 이에 선언하노라. …… 본 대표 등은 국민이 위탁한 사명을 받들어 국민적 대단결에 힘쓰며 독립운동이 나아갈 방향을 확립하여 통일적 기관 아래서 대업을 완성하고자 하노라.
>
> – 국민 대표 회의 선언서 [42회]

국민 대표 회의에서 발표된 선언서이다. 이 회의에서 **신채호**는 '새로운 임시 정부를 만들자'고 주장했는데, 이들을 **창조파**라고 한다. 반면에 **안창호**는 '기존의 임시 정부를 고쳐서 쓰자'고 주장했는데, 이들을 **개조파**라고 한다. 회의는 창조파와 개조파의 노선 갈등만 확인하고 성과 없이 끝나고 말았다.

국민 대표 회의가 열린 지 2년 후, 이승만이 대통령직에서 탄핵되고, 박은식이 제2대 대통령이 되었다(1925). 임시 정부는 곧 대통령제를 포기하고 국무령 중심의 내각 책임제로 통치 체제를 바꾸었으며(1925), 같은 해 박은식은 사망하였다.

기출 핵심 키워드 암기

대한민국 임시 정부 – 독립운동의 방략을 논의하기 위하여 [ㄱㅁ ㄷㅍ ㅎㅇ]가 개최되었다. [50·47회]

정답 국민 대표 회의

❙ 대한민국 임시 정부가 충칭에 정착하다

일본의 탄압이 심해지자 임시 정부는 1932년에 상하이를 떠나 여러 지역을 옮겨 다니다가, 1940년에 마침내 **충칭**에 정착하였다. 대한민국 임시 정부는 중국 국민당 정부의 지원을 받아 **지청천을 총사령관으로 하는 ☆한국광복군을 창설**하였고, 주석 제도를 두어 김구가 주석으로 취임하였다(1940). 1941년 태평양 전쟁이 일어나서 일본의 패망이 예견되자, 임시 정부는 건국(建國)을 준비하였다. '정치·경제·교육 분야 등이 모두 균등(평등)해야 한다'는 조소앙의 ☆**삼균주의에 입각한 대한민국 건국 강령을 발표**하였다. 임시 정부는 다시 한번 헌법 개정을 통하여 '주석, 부주석' 양자 체제를 마련하였다(1944). 임시 정부는 의정원 회의를 개최하고 김구를 주석, 김규식을 부주석으로 선출하였다. 이로써 임시 정부는 중국 관내 독립운동 세력이 결집한 형태의 정부 조직을 구성하게 되었다.

기출 핵심 키워드 암기

① 대한민국 임시 정부 – 충칭에서 지청천을 총사령관으로 하는 [ㅎㄱㄱㅂㄱ]이 창설되었다. [50·45회]
② 대한민국 임시 정부 – [ㅅㄱㅈㅇ]에 입각한 대한민국 건국 강령이 발표되었다. [51·48회]

정답 ① 한국광복군 ② 삼균주의

빈출 개념 한눈에 암기하기

1. 3·1 운동

배경	• 미국 대통령 윌슨이 1) ________ 제창 • 신한청년당이 파리 강화 회의에 김규식을 파견하여 독립 청원서 제출 • 일본 도쿄에서 조선 청년 독립단이 2) ________ 발표 • 국내에 고종의 독살설 유포
전개	• 만세 시위 전개: 3) ________ 의 인산일(장례일)에 대규모 시위 전개 계획 → 민족 대표들이 독립 선언서 발표 → 학생·시민들이 탑골 공원에서 독립 선언서 낭독, 만세 시위 전개 → 지방으로 확산, 비폭력 만세 운동에서 폭력 투쟁으로 변화 • 일제의 탄압: 일제가 화성 4) ________ 자행
영향	• 일제의 통치 방식이 무단 통치에서 5) ________ 로 전환됨 • 6) ________ 수립의 계기가 됨 • 중국의 5·4 운동 등 외국의 민족 해방 운동에 영향을 줌

2. 대한민국 임시 정부

수립	상하이에서 3권 분립에 입각한 통합 임시 정부 수립(대통령: 이승만, 국무총리: 이동휘)
활동	• 비밀 연락망 조직: 연통제, 교통국 설치 • 군자금 모금: 7) ________ (애국 공채) 발행 • 외교 활동: 파리 위원부, 8) ________ 설치 • 편찬 사업: 독립신문, 『한·일관계사료집』 간행 • 학교 설립: 육군 무관학교, 간호 학교, 한인 비행 학교 등 설립
재정비	9) ________ 개최: 독립운동의 방략 논의 → 창조파(신채호)와 개조파(안창호)의 대립 → 회의가 성과 없이 결렬됨 → 이승만이 탄핵되고 박은식이 제2대 대통령으로 선임됨
충칭 정착	• 충칭에서 10) ________ 창설(총사령관: 지청천) • 조소앙의 11) ________ 에 입각한 대한민국 건국 강령 발표

정답 1) 민족 자결주의 2) 2·8 독립 선언서 3) 고종 4) 제암리 학살 5) 문화 통치 6) 대한민국 임시 정부 7) 독립 공채 8) 구미 위원부 9) 국민 대표 회의 10) 한국광복군 11) 삼균주의

실전 연습

퀴즈

1 키워드와 관련된 것을 알맞게 연결해보세요.

① 연통제 •	• ㉠ 국내와의 연락 담당
② 임시 사료 편찬회 •	• ㉡ 국내 비밀 행정 조직
③ 교통국 •	• ㉢『한·일관계사료집』 편찬

2 〈보기〉에서 골라 빈칸을 채워보세요.

보기
구미 위원부　　임시 의정원　　독립 공채

① 대한민국 임시 정부는 독립 운동 자금 마련을 위해 (　　　　)를 발행하였다. [50·49회]

② 대한민국 임시 정부는 (　　　　)를 설치하여 외교 활동을 전개하였다. [47회]

③ 이동녕이 대한민국 (　　　　)의 초대 의장을 맡았다. [50회]

3 아래 표에 있는 초성을 완성해보세요.

구분	국민 대표 회의(1923)
배경	일제에 연통제와 교통국이 발각됨, ㅇㅅㅁ이 국제 연맹에 대한민국을 위임 통치해 줄 것을 청원한 것이 논란이 됨
개최	독립 운동의 방략을 논의하기 위해 개최됨
결과	새로운 임시 정부를 만들자는 ㅊㅈㅍ와 기존의 임시 정부를 고쳐서 쓰자는 ㄱㅈㅍ의 갈등만 확인함 → 회의가 성과 없이 결렬됨

4 아래 기출 사료와 관련 있는 사건을 써보세요.

민족 대표들이 모여들기 시작하였다. …… 한용운이 일장의 식사(式辭)를 한 뒤에 그의 선창으로 '대한 독립 만세'를 외쳤다. 한편, 탑골 공원에 모인 학생들의 대한 독립 만세 소리는 천지를 진동하였다. 공원에 모였던 수천 명의 학생들은 길거리로 쏟아져 나갔다. [35회]

→ □·□ □□

정답

1 ① ㉡ ② ㉢ ③ ㉠　2 ① 독립 공채 ② 구미 위원부 ③ 임시 의정원
3 이승만, 창조파, 개조파　4 3·1 운동

대표 기출 문제

1
46회 39번

(가) 운동에 대한 설명으로 옳은 것은? [1점]

이달의 독립운동가

여성 독립운동을 이끈
김마리아
(1892~1944)

정신 여학교 교사로 재직하던 중 일본에 유학하였다. 2·8 독립 선언에 참여한 후 이를 알리기 위해 독립 선언서를 숨긴 채 귀국하였다. 고종의 인산일을 계기로 (가) 이/가 일어나자 여성들의 시위 참여를 촉구하던 중, 여학생들이 전개한 독립 운동의 배후자로 지목되어 체포되었다. 이후 대한민국 애국 부인회 회장이 되어 군자금 모금 활동 등을 벌였다. 정부는 선생의 업적을 기려 1962년 건국 훈장 독립장을 추서하였다.

① 「조선혁명선언」을 활동 지침으로 삼았다.
② 신간회에서 진상 조사단을 파견하여 지원하였다.
③ 박상진이 주도한 대한 광복회 결성에 영향을 주었다.
④ 전개 과정에서 일제가 제암리 학살 등을 자행하였다.
⑤ 대한매일신보의 후원을 받아 전국적으로 확산되었다.

2
48회 38번

다음 자료에 나타난 민족 운동에 대한 설명으로 옳은 것은? [1점]

그날 오후 2시 10분 파고다 공원에 모였던 수백 명의 학생들이 10여 년간 억눌려 온 감정을 터뜨려 '만세, 독립 만세'를 외치자 뇌성 벽력 같은 소리에 공원 근처에 살던 시민들도 크게 놀랐다. 공원 문을 쏟아져 나온 학생들은 종로 거리를 달리며 몸에 숨겼던 선언서들을 길가에 뿌리며 거리를 누볐다. 윌슨 대통령이 주장한 약소민족의 자결권이 실현되는 신세계가 시작된 것이다. 시위 학생들은 덕수궁 문 앞에 당도하자 붕어하신 고종에게 조의를 표하고 잠시 멎었다. – 스코필드 기고문

① 조선 형평사의 주도로 전개되었다.
② 신간회에서 진상 조사단을 파견하였다.
③ 「조선혁명선언」을 활동 지침으로 삼았다.
④ 전개 과정에서 일제가 제암리 학살 등을 자행하였다.
⑤ 성진회와 각 학교 독서회에 의해 전국적으로 확산되었다.

3

47회 41번

다음 자료에 나타난 민족 운동에 대한 설명으로 옳은 것은? [2점]

> 문: 오늘 종로 1가 사거리 큰 길에서 모인 동기를 진술하라.
> 답: 나는 어제 오후 5시 무렵 경성부 남대문로에 있었는데, 자동차에서 뿌린 독립 선언서를 습득하였다. 나는 그 선언서를 읽고 우리 조선국이 독립되었다고 생각하고 기쁨을 참지 못하였다. 그래서 오늘 오후 1시 무렵 종로 1가 사거리 큰 길 중앙에서 독립 만세를 큰 소리로 계속 외쳤더니 5백 명 가량의 군중이 내 주위에 모여 들었고, 함께 모자를 흔들면서 만세를 계속 부르며 행진하였다.
> 문: 그 선언서의 내용을 진술하라.
> 답: 우리 조선이 독립국임과 조선인이 자주민인 것을 선언함 등의 내용이었다. 그리고 조선 민족 대표자 33인의 성명을 기재하고 있었다.
> – ○○○ 신문조서

① 사회주의 세력의 주도 아래 계획되었다.
② 대한민국 임시 정부 수립의 계기가 되었다.
③ 일제가 105인 사건을 조작하여 탄압하였다.
④ 한국인 학생과 일본인 학생 간의 충돌에서 비롯되었다.
⑤ 배우자 가르치자 다 함께 브나로드 등의 구호를 내세웠다.

4

52회 38번

(가) 단체의 활동으로 옳은 것은? [1점]

이 책은 (가) 이/가 국제 연맹에 한국 독립의 당위성을 호소하기 위해 편찬한 것입니다. 여기에는 삼국 시대 이후의 한·일 관계사가 기록되어 있으며, 특히 일제의 잔혹한 식민 통치 방식과 3·1 운동의 전개 과정이 잘 정리되어 있습니다.
『한·일관계사료집』

① 조선 혁명 간부 학교를 설립하였다.
② 한글 맞춤법 통일안과 표준어를 제정하였다.
③ 태극 서관을 운영하며 계몽 서적을 보급하였다.
④ 독립운동 자금 마련을 위해 독립 공채를 발행하였다.
⑤ 진상 조사단을 파견하여 광주 학생 항일 운동을 지원하였다.

5

54회 43번

밑줄 그은 '회의'가 개최된 시기를 연표에서 옳게 고른 것은? [2점]

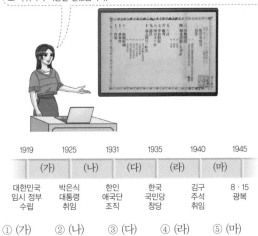

1919		1925		1931		1935		1940		1945
	(가)		(나)		(다)		(라)		(마)	
대한민국 임시 정부 수립		박은식 대통령 취임		한인 애국단 조직		한국 국민당 창당		김구 주석 취임		8·15 광복

① (가) ② (나) ③ (다) ④ (라) ⑤ (마)

6

46회 41번

다음 공보가 발표된 이후 대한민국 임시 정부의 활동으로 옳은 것은? [2점]

> **대한민국 임시 정부 공보 제42호**
>
> - 3월 18일 임시 의정원에서 임시 정부 대통령 이승만 각하를 임시 헌법 제21조 제14항에 의하여 탄핵하고 심판에 회부하다.
> - 3월 23일 임시 의정원에서 임시 정부 대통령 이승만 각하를 심판, 면직하다.
> - 3월 23일 임시 의정원에서 박은식 각하를 임시 헌법 제12조에 의하여 임시 정부 대통령으로 선거하다.

① 삼균주의에 바탕을 둔 건국 강령을 발표하였다.
② 무장 투쟁을 위해 육군 주만 참의부를 조직하였다.
③ 독립군 비행사 양성을 위해 한인 비행 학교를 설립하였다.
④ 국민 대표 회의를 개최하여 독립운동의 방향을 논의하였다.
⑤ 파리 강화 회의에 대표단을 파견하여 외교 활동을 전개하였다.

대표 기출 문제의 정답 및 문제풀이 방법을 다음 페이지에서 확인하세요. →

대표 기출 문제 정답 및 문제풀이 방법

1	2	3	4	5	6
④	④	②	④	①	①

1 3·1 운동

이달의 독립운동가

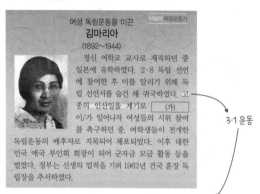

여성 독립운동을 이끈
김마리아
(1892~1944)

정신 여학교 교사로 재직하던 중 일본에 유학하였다. 2·8 독립 선언에 참여한 후 이를 알리기 위해 독립 선언서를 숨긴 채 귀국하였다. 고종의 인산일을 계기로 (가) 이/가 일어나자 여성들의 시위 참여를 촉구하던 중, 여학생들이 전개한 독립운동의 배후자로 지목되어 체포되었다. 이후 대한민국 애국 부인회 회장이 되어 군자금 모금 활동 등을 벌였다. 정부는 선생의 업적을 기려 1962년 건국 훈장 독립장을 추서하였다.

3·1 운동

④ 전개 과정에서 일제가 제암리 학살 등을 자행하였다.

2·8 독립 선언의 영향을 받았으며 **고종의 인산일**을 **계기**로 일어난 (가) 운동은 **3·1 운동**이다(1919). 3·1 운동이 전국으로 확산되자 일제는 군대와 헌병 경찰을 동원하여 **화성 제암리의 주민들을 교회에 감금한 후 무차별적으로 학살**하는 등 잔인하게 탄압하였다.

오답 체크

① 「조선혁명선언」을 **활동 지침**으로 삼았다. → **의열단**
② **신간회**에서 **진상 조사단을 파견**하여 지원하였다.
→ **광주 학생 항일 운동**
③ **박상진**이 주도한 **대한 광복회 결성**에 영향을 주었다.
→ **3·1 운동 이전**
⑤ **대한매일신보의 후원**을 받아 전국적으로 확산되었다.
→ **국채 보상 운동**

✔ 또 나올 암기 포인트

3·1 운동

배경	미국 대통령 윌슨의 민족 자결주의, 2·8 독립 선언서 발표, 고종의 서거 등
전개	민족 대표들이 태화관에서 독립 선언서를 낭독하였고, 탑골 공원에서는 학생과 시민들이 만세 시위를 전개함 → 지방 도시를 중심으로 만세 시위가 확산됨 → 농촌으로 확산됨 → 만주, 연해주, 미주 등지에서도 만세 시위를 전개함
결과	• 일제의 통치 방식이 무단 통치에서 문화 통치로 전환됨 • 대한민국 임시 정부가 수립되는 계기가 됨 • 중국의 5·4 운동 등 해외의 반제국주의 운동에 영향을 끼침

2 3·1 운동

그날 오후 2시 10분 파고다 공원에 모였던 수백 명의 학생들이 10여 년간 억눌려 온 감정을 터뜨려 '만세, 독립 만세'를 외치자 뇌성 벽력 같은 소리에 공원 근처에 살던 시민들도 크게 놀랐다. 공원 문을 쏟아져 나온 학생들은 종로 거리를 달리며 몸에 숨겼던 선언서들을 길가에 뿌리며 거리를 누볐다. 윌슨 대통령이 주창한 약소민족의 자결권이 실현되는 신세계가 시작된 것이다. 시위 학생들은 덕수궁 문 앞에 당도하자 붕어하신 고종에게 조의를 표하고 잠시 멎었다. - 스코필드 기고문

3·1 운동

④ 전개 과정에서 일제가 제암리 학살 등을 자행하였다.

파고다(탑골) 공원에 모인 학생들이 **독립 만세**를 외치고, **붕어하신 고종에게 조의**를 표하는 이 민족 운동은 **3·1 운동**이다(1919). 3·1 운동이 전국으로 확산되자 일제는 **화성 제암리의 주민들을 교회에 감금한 후 무차별적으로 학살**하는 등 잔인하게 탄압하였다.

오답 체크

① 조선 **형평사의 주도**로 전개되었다. → **형평 운동**
② **신간회**에서 **진상 조사단**을 **파견**하였다. → **광주 학생 항일 운동**
③ 「**조선혁명선언**」을 **활동 지침**으로 삼았다. → **의열단의 의거 활동**
⑤ **성진회**와 각 **학교 독서회**에 의해 전국적으로 확산되었다.
→ **학생 운동**

3 3·1 운동

문: 오늘 종로 1가 사거리 큰 길에서 모인 동기를 진술하라.
답: 나는 어제 오후 5시 무렵 경성부 남대문로에 있었는데, 자동차에서 뿌린 독립 선언서를 습득하였다. 나는 그 선언서를 읽고 우리 조선국이 독립되었다고 생각하고 기쁨을 참지 못하였다. 그래서 오늘 오후 1시 무렵 종로 1가 사거리 큰 길 중앙에서 독립 만세를 큰 소리로 계속 외쳤더니 5백 명 가량의 군중이 내 주위에 모여 들었고, 함께 모자를 흔들면서 만세를 계속 부르며 행진하였다.
문: 그 선언서의 내용을 진술하라.
답: 우리 조선이 독립국임과 조선인이 자주민인 것을 선언함 등의 내용이었다. 그리고 조선 민족 대표자 33인의 성명을 기재하고 있었다. - ○○○ 신문조서

3·1 운동

② 대한민국 임시 정부 수립의 계기가 되었다.

3·1 운동은 **민족 대표자 33인**의 이름으로 **독립 선언서**를 발표하고 거리에서 **독립 만세**를 외치면서 시작되었다(1919). 3·1 운동을 거치며 독립 운동을 조직적이고 체계적으로 진행할 필요성이 대두되어, 그 결과 **대한민국 임시 정부가 수립**되었다(1919).

오답 체크

① **사회주의 세력**의 **주도** 아래 **계획**되었다. → **6·10 만세 운동**
③ **일제가 105인 사건을 조작**하여 **탄압**하였다. → **신민회의 독립운동**
④ **한국인 학생과 일본인 학생 간의 충돌**에서 비롯되었다.
→ **광주 학생 항일 운동**
⑤ **배우자 가르치자 다 함께 브나로드** 등의 **구호**를 내세웠다.
→ **브나로드 운동**

4 대한민국 임시 정부

이 책은 (가) 이/가 국제 연맹에 한국 독립의 당위성을 호소하기 위해 편찬한 것입니다. 여기에는 삼국 시대 이후의 한·일 관계사가 기록되어 있으며, 특히 일제의 잔혹한 식민 통치 방식과 3·1 운동의 전개 과정이 잘 정리되어 있습니다.
『한·일관계사료집』
대한민국 임시 정부

④ 독립운동 자금 마련을 위해 독립 공채를 발행하였다.

『한·일관계사료집』은 대한민국 임시 정부가 편찬한 책이므로, (가) 단체는 **대한민국 임시 정부**이다. 대한민국 임시 정부는 **독립운동 자금 마련을 위해 독립 공채**(애국 공채)**를 발행**하였다.

오답 체크

① **조선 혁명 간부 학교**를 설립하였다. → **의열단**
② **한글 맞춤법 통일안**과 **표준어**를 제정하였다. → **조선어 학회**
③ **태극 서관**을 운영하며 계몽 서적을 보급하였다. → **신민회**
⑤ 진상 조사단을 파견하여 **광주 학생 항일 운동을 지원**하였다. → **신간회**

✔ **또 나올 암기 포인트**

대한민국 임시 정부의 노선 구분

창조파	• 임시 정부 해체와 새로운 정부 수립 주장 • 무력 항쟁 강조, 박용만, 신채호 등
개조파	• 임시 정부의 개혁과 존속 주장 • 실력 양성을 우선으로 하면서 외교 활동 강조, 안창호 등
현상 유지파	• 임시 정부를 그대로 유지하자고 주장(국민 대표 회의 자체를 반대하여 참석하지 않음) • 김구, 이동녕 등

5 국민 대표 회의

이 자료는 대한민국 임시 정부가 침체에 빠지자 독립운동의 새로운 활로와 방향을 모색하기 위해 상하이에서 개최된 회의의 의사일정입니다. 국내외 각지에서 온 대표들은 대한민국 임시 정부에 대한 처리를 둘러싸고 창조파와 개조파 등으로 나뉘어져 격론을 벌였습니다.

국민 대표 회의 (1923)

1919	1925	1931	1935	1940	1945
(가)	(나)	(다)	(라)	(마)	
대한민국 임시 정부 수립	박은식 대통령 취임	한인 애국단 조직	한국 국민당 창당	김구 주석 취임	8·15 광복

① (가)

대한민국 임시 정부가 **침체**에 빠지자 그 처리를 둘러싸고 '**창조파와 개조파로 나뉘어**'져 격론을 벌인 이 회의는 **국민 대표 회의**이다(1923). 국민 대표 회의는 임시 정부 초기에 있었던 회의로, **독립 운동의 새로운 활로와 방향을 모색**하려고 했으나 결렬되고 말았다. 이 회의 이후 **이승만이 탄핵되고 박은식이 제2대 대통령으**로 **취임**하였다(1925).

6 이승만 탄핵 이후 대한민국 임시 정부의 활동

대한민국 임시 정부 공보 제42호

- 3월 18일 임시 의정원에서 임시 정부 대통령 이승만 각하를 임시 헌법 제21조 제14항에 의하여 탄핵하고 심판에 회부하다.
- 3월 23일 임시 의정원에서 임시 정부 대통령 이승만 각하를 심판, 면직하다.
- 3월 23일 임시 의정원에서 박은식 각하를 임시 헌법 제12조에 의하여 임시 정부 대통령으로 선거하다.

이승만 탄핵 (1925)

① 삼균주의에 바탕을 둔 건국 강령을 발표하였다. → 1941년

대한민국 임시 정부는 국민 대표 회의가 결렬된 이후, **임시 정부 대통령 이승만을 탄핵**하고, 박은식을 임시 정부 대통령으로 추대하였다(1925). 이후 충칭에 정착(1940)한 임시 정부는 **조소앙의 삼균주의를 바탕으로 한 대한민국 건국 강령을 발표**하였다(1941).

오답 체크

② 무장 투쟁을 위해 **육군 주만 참의부**를 조직하였다. → **1924년**
③ 독립군 비행사 양성을 위해 **한인 비행 학교**를 설립하였다. → **1920년**
④ **국민 대표 회의**를 개최하여 독립운동의 방향을 논의하였다. → **1923년**
⑤ **파리 강화 회의**에 대표단을 파견하여 외교 활동을 전개하였다. → **1919년**

단체 의열단, 한인 애국단, 조선 의용대 활동 이봉창 의거 사건 청산리 대첩

32강 의열 투쟁과 무장 독립 전쟁

1920년대에는 청산리 대첩의 승리에도 불구하고, 자유시 참변으로 독립군 연합 부대가 궤멸한 시대이기도 합니다. 1930년대 초반에는 한·중 연합 작전으로 중국군과 함께 하였고, 1930년대 후반에는 항일 유격 투쟁을 전개하였습니다. 그러다가 1940년대에는 한국광복군을 중심으로 무장 독립 전쟁을 전개하였습니다.

청산리 전투 승전 축하 기념 ▶

1 의열 투쟁

| 의열단, 의열 투쟁을 전개하다

'의열(義烈) 투쟁'이란 소수의 사람들이 일제의 요인을 암살하거나 식민 통치 시설을 파괴하는 무장 투쟁을 의미한다. **의열단**은 **김원봉**, 윤세주 등의 한국인 청년 13명이 의열 투쟁을 하기 위해 만주에서 만든 단체이다(1919). 약산 김원봉이 단장을 맡았으며, 김익상·김상옥·박재혁·나석주 등이 단원으로 활동하였다.

김익상은 조선 총독부에 폭탄을 던지고(1921), 상하이 황포탄에서 일본 육군 대장 다나카를 암살하려다가 실패하였다(1922). 이후 김원봉은 신채호에게 독립 운동의 방략을 정리한 선언서를 써 달라고 간곡히 부탁했고, 이에 신채호는 의열단의 활동 지침인 **「조선혁명선언」을 작성**하였다(1923).

> 강도(强盜) 일본을 쫓아내려면 오직 혁명으로만 가능하며, 혁명이 아니고는 강도 일본을 쫓아낼 방법이 없는 바이다. …… 우리는 민중 속에 가서 민중과 손을 잡아 끊임없는 폭력, 암살, 파괴, 폭동으로써 강도 일본의 통치를 타도하고 …… 이상적 조선을 건설할지니라. – 신채호, 「조선혁명선언」 36회

「조선혁명선언」에서는 일본을 강도(强盜)라고 표현하고 있고, '민중'을 혁명의 주축으로 표현하여, 민중에 의한 직접 혁명을 강조하였다.

의열단의 단원인 **김상옥**은 **종로 경찰서**에 폭탄을 투척하였다(1923). 당시 종로 경찰서는 수많은 독립운동가를 탄압하였던 악명 높은 곳이었다. 또 의열단의 **나석주**는 **동양 척식 주식회사**와 조선 식산 은행에 폭탄을 투척하였다(1926). 당시 동양 척식 주식회사는 경제 침탈의 선봉에 서 있었는데,

한국인들의 토지와 자원을 수탈하여 이 또한 투탄의 대상이 된 것이었다. 그러나 나석주가 던진 폭탄은 불발하였다. 나석주의 의거를 끝으로 의열단은 개별적인 의거 활동의 한계를 인식하고, 조직적인 무장 투쟁으로 활동 방향을 전환하였다. 의열 투쟁은 일제에 큰 충격을 줬다는 의미가 있으나, 실제 결과로 보면 요인 암살과 시설 파괴는 실패하는 경우가 많았다. 그래서 의열단의 단원 일부는 정식으로 군사 훈련을 받기 위해 중국이 만든 사관 학교인 황푸 군관 학교에 입학해 군사 훈련을 받았다(1926). 김원봉 등은 군관 학교 졸업 후 독립군을 양성하기 위해 중국 난징에 **조선 혁명 간부 학교를 세웠다**(1932).

기출 핵심 키워드 암기

① 의열단 – 「ㅈㅅㅎㅁㅅㅇ」을 활동 지침으로 삼았다. [51·48회]
② 의열단 – ㅈㅅ ㅎㅁ ㄱㅂ ㅎㄱ를 세워 독립군을 양성하였다. [50·47회]

정답 ① 조선혁명선언 ② 조선 혁명 간부 학교

한인 애국단, 의거 활동을 전개하다

국민 대표 회의가 결렬되고(1923), 대통령 이승만도 탄핵되면서(1925), 대한민국 임시 정부는 한껏 풀이 죽어 있었다. 임시 정부에 활력을 불어넣기 위해 **김구**는 상하이에 의열 투쟁 조직인 **한인 애국단을 결성**하였다(1931). 한인 애국단의 **이봉창**은 **일본 도쿄에서 일본 국왕 히로히토에게 폭탄을 투척**하였다(1932). 이봉창은 일본에 잠입하여 관병식을 마치고 돌아가던 히로히토를 향해 폭탄을 던졌으나, 히로히토는 죽지 않았다. 이것을 중국의 국민일보가 '불행'이라고 표현하자, 일제가 이에 대한 보복으로 상하이를 점령하였다(상하이 사변, 1932). 얼마 지나지 않아 상하이 훙커우 공원에서 일본 국왕 생일(천장절)과 상하이 사변 전승 축하 기념식이 열린다는 소식을 듣고, 한인 애국단의 윤봉길이 의거를 계획하였다. **윤봉길**은 **훙커우 공원에서 폭탄을 투척**하여 상하이 사변의 원흉 시라카와 대장 등을 처단하고, 여러 명을 부상시켰다(1932). 윤봉길 의거로 인하여 독립운동가 탄압이 강화되어 대한민국 임시 정부는 상하이를 떠나게 되었다. 그러나 이 의거에 감동한 중국 국민당 정부가 우리 임시 정부를 지원하게 되었고, 8년 후 '한국광복군'을 창설하게 된다.

기출 한 컷 [45회]

기출 핵심 키워드 암기

① 한인 애국단 – ㄱㄱ에 의해 상하이에서 결성되었다. [41·38회]
② 한인 애국단 – ㅇㅂㅊ이 일왕의 행렬에 폭탄을 투척하였다. [51·47회]
③ 한인 애국단 – ㅇㅂㄱ이 상하이 훙커우 공원에서 의거를 일으켰다. [47·45회]

정답 ① 김구 ② 이봉창 ③ 윤봉길

2 1920년대 무장 독립 전쟁

| 봉오동과 청산리 일대에서 일본군을 격파하다

1910년대는 만주, 연해주 등지에 독립 운동 기지를 건설하며 미래를 '준비'하였다. 약 10년 동안 열심히 '준비'한 결과는 대한 독립군과 북로 군정서라는 군대로 나타났다.

한국의 독립군 부대들은 국내 진입을 위해 두만강 쪽에 모여 있었다. 일본군이 두만강 근처의 봉오동을 급습하자, **홍범도**가 이끄는 **대한 독립군**과 안무의 대한 국민회군 등이 일본군을 크게 무찔렀다(봉오동 **전투**, 1920. 6.). 독립군 전사자는 4명에 불과하였는데, 일본군은 157명이 사살되고 수백 명이 부상을 입었다. 약이 바짝 오른 일본군은 훈춘 사건을 조작하여 대규모 군대를 두만강 북쪽으로 투입하였다. 일본의 대규모 군대가 두만강을 건너 넘어오자, 독립군 부대들은 서쪽으로 이동하였다. 일본 군대는 독립군 부대를 추격하다가 **김좌진이 이끄는 북로 군정서와 홍범도의 대한 독립군 연합 부대**에 오히려 크게 당하였다. **어랑촌·완루구·백운평 전투** 등에서 일본군은 1,200명 정도가 죽고, 2천여 명이 부상을 당했으며, 이 전투들을 합하여 청산리 **대첩**이라 한다(1920. 10.).

북로 군정서

기출 한 컷 44회

기출 핵심 키워드 암기

① 대한 독립군(홍범도) – 대한 국민회군과 연합하여 [ㅂㅇㄷ] 전투에서 승리하였다. [49·45회]
② 북로 군정서(김좌진) – 홍범도 부대와 연합하여 [ㅊㅅㄹ]에서 일본군과 교전하였다. [51·50회]

정답 ① 봉오동 ② 청산리

| 간도 참변과 자유시 참변으로 독립군이 시련을 겪다

일본은 봉오동 전투 등에서 패배한 것에 대해 더욱 화가 났고 그 분풀이를 한답시고 간도의 한인 마을을 습격하여 우리 동포 1만여 명을 무차별로 학살하였다(**간도 참변**, 1920. 10.). 한국인 독립군 부대들은 간도에서 탈출하여 더 북쪽으로 이동하였고, 밀산부에 이르렀다. 여기에서 **대한 독립 군단**이라는 독립군 연합 부대가 창설되었다(1920. 12.). 총재로는 대종교의 주요 인물인 서일이 추대되었고, 김좌진·홍범도 등이 부총재를 맡았다. 러시아의 적색군이 한국의 독립운동을 지원한다고 선전하자, 대한 독립 군단은 조직을 정비하고 더 북쪽에 있는 **자유시로 이동**하였다. 하지만 독립군 내부의 분열과 무장 해제를 요구하는 러시아군의 공격으로 인해 많은 사상자가 생겼다. 어렵게 모인 독립군들이 일시에 참변을 당한 것이다(**자유시 참변**, 1921).

기출 핵심 키워드 암기

대한 독립 군단 – 간도 참변 이후 조직을 정비하고 [ㅈㅇㅅ]로 이동하였다. [48·46회]

정답 자유시

| 3부를 수립하고, 통합 운동을 전개하다

자유시 참변은 독립운동가들에게 큰 충격을 주었다. 그러나 살아남은 사람들이 다시 만주 지역에 모이기 시작했고, 다시금 진영을 정비하였다. 대한민국 임시 정부 직할 부대로 남만주에서 **참의부**가 결성되었고(1923), 참의부에 참여하지 않은 사람들은 좀 더 북쪽에서 **정의부**를 만들었다(1924). 그리고 김좌진 등 대종교 계통 사람들과 자유시 참변에서 가까스로 살아남은 사람들은 북만주에서 **신민부**를 만들었다(1925). 이른바 참의부, 정의부, 신민부라는 '3부'가 성립된 것이다. 그런데 이즈음 조선 총독부 경무국장 미쓰야와 중국 군벌 장쭤린이 ☆**'미쓰야 협정'을 체결**하였다(1925). 미쓰야 협정은 만주에서 중국인이 한국인을 잡아서 일본에 넘기면 보상을 받는 협정으로, 이로 인해 독립운동가들이 만주에서 활동하기가 어려웠다.

이런 상황에서도 3부는 통합 운동을 전개하였다. 참의부, 정의부, 신민부의 3부는 **혁신 의회**와 **국민부**로 통합되었다. 혁신 의회는 곧 한국 독립당으로 발전하였고(1930), 산하 부대로 한국 독립군을 만들었다. 국민부는 조선 혁명당으로 발전하였고(1929), 조선 혁명군을 만들었다.

기출 핵심 키워드 암기

일제가 중국 군벌과 [ㅁㅆㅇ ㅎㅈ]을 체결하였다. [47·46회]

정답 미쓰야 협정

3 1930년대 이후 무장 독립 전쟁

| 한·중 연합 작전을 수행하다

한국 독립군과 조선 혁명군은 1930년대 초에 한·중 연합 작전에 참여했다. 일본이 만주 사변을 일으켜서 만주를 공격하고(1931), 그 지역에 만주국이라는 괴뢰 정부를 세우면서 중국인의 반일 감정이 고조되었기 때문에(1932), 우리 군대가 중국과 연합할 수 있었다. 북만주에 있던 **한국 독립군**은 총사령관 **지청천**이 이끌었으며 중국 호로군 등과 연합하였다.

> 임시 대회에서 중국군과 합작하기로 결의한 뒤, 한국 독립군의 총사령 지청천은 각 지방에 산재해 있는 독립군을 소집하였다. 그 결과 인원이 60명에 달하였다. – 이규채 신문 조서 [36회]

한국 독립군은 **대전자령·쌍성보**·동경성·사도하자 전투 등에서 한·중 연합 작전을 전개하여 일본군을 격퇴하였다(1932~1933). **조선 혁명군**은 총사령관 **양세봉**이 이끌었으며 중국 의용군과 연합하였다. 조선 혁명군은 **영릉가·흥경성 전투** 등에서 한·중 연합 작전을 전개하여 일본군을 격퇴하였다(1932~1933).

중국 관내에서 항일 투쟁을 지속하다

김원봉의 의열단을 중심으로 한국 독립당, 조선 혁명당 등 5당이 통합하여 중국 난징에서 **민족 혁명당**을 결성하였다(1935). 김구는 이에 대응하여 임시 정부 옹호 세력들을 모아 **한국 국민당**을 조직하였다(1935).

2년 후, 김원봉 세력이 지도부를 장악하자 일부 세력이 민족 혁명당을 탈퇴하였고, 민족 혁명당은 **조선 민족 전선 연맹**으로 개편되었다(1937). 조선 민족 전선 연맹은 중국 우한에서 중국 국민당의 지원을 받아 **조선 의용대를 창설**하였는데, **중국 관내에서 결성된 최초의 한인 무장 부대**였다(1938). 이후 조선 의용대의 김원봉 세력은 대한민국 임시 정부의 한국광복군으로 합류하였고(1942), 일부는 중국의 화북 지역에서 조선 독립 동맹을 결성하고 대일 항전을 준비하였다(1942). 조선 독립 동맹은 그 산하 부대로 조선 의용군을 두었다.

만주에서 활동하던 한국인 사회주의자들은 중국 공산당이 조직한 동북 인민 혁명군에 소속되어 항일 무장 투쟁을 전개하였다. 동북 인민 혁명군은 동북 항일 연군으로 개편되어 유격전을 펼쳤다(1936). 동북 항일 연군에 속한 한국인들은 조국 광복회를 만들어(1936), 국내 진입 작전을 전개하기도 하였다(1937).

기출 핵심 키워드 암기

① 김원봉이 중국 국민당과 협력하여 [ㅈㅅ ㅇㅇㄷ]를 창설하였다. [38·32회]
② 조선 의용대 - [ㅈㄱ ㄱㄴ](關內)에서 결성된 최초의 한인 무장 부대였다. [48·46회]

정답 ① 조선 의용대 ② 중국 관내

한국광복군, 연합군으로 태평양 전쟁에 참전하다

대한민국 임시 정부가 충칭에 도착했을 때 중국 국민당 정부의 지원을 받아 **한국광복군**이 창설되었다(1940). 당시 총사령관은 지청천이었고, 참모장은 이범석이었다. 태평양 전쟁이 일어나자, 임시 정부는 대한민국 건국 강령을 발표하여 건국을 준비하였고, 한국광복군은 연합군의 일원이 되어 **대일 선전 성명서**를 공표하였다(1941). 한국광복군은 중국에서는 중국 국민당군과 연합하여 일제에 대항하였으며, 영국군의 요청으로 **인도·미얀마 전선에 투입**되기도 하였다. 또한 미국과 연계하여 **국내 진공 작전을 계획**하였으나 1945년 8월 일본이 연합군에 무조건 항복함으로써 시행되지는 못하였다.

기출 한 컷 31회

빈출 개념 한눈에 암기하기

1. 의열 투쟁

의열단	• 김원봉, 윤세주 등이 만주에서 조직, 신채호의 「1) 」을 활동 지침으로 삼음 • 종로 경찰서(2)), 동양 척식 주식회사·조선 식산 은행(나석주)에 폭탄 투척 등 개별적인 의거 활동 전개 • 조직적인 무장 투쟁으로 전환 → 황푸 군관 학교 입학, 조선 혁명 간부 학교 설립
한인 애국단	• 김구가 임시 정부에 활력을 불어넣기 위해 상하이에서 조직 • 3) 의거: 일본 도쿄에서 일왕의 행렬에 폭탄 투척 • 4) 의거: 상하이 훙커우 공원에서 폭탄 투척

2. 1920년대 무장 독립 전쟁

5) 전투	일본군의 봉오동 급습 → 대한 독립군(홍범도) 등이 일본군 격파
6) 대첩	백운평·어랑촌 등 청산리 일대에서 북로 군정서(김좌진)가 일본군 격파
간도 참변	일본이 간도의 한인 마을 습격, 무차별 학살
독립군 이동	독립군들이 대한 독립 군단 결성(총재: 서일) → 7) 로 이동
자유시 참변	독립군의 내부 분열 및 무장 해제를 요구하는 러시아군의 공격 → 독립군 희생
3부의 성립	참의부, 정의부, 신민부 성립
8)	조선 총독부 경무국장 미쓰야와 중국 군벌 장쭤린이 체결 → 독립군의 활동 위축

3. 1930년대 이후 무장 독립 전쟁

한·중 연합 작전 전개	• 9) : 총사령관 지청천을 중심으로 북만주 일대에서 활동, 중국 호로군과 연합, 쌍성보·대전자령 전투 승리 • 조선 혁명군: 총사령관 양세봉을 중심으로 남만주 일대에서 활동, 10) 과 연합, 영릉가·흥경성 전투 승리
중국 관내의 항일 투쟁	11) : 김원봉이 중국 국민당의 지원을 받아 창설, 중국 관내에서 결성된 최초의 한인 무장 부대
12) 창설	• 조직: 대한민국 임시 정부가 중국 국민당 정부의 지원을 받아 창설(총사령관: 지청천) • 활동: 대일 선전 성명서 발표, 인도·미얀마 전선 투입, 국내 진공 작전 계획

정답 1) 조선혁명선언 2) 김상옥 3) 이봉창 4) 윤봉길 5) 봉오동 6) 청산리 7) 자유시 8) 미쓰야 협정 9) 한국 독립군 10) 중국 의용군 11) 조선 의용대 12) 한국광복군

실전 연습

퀴즈

1 키워드와 관련된 것을 알맞게 연결해보세요.

① 김상옥 • 　　• ㉠ 종로 경찰서에 폭탄 투척
② 나석주 • 　　• ㉡ 청산리 대첩에서 승리
③ 김좌진 • 　　• ㉢ 동양 척식 주식회사에 폭탄 투척

2 〈보기〉에서 골라 빈칸을 채워보세요.

보기
한국광복군　　조선 의용대　　한국 독립군

① (　　　　　)이 대전자령 전투에서 일본군을 격퇴하였다. [51·50회]
② (　　　　　)는 중국 관내(關內)에서 결성된 최초의 한인 무장 부대였다. [48회]
③ (　　　　　)은 영국군의 요청으로 인도, 미얀마 전선에 투입되었다. [51회]

3 아래 표에 있는 초성을 완성해보세요.

구분	한인 애국단(1931)
조직	ㄱㄱ의 주도로 상하이에서 조직됨
목적	국민 대표 회의가 결렬된 이후 침체된 ㅇㅅ ㅈㅂ에 활기를 불어넣기 위함
활동	이봉창의 의거, ㅇㅂㄱ의 의거

4 아래 기출 자료와 관련 있는 사건을 써보세요.

독립군은 일본군의 맹공을 피하고, 전열을 정비하기 위해 러시아 스보보드니로 이동하였다. 그러나 이곳에서 서로 다른 계열의 독립군 사이에서 지휘권을 놓고 내분이 일어났다. 이때 러시아 적군(赤軍)은 독립군에게 무장 해제를 요구하였고, 이를 거부하는 독립군의 강제 해산 과정에서 수많은 독립군이 사망하거나 포로가 되었다. [33회]

→ □□□ □□

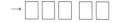

정답
1 ① ㉠ ② ㉢ ③ ㉡　2 ① 한국 독립군 ② 조선 의용대 ③ 한국광복군
3 김구, 임시 정부, 윤봉길　4 자유시 참변

대표 기출 문제

1 　47회 40번

(가) 단체의 활동으로 옳은 것은? [1점]

① 국채 보상 운동을 적극 후원하였다.
② 「조선혁명선언」을 활동 지침으로 삼았다.
③ 청산리에서 일본군에 맞서 대승을 거두었다.
④ 구미 위원부를 설치하여 외교 활동을 전개하였다.
⑤ 만민 공동회를 개최하여 민권 신장을 추구하였다.

2 　51회 45번

밑줄 그은 '의거'를 일으킨 단체에 대한 설명으로 옳은 것은? [1점]

이 사진은 1945년 9월 2일 일왕을 대신하여 일본의 외무 대신이 연합군 앞에서 항복 문서에 서명하는 장면입니다.
서명하는 인물은 시게미쓰 마모루인데, 그는 윤봉길의 상하이 홍커우 공원 의거 당시 폭탄에 맞아 다리를 다쳤습니다.

① 신채호의 「조선혁명선언」을 활동 지침으로 삼았다.
② 김구를 단장으로 하여 활발한 의열 활동을 펼쳤다.
③ 조선 총독을 저격한 강우규가 단원으로 활동하였다.
④ 이상재 등의 주도로 민립 대학 설립 운동을 전개하였다.
⑤ 진상 조사단을 파견하여 광주 학생 항일 운동을 지원하였다.

3

46회 36번

다음 사건이 일어난 이후의 사실로 옳은 것을 〈보기〉에서 고른 것은? [2점]

> 천수평에서 북로 군정서의 기습 공격을 받아 참패한 일본군은 그들을 추격하여 어랑촌으로 들어갔다. 어랑촌 전투는 해가 질 때까지 계속되었는데, 북로 군정서는 지형적 이점을 활용하여 일본군의 공격을 효과적으로 방어하였다. 교전 중 독립군 연합 부대가 합류하였고, 치열한 접전 끝에 일본군에 큰 승리를 거두었다.

〈보기〉

ㄱ. 13도 창의군이 서울 진공 작전을 추진하였다.
ㄴ. 일제가 중국 군벌과 미쓰야 협정을 체결하였다.
ㄷ. 일제가 이른바 남한 대토벌 작전을 전개하였다.
ㄹ. 독립군이 전열을 정비하기 위해 자유시로 이동하였다.

① ㄱ, ㄴ ② ㄱ, ㄷ ③ ㄴ, ㄷ ④ ㄴ, ㄹ ⑤ ㄷ, ㄹ

4

47회 44번

(가) 독립군 부대에 대한 설명으로 옳은 것은? [2점]

이곳은 국립현충원 애국지사 묘역에 있는 양세봉의 묘입니다. 그의 묘는 북한 애국열사릉에도 있어 그가 남북 모두로부터 추앙받는 인물임을 알 수 있습니다. 그는 남만주 일대에서 조직된 (가) 의 총사령으로 중국 의용군과 함께 항일 투쟁을 전개하였습니다.

① 영릉가 전투에서 승리하였다.
② 중광단을 중심으로 조직되었다.
③ 자유시 참변 이후 세력이 약화되었다.
④ 조선 혁명 간부 학교를 세워 군사력을 강화하였다.
⑤ 영국군의 요청으로 인도, 미얀마 전선에 투입되었다.

5

49회 45번

다음 인물의 활동으로 옳은 것은? [2점]

[이달의 독립운동가]

한국광복군 창설의 주역
○○○ 장군

- 생몰: 1888년 ~ 1957년
- 주요 활동
  - 정의부 총사령관 역임
  - 한국 독립당 창당에 참여
  - 한국광복군 총사령관 역임
- 서훈 내용
  건국 훈장 대통령장 추서

① 동양 척식 주식회사에 폭탄을 투척하였다.
② 대한 광복회를 조직하여 친일파를 처단하였다.
③ 쌍성보, 대전자령 전투에서 일본군을 격파하였다.
④ 대한 국민회군과 연합하여 봉오동 전투에서 승리하였다.
⑤ 민중의 직접 혁명을 주장하는 「조선혁명선언」을 집필하였다.

6

48회 45번

(가) 부대에 대한 설명으로 옳은 것은? [2점]

> 30여 년이나 비밀리에 행동한 조선 혁명 청년은 지금도 중국 항일전에서 혁명 행동의 기회를 얻어, …… (가) 은/는 10월 10일 한구(漢口)에서 성립, 중앙군의 이동에 따라 계림(桂林)으로 왔다. 대장 진빈 선생[김원봉]은 금년 41세로서, 1919년 조선의 3월 운동 및 조선 총독부 파괴의 의열단 사건 등도 그들에 의한 것이다.
>
> -「국민공론」

① 청산리에서 일본군과 교전하였다.
② 대전자령 전투에서 일본군을 격퇴하였다.
③ 일본군의 공세를 피해 자유시로 이동하였다.
④ 중국 의용군과 연합하여 흥경성 전투를 이끌었다.
⑤ 중국 관내(關內)에서 결성된 최초의 한인 무장 부대였다.

대표 기출 문제의 정답 및 문제풀이 방법을 다음 페이지에서 확인하세요. ➜

대표 기출 문제 정답 및 문제풀이 방법

1	2	3	4	5	6
②	②	④	①	③	⑤

1 의열단

→ 의열단

② 「조선혁명선언」을 활동 지침으로 삼았다.

김원봉, 윤세주 등이 만주 지린성에서 창설하였으며, 박재혁 의사가 부산 경찰서에 들어가 폭탄을 터뜨린 (가) 단체는 의열단이다. 의열단은 일제의 요인 암살과 식민 지배 기관 파괴를 목표로 활동하였으며, 신채호의 「조선혁명선언」을 활동 지침으로 삼았다.

오답 체크

① 국채 보상 운동을 적극 후원하였다. → **대한 자강회 등**
③ 청산리에서 일본군에 맞서 대승을 거두었다. → **북로 군정서**
④ 구미 위원부를 설치하여 외교 활동을 전개하였다.
→ **대한민국 임시 정부**
⑤ 만민 공동회를 개최하여 민권 신장을 추구하였다. → **독립 협회**

✔ 또 나올 암기 포인트

의열단

배경	3·1 운동 이후 무장 투쟁의 필요성 인식
조직	1919년 김원봉, 윤세주 등을 중심으로 만주의 지린에서 결성
목표	주요 건물 파괴와 일제의 요인, 친일파 암살
활동	• 박재혁 – 부산 경찰서에 폭탄 투척(1920) • 김익상 – 조선 총독부에 폭탄 투척(1921) • 김상옥 – 종로 경찰서에 폭탄 투척(1923) • 나석주 – 동양 척식 주식회사, 조선 식산 은행에 폭탄 투척(1926)

2 한인 애국단

이 사진은 1945년 9월 2일 일왕을 대신하여 일본의 외무 대신이 연합군 앞에서 항복 문서에 서명하는 장면입니다.
서명하는 인물은 시게미쓰 마모루인데, 그는 윤봉길의 상하이 훙커우 공원 의거 당시 폭탄에 맞아 다리를 다쳤습니다.

→ 한인 애국단

② 김구를 단장으로 하여 활발한 의열 활동을 펼쳤다.

윤봉길은 상하이의 훙커우 공원에서 열린 천장절(일왕의 생일) 겸 상하이 사변 승전 기념식에서 일본인들을 향해 폭탄을 투척하였다(1932). 이 의거를 일으킨 단체는 한인 애국단이다. 한인 애국단은 임시 정부 국무령이었던 김구가 의열 활동을 위해 조직하였다.

오답 체크

① 신채호의 「조선혁명선언」을 활동 지침으로 삼았다. → **의열단**
③ 조선 총독을 저격한 강우규가 단원으로 활동하였다. → **노인 동맹단**
④ 이상재 등의 주도로 민립 대학 설립 운동을 전개하였다.
→ **조선 민립 대학 기성회**
⑤ 진상 조사단을 파견하여 광주 학생 항일 운동을 지원하였다.
→ **신간회**

3 청산리 대첩 이후의 사실

> 천수평에서 북로 군정서의 기습 공격을 받아 참패한 일본군은 그들을 추격하여 어랑촌으로 들어갔다. 어랑촌 전투는 해가 질 때까지 계속되었는데, 북로 군정서는 지형적 이점을 활용하여 일본군의 공격을 효과적으로 방어하였다. 교전 중 독립군 연합 부대가 합류하였고, 치열한 접전 끝에 일본군에 큰 승리를 거두었다.

→ 청산리 대첩 (1920)

④ ㄴ. 일제가 중국 군벌과 미쓰야 협정을 체결하였다.
→ 1925년
ㄹ. 독립군이 전열을 정비하기 위해 자유시로 이동하였다.
→ 1921년

북로 군정서가 천수평과 어랑촌에서 승리를 거두었다면, 이것은 청산리 대첩이다(1920). 청산리 대첩 이후, 북로 군정서를 포함한 독립군 부대들은 대한 독립 군단을 결성하고 러시아의 자유시로 이동하였다(1921). 이후, 일제는 독립군의 활동을 위축시키기 위해 중국 군벌과 미쓰야 협정을 체결하였다(1925).

오답 체크

ㄱ. 13도 창의군이 서울 진공 작전을 추진하였다. → **1908년**
ㄷ. 일제가 이른바 남한 대토벌 작전을 전개하였다. → **1909년**

4 조선 혁명군

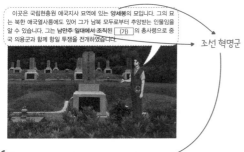

이곳은 국립현충원 애국지사 묘역에 있는 **양세봉**의 묘입니다. 그의 묘는 북한 애국열사릉에도 있어 그가 남북 모두로부터 추앙받는 인물임을 알 수 있습니다. 그는 **남만주 일대에서 조직된** (가) 의 총사령으로 중국 의용군과 함께 항일 투쟁을 전개하였습니다.

조선 혁명군

① 영릉가 전투에서 승리하였다.

남만주 일대에서 **양세봉**을 총사령관으로 하여 조직된 독립군 부대는 **조선 혁명군**이다. 조선 혁명군은 **중국 의용군과 한·중 연합 작전을 전개**하여 **영릉가 전투, 흥경성 전투에서 일본군을 상대로 승리**하였다(1932~1933).

오답 체크

② **중광단**을 중심으로 조직되었다. → **북로 군정서**
③ **자유시 참변** 이후 세력이 **약화**되었다. → **대한 독립 군단**
④ **조선 혁명 간부 학교**를 세워 군사력을 강화하였다. → **의열단**
⑤ 영국군의 요청으로 **인도, 미얀마 전선**에 **투입**되었다. → **한국광복군**

✔ 또 나올 암기 포인트

한국 독립군과 조선 혁명군

한국 독립군	• 총사령관 지청천을 중심으로 활동 • 북만주 일대에서 중국 호로군 등과 연합 작전 수행 • 쌍성보 전투(1932), 사도하자 전투(1933), 동경성 전투(1933), 대전자령 전투(1933)에서 일본군을 크게 격파
조선 혁명군	• 총사령관 양세봉을 중심으로 활동 • 남만주 일대에서 중국 의용군과 연합 작전 수행 • 영릉가 전투(1932), 흥경성 전투(1933)에서 일본군에 대승

5 지청천

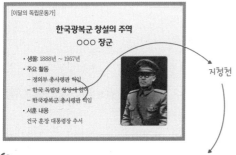

[이달의 독립운동가]

한국광복군 창설의 주역

○○○ 장군

- **생몰**: 1888년 ~ 1957년
- **주요 활동**
  - 정의부 총사령관 역임
  - 한국 독립당 창당에 참여
  - 한국광복군 총사령관 역임
- **서훈 내용**
  건국 훈장 대통령장 추서

지청천

③ 쌍성보, 대전자령 전투에서 일본군을 격파하였다.

정의부 총사령관을 역임하였으며, **한국 독립당** 창당에 참여하고, **한국광복군 총사령관**을 역임한 인물은 **지청천**이다. 지청천은 한국 독립군을 이끌며 중국 호로군 등과 연합하여 **대전자령 전투, 동경성 전투, 쌍성보 전투, 사도하자 전투** 등에서 **일본군을 격파**하였다.

오답 체크

① **동양 척식 주식회사**에 **폭탄을 투척**하였다. → **나석주**
② **대한 광복회를 조직**하여 친일파를 처단하였다. → **박상진**
④ 대한 국민회군과 연합하여 **봉오동 전투**에서 승리하였다. → **홍범도**
⑤ 민중의 직접 혁명을 주장하는 「**조선혁명선언**」을 **집필**하였다.
→ **신채호**

6 조선 의용대

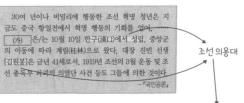

30여 년이나 비밀리에 행동한 조선 혁명 청년은 지금도 중국 항일전에서 혁명 행동의 기회를 얻어, …… (가) 은/는 10월 10일 한구(漢口)에서 성립, 중앙군의 이동에 따라 계림(桂林)으로 왔다. 대장 진빈 선생[김원봉]은 금년 41세로서, 1919년 조선의 3월 운동 및 조선 총독부 파괴의 의열단 사건 등도 그들에 의한 것이다.

-「국민공론」

조선 의용대

⑤ 중국 관내(關內)에서 결성된 최초의 한인 무장 부대였다.

중국 **한구(한커우)**에서 **김원봉**의 주도로 **창설**된 부대는 **조선 의용대**이다(1938). 조선 민족 혁명당(조선 민족 전선 연맹)의 산하 부대로 창설된 조선 의용대는 **중국 관내(關內)에서 결성된 최초의 한인 무장 부대**였다.

오답 체크

① **청산리**에서 일본군과 교전하였다. → **북로 군정서 등**
② **대전자령 전투**에서 일본군을 격퇴하였다. → **한국 독립군**
③ 일본군의 공세를 피해 **자유시로 이동**하였다. → **대한 독립 군단**
④ **중국 의용군**과 연합하여 **흥경성 전투**를 이끌었다. → **조선 혁명군**

인물 조만식, 이상재 단체 조선 물산 장려회, 조선 형평사, 신간회 사건 원산 노동자 총파업, 6·10 만세 운동

33강 민족 운동과 대중 투쟁

1920년대에는 물산 장려 운동과 민립 대학 설립 운동을 벌여 우리 민족 스스로 일어서려고 하였습니다. 반면에 사회주의가 들어와 농민·노동 운동이 활발해졌으며, 백정들은 차별 철폐를 주장하며 형평 운동을 벌이기도 했습니다. 그러다가 6·10 만세 운동을 계기로 좌·우 합작의 신간회가 결성되었습니다.

형평 운동 포스터 ▶

1 실력 양성 운동

| 물산 장려 운동을 전개하다

1920년에 **회사령이 철폐**되어 회사 설립이 신고제로 바뀌면서 일본인이 우리나라에 회사를 설립하기 쉬워졌다. 1923년에는 **관세 철폐령**으로 일본 상품이 무관세로 우리나라에 들어올 수 있게 되었다. 이런 상황이 되자 위기의식을 느낀 한국인들은 국산품을 애용하자는 **물산 장려 운동**을 시작했다. 물산 장려 운동은 **조만식 등의 주도**로 **평양에서 시작**되었고(1920), **'조선 사람, 조선 것', '내 살림 내 것으로'** 등의 구호를 내세웠다(1920년대).

토산품 애용을 통해 우리 민족의 산업을 발전시킵시다!
조만식

기출 한 컷 44회

> 첫째, 조선인의 산업적 지능을 계발하여 산업을 장려한다.
> 둘째, 조선인의 산품(産品)을 애용하여 산업을 융성하게 한다.

– 물산 장려 운동의 활동 지침 29회

서울에서도 토산품 애용을 위한 **조선 물산 장려회**가 발족되며 점차 전국으로 확산되었다. 물산 장려 운동에는 광범위한 계층이 참여했는데, 특히 **자작회, 토산 애용 부인회, 토산 장려회** 등의 단체가 활동하였다. 그러나 국산품의 증가된 수요를 뒷받침하지 못하여 상품 가격이 상승하였고, 사회주의자들은 물산 장려 운동이 자본가의 배만 불리는 운동이라고 비판하였다. 게다가 농민의 생활이 어려워지면서 구매력도 떨어져 물산 장려 운동은 1920년대에 끝나고 말았다.

기출 핵심 키워드 암기

① 물산 장려 운동 – 조만식 등의 주도로 [ㅍㅇ]에서 시작되었다. [47·46회]
② 물산 장려 운동 – [ㅈㅈㅎ], 토산 애용 부인회 등의 단체가 활동하였다. [48·46회]

정답 ① 평양 ② 자작회

민립 대학 설립 운동을 전개하다

민립 대학 설립 운동이란 '우리의 손으로 대학을 설립하자'는 교육 운동이다. 때마침 일제도 제2차 조선 교육령을 발표하여 대학 설립을 허용하자, 조선 교육회의 **이상재 등이 주도**하여 **민립 대학 설립 운동**을 전개하였다. 이 운동을 위해 설립한 **민립 대학 기성회**는 **'한민족 1천만이 한 사람이 1원씩'**이라는 구호를 내걸고 전국적인 모금 운동을 전개하였다.

기출 한 컷 8회

> 우리의 운명을 어떻게 개척할까? …… 민중의 보편적인 지식은 보통 교육으로 가능하지만 심오한 지식과 학문은 고등 교육이 아니면 불가하며, 사회 최고의 비판을 구하며 유능한 인물을 양성하려면 최고 학부의 존재가 가장 필요하도다. 그러므로 우리는 이에 느낀 바 감히 만천하 동포에게 향하여 민립 대학 설립을 제창하노니, 형제 자매는 와서 찬성하고 나아가며 이루라.
>
> – 조선 민립 대학 설립 기성회의 발기 취지서 38회

그러나 **일제가 경성 제국 대학을 우선적으로 설립**하여 민립 대학 설립을 방해하고(1924), 관련 인물들을 탄압하면서 민립 대학 설립 운동은 실패하고 말았다.

기출 핵심 키워드 암기

① 민립 대학 설립 운동 – [ㅇㅅㅈ] 등의 주도로 민립 대학 설립 운동을 전개하였다. [51회]
② 민립 대학 설립 운동 – 일제에 의해 [ㄱㅅ ㅈㄱ ㄷㅎ]이 설립되었다. [42회]

정답 ① 이상재 ② 경성 제국 대학

문맹 퇴치 운동으로 농촌을 계몽하다

조선일보와 동아일보는 문맹 퇴치 운동에 앞장섰는데, **조선일보**는 **문자 보급 운동**을 전개하였고(1929~1934), **동아일보**는 **브나로드 운동**을 전개하였다(1931~1934). '브나로드'는 '민중 속으로'라는 뜻의 러시아어이다. 브나로드 운동은 농촌 계몽을 위해 **'배우자, 가르치자, 다 함께 브나로드!'**라는 구호를 내세웠다. 조선어 학회가 교재를 만들어주면, 동아일보가 이것을 청년들에게 주어 전국적으로 보급하였다.

기출 핵심 키워드 암기

브나로드 운동이 [ㄷㅇㅇㅂ]를 중심으로 추진되었다. [58회]

정답 동아일보

2 사회적 민족 운동

농민·노동 운동을 전개하다

1920년대에 사회주의 사상이 확산되면서 소작 쟁의와 노동 쟁의가 늘어났다. 이에 따라 조선 노농 총동맹이 결성되었다(1924). 이후 노동 운동과 농민 운동을 독자적으로 수행할 필요성이 제기되면서 노농(勞農)이 둘로 갈라져서 **조선 노동 총동맹과 조선 농민 총동맹이 창립**되었다(1927).

전남 신안군에서 고액 소작료에 반발하여 **암태도 소작 쟁의**가 발생하였다(1923~1924). 원산의 한 석유 회사에서는 일본인 감독이 한국인 노동자를 구타한 사건을 계기로 **원산 노동자 총파업**이 일어났다(1929). 원산 노동자 총파업은 일본, 프랑스 등의 노동 단체로부터 격려 전문을 받기도 하였다.

1920년대에 시작된 농민 운동과 노동 운동은 1930년대에 들어 더욱 격렬해졌다. 일본인 농장을 상대로 하는 소작 쟁의의 규모는 더욱 커졌고, 노동 운동도 비합법적 투쟁을 전개하며 정치적 투쟁으로 변화해 갔다. 특히 평양의 평원 고무 공장 노동자 **강주룡**은 임금 삭감에 반대하며 **을밀대 지붕에서 고공 농성**을 벌이기도 했다(1931).

형평 운동을 전개하다

조선 세종 때 천하게 여겨지던 재인(才人)과 화척(禾尺)을 하나로 합쳐 **'백정'**이라 불렀다. 따라서 조선 시대 '백정'은 천하게 취급받았다. 이때부터 이어진 사회적 차별을 없애고자 동학 농민군은 '백정이 쓰는 평량갓(패랭이)'을 없애자고 주장하기도 했다(1894). 제1차 갑오개혁 때 신분제가 폐지되면서(1894), 백정의 사회적 차별도 없어지는 줄 알았다. 그러나 백정에 대한 편견과 차별은 계속해서 존재하였으며, 조선 총독부는 호적에 백정을 도한(屠漢, 소 잡는 놈)이라고 써넣기도 하였다.

> 제2조 본사의 위치는 진주에 둔다. 단, 각 도에는 지사, 군에는 분사를 둔다.
> 제3조 본사는 계급 타파, 모욕적 칭호 폐지, 교육 권장, 상호의 친목을 목적으로 한다.

- 조선 형평사 사칙 [27회]

1920년대에는 도한과 같은 모욕적인 칭호를 폐지하라며 **진주에서 조선 형평사가 결성**되었다. 이후 조선 형평사를 중심으로 백정에 대한 사회적 차별 철폐를 목적으로 **형평 운동**이 전개되었다.

기출 한 컷 [44회]

3 대중 투쟁

6·10 만세 운동을 전개하다

어머니(명성 황후)는 일본 군인들에 의해 살해되고, 아버지(고종 황제)는 식혜를 마시고 돌아가시고, 자신도 황제에서 왕으로 강등되어 '창덕궁 이왕(李王)'이 된 사람은 바로 '순종'이다. 순종은 고종이 죽은 후 7년 만에 사망하였다.

고종의 인산일에 3·1 운동이 일어났듯이, 사회주의 세력과 천도교 일부 세력(민족주의 계열), 학생 단체들이 연합하여 ☆**순종의 인산일**을 기회로 삼아 대규모 시위를 계획하였다. 사회주의 세력과 천도교 연합의 계획은 사전에 발각되었으나 학생 단체의 시위는 예정대로 진행하여 서울에서 '조선 민중아! 2천만 동포야!'를 외치며 만세 시위가 시작되었다(**6·10 만세 운동**, 1926). 6·10 만세 운동은 '어른들'의 계획이 발각되어 결국 학생 중심으로 만세 운동이 전개되었지만, **민족주의 진영과 사회주의 진영이 함께 준비**하였다는 것에 큰 의의가 있다. 6·10 만세 운동을 계획하면서 좌파와 우파가 만나는 '만남의 장'이 마련되었고, 연합의 가능성을 확인할 수 있었다. 이는 곧 **국내에서** ☆**민족 유일당 운동이 전개되는 계기**가 되었다.

기출 핵심 키워드 암기

① 6·10 만세 운동 – [ㅅㅈ]의 인산일을 기회로 삼아 추진되었다. [55·42회]
② 6·10 만세 운동 – 국내에서 [ㅁㅈ ㅇㅇㄷ] 운동이 전개되는 계기가 되었다. [43·40회]

정답 ① 순종 ② 민족 유일당

민족 유일당 운동, 신간회가 조직되다

1924년에 이광수가 발표한「민족적 경륜」으로 인해 민족주의자들은 식민지 현실에 타협하자는 '타협적 민족주의 세력'과 식민지 현실에 대항하자는 '비타협적 민족주의 세력'으로 갈라졌다. 또한 치안 유지법 때문에 세력이 위축된 사회주의 세력은 앞으로의 활동 방향을 밝힌 ☆**정우회 선언을 발표**하였다(1926).

기출 한 컷 [37회]

정우회는 이 선언에서 민족주의 세력을 '동맹자'라고 표현하며 **비타협적 민족주의 세력과의 연대를 주장**하였다. 이런 상황에서 6·10 만세 운동은 두 세력 간의 연대 가능성을 확인케 한 중요한 자리였다(1926). 그다음 해에 비타협적 민족주의 세력과 정우회 세력은 연합하여 민족 유일당 운동을 전개하였고, 마침내 ☆**신간회가 창립**되었다(1927).

- 우리는 정치적, 경제적, 사회적 각성을 촉진함
- 우리는 단결을 공고히 함
- 우리는 일체 기회주의를 부인함

– 신간회 강령 45회

좌·우 합작으로 결성된 신간회는 농민, 노동, 여성, 교육 등 다양한 분야에서 활동하였고, **광주 학생 항일 운동**이 일어나자 신간회는 **진상 조사단을 파견**하였다(1929). 그리고 **원산에서 총파업**이 일어나자 그것 또한 **지원**하였다(1929). 그러나 세계 공산주의 본부(코민테른)의 연락을 받은 사회주의 계열이 이탈하면서 신간회는 결국 해소되고 말았다(1931).

한편 1920년대 후반에 민족 유일당 운동의 결과 **근우회가 결성**되었다(1927). 근우회는 신간회와 함께 생기고, 함께 없어진 '여자 신간회' 같은 것이었다. 김원봉의 아내인 '박차정'이 근우회의 중앙 집행 위원으로 활동하였다. 근우회는 **여성의 권익을 옹호**하고, 새 생활 개선 등을 행동 강령으로 채택하여 활동하였다.

기출 핵심 키워드 암기

① 신간회 창립 배경 – 사회주의 세력의 활동 방향을 밝힌 [ㅈㅇㅎ ㅅㅇ]이 발표되었다. [46·45회]
② 민족 유일당 운동의 일환으로 [ㅅㄱㅎ]가 창립되었다. [45·42회]

정답 ① 정우회 선언 ② 신간회

광주 학생 항일 운동을 전개하다

6·10 만세 운동 이후 민족 유일당인 '신간회'가 결성되고(1927), **성진회·독서회** 등 학생들의 비밀 결사가 활약하고 있었다. 이런 상황에서 광주에서 나주로 가는 통학 열차 안에서 일본 남학생이 한국 여학생을 희롱하여 **한국인 학생과 일본인 학생 간의 충돌이 발생**하였다. 이에 대해 일본 경찰이 편파적으로 수사하자 학생들이 분노하였고, 광주에서 '검거자를 즉시 우리들이 탈환하자'라는 격문을 내걸고 시위가 일어났다(**광주 학생 항일 운동**, 1929). 많은 한국인 학생들이 검거되자, 신간회에서 광주로 **진상 조사단을 파견**하였고, 서울에서 민중 대회를 열려고 하였으나 실패로 돌아갔다. 광주 학생 항일 운동은 3·1 운동 이후에 일어난 최대 규모의 민족 운동이었다.

기출 핵심 키워드 암기

광주 학생 항일 운동 – 신간회에서 [ㅈㅅ ㅈㅅㄷ]을 파견하였다. [51·50회]

정답 진상 조사단

빈출 개념 한눈에 암기하기

1. 실력 양성 운동

물산 장려 운동	1) ______에서 조만식 등의 주도로 조선 물산 장려회 조직, 2) ______·토산 애용 부인회 등의 단체가 활동 → 상품 가격 상승, 사회주의자들의 비판
민립 대학 설립 운동	3) ______ 등이 조선 민립 대학 기성회 설립, 모금 운동 전개 → 일제가 경성 제국 대학 설립
문맹 퇴치 운동	문자 보급 운동(조선일보), 4) ______ 운동(동아일보)

2. 사회적 민족 운동

농민 운동	5) ______ 소작 쟁의, 조선 농민 총동맹 창립
노동 운동	원산 노동자 총파업, 강주룡의 고공 농성, 조선 노동 총동맹 창립
형평 운동	진주에서 조선 형평사 결성, 6) ______에 대한 사회적 차별 철폐 주장

3. 대중 투쟁

6·10 만세 운동	• 전개: 7) ______의 인산일을 계기로 사회주의 세력과 민족주의 세력(천도교 일부 세력), 학생 단체가 대규모 시위 계획 → 사회주의·민족주의 세력의 계획이 사전에 발각 → 학생 단체 중심으로 만세 운동 전개 • 영향: 국내에서 8) ______ 운동이 전개되는 계기가 됨
민족 유일당 운동	사회주의 세력이 9) ______ 발표 → 비타협적 민족주의 세력과 정우회 세력이 연합하여 민족 유일당 운동 전개 → 10) ______ 창립
신간회의 활동	• 광주 학생 항일 운동에 진상 조사단 파견, 원산 노동자 총파업 지원 • 자매 단체로 근우회 성립, 여성 운동 전개
광주 학생 항일 운동	• 전개: 광주에서 한·일 학생 간의 충돌 사건을 일본 경찰이 편파 수사함 → 학생들의 시위 운동 전개, 신간회에서 11) ______ 파견 • 의의: 3·1 운동 이후에 일어난 최대 규모의 민족 운동

정답 1) 평양 2) 자작회 3) 이상재 4) 브나로드 5) 암태도 6) 백정 7) 순종 8) 민족 유일당 9) 정우회 선언 10) 신간회 11) 진상 조사단

실전 연습

퀴즈

1 키워드와 관련된 것을 알맞게 연결해보세요.

① 물산 장려 운동 •	• ㉠ 근우회
② 여성 운동 •	• ㉡ 조선 물산 장려회
③ 형평 운동 •	• ㉢ 조선 형평사

2 〈보기〉에서 골라 빈칸을 채워보세요.

보기
브나로드 운동 　 원산 총파업 　 암태도 소작 쟁의

① 고액 소작료에 반발하여 (　　　　　　)가 발생하였다. [44회]

② 일본인 감독의 한국인 구타 사건을 계기로 (　　　　　　)이 일어났다. [51회]

③ 동아일보가 농촌 계몽을 위해 (　　　　　　)을 전개하였다. [51회]

3 아래 표에 있는 초성을 완성해보세요.

구분	민립 대학 설립 운동
배경	ㅈ2ㅊ ㅈㅅ ㄱㅇㄹ이 공포되어 대학 설립이 가능해짐
활동	이상재 등이 ㅁㄹ ㄷㅎ ㄱㅅㅎ를 조직하며 시작됨 → '한민족 1천만이 한 사람이 1원씩'이라는 구호로 모금 운동을 전개함
결과	일제가 ㄱㅅ ㅈㄱ ㄷㅎ을 설립함

4 아래 기출 사료와 관련 있는 사건을 써보세요.

어제 오전 8시에 돈화문을 떠나기 시작한 순종 황제의 인산 행렬이 황금정 거리에까지 뻗쳤다. …… 그 행렬 동편에 학생 수십 인이 활판으로 인쇄한 격문 수만 매를 뿌리며 조선 독립 만세를 불렀다. [32회]

→ □·□□ □□ □□

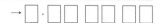

정답

1 ① ㉡ ② ㉠ ③ ㉢ 　 2 ① 암태도 소작 쟁의 ② 원산 총파업 ③ 브나로드 운동 　 3 제2차 조선 교육령, 민립 대학 기성회, 경성 제국 대학 　 4 6·10 만세 운동

대표 기출 문제

1 　 46회 42번

다음 자료에 나타난 민족 운동에 대한 설명으로 옳은 것을 〈보기〉에서 고른 것은? [1점]

◇ 살자는 부르짖음 ◇

우리의 소유는 점점 줄어가고 살림살이는 나날이 가난해 간다. …… 형제들이여 자매들이여, 이제 뜨겁고 간절한 마음으로 그 살길을 말하노니 아무쪼록 조선 물산을 몸에 걸고 조선 물산을 입에 넣고 조선 물산을 팔며 사고 조선 물산을 무엇에나 쓰라. 비싸도 그리하고 불편하여도 그리하며 곱지 못하여도 달지 아니하여도 아무렇든지 그리고 많이 만들기를 힘쓰라. 깨달은 동시에 실행하자.

〈보기〉

ㄱ. 조만식 등의 주도로 평양에서 시작되었다.
ㄴ. 자작회, 토산 애용 부인회 등이 활동하였다
ㄷ. 국채 보상 기성회를 중심으로 전개되었다.
ㄹ. 일본, 프랑스 등의 노동 단체로부터 격려 전문을 받았다.

① ㄱ, ㄴ 　 ② ㄱ, ㄷ 　 ③ ㄴ, ㄷ 　 ④ ㄴ, ㄹ 　 ⑤ ㄷ, ㄹ

2 　 49회 42번

밑줄 그은 '투쟁' 이후의 사실로 옳은 것은? [2점]

최근 개통된 천사대교를 건너면 일제 강점기 대표적인 소작 쟁의가 전개된 암태도를 만날 수 있습니다. 당시 암태도의 농민들은 고율의 소작료를 징수하는 지주 문재철에 맞서 목포까지 나가 단식을 벌이는 등 약 1년에 걸친 <u>투쟁</u>으로 소작료를 낮추는 성과를 거두었습니다.

① 회사령이 제정되었다.
② 농광회사가 설립되었다.
③ 토지 조사 사업이 실시되었다.
④ 조선 농민 총동맹이 결성되었다.
⑤ 함경도에서 방곡령이 선포되었다.

3

46회 44번

밑줄 그은 '이 운동'에 대한 설명으로 옳은 것은? [1점]

이 탑은 진주에서 시작된 이 운동을 기념하기 위해 시민들이 성금을 모아 설립한 것입니다. 탑에는 이 운동을 주도한 단체가 표방한 '공평(公平)은 사회의 근본이요, 애정(愛情)은 인류의 본량(本良)이다.'라는 내용이 새겨져 있습니다.

① 잡지 『동광』을 발행하였다.
② 김광제 등의 발의로 시작되었다.
③ 한·일 학생 간의 충돌에서 비롯되었다.
④ 백정에 대한 차별 철폐를 목표로 하였다.
⑤ '배우자 가르치자 다함께 브나로드'를 구호로 내세웠다.

4

49회 40번

(가) 민족 운동에 대한 설명으로 옳은 것은? [2점]

이것은 순종의 인산일에 일어난 (가) 당시 장례 행렬에 모인 사람들에게 뿌려진 격문의 일부입니다.
• 대한 독립운동가여 단결하라!
• 일체 납세를 거부하자!
• 일본 물자를 배척하자!
• 언론·출판·집회의 자유를!
• 보통 교육은 의무 교육으로!
• 교육 용어는 조선어로!

① 대구에서 시작되어 전국으로 확산되었다.
② 대한민국 임시 정부 수립에 영향을 주었다.
③ 민족주의 진영과 사회주의 진영이 함께 준비하였다.
④ 일제가 이른바 문화 통치를 실시하는 배경이 되었다.
⑤ 신간회 중앙 본부가 진상 조사단을 파견하여 지원하였다.

5

45회 44번

(가) 단체에 대한 설명으로 옳은 것은? [1점]

> (가) 은/는 '우리는 정치적, 경제적, 사회적 각성을 촉진함', '우리는 단결을 공고히 함', '우리는 일체 기회주의를 부인함'이라는 3대 강령 하에서 탄생되어 금일까지 140개 지회의 39,000여 명의 회원을 포함한 단체가 되었다.
>
> -『동광』

① 민족 유일당 운동의 일환으로 결성되었다.
② 이상설, 이동휘를 정·부통령에 선임하였다.
③ 일제가 조작한 105인 사건으로 조직이 해체되었다.
④ 조선 총독부에 국권 반환 요구서를 발송하려 하였다.
⑤ 오산 학교와 대성 학교를 세워 민족 교육을 실시하였다.

6

55회 41번

밑줄 그은 '이 운동'에 대한 설명으로 옳은 것은? [1점]

이것은 '학생의 날' 기념우표이다. 학생의 날은 1929년 한·일 학생 간 충돌을 계기로 광주에서 일어나 전국으로 확산된 이 운동을 기리기 위해 1953년에 제정되었다. 우표는 이 운동의 기념탑과 당시 학생들의 울분을 함께 형상화하여 도안되었다. 학생의 날은 2006년부터 '학생 독립 운동 기념일'로 명칭이 변경되었다.

① 조선 형평사를 중심으로 전개되었다.
② 순종의 인산일을 기회로 삼아 추진되었다.
③ 대한민국 임시 정부 수립에 영향을 주었다.
④ 국내에서 민족 유일당 운동이 시작되는 계기가 되었다.
⑤ 신간회 중앙 본부가 진상 조사단을 파견하여 지원하였다.

대표 기출 문제의 정답 및 문제풀이 방법을 다음 페이지에서 확인하세요. →

대표 기출 문제 정답 및 문제풀이 방법

1	2	3	4	5	6
①	④	④	③	①	⑤

1 물산 장려 운동

◇ 살자는 부르짖음 ◇

우리의 소유는 점점 줄어가고 살림살이는 나날이 가난해 간다. …… 형제들이여 자매들이여, 이제 뜨겁고 간절한 마음으로 그 살길을 말하노니 아무쪼록 조선 물산을 몸에 걸고 조선 물산을 입에 넣고 조선 물산을 팔며 사고 조선 물산을 무엇에나 쓰라. 비싸도 그리하고 불편하여도 그리하며 곱지 못하여도 달지 아니하여도 아무렇든지 그리고 많이 만들기를 힘쓰라. 깨달은 동시에 실행하자.

→ 물산 장려 운동

① ㄱ. 조만식 등의 주도로 평양에서 시작되었다.
ㄴ. 자작회, 토산 애용 부인회 등이 활동하였다.

조선 물산을 쓰자는 이 민족 운동은 **물산 장려 운동**이다(1920년대). 물산 장려 운동은 **조만식 등의 주도로 평양에서 시작**되었다. **자작회, 토산 애용 부인회, 토산 장려회 등이 결성**되어 물산 장려 운동을 확산시켰다.

오답 체크

ㄷ. 국채 보상 기성회를 중심으로 전개되었다. → **국채 보상 운동**
ㄹ. 일본, 프랑스 등의 **노동 단체**로부터 **격려 전문**을 받았다.
→ **원산 노동자 총파업**

또 나올 암기 포인트

물산 장려 운동

배경	회사령 폐지, 일본 상품에 대한 관세 철폐
전개	평양에서 조만식의 주도로 시작됨(1920) → 이후 서울에서도 조선 물산 장려회가 발족(1923)되며 전국적으로 확산됨
한계	• 물가 상승: 늘어난 수요를 뒷받침할 수 있는 자본과 생산 시설의 미흡으로 국산품 가격이 폭등함 • 사회주의 계열의 운동가들과 일부 민중들이 자본가 계급만을 위한 운동이라고 비판함

2 암태도 소작 쟁의 이후의 사실

최근 개통된 천사대교를 건너면 일제 강점기 대표적인 소작 쟁의가 전개된 암태도를 만날 수 있습니다. 당시 암태도의 농민들은 고율의 소작료를 징수하는 지주 문재철에 맞서 목포까지 나가 단식을 벌이는 등 약 1년에 걸친 투쟁으로 소작료를 낮추는 성과를 거두었습니다.

→ 암태도 소작 쟁의 (1923)

④ 조선 농민 총동맹이 결성되었다. → 1927년

암태도의 농민들이 지주 문재철에 맞서 싸운 소작 쟁의는 **암태도 소작 쟁의**이다(1923). 이후 전국적인 농민 조직인 **조선 농민 총동맹이 조직**되어(1927), 소작 쟁의가 조직적으로 전개되었다.

오답 체크

모두 암태도 소작 쟁의(1923) 이전의 사실이다.
① **회사령**이 제정되었다. → **1910년**
② **농광 회사**가 설립되었다. → **1904년**
③ **토지 조사 사업**이 실시되었다. → **1912~1918년**
⑤ **함경도**에서 **방곡령**이 **선포**되었다. → **1889년**

3 형평 운동

→ 형평 운동

④ 백정에 대한 차별 철폐를 목표로 하였다.

'공평은 사회의 근본이요, 애정은 인류의 본량이다.'라는 창립 취지문을 발표하며 **진주에서 시작**된 이 운동은 **형평 운동**이다. 백정은 제1차 갑오개혁 때 신분제가 폐지되었음에도 여전히 사회적인 차별을 받고 있었다. 이에 백정들은 **조선 형평사를 창립하고 백정에 대한 차별 철폐를 목표로 형평 운동을 전개**하였다.

오답 체크

① 잡지 『동광』을 발행하였다. → **수양 동우회**
② 김광제 등의 발의로 시작되었다. → **국채 보상 운동**
③ 한·일 학생 간의 **충돌**에서 비롯되었다. → **광주 학생 항일 운동**
⑤ '**배우자 가르치자 다함께 브나로드**'를 구호로 내세웠다.
→ **브나로드 운동**

4 6·10 만세 운동

이것은 순종의 인산일에 일어난 (가) 당시 장례 행렬에 모인 사람들에게 뿌려진 격문의 일부입니다.
• 대한 독립운동가여 단결하라!
• 일체 납세를 거부하자!
• 일본 물자를 배척하자!
• 언론·출판·집회의 자유를!
• 보통 교육은 의무 교육으로!
• 교육 용어는 조선어로!

6·10 만세 운동

③ 민족주의 진영과 사회주의 진영이 함께 준비하였다.

순종의 인산일을 계기로 일어난 민족 운동은 **6·10 만세 운동**이다(1926). 6·10 만세 운동은 **민족주의 진영과 사회주의 진영이 함께 준비**하였다. 이를 계기로 민족 유일당 운동이 전개되었고, 그 결과 신간회가 설립되었다.

오답 체크

① **대구에서 시작**되어 전국으로 확산되었다. → **국채 보상 운동**
② **대한민국 임시 정부 수립에 영향**을 주었다. → **3·1 운동**
④ 일제가 이른바 **문화 통치를 실시하는 배경**이 되었다. → **3·1 운동**
⑤ **신간회 중앙 본부가 진상 조사단을 파견**하여 지원하였다. → **광주 학생 항일 운동**

5 신간회

(가) 은/는 '우리는 정치적, 경제적, 사회적 각성을 촉진함', '우리는 단결을 공고히 함', '우리는 일체 기회주의를 부인함'이라는 3대 강령 하에서 탄생되어 금일까지 140개 지회의 39,000여 명의 회원을 포함한 단체가 되었다.
- 「동광」

신간회

① 민족 유일당 운동의 일환으로 결성되었다.

'우리는 **정치적, 경제적, 사회적 각성을 촉진함**', '우리는 **단결을 공고히 함**', '우리는 일체 **기회주의를 부인함**'이라는 3대 강령을 내세운 (가) 단체는 **신간회**이다(1927). 신간회는 **6·10 만세 운동 이후 전개된 민족 유일당 운동의 일환으로 결성**되었다.

오답 체크

② **이상설, 이동휘를 정·부통령**에 선임하였다. → **대한 광복군 정부**
③ 일제가 조작한 **105인 사건**으로 조직이 **해체**되었다. → **신민회**
④ 조선 총독부에 **국권 반환 요구서**를 발송하려 하였다. → **독립 의군부**
⑤ **오산 학교**와 **대성 학교**를 세워 민족 교육을 실시하였다. → **신민회**

또 나올 암기 포인트

신간회

창립	비타협적 민족주의 계열과 사회주의 계열이 결합하여 결성
강령	• 민족 대단결 • 기회주의자(자치론자) 배격 • 정치·경제적 각성
활동	• 광주 학생 항일 운동 때 진상 조사단 파견 • 원산 노동자 총파업 지원 • 자매 단체로 근우회 결성, 여성 운동 전개
의의	3·1 운동 이후 사회주의 세력과 민족주의 세력이 연합 전선을 구축한 민족 유일당

6 광주 학생 항일 운동

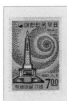

이것은 '학생의 날' 기념우표이다. 학생의 날은 1929년 한·일 학생 간 충돌을 계기로 광주에서 일어나 전국으로 확산된 이 운동을 기리기 위해 1953년에 제정되었다. 우표는 이 운동의 기념탑과 당시 학생들의 울분을 함께 형상화하여 도안되었다. 학생의 날은 2006년부터 '학생 독립운동 기념일'로 명칭이 변경되었다.

광주 학생 항일 운동

⑤ 신간회 중앙 본부가 진상 조사단을 파견하여 지원하였다.

1929년 한·일 학생 간 충돌을 계기로 **광주**에서 일어나 전국으로 확산된 이 운동은 **광주 학생 항일 운동**이다(1929). 광주 학생 항일 운동을 지원하기 위해 **신간회 중앙 본부는 광주에 진상 조사단을 파견**하여 지원하였다.

오답 체크

① 조선 **형평사**를 중심으로 전개되었다. → **형평 운동**
② **순종의 인산일**을 기회로 삼아 추진되었다. → **6·10 만세 운동**
③ **대한민국 임시 정부 수립**에 영향을 주었다. → **3·1 운동**
④ 국내에서 **민족 유일당 운동**이 시작되는 계기가 되었다. → **6·10 만세 운동**

인물 박은식, 신채호, 백남운 단체 진단 학회, 카프(KAPF) 사건 조선어 학회 사건

34강 민족 문화 수호 운동과 문화 활동

민족주의 사학에 영향을 받은 사람들은 조선학 운동을 벌였습니다. 조선어 연구회를 계승한 조선어 학회는 '우리말'을 전파하려고 노력하였습니다. 식민지 시대에도 우리 역사와 우리말을 보존하려는 노력이 계속된 것입니다. 한편 사회주의가 유입되면서 사회 경제 사학을 하는 부류가 생겼고, 문학에서는 신경향파 문학이 유행하기도 했습니다.

잡지 『개벽』 ▶

1 한국사 연구

| 일제, 한국사를 왜곡하다

일제는 식민 통치를 합리화하기 위해 식민 사관을 내세웠다. 식민 사관에는 **타율성론**(한국사는 주변 강대국의 영향을 받아 타율적으로 전개된다), **정체성론**(한국 사회는 발전 없이 정체되어 있다), **당파성론**(한국인은 당파 싸움만 하며 단결하지 못한다) 등이 있다.

일제는 한국사를 왜곡하기 위하여 **조선사 편수회를 설치**하고(1925), 식민 사관을 바탕으로 **『조선사』를 편찬**하였다(1938).

| 민족주의 사학, 우리 역사의 주체성을 강조하다

박은식은 서북 학회 월보에 **「유교구신론」을 발표**하여 양명학에 토대를 둔 유교의 개혁을 주장하였다(1909). 박은식은 **민족 정신을 '조선 국혼'으로 파악**하여 '혼(魂)'이 담겨 있는 역사의 중요성을 강조하였다. 그래서 쓴 책이 일본의 침략 과정을 서술한 **『한국통사(韓國痛史)』**이다(1915). '통사'라는 말의 한자를 잘 보면 '통사(通史, 시간 순서대로 쓴 역사)'가 아니라 '통사(痛史, 아픈 역사)'이다. 이 책은 우리나라가 어떻게 국권을 빼앗겼는지 그 과정을 상세하게 다루고 있는 '한국의 아픈 역사'이다. 박은식은 이 책에서 **'혼'을 강조**했고, **'나라는 형체, 역사는 정신'**이라고 하였다. 정신만 똑바로 차리고 있으면 나라는 다시 되찾을 수 있다는 말이었다. 박은식은 또 **『한국독립운동지혈사』에서 독립 투쟁 과정을 서술**하였다(1920). 이 책은 일제의 침략에 대항하여 싸운 독립운동의 혈사(血史), 즉 '피의 역사'이다.

신채호는 '민족주의 역사학의 기반을 확립'하였다는 극찬을 받는 역사학자이다. 신채호는 **대한매일신보에 「독사신론」을 발표**하여 민족을 역사 서술의 중심에 두었다(1908). 또한 **고대사 연구를 바탕으로 『조선상고사』를 저술**하였다(1931).

신채호는 『조선상고사』에서 역사를 **'아(我)와 비아(非我)의 투쟁의 기록'**이라고 하였는데, 역사는 '나'와 '나 아닌 사람'의 싸움을 기록한 것이라는 뜻이다. 그리고 **『조선사연구초』를 저술**하기도 했는데, 이 책에서 고려 시대의 **묘청의 난**을 '조선 역사상 일천년래 제일 대사건'으로 표현하였다. 묘청의 난이 진압되면서, 사대주의가 이어졌고, 외국에 의존하다가 일제 강점기까지 왔다는 것이 그의 논리였다.

> 역사란 무엇이뇨? 인류 사회의 아(我)와 비아(非我)의 투쟁이 시간부터 발전하며 공간부터 확대하는 심적 활동 상태의 기록이니, …… 조선사라 하면 조선 민족의 그리되어 온 상태의 기록이니라.
>
> – 신채호, 『조선상고사』 25회

1930년대에는 **정인보, 문일평, 안재홍 등**이 **조선학 운동**을 전개하였다. 이들이 강조한 것은 조선 후기의 **'실학'**이었다. 그래서 실학자 정약용의 글을 모아 **『여유당전서』**를 간행하면서(1934) 시작한 것이 조선학 운동이었다. **정인보**는 **민족의 '얼'을 강조**하였고, **『5천 년간 조선의 얼』**이라는 글을 동아일보에 연재하였다. **문일평**은 **『대미 관계 50년사』**를 저술하였고, **안재홍**은 **『조선상고사감』**을 저술하였다.

기출 핵심 키워드 암기

① 박은식 – 『 ㅎㄱㄷㄹㅇㄷㅈㅎㅅ 』에서 독립 투쟁 과정을 서술하였다. [42·37회]
② 신채호 – 「 ㄷㅅㅅㄹ 」을 발표하여 민족을 역사 서술의 중심에 두었다. [38·37회]
③ 정인보, 문일평, 안재홍 등 – 조선학 운동을 전개하여 『 ㅇㅇㄷㅈㅅ 』를 간행하였다. [42회]

정답 ① 한국독립운동지혈사 ② 독사신론 ③ 여유당전서

사회 경제 사학, 식민 사관에 대응하다

백남운은 사회 경제 사학을 연구했던 인물이다. 사회 경제 사학은 '유물 사관' 또는 '마르크스주의 역사학'에 바탕을 두고 있다. 그리고 **백남운**은 **『조선사회경제사』**와 **『조선봉건사회경제사』**에서 우리 역사도 다른 민족의 역사처럼 '발전'해 왔음을 주장하며, 우리나라가 '정체'되어 있다는 **식민 사관의 이론을 반박**하였다.

> 우리 조선의 역사는 세계사적·일원론적인 역사 법칙에 의해 다른 민족들과 거의 같은 궤도로 발전 과정을 거쳐왔다.
>
> – 백남운, 『조선사회경제사』 42회

| 실증주의 사학, 객관적으로 역사를 서술하다

이병도, 손진태 등은 **진단 학회를 설립**하여 실증주의 사학을 발전시켰고, **『진단학보』도 발간**하였다. 실증주의 사학은 문헌 고증을 중요하게 여기며 객관적 사실에 근거하여 역사를 연구해야 한다고 주장했다. 실증적 자료에 근거하여 연구를 하다 보니 진단 학회도 순수 학술 단체라는 평가를 받기는 하지만, 이러다가 자칫 잘못하면 일제에 타협하고 말 수도 있다. 그 이유 때문인지 이병도는 나중에 일제의 조선사 편수회에 들어가 『조선사』 편찬에 참여하기도 했다.

2 국어 연구

| 우리말을 지키기 위해 활동하다

나라를 빼앗겼으나 '우리말'까지 잃어버려서는 안 되었다. 따라서 을사늑약 이후에도 대한 제국의 학부 내에 **국문 연구소**를 설립하여 우리말을 연구하였다(1907). 일제 강점기에 국문 연구소를 계승하여 **조선어 연구회**가 만들어졌다(1921). 조선어 연구회는 음력 9월 29일을 **가갸날로 제정**(1926)했는데, 가갸날은 '가갸거겨고교…'에서 따온 말로 지금의 한글날이다. 또 조선어 연구회는 **기관지인 『한글』을 발행**하였는데(1927), 재정난으로 1928년에 발행을 중단하였다. 1930년대에 들어 조선어 연구회는 **조선어 학회**로 확대·개편되었다(1931). 조선어 학회는 『한글』을 다시 간행하고(1932), **한글 맞춤법 통일안을 발표**하였으며(1933), **표준어를 제정**하였다(1936). 조선어 학회는 **『우리말 큰사전』 편찬을 시도**하였으나, 완성하지는 못하였다.

일제는 1940년 이후에 민족 말살 정책을 강화하면서 조선어 학회를 독립운동 단체로 간주하여 최현배, 이극로 등을 치안 유지법 위반으로 체포하고 투옥하였다(**조선어 학회 사건**, 1942). 이 사건으로 인해 이윤재와 한징은 감옥에서 사망하고, 조선어 학회는 광복 때까지 활동이 중단되었다.

> 본 건(件) 조선어 학회는 …… 피고인 이극로를 중심으로 하여 문화 운동 중 그 기초적 중심이 되는 어문 운동의 방법을 취하여 그 이념으로써 지도 이념을 삼아 겉으로 문화 운동의 가면을 쓰고, 조선 독립을 목적한 실력 배양 단체로서 본 건이 검거되기까지 10여 년이나 오랫동안 조선 민족에 대하여 조선의 어문 운동을 전개해 왔다.
>
> \- 조선어 학회 사건 선고문 [44회]

기출 핵심 키워드 암기

① 조선어 연구회 - [ㄱㄱㄴ]을 제정하고 기관지인 『한글』을 발행하였다. [39·33회]
② 조선어 학회 - [ㅎㄱ ㅁㅊㅂ ㅌㅇㅇ]과 표준어를 제정하였다. [56·52회]

정답 ① 가갸날 ② 한글 맞춤법 통일안

3 종교 단체의 활동

| 종교 단체가 일제의 탄압에 저항하다

어린이

동학에 친일파들이 들어와 변질되자, 동학의 제3대 교주였던 손병희는 동학을 '천도교'로 개칭하였다. **천도교**는 **기관지로 만세보**(1906~1907)**를 간행**하고 **『개벽』**(1920), **『신여성』**(1923) **등의 잡지를 발행**하였다. 천도교는 1920년대에 천도교 소년회의 김기전과 방정환의 주도하에 '어린이를 인격체로 대우하려는' 소년 운동을 전개하였다. 동학을 천도교로 이름을 바꾼 사람은 손병희인데, 그의 사위가 바로 방정환이었다. **천도교 소년회**는 **어린이날을 제정**하고(1922), **잡지 『어린이』를 발간**(1923)하여 소년 운동을 주도하였다.

오적 암살단을 조직하여 을사오적을 암살하려 했던 나철은 그 목표를 이루지 못했다. 이후 **나철**은 단군을 숭배의 대상으로 하는 **대종교를 창시**하였다(1909). 국권 피탈 후 대종교 세력들은 **북간도에서 중광단을 결성**하여 항일 투쟁을 전개하였고(1911), 북로 군정서로 개편하여 청산리 대첩에서 공을 세웠다.

천주교는 애국 계몽 운동의 일환으로 **경향신문이라는 주간 신문을 발간**하여 민중 계몽에 힘썼다(1906~1910). 일제 강점기에는 **만주에서 의민단을 조직**하여(1919) 청산리 대첩에 참여하기도 하였다(1920). 개신교는 학교와 병원을 세워 교육과 의료 분야에서 근대 운동을 활발히 전개하였다. 일제가 신사 참배를 강요하였을 때에는 신사 참배를 금지해 달라는 청원 운동을 벌이기도 했다.

일제는 **불교**계도 장악하려 했다. 이에 대응하기 위해 **한용운**의 주도로 **조선 불교 유신회를 조직**하여 **사찰령 폐지 운동**을 벌였다. **원불교**는 박중빈이 창시한 종교인데(1916), 개간 사업·저축 운동 등 **새 생활 운동을 추진**하였다.

4 언론·문학·예술 활동

| 언론 활동을 펼치다

일제 강점기가 되면서 매일신보 등의 친일 신문을 제외하고는 대부분의 신문이 폐간되었다. 그러나 1920년대에 다시 신문 발행이 허용되었고, 조선일보와 동아일보가 창간되었다(1920).

1936년 베를린 올림픽에서 '일본 소속'으로 출전하여 금메달을 딴 **손기정** 선수의 가슴에 있던 일장기를 삭제한 **'일장기 삭제 사건'**이 벌어졌다. 이 사건으로 인해 당시 일장기를 지웠던 조선 중앙일보는 자진 휴간하였고 동아일보는 무기한 정간되었다. 1940년대에는 일제가 조선·동아일보를 강제로 폐간하였다.

문학의 새로운 경향이 등장하다

나라를 빼앗긴 1910년대에는 사람들의 인식을 깨우려는 '계몽주의' 문학이 유행하였다. 1920년대 중반에는 사회주의의 영향으로 **신경향파 문학이 등장**하였다. 신경향파 문학 작가들은 문예 운동 단체인 ☆**카프(KAPF, 조선 프롤레타리아 예술가 동맹)를 결성**하였다(1925). 이기영, 김기진, 최서해, 이상화 등이 대표적인 신경향파 작가들이다. 카프 계열은 1930년에도 활동을 계속했는데, 브나로드 운동이 한창 진행 중이던 때에 이기영은 일제 강점기 농촌 현실을 묘사한 소설 「고향」을 조선일보에 연재하기도 하였다(1933~1934). 1930년대 이후에는 문인들이 여러 갈래로 갈라졌다. 정지용, 김영랑 등 『시문학』 동인들은 일제의 탄압을 피해 순수 문학으로 흘러갔다. **이육사는 「광야」, 「절정」 등의 저항시를 발표**하였고, **윤동주는 「서시」를 발표**하면서 일제에 항거하는 문학 활동을 하였다. 물론 일제의 침략을 찬양하는 친일 문학도 등장하였다.

기출 핵심 키워드 암기

신경향파 작가들이 [ㅋㅍ](KAPF)를 결성하였다. [42회]

정답 카프

예술로 민족의 정서를 그리다

연극 단체로는 근대극 형식을 도입한 **토월회**가 조직되었다(1923). 토월회는 척박한 식민지 땅에 발을 대고는 있지만[土], 하늘에 떠 있는 달을 바라보듯이[月] 광복의 이상을 바라봐야 한다고 주장하며, 민중의 각성을 촉구하는 신극 운동을 전개하였다. 1924년에 우리나라 최초의 영화사인 조선 키네마 주식회사가 생겼다. 이 회사 출신의 **나운규는 영화 ☆아리랑을 개봉**하였다(1926). 나운규는 영화 '아리랑'의 감독과 주인공인 '영진' 역할을 겸하면서, 영화를 통해 나라 빼앗긴 백성들의 애환과 분노를 그려냈다.

기출 핵심 키워드 암기

나운규가 제작한 영화 [ㅇㄹㄹ]이 처음 개봉되었다. [42·40회]

정답 아리랑

빈출 개념 한눈에 암기하기

1. 한국사 연구

민족주의 사학	• 1) ______ :「유교구신론」 발표, 『한국통사』·『한국독립운동지혈사』 저술 • 2) ______ :「독사신론」 발표, 『조선상고사』 저술 • 정인보·문일평·안재홍 등: 조선학 운동 전개, 『여유당전서』 간행
사회 경제 사학	3) ______ : 『조선사회경제사』에서 식민 사학의 정체성 이론 반박
실증주의 사학	이병도·손진태: 진단 학회 설립, 『진단학보』 발간

2. 국어 연구

조선어 연구회	4) ______ 제정, 기관지 『한글』 발행
조선어 학회	5) ______ 과 표준어 제정, 『우리말 큰사전』 편찬 시도 → 조선어 학회 사건으로 해산

3. 종교 단체의 활동

천도교	• 기관지 만세보 간행, 『6) ______』·『신여성』 등 잡지 발행 • 소년 운동 전개: 방정환 중심의 천도교 소년회가 어린이날 제정, 잡지 『어린이』 발간
대종교	• 나철이 단군 신앙을 기반으로 창시 • 항일 투쟁 전개: 국권 피탈 후 북간도에서 7) ______ 결성(→ 북로 군정서로 개편)
천주교	기관지 경향신문 발행, 만주에서 의민단 조직
불교	8) ______ 의 주도로 조선 불교 유신회 조직, 사찰령 폐지 운동 전개
원불교	박중빈이 창시, 개간 사업·저축 운동 등 새 생활 운동 전개

4. 언론·문학·예술 활동

언론	일장기 삭제 사건으로 동아일보가 무기한 정간됨
문학	• 1920년대 중반: 신경향파 문학 등장, 신경향파 작가들이 9) ______ (KAPF) 결성 • 1930년대 이후: 순수 문학, 저항 문학(이육사·윤동주), 친일 문학 등장
예술	나운규가 영화 10) ______ 제작

정답 1) 박은식 2) 신채호 3) 백남운 4) 가갸날 5) 한글 맞춤법 통일안 6) 개벽 7) 중광단 8) 한용운 9) 카프 10) 아리랑

실력 UP

실전 연습

퀴즈

1 **키워드와 관련된 것을 알맞게 연결해보세요.**

① 대종교 • • ㉠『어린이』 발간
② 원불교 • • ㉡ 새 생활 운동 전개
③ 천도교 • • ㉢ 중광단 결성

2 **〈보기〉에서 골라 빈칸을 채워보세요.**

보기		
정인보	나운규	박은식

① (　　　　)은『한국독립운동지혈사』에서 독립 투쟁 과정을 서술하였다. [50회]
② (　　　　)가 제작한 영화 아리랑이 처음 개봉되었다. [44회]
③ (　　　　)는 민족의 얼을 강조하고 조선학 운동을 추진하였다. [48회]

3 **아래 표에 있는 초성을 완성해보세요.**

구분	조선어 학회
조직	ㅈㅅㅇ ㅇㄱㅎ를 개편하여 조직됨
활동	한글 맞춤법 통일안을 발표함,『ㅇㄹㅁ ㅋㅅㅈ』 편찬을 시도함
탄압	일제가 조선어 학회를 독립운동 단체로 간주하여 ㅊㅇ ㅇㅈㅂ 위반으로 회원들을 체포·투옥함 (조선어 학회 사건, 1942)

4 **아래 기출 사료와 관련 있는 인물을 써보세요.**

> 옛 사람이 이르기를 나라는 멸할 수 있으나 역사는 멸할 수 없다고 하였다. 나라는 형체이고 역사는 정신이다. 이제 한국의 형체는 허물어졌으나 정신만을 홀로 보존하는 것이 어찌 불가능하겠는가. [41회]

→ □□□

정답
1 ① ㉢ ② ㉡ ③ ㉠　2 ① 박은식 ② 나운규 ③ 정인보
3 조선어 연구회, 우리말 큰사전, 치안 유지법　4 박은식

대표 기출 문제

1 55회 38번

다음 인물에 대한 설명으로 옳은 것은? [2점]

> 이달의 역사 인물
>
> **혼이 보존되면 국가는 부활할 것이다**
> **○○○(1859~1925)**
>
> 
>
> 국혼을 강조하며 민족 의식을 고취한 역사학자이자 독립운동가이다. 일찍부터 민족 교육의 중요성을 인식하여 서우학회에서 애국 계몽 운동을 펼쳤으며, 국권 피탈 과정을 정리한『한국통사』를 저술하였다. 1925년에는 대한민국 임시 정부 제2대 대통령에 취임하였다. 정부에서는 그의 공훈을 기리어 건국훈장 대통령장을 추서하였다.

① 진단 학회를 창립하고『진단학보』를 발행하였다.
②『여유당전서』를 간행하고 조선학 운동을 전개하였다.
③ 헤이그에서 열린 만국 평화 회의에 특사로 파견되었다.
④ 평양에서 조선 물산 장려회 발기인 대회를 개최하였다.
⑤ 실천적인 유교 정신을 강조하는「유교구신론」을 저술하였다.

2 40회 42번

(가)에 대한 설명으로 옳은 것은? [3점]

> ※ 학술 대회 안내 ※
>
> 우리 학회는 일제의 식민 지배 이데올로기에 대항하여 한국 역사와 문화의 독자성·주체성을 탐구한 민족 운동인 (가) 의 역사적 의의를 조명하는 학술 대회를 개최합니다.
>
> ◈ 발표 주제 ◈
> • 정인보의 조선 양명학 연구와 얼 사상
> • 안재홍의 조선학과 신민족주의론
> • 문일평의 조선학론과 역사 대중화
>
> ▪ 일시: 2018년 ○○월 ○○일 13:00~17:00
> ▪ 장소: □□대학교 대강당
> ▪ 주최: △△학회

① 신경향파 문학이 등장하는 배경이 되었다.
②『여유당전서』 간행 사업을 계기로 전개되었다.
③ 조선사 편수회를 설치하여『조선사』를 편찬하였다.
④ 모금 활동을 통한 민립 대학 설립을 목표로 하였다.
⑤ 오산 학교와 대성 학교를 설립하여 민족 교육을 실시하였다.

3

46회 40번

(가)~(마)에 들어갈 내용으로 옳은 것은? [2점]

〈수행 평가 보고서〉

1 주제: 민족 문화 수호를 위한 노력

2 내용: 일제의 역사 왜곡과 동화(同化) 정책에 맞서 우리의 말과 역사를 지키고자 헌신한 인물들의 활동에 대하여 조사하였다.

인 물	활 동
신채호	(가)
백남운	(나)
정인보	(다)
이윤재	(라)
최현배	(마)

① (가) – 잡지 『한글』의 간행을 주도하였다.
② (나) – 한글 맞춤법 통일안 제정에 참여하였다.
③ (다) – 민족의 얼을 강조하고 조선학 운동을 추진하였다.
④ (라) – 애국심 고취를 위해 『을지문덕전』을 집필하였다.
⑤ (마) – 『조선사회경제사』에서 식민 사학의 정체성론을 반박하였다.

4

42회 43번

다음 글을 쓴 인물의 활동으로 옳은 것은? [2점]

우리 조선의 역사적 발전의 전 과정은 …… 외관상의 이른바 특수성이 다른 문화 민족의 역사적 발전 법칙과 구별될 만큼 독자적인 것은 아니며, 세계사적인 일원론적 역사 법칙에 의해 다른 여러 민족과 거의 같은 궤도의 발전 과정을 거쳐 왔던 것이다. …… 여기에서 조선사 연구의 법칙성이 가능하게 되며, 그리고 세계사적 방법론 아래서만 과거의 민족 생활 발전사를 내면적으로 이해함과 동시에 현실의 위압적인 특수성에 대해 절망을 모르는 적극적인 해결책을 발견할 수 있을 것이다.

① 조선사 편수회에 들어가 『조선사』 편찬에 참여하였다.
② 실증주의 사학의 연구를 위해 진단 학회를 창립하였다.
③ 『한국독립운동지혈사』에서 독립 투쟁 과정을 서술하였다.
④ 임시 사료 편찬회에서 『한·일관계사료집』을 편찬하였다.
⑤ 식민 사학을 반박하는 『조선봉건사회경제사』를 저술하였다.

5

50회 43번

(가) 단체에 대한 설명으로 옳은 것은? [2점]

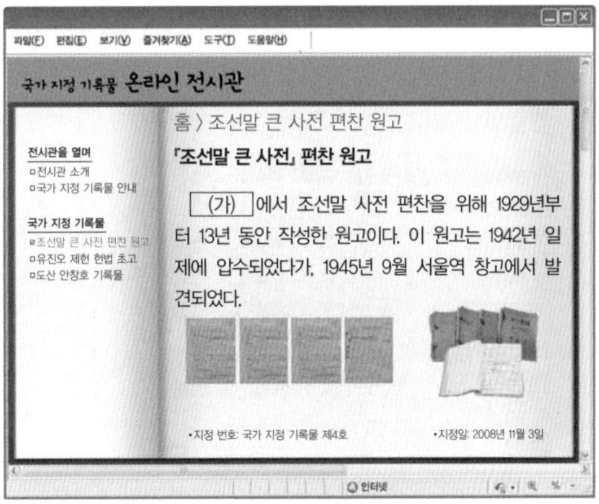

파일(F) 편집(E) 보기(V) 즐겨찾기(A) 도구(T) 도움말(H)
국가 지정 기록물 온라인 전시관
전시관을 열며
전시관 소개
국가 지정 기록물 안내
국가 지정 기록물
조선말 큰 사전 편찬 원고
유진오 제헌 헌법 초고
도산 안창호 기록물
홈 〉 조선말 큰 사전 편찬 원고
「조선말 큰 사전」 편찬 원고
(가) 에서 조선말 사전 편찬을 위해 1929년부터 13년 동안 작성한 원고이다. 이 원고는 1942년 일제에 압수되었다가, 1945년 9월 서울역 창고에서 발견되었다.
•지정 번호: 국가 지정 기록물 제4호
•지정일: 2008년 11월 3일
인터넷

① 국어 문법서인 『대한문전』을 편찬하였다.
② 한글 맞춤법 통일안과 표준어를 제정하였다.
③ 우리말 음운 연구서인 『언문지』를 저술하였다.
④ 한글 연구를 목적으로 학부 아래에 설립되었다.
⑤ 주시경을 중심으로 국문을 정리하고 철자법을 연구하였다.

6

46회 22번

(가) 종교에 대한 설명으로 옳은 것은? [2점]

이것은 황사영이 쓴 백서입니다. 백서에는 (가) 에 대한 정부의 탄압 상황과 신앙의 자유를 얻기 위해 외국 군대의 출병을 요청하는 내용 등이 쓰여 있습니다.

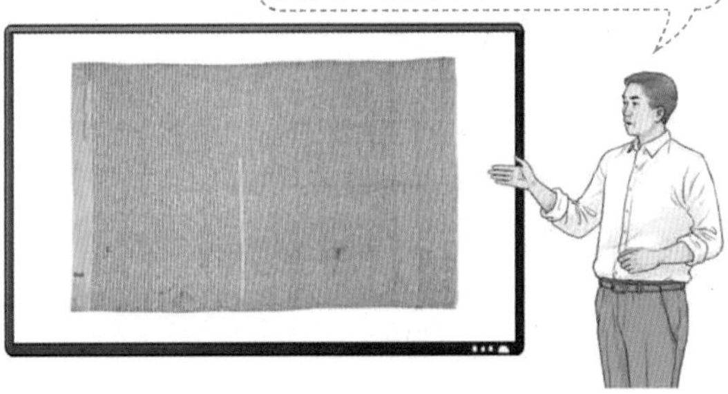

① 『개벽』, 『신여성』 등의 잡지를 발행하였다.
② 하늘에 제사 지내는 초제를 거행하였다.
③ 『동경대전』과 『용담유사』를 경전으로 삼았다.
④ 박중빈을 중심으로 새 생활 운동을 추진하였다.
⑤ 만주에서 의민단을 조직하여 독립 전쟁을 전개하였다.

대표 기출 문제의 정답 및 문제풀이 방법을 다음 페이지에서 확인하세요. ➜

대표 기출 문제 정답 및 문제풀이 방법

1	2	3	4	5	6
⑤	②	③	⑤	②	⑤

1 박은식

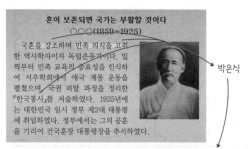

혼이 보존되면 국가는 부활할 것이다

○○○(1859~1925)

국혼을 강조하며 민족 의식을 고취한 역사학자이자 독립운동가이다. 일찍부터 민족 교육의 중요성을 인식하여 서우학회에서 애국 계몽 운동을 펼쳤으며, 국권 피탈 과정을 정리한 『한국통사』를 저술하였다. 1925년에는 대한민국 임시 정부 제2대 대통령에 취임하였다. 정부에서는 그의 공훈을 기리어 건국훈장 대통령장을 추서하였다.

→ 박은식

⑤ 실천적인 유교 정신을 강조하는 「유교구신론」을 저술하였다.

국혼을 강조하며 민족 의식을 고취한 역사학자이자 독립운동가이고, 『한국통사』를 저술하였고, 1925년에는 임시 정부 제2대 대통령으로 취임한 인물은 박은식이다. 박은식은 실천적인 유교 정신을 강조하는 「유교구신론」을 저술하여 서북 학회 월보에 발표하였다(1909).

오답 체크

① 진단 학회를 창립하고 『진단학보』를 발행하였다.
  → 이병도, 손진태 등
② 『여유당전서』를 간행하고 조선학 운동을 전개하였다.
  → 정인보, 문일평, 안재홍 등
③ 헤이그에서 열린 만국 평화 회의에 특사로 파견되었다.
  → 이상설, 이준, 이위종
④ 평양에서 조선 물산 장려회 발기인 대회를 개최하였다. → 조만식

✔ 또 나올 암기 포인트

민족주의 사학자 – 박은식과 신채호

박은식	• 민족 정신으로 '혼'을 강조함 • 『한국통사』: 나라는 '형체'이고 역사는 '정신'임을 강조함 • 『한국독립운동지혈사』: 우리 민족의 독립 투쟁 과정을 정리하여 서술함
신채호	• 『조선상고사』: 역사를 '아와 비아의 투쟁'으로 정의함 • 『조선사연구초』: 묘청의 난을 '조선 역사상 일천년래 제일 대사건'이라고 평가함

2 조선학 운동

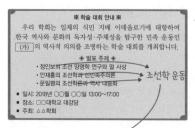

※ 학술 대회 안내 ※

우리 학회는 일제의 식민 지배 이데올로기에 대항하여 한국 역사와 문화의 독자성·주체성을 탐구한 민족 운동인 (가) 의 역사적 의의를 조명하는 학술 대회를 개최합니다.

◈ 발표 주제 ◈
- 정인보의 조선 양명학 연구와 얼 사상
- 안재홍의 조선학과 신민족주의론
- 문일평의 조선학론과 역사 대중화

→ 조선학 운동

- 일시: 2018년 ○○월 ○○일 13:00~17:00
- 장소: □□대학교 대강당
- 주최: △△학회

② 『여유당전서』 간행 사업을 계기로 전개되었다.

정인보, 안재홍, 문일평이 함께 조선학을 연구한 (가)는 조선학 운동이다. 조선학 운동은 다산 정약용 서거 99주기를 맞이하여 전개한 『여유당전서』 간행 사업을 계기로 시작되었다.

오답 체크

① 신경향파 문학이 등장하는 배경이 되었다. → 사회주의의 영향
③ 조선사 편수회를 설치하여 『조선사』를 편찬하였다.
  → 일제의 역사 왜곡
④ 모금 활동을 통한 민립 대학 설립을 목표로 하였다.
  → 민립 대학 설립 운동
⑤ 오산 학교와 대성 학교를 설립하여 민족 교육을 실시하였다.
  → 신민회의 활동

3 민족 문화 수호 운동

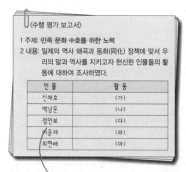

〈수행 평가 보고서〉

1 주제: 민족 문화 수호를 위한 노력
2 내용: 일제의 역사 왜곡과 동화(同化) 정책에 맞서 우리의 말과 역사를 지키고자 헌신한 인물들의 활동에 대하여 조사하였다.

인 물	활 동
신채호	(가)
백남운	(나)
정인보	(다)
이윤재	(라)
최현배	(마)

③ (다) – 민족의 얼을 강조하고 조선학 운동을 추진하였다.

정인보는 문일평, 안재홍 등과 함께 조선학 운동을 추진하였던 인물이다. 정인보는 「5천 년간 조선의 얼」을 동아일보에 연재하며 민족의 '얼'을 강조하였다.

오답 체크

① (가) – 잡지 『한글』의 간행을 주도하였다. → 이윤재, 최현배 등
② (나) – 한글 맞춤법 통일안 제정에 참여하였다. → 이극로, 최현배 등
④ (라) – 애국심 고취를 위해 『을지문덕전』을 집필하였다. → 신채호
⑤ (마) – 『조선사회경제사』에서 식민 사학의 정체성론을 반박하였다.
  → 백남운

4 백남운

> 우리 조선의 역사적 발전의 전 과정은 …… 외관상의 이른바 특수성이 다른 문화 민족의 역사적 발전 법칙과 구별될 만큼 독자적인 것은 아니며, 세계사적인 일원론적 역사 법칙에 의해 다른 여러 민족과 거의 같은 궤도의 발전 과정을 거쳐 왔던 것이다. …… 여기에서 조선사 연구의 법칙성이 가능하게 되며, 그리고 세계사적 방법론 아래서만 과거의 민족 생활 발전사를 내면적으로 이해함과 동시에 현실의 위압적인 특수성에 대해 절망을 모르는 적극적인 해결책을 발견할 수 있을 것이다.

『조선사회경제사』 → 백남운

⑤ 식민 사학을 반박하는 『조선봉건사회경제사』를 저술하였다.

조선의 역사적 발전의 전 과정은 **세계사적인 일원론적 역사 법칙**에 의해 다른 민족과 유사하게 발전했다고 주장하여 **식민 사학의 정체성론을 반박**한 인물은 백남운이다. 백남운은 식민 사학을 반박하는 **『조선사회경제사』, 『조선봉건사회경제사』를 저술**하였다.

오답 체크

① **조선사 편수회**에 들어가 『조선사』 편찬에 참여하였다.
  → **이병도 등**

② 실증주의 사학의 연구를 위해 **진단 학회**를 창립하였다.
  → **이병도, 손진태 등**

③ **『한국독립운동지혈사』**에서 독립 투쟁 과정을 서술하였다.
  → **박은식**

④ 임시 사료 편찬회에서 **『한·일관계사료집』**을 편찬하였다.
  → **대한민국 임시 정부**

✔ 또 나올 암기 포인트

사회 경제 사학

특징	유물 사관의 입장에서 한국사를 연구하고자 함
주요 학자 – 백남운	『조선사회경제사』, 『조선봉건사회경제사』: 한국사가 세계사적인 역사 법칙에 따라 다른 민족과 거의 같은 궤도로 발전해왔음을 주장함 → 일제의 식민 사관인 정체성론을 반박함

5 조선어 학회

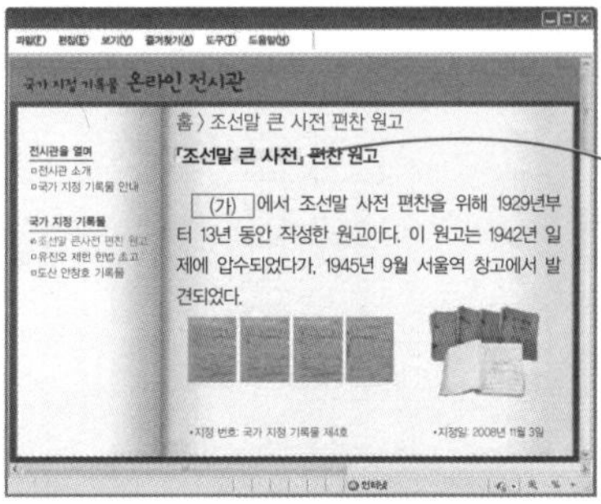

② 한글 맞춤법 통일안과 표준어를 제정하였다.

『조선말 큰 사전』 편찬을 위해 원고를 작성하였으며, 1942년에 일제에 원고를 압수당해서 그 결실을 보지 못한 (가) 단체는 **조선어 학회**이다. 조선어 학회는 **한글 맞춤법 통일안과 표준어를 제정**하였다.

오답 체크

① 국어 문법서인 **『대한문전』**을 편찬하였다. → **유길준**

③ 우리말 음운 연구서인 **『언문지』**를 저술하였다. → **유희**

④ 한글 연구를 목적으로 **학부 아래에 설립**되었다. → **국문 연구소**

⑤ **주시경**을 중심으로 국문을 정리하고 철자법을 연구하였다.
  → **국문 동식회**

6 천주교

이것은 황사영이 쓴 백서입니다. 백서에는 (가)에 대한 정부의 탄압 상황과 신앙의 자유를 얻기 위해 외국 군대의 출병을 요청하는 내용 등이 쓰여 있습니다.
신유박해
천주교

⑤ 만주에서 의민단을 조직하여 독립 전쟁을 전개하였다.

황사영이 쓴 백서와 관련된 사건은 **신유박해**이며(1801), (가) 종교는 **천주교**이다. 천주교는 **만주에서 의민단을 조직**하여 청산리 대첩 등에 참여하는 등 독립 전쟁을 전개하였다.

오답 체크

① **『개벽』, 『신여성』** 등의 잡지를 발행하였다. → **천도교**

② 하늘에 제사 지내는 **초제**를 거행하였다. → **도교**

③ **『동경대전』**과 **『용담유사』**를 경전으로 삼았다. → **동학**

④ 박중빈을 중심으로 **새 생활 운동**을 추진하였다. → **원불교**

Ⅶ. 현대

1940년

1945 8·15 광복
모스크바 3국 외상 회의

1946 좌·우 합작 위원회 조직

1948 제주 4·3 사건
5·10 총선거 실시
대한민국 정부 수립

1950년

1950 6·25 전쟁 발발

1952 발췌 개헌

1954 사사오입 개헌

1960년

1960 3·15 부정 선거
4·19 혁명

1961 5·16 군사 정변

1964 베트남 파병
6·3 시위

1970년

1972 7·4 남북 공동 성명
10월 유신 선포

1979 부·마 민주 항쟁
10·26 사태

1980년

1980 5·18 민주화 운동

1987 4·13 호헌 조치
6월 민주 항쟁
제9차 개헌(직선제 개헌)

1988 서울 올림픽 개최

1990년

1991 남북한 유엔 동시 가입
남북 기본 합의서 채택

1993 금융 실명제 실시

1997 IMF 외환 위기

2000년

2000 6·15 남북 공동 선언

2008 10·4 남북 공동 선언

인물 여운형, 이승만 단체 좌·우 합작 위원회 사건 제주 4·3 사건, 5·10 총선거

35강 광복과 대한민국 정부 수립 과정

일본의 패망을 감지한 독립운동가들은 각 처에서 건국을 준비하였습니다. 모스크바 3상 회의 등 국제적인 회의도 한국 문제를 다뤘습니다. 그러나 이런 모든 노력들은 수포로 돌아가고, 우리나라는 결국 유엔의 결정에 따라 총선거를 실시하게 되었습니다. 그리고 그 결과 드디어 대한민국이 건국되었습니다.

5·10 총선거 홍보 포스터 ▶

1 광복

| 광복 직전의 상황

태평양 전쟁 이후 일본은 형세가 기울고 있었고 망할 조짐이 보였다. 그래서 우리는 광복이 되기 이전부터 건국(建國)을 준비하고 있었다. 중국 충칭에서는 대한민국 임시 정부가 건국을 준비하고 있었고, 국내에서는 여운형이 일제의 패망과 광복에 대비하여 **조선 건국 동맹을 결성**하였다(1944).

미국·영국·중국·소련은 **포츠담 선언**을 통해 일본의 무조건 항복을 요구하면서, **카이로 회담**(최초로 한국의 독립을 약속한 회담)에서 약속했던 '한국의 독립'을 다시 확인하였다(1945. 7.). 포츠담 선언이 발표되고 일본이 항복을 저울질하는 중에, 미국이 일본 히로시마 상공에서 '리틀 보이'라는 원자 폭탄을 터뜨렸고(1945. 8. 6.), 사흘 후에는 나가사키에 원자 폭탄을 떨어트렸다(1945. 8. 9.). 많은 사람이 죽고 시설이 파괴되자, 일본은 무조건 항복을 선언했다(1945. 8. 15.).

그러자 '일본군 잔당을 소탕'한다는 명분으로 소련이 한반도 북쪽에서부터 빠르게 진군해 내려왔고, 미군은 '그만 내려오라'며 스톱(stop)을 선언했는데, 이것이 **38선**이 되었다.

| 광복 직후의 상황

38선으로 '분단'된 상태에서 우리는 광복을 선언하였다(1945. 8. 15.). 광복 직후 ☆**여운형**은 조선 건국 동맹을 기반으로 **조선 건국 준비 위원회를 조직**하였다(1945. 8.). 여운형은 한반도 남쪽에 미 군정이 생긴다는 소식을 듣고는 급히 **조선 인민 공화국을 수립**하고 전국 각 지역에 인민 위원회를 조직하였다(1945. 9.). 그러나 같은 달에 **미 군정**이 세워졌고, 우파들은 **한국 민주당을 결성**하였다. 그래서

'좌'파가 만든 조선 인민 공화국과 '우'파가 만든 한국 민주당과 '미'국이 만든 미 군정이 서로 대립하면서 한반도 남쪽을 장악하려고 애를 썼다.

기출 핵심 키워드 암기

1945년 8월 – [ㅇㅇㅎ]이 중심이 되어 조선 건국 준비 위원회를 조직하였다. [48·44회]

정답 여운형

2 대한민국 정부 수립 과정

모스크바 3국 외상 회의를 개최하다

한반도 남부의 패권을 두고 '좌, 우, 미'가 서로 대립하고 있을 때, 모스크바에서 한반도 문제를 두고 회의가 하나 열렸다. 미국, 영국, 소련 3개국의 외무장관들이 모여서 개최한 이 회의를 모스크바 3국 외상 회의라고 한다(1945. 12). 모스크바 3국 외상 회의는 **미·소 공동 위원회의 설치**와 임시 민주 정부를 수립하고, 그 정부를 **최고 5년간 신탁 통치**한다는 결정을 내렸다.

우리는 '즉각 독립'을 원했는데, 강대국이 몇 년간 우리나라를 통치한다는 것은 받아들이기 어려운 것이었다. 그래서 이승만, 김구 등의 **우익은 신탁 통치에 반대하는 운동을 전개**하였다(1946). 박헌영 등의 좌익은 처음에는 신탁 통치에 반대하는 입장이었으나, 찬탁(신탁 통치 찬성)으로 전환하여 좌·우 대립도 심각해졌다.

기출 핵심 키워드 암기

1945년 12월 – [ㅁㅅㅋㅂ 3ㄱ ㅇㅅ] 회의가 개최되었다. [51·43회]

정답 모스크바 3국 외상

미·소 공동 위원회가 결렬되다

한반도 북쪽은 이미 소련이 장악하였고, 북조선 임시 인민 위원회라는 실질적인 정부가 생겼다는 소식이 들렸다(1946. 2.). 이런 상황에서 한반도 남쪽에서는 모스크바 3국 외상 회의의 결정에 따라 덕수궁 석조전에서 **제1차 미·소 공동 위원회**가 열렸다(1946. 3.). 그러나 임시 민주 정부 수립을 위한 협의에 참여할 단체의 범위를 두고 논쟁하다가, 결국 제1차 미·소 공동 위원회는 무기한 휴회에 돌입하였다(1946. 5.). 그리고 약 1년 후, **제2차 미·소 공동 위원회**가 열렸지만(1947. 5.) 이 또한 비슷한 문제로 인하여 결렬되고 말았다.

좌·우 합작 운동을 전개하다

미·소 공동 위원회가 성공적으로 합의를 해야 한국에 '임시 민주 정부'가 수립될 수 있었다. 그러나 두 차례의 미·소 공동 위원회는 결국 결렬되고 말았다. 제1차 미·소 공동 위원회가 결렬되자 **이승만**은 전북 **정읍**에서 '우리는 남방만이라도 임시 정부 혹은 위원회 같은 것을 조직하자'고 발언하였다(1946. 6.).

> 이제 우리는 무기 휴회된 공위가 재개될 기색도 보이지 않으며 통일 정부를 고대하나 여의치 않게 되었으니, 우리는 남방만이라도 임시 정부 혹은 위원회 같은 것을 조직하여 38도선 이북에서 소련이 철퇴하도록 세계 공론에 호소하여야 될 것이다.
>
> – 이승만의 정읍 발언 [43·33회]

소련이 북한을 완전히 공산화시키고 물러설 것 같지 않자, 이승만은 남한만이라도 단독 정부를 세우자고 주장한 것이다. 이승만의 정읍 발언 직후, '남한만의 단독 정부 수립'에 화들짝 놀란 중도 세력이 움직이기 시작했다. 중도 좌파 **여운형**과 중도 우파 **김규식**은 통일 정부 수립을 주장하며 **좌·우 합작 위원회를 조직**하고 미 군정의 지원을 받아 **좌·우 합작 운동을 전개**하였다(1946. 7.). 좌·우 합작 위원회는 **좌·우 합작 7원칙을 발표**하였다(1946. 10.).

> 첫째, 모스크바 3국 외상 회의 결정에 의하여 좌우 합작으로 민주주의 임시 정부를 수립할 것
> 셋째, 토지 개혁에 있어 몰수, 유조건 몰수, 체감 매상 등으로 토지를 농민에게 무상으로 분여할 것
> 넷째, 친일파 민족 반역자를 처리할 조례를 본 합작 위원회에서 입법 기구에 제안하여 입법 기구로 하여금 심리 결정하여 실시케 할 것
>
> – 좌·우 합작 7원칙 [37·32회]

좌·우 합작 7원칙의 일부이다. 이들 중도 세력은 모스크바 3국 외상 회의의 결정을 존중하여 좌·우 합작의 임시 정부를 수립하고, 토지 문제와 친일파 처리 문제를 중도적 입장에서 조정하려고 하였다. 또한 미·소 공동 위원회를 빨리 다시 열자고 주장하였다. 그러나 좌·우 합작 운동을 지원했던 미 군정이 태도를 바꿔 지원을 철회하고(1947. 3.), 여운형도 피살되면서(1947. 7.) 좌·우 합작 운동은 중단되고 말았다.

기출 핵심 키워드 암기

① 이승만 – [ㅈㅇ]에서 남한만의 단독 정부 수립을 주장하였다. [54·38회]
② 좌·우 합작 위원회 – [ㅇㅇㅎ], [ㄱㄱㅅ] 등 중도 세력을 중심으로 결성되었다. [38·37회]
③ 좌·우 합작 위원회 – [ㅈ·ㅇ ㅎㅈ 7ㅇㅊ]을 발표하였다. [51·49회]

정답 ① 정읍 ② 여운형, 김규식 ③ 좌·우 합작 7원칙

유엔 소총회에서 남한만의 단독 선거가 결의되다

두 차례에 걸친 미·소 공동 위원회가 결렬되자, 미국은 한국에 관한 문제를 유엔(UN, 국제 연합)으로 넘겼다(1947. 9.). **유엔 총회는 인구 비례에 따른 남북한 총선거를 의결**하였고, 남북한 총선거를 준비하기 위한 **유엔 한국 임시 위원단을 설치**하였다(1947. 11.). 인구가 적은 북한에 불리한 결정이기도 했고, 소련은 북한에서 물러날 생각이 없었기 때문에 유엔 한국 임시 위원단이 북한에 들어오는 것을 막았다(1948. 1.). 남북한 총선거가 어려워지자, 유엔 한국 임시 위원단은 '남한에서만이라도 선거를 실시하는 것이 어떤가'라는 질문을 했고, **유엔 소총회는 남한만의 단독 총선거를 결의**하였다(1948. 2.).

기출 핵심 키워드 암기

① 1947년 11월 – 유엔 총회에서 [ㅇㄱ ㅂㄹ]에 의한 남북 총선거가 의결되었다. [48·35회]
② 1948년 2월 – 유엔 소총회에서 [ㄴㅎ]만의 단독 총선거가 결의되었다. [51회]

정답 ① 인구 비례 ② 남한

남한만의 단독 선거 결정에 반발하다

유엔 소총회에서 '남한만의 단독 총선거'가 기정사실화되자, 저항하는 움직임이 여기저기에서 일어났다. **김구**는 단독 정부 수립을 반대하는 **'삼천만 동포에게 읍고함'이라는 글을 발표**하였다(1948. 2. 10.).

> 현시에 있어서 나의 유일한 염원은 3천만 동포와 손을 잡고 통일된 조국의 달성을 위하여 공동 분투하는 것뿐이다. …… 나는 통일된 조국을 건설하려다 38도선을 베고 쓰러질지언정 일신에 구차한 안일을 위하여 단독 정부를 세우는 데는 협력하지 아니하겠다. – 김구의 '삼천만 동포에게 읍고함' [33회]

제주도에서는 남한만의 단독 선거 반대와 미군 철수 등을 주장하며 좌익 세력(남로당 제주도당)이 들고 일어났다. 미 군정이 이들을 무력으로 진압하는 과정에서 많은 주민들이 희생되었다(**제주 4·3 사건**, 1948. 4.). 이후 이승만 정부가 여수 주둔 부대에 제주 4·3 사건 진압을 지시하자, 군부대 내의 좌익 세력이 반란을 일으킨 **여수·순천 10·19 사건**이 발생하였다.

> 1948년 제주섬에서는 국제법이 요구하는, 문명 사회의 기본 원칙이 무시되었다. 특히, 법을 지켜야 할 국가 공권력이 법을 어기면서 민간인들을 살상하기도 했다. 토벌대가 재판 절차 없이 비무장 민간인들을 살상한 점, 특히 어린이와 노인까지도 살해한 점은 중대한 인권 유린이며 과오이다.
>
> – 제주 4·3 사건 진상 조사 보고서 [37회]

단독 정부 수립을 막아보려고 **김구**와 **김규식**은 북쪽에 있는 **김일성**과 **김두봉**을 찾아갔다. 네 명의 김(金) 씨가 모인 이 '4김 회동'을 ☆**남북 협상**이라고 한다(1948. 4). 그러나 이 협상은 특별한 성과로 이어지지 않았다.

기출 핵심 키워드 암기

1948년 4월 - 김구, 김규식 등이 [ㄴㅂ ㅎㅅ]에 참석하였다. [47·42회]

정답 남북 협상

❙ 대한민국 정부가 출범되다

이런 저항에도 불구하고, ☆**5·10 총선거**는 계획대로 실시되었다(1948. 5. 10.). 5·10 총선거는 남녀 구분 없이 만 21세 이상에게 투표권이 부여되는, **우리나라 최초의 민주적인 보통 선거**였다. 이 총선거에서 선출된 국회의원은 임기가 2년으로, 매우 짧았다. 나라를 만들어놓고 떠나자는 취지였다. 그러나 이 총선거에 김구, 김규식 등의 남북 협상파는 참여하지 않았고, 제주 4·3 사건으로 인해 제주도 일부 지역에서는 선거가 연기되었다.

5·10 총선거의 결과 5월 말에 **'제헌 국회'가 출범**하였고, 7월에는 **헌법을 공포**하고 이에 따라 **대통령(이승만)**과 **부통령(이시영)**을 선출하였다. 그리고 마침내 **대한민국(大韓民國) 건국이 공포**되었다(1948. 8. 15.). 그다음 달에 북한이 '조선 민주주의 인민 공화국' 수립을 선포했지만(1948. 9. 9.), 유엔 총회는 대한민국을 한반도 유일의 합법 정부로 승인하였다(1948. 12.).

대한민국 정부 수립

기출 핵심 키워드 암기

1948년 5월 - 우리나라 최초의 보통 선거인 [5·10 ㅊㅅㄱ]가 실시되었다. [47·45회]

정답 5·10 총선거

빈출 개념 한눈에 암기하기

1. 광복

광복 직전의 상황	• 건국 준비: 대한민국 임시 정부의 건국 준비, 여운형이 조선 건국 동맹 결성 • 열강의 회담: 1) 회담(최초로 한국의 독립 약속), 포츠담 선언(일본의 무조건 항복 요구, 한국의 독립 재확인)
광복 직후의 상황	• 2) 조직: 여운형이 조선 건국 동맹을 기반으로 조직, 조선 인민 공화국을 수립하고 전국 각 지역에 인민 위원회 조직 • 미 군정 설치: 좌파(조선 인민 공화국)와 우파(한국 민주당), 미 군정의 대립

2. 대한민국 정부 수립 과정

3) 개최	• 미국·영국·소련 3개국의 외무장관이 한반도 문제에 대해 협의 • 내용: 미·소 공동 위원회 설치, 임시 민주 정부 수립, 최고 5년간 신탁 통치 실시 • 영향: 우익은 신탁 통치 반대, 좌익은 신탁 통치 찬성 → 좌·우의 대립 심화
제1차 미·소 공동 위원회 개최	임시 민주 정부 수립을 위한 협의에 참여할 단체의 범위를 두고 논쟁 → 무기한 휴회 돌입
좌·우 합작 운동 전개	• 배경: 이승만의 4) 발언(남한만의 단독 정부 수립 주장) • 전개: 여운형과 김규식 등 중도 세력이 좌·우 합작 위원회 조직 → 5) 발표
유엔 소총회의 결의	제2차 미·소 공동 위원회 결렬 → 한반도 문제의 유엔 이관 → 유엔 총회에서 6) 에 의한 남북한 총선거 의결 → 유엔 한국 임시 위원단 파견 → 소련의 임시 위원단 입북 거부 → 유엔 소총회에서 7) 만의 단독 총선거 결의
남한만의 단독 선거 반대	• 김구의 단독 정부 수립 반대: '삼천만 동포에게 읍고함' 발표 • 8) : 좌익 세력의 봉기 → 미 군정이 무력 진압하는 과정에서 제주도 주민들이 희생당함 • 9) 전개: 남측 대표(김구·김규식)와 북측 대표(김일성·김두봉)가 참석
대한민국 정부 출범	• 10) 실시: 우리나라 최초의 민주적인 보통 선거 • 제헌 국회 출범: 제헌 헌법 공포, 대통령(이승만)·부통령(이시영) 선출 • 대한민국 건국 공포: 유엔 총회에서 한반도 유일의 합법 정부로 승인

정답 1) 카이로 2) 조선 건국 준비 위원회 3) 모스크바 3국 외상 회의 4) 정읍 5) 좌·우 합작 7원칙 6) 인구 비례 7) 남한 8) 제주 4·3 사건 9) 남북 협상 10) 5·10 총선거

실전 연습

퀴즈

1 키워드와 관련된 것을 알맞게 연결해보세요.

① 카이로 회담 •	• ㉠ 남한만의 단독 총선거 결의
② 모스크바 3국 외상 회의 •	• ㉡ 미·소 공동 위원회 설치
③ 유엔 소총회 •	• ㉢ 한국의 독립을 최초로 약속

2 〈보기〉에서 골라 빈칸을 채워보세요.

보기
좌·우 합작 7원칙　　김구　　여운형

① (　　　　)이 중심이 되어 조선 건국 준비 위원회를 조직하였다. [48회]

② 좌·우 합작 위원회에서 (　　　　　　　　)을 발표하였다. [56·55회]

③ (　　　), 김규식 등이 남북 협상에 참석하였다. [47회]

3 아래 표에 있는 초성을 완성해보세요.

구분	5·10 총선거
실시	우리나라 최초의 민주적인 ㅂㅌ ㅅㄱ가 실시됨
결과	임기 2년의 ㅈㅎ ㄱㅎ의원을 선출함(전체 의석 수 200석)
한계	남북 협상파가 참여하지 않음, ㅈㅈ 4·3 ㅅㄱ으로 제주도 일부 지역의 선거가 무효 처리됨

4 아래 기출 사료와 관련 있는 사건을 써보세요.

미·소 공동 위원회가 결렬된 이후 다시 열릴 기미가 보이지 않습니다. 통일 정부가 수립되길 원했으나 뜻대로 되지 않으니, 남방만이라도 임시 정부 혹은 위원회를 조직하고, 38도선 이북에서 소련이 물러가도록 세계에 호소해야 합니다. [51회]

→ □□ □□

정답
1 ① ㉢ ② ㉡ ③ ㉠　2 ① 여운형 ② 좌·우 합작 7원칙 ③ 김구
3 보통 선거, 제헌 국회, 제주 4·3 사건　4 정읍 발언

대표 기출 문제

1

49회 46번

다음 성명이 발표된 이후에 있었던 사실로 옳지 않은 것은? [3점]

북위 38도 이남의 조선에는 오직 한 정부가 있을 뿐이다. …… 자천자임(自薦自任)한 관리라든가 경찰이라든가 국민 전체를 대표하였노라는 대소 회합이라든가 조선 인민 공화국이라든지 조선 인민 공화국 내각은 권위와 세력과 실재가 전혀 없는 것이다.

– 미 군정 장관 육군 소장 아놀드

① 조선 건국 동맹이 결성되었다.
② 좌·우 합작 7원칙이 발표되었다.
③ 유엔 한국 임시 위원단이 설치되었다.
④ 반민족 행위 특별 조사 위원회가 출범하였다.
⑤ 귀속 재산 처리를 위해 신한 공사가 설립되었다.

2

48회 47번

(가), (나) 사이의 시기에 있었던 사실로 옳은 것은? [3점]

(가) 1. 조선의 민주 독립을 보장한 3상 회의 결정에 의하여 남북을 통한 좌·우 합작으로 민주주의 임시 정부를 수립할 것.
　3. 토지 개혁에 있어 몰수, 유조건 몰수, 체감 매상 등으로 토지를 농민에게 무상으로 나누어 주며 시가지의 기지와 큰 건물을 적정 처리하며 중요 산업을 국유화하며 …… 민주주의 건국 과업 완수에 매진할 것.
(나) 3. 외국 군대가 철퇴한 이후 하기(下記) 제 정당·단체들의 공동 명의로써 전 조선 정치 회의를 소집하여 조선 인민의 각층 각계를 대표하는 민주주의 임시 정부가 즉시 수립될 것이며 국가의 일체 정권은 정치, 경제, 문화생활의 일체 책임을 갖게 될 것이다.

① 유상 매수, 유상 분배 원칙의 농지 개혁법이 제정되었다.
② 남한만의 단독 정부 수립을 주장한 정읍 발언이 제기되었다.
③ 유엔 총회에서 인구 비례에 의한 남북 총선거가 의결되었다.
④ 여운형이 중심이 되어 조선 건국 준비 위원회를 조직하였다.
⑤ 국가 보안법 개정안을 통과시킨 이른바 보안법 파동이 발생하였다.

3
46회 47번

다음 결의문이 채택된 시기를 연표에서 옳게 고른 것은? [2점]

> 총회가 당면하고 있는 한국 문제는 근본적으로 한국민 자체의 문제이며 그 자유와 독립에 관련된 문제이므로 …… 총회는 한국 대표가 한국 주재 군정 당국에 의하여 지명된 자가 아니라 한국민에 의하여 실제로 정당하게 선출된 자라는 것을 감시하기 위하여, 조속히 유엔 한국 임시 위원단을 설치하여 한국에 주재케 하고, 이 위원단에게 한국 전체를 여행·감시·협의할 수 있는 권한을 부여할 것을 결의한다.

1945. 8.		1945. 12.		1946. 3.		1946. 10.		1947. 5.		1948. 8.
	(가)		(나)		(다)		(라)		(마)	
8·15 광복		모스크바 3국 외상 회의 개최		제1차 미·소 공동 위원회 개최		좌·우 합작 7원칙 발표		제2차 미·소 공동 위원회 개최		대한민국 정부 수립

① (가) ② (나) ③ (다) ④ (라) ⑤ (마)

4
53회 46번

(가) 사건에 대한 설명으로 옳은 것은? [2점]

제주도에서 발생한 (가) 당시 토벌대는 남한만의 단독 선거에 반대하는 세력을 진압한다는 명분으로 초토화 작전을 벌였고, 이 과정에서 무고한 사람들이 희생되었습니다. 법원은 오늘 이 사건으로 억울한 옥살이를 했던 피해자 335명에 대해서, 재심을 통해 무죄 판결을 내렸습니다.
(가) 옥살이 335명, 70여 년 만에 재심에서 무죄

① 허정 과도 내각이 성립되는 배경이 되었다.
② 전개 과정에서 3·1 민주 구국 선언이 발표되었다.
③ 희생자들의 명예 회복을 위해 특별법이 제정되었다.
④ 귀속 재산 처리를 위한 신한 공사 설립의 계기가 되었다.
⑤ 관련 기록물이 유네스코 세계 기록유산으로 등재되었다.

5
55회 46번

(가), (나) 발표 사이의 시기에 있었던 사실로 옳은 것은? [2점]

> (가) 우리는 다음 달에 입국할 유엔 한국 임시 위원단을 환영하는 동시에, 그들로 하여금 우리가 원하는 자주 독립의 통일 정부를 수립하는 임무를 완수하도록 최선을 다하여야 할 것이다. 우리는 어떠한 경우든지 단독 정부는 절대 반대할 것이다.
> (나) 올해 10월 19일 제주도 사건 진압 차 출동하려던 여수 제14연대 소속 3명의 장교 및 40여 명의 하사관들은 각 대대장의 결사적 제지에도 불구하고 남로당 계열 분자 지도하에 반란을 일으켰다. 동월 20일 8시 여수를 점령하는 한편, 좌익 단체 및 학생들을 인민군으로 편성하여 동일 8시 순천을 점령하였다.

① 제1차 미·소 공동 위원회가 결렬되었다.
② 모스크바 삼국 외상 회의가 개최되었다.
③ 좌·우 합작 위원회에서 좌·우 합작 7원칙이 발표되었다.
④ 유상 매수, 유상 분배 원칙의 농지 개혁법이 시행되었다.
⑤ 우리나라 최초의 보통 선거인 5·10 총선거가 실시되었다.

6
44회 44번

(가), (나) 사이의 시기에 있었던 사실로 옳은 것은? [2점]

> (가) 나의 연령이 이제 70하고도 3인 바 나에게 남은 것은 금일 금일하는 여생이 있을 뿐이다. 이제 새삼스럽게 재물을 탐내며 영예를 탐낼 것이냐? 더구나 외군 군정 하에 있는 정권을 탐낼 것이냐? …… 나는 통일된 조국을 건설하려다가 38선을 베고 쓰러질지언정 일신에 구차한 안일을 취하여 단독 정부를 세우는 데는 협력하지 아니하겠다.
> (나) 이 민국은 기미 3월 1일에 우리 13도 대표들이 서울에 모여서 국민 대회를 열고 대한 독립 민주국임을 세계에 공포하고 임시 정부를 건설하여 민주주의의 기초를 세운 것입니다. …… 이 국회는 전 민족을 대표한 국회이며 이 국회에서 탄생되는 민국 정부는 완전한 한국 전체를 대표한 중앙 정부임을 이에 또한 공포하는 바입니다.

① 우리나라 최초의 보통 선거인 5·10 총선거가 실시되었다.
② 남한만의 단독 정부 수립을 주장한 정읍 발언이 제기되었다.
③ 여운형이 중심이 되어 조선 건국 준비 위원회를 조직하였다.
④ 좌·우 합작 위원회가 결성되어 좌·우 합작 7원칙에 합의하였다.
⑤ 민족주의 정당을 중심으로 독립 촉성 중앙 협의회가 결성되었다.

대표 기출 문제의 정답 및 문제풀이 방법을 다음 페이지에서 확인하세요. →

대표 기출 문제) 정답 및 문제풀이 방법

1	2	3	4	5	6
①	③	⑤	③	⑤	①

1 조선 인민 공화국 부인 성명 이후의 사실

> 북위 38도 이남의 조선에는 오직 한 정부가 있을 뿐이다. …… 자천자임(自薦自任)한 관리라든가 경찰이라든가 국민 전체를 대표하였노라는 대소 회합이라든가 조선 인민 공화국이라든지 조선 인민 공화국 내각은 권위와 세력과 실재가 전혀 없는 것이다.
> – 미 군정 장관 육군 소장 아놀드

→ 미 군정의 조선 인민 공화국 부인 성명 (1945. 10.)

① 조선 건국 동맹이 결성되었다. → 1944년 8월

미 군정이 조선 인민 공화국 내각은 권위와 세력과 실재가 전혀 없는 것이라며 조선 인민 공화국을 부인하는 성명을 발표한 것은 1945년 10월이다. 조선 건국 동맹(1944), 조선 건국 준비 위원회(1945. 8.), 조선 인민 공화국 수립(1945. 9.) 순서로 전개되었다.

오답 체크
② 좌·우 합작 7원칙이 발표되었다. → 1946년 10월
③ 유엔 한국 임시 위원단이 설치되었다. → 1947년 11월
④ 반민족 행위 특별 조사 위원회가 출범하였다. → 1948년 10월
⑤ 귀속 재산 처리를 위해 신한 공사가 설립되었다. → 1946년 3월

✔ **또 나올 암기 포인트**

광복 전후의 상황

광복 직전의 상황	• 건국 준비: 대한민국 임시 정부의 건국 준비, 여운형이 조선 건국 동맹 결성 • 열강의 회담: 카이로 회담(최초로 한국의 독립 약속), 포츠담 선언(일본의 무조건 항복 요구, 한국의 독립 재확인)
광복 직후의 상황	• 조선 건국 준비 위원회 조직: 여운형이 조선 건국 동맹을 기반으로 조직 → 조선 인민 공화국을 수립하고 전국 각 지역에 인민 위원회 조직 • 미 군정 설치: 좌파(조선 인민 공화국)와 우파(한국 민주당), 미 군정의 대립

2 좌·우 합작 7원칙 발표와 남북 협상 사이의 사실

> (가) 1. 조선의 민주 독립을 보장한 3상 회의 결정에 의하여 남북을 통한 좌·우 합작으로 민주주의 임시 정부를 수립할 것.
> 3. 토지 개혁에 있어 몰수, 유조건 몰수, 체감 매상 등으로 토지를 농민에게 무상으로 나누어 주며 시가지의 기지와 큰 건물을 적정 처리하며 중요 산업을 국유화하며 …… 민주주의 건국 과업 완수에 매진할 것.

→ 좌·우 합작 구원칙 발표 (1946. 10.)

> (나) 3. 외국 군대가 철퇴한 이후 하기(下記) 제 정당·단체들의 공동 명의로써 전 조선 정치 회의를 소집하여 조선 인민의 각층 각계를 대표하는 민주주의 임시 정부가 즉시 수립될 것이며 국가의 일체 정권은 정치, 경제, 문화생활의 일체 책임을 갖게 될 것이다.

→ 남북 협상 (1948)

③ 유엔 총회에서 인구 비례에 의한 남북 총선거가 의결되었다. → 1947년

3상 회의 결정에 따라 좌·우 합작으로 민주주의 임시 정부를 수립할 것을 주장하는 (가)는 좌·우 합작 7원칙이다(1946. 10.). 제 정당·단체들의 공동 명의로써 전 조선 정치 회의를 소집한다는 (나)는 남북 협상이다(1948). (가), (나) 사이의 시기에 유엔 총회에서 인구 비례에 의한 남북 총선거가 의결되었다(1947).

오답 체크
① 유상 매수, 유상 분배 원칙의 농지 개혁법이 제정되었다.
→ (나) 이후, 1949년
② 남한만의 단독 정부 수립을 주장한 정읍 발언이 제기되었다.
→ (가) 이전, 1946년 6월
④ 여운형이 중심이 되어 조선 건국 준비 위원회를 조직하였다.
→ (가) 이전, 1945년
⑤ 국가 보안법 개정안을 통과시킨 이른바 보안법 파동이 발생하였다.
→ (나) 이후, 1958년

3 유엔 총회의 남북한 총선거 결의문 채택

> 총회가 당면하고 있는 한국 문제는 근본적으로 한국민 자체의 문제이며 그 자유와 독립에 관련된 문제이므로 …… 총회는 한국 대표가 한국 주재 군정 당국에 의하여 지명된 자가 아니라 한국민에 의하여 실제로 정당히 선출된 자라는 것을 감시하기 위하여, 조속히 유엔 한국 임시 위원단을 설치하여 한국에 주재케 하고, 이 위원단에게 한국 전체를 여행·감시·협의할 수 있는 권한을 부여할 것을 결의한다.

→ 유엔 총회의 남북한 총선거 결의문 채택 (1947. 11.)

1945. 8.	1945. 12.	1946. 3.	1946. 10.	1947. 5.	1948. 8.
(가)	(나)	(다)	(라)	(마)	
8·15 광복	모스크바 3국 외상 회의 개최	제차 미·소 공동 위원회 개최	좌·우 합작 7원칙 발표	제2차 미·소 공동 위원회 개최	대한민국 정부 수립

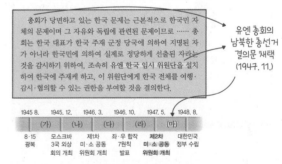

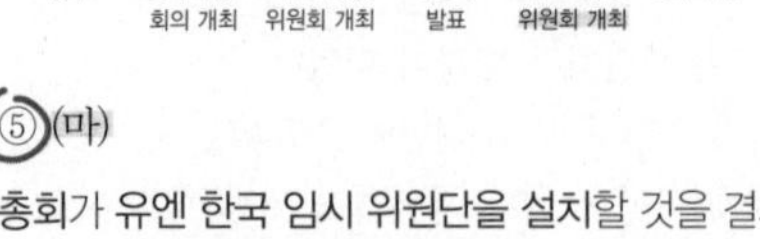

⑤ (마)

총회가 유엔 한국 임시 위원단을 설치할 것을 결의한 것은 유엔 총회가 1947년 11월 남북한 총선거 결의문을 채택한 것을 말한다. 제2차 미·소 공동 위원회가 결렬되자, 한국 문제를 유엔이 다루기로 하였고, 그 결과 유엔 총회의 결의문이 채택된 것이다.

4 제주 4·3 사건

제주도에서 발생한 (가) 당시 토벌대는 남한만의 단독 선거에 반대하는 세력을 진압한다는 명분으로 초토화 작전을 벌였고, 이 과정에서 무고한 사람들이 희생되었습니다. 법원은 오늘 이 사건으로 억울한 옥살이를 했던 피해자 335명에 대해서, 재심을 통해 무죄 판결을 내렸습니다.
(가) 옥살이 335명, 70여 년 만에 재심에서 무죄

제주 4·3 사건

③ 희생자들의 명예 회복을 위해 특별법이 제정되었다.

제주도에서 발생했으며, 남한만의 단독 선거에 반대하는 세력을 진압한다는 명분으로 무고한 사람들이 희생된 (가) 사건은 **제주 4·3 사건**이다. 한편, 제주 4·3 사건 **희생자들의 명예 회복을 위해 특별법이 제정**되었다(2000).

오답 체크

① 허정 과도 내각이 성립되는 배경이 되었다. → **4·19 혁명**

② 전개 과정에서 3·1 민주 구국 선언이 발표되었다.
→ **유신 체제 반대 운동**

④ 귀속 재산 처리를 위한 신한 공사 설립의 계기가 되었다. → X

⑤ 관련 기록물이 유네스코 세계 기록유산으로 등재되었다.
→ **5·18 민주화 운동**

5 단독 정부 수립 반대와 여수·순천 10·19 사건 사이의 사실

(가) 우리는 다음 달에 입국할 유엔 한국 임시 위원단을 환영하는 동시에, 그들로 하여금 우리가 원하는 자주 독립의 통일 정부를 수립하는 임무를 완수하도록 최선을 다하여야 할 것이다. 우리는 어떠한 경우든지 단독 정부는 절대 반대할 것이다.
→ 김구의 단독 정부 수립 반대 운동 (1947. 12.)

(나) 올해 10월 19일 제주도 사건 진압 차 출동하려던 여수 제14연대 소속 3명의 장교 및 40여 명의 하사관들은 각 대대장의 결사적 제지에도 불구하고 남로당 계열 분자 지도하에 반란을 일으켰다. 동월 20일 8시 여수를 점령하는 한편, 좌익 단체 및 학생들을 인민군으로 편성하여 동일 8시 순천을 점령하였다.
→ 여수·순천 10·19 사건 (1948. 10.)

⑤ 우리나라 최초의 보통 선거인 5·10 총선거가 실시되었다. → 1948년

다음 달에 **유엔 한국 임시 위원단이 입국**한다면, (가)는 1947년 12월에 발표된 성명이다. **10월 19일에 여수와 순천에서 일어난 사건** (나)는 1948년의 **여수·순천 10·19 사건**이다. (가), (나) 사이에 **우리나라 최초의 보통 선거인 5·10 총선거가 실시**되었다(1948. 5.).

오답 체크

① 제1차 미·소 공동 위원회가 결렬되었다. → **1946년, (가) 이전**

② 모스크바 삼국 외상 회의가 개최되었다. → **1945년, (가) 이전**

③ 좌·우 합작 위원회에서 **좌·우 합작 7원칙이 발표**되었다.
→ **1946년, (가) 이전**

④ 유상 매수, 유상 분배 원칙의 **농지 개혁법이 시행**되었다.
→ **1950년, (나) 이후**

6 단독 정부 수립 반대와 제헌 국회 수립 사이의 사실

(가) 나의 연령이 이제 70하고도 3인 바 나에게 남은 것은 금일 금일하는 여생이 있을 뿐이다. 이제 새삼스럽게 재물을 탐내며 영예를 탐낼 것이냐? 더구나 외군 군정 하에 있는 정권을 탐낼 것이냐? …… 나는 통일된 조국을 건설하려다가 38선을 베고 쓰러질지언정 일신에 구차한 안일을 취하여 단독 정부를 세우는 데는 협력하지 아니하겠다.
→ 김구의 단독 정부 수립 반대 (1948. 2.)

(나) 이 민국은 기미 3월 1일에 우리 13도 대표들이 서울에 모여 국민 대회를 열고 대한 독립 민주국임을 세계에 공포하고 임시 정부를 건설하여 민주주의의 기초를 세운 것입니다. …… 이 국회는 전 민족을 대표한 국회이며 이 국회에서 탄생되는 민국 정부는 완전한 한국 전체를 대표한 중앙 정부임을 이에 또한 공포하는 바입니다.
→ 제헌 국회 수립 (1948. 5. 31.)

① 우리나라 최초의 보통 선거인 5·10 총선거가 실시되었다.
→ 1948년 5월 10일

통일된 조국을 건설하려다가 38선을 베고 쓰러질지언정이라고 격정적인 토로를 하는 (가)는 **김구의 삼천만 동포에게 읍고함**이다(1948. 2.). **전 민족을 대표하는 국회에서 민국 정부가 탄생**된다고 하는 (나)는 **이승만의 제헌 국회 개회식 연설**이다(1948. 5. 31.). (가), (나) 사이의 시기에 **우리나라 최초의 보통 선거인 5·10 총선거가 실시**되었다(1948. 5. 10.).

오답 체크

② 남한만의 단독 정부 수립을 주장한 **정읍 발언**이 제기되었다.
→ **(가) 이전, 1946년**

③ 여운형이 중심이 되어 **조선 건국 준비 위원회를 조직**하였다.
→ **(가) 이전, 1945년**

④ 좌·우 합작 위원회가 결성되어 **좌·우 합작 7원칙에 합의**하였다.
→ **(가) 이전, 1946년**

⑤ 민족주의 정당을 중심으로 **독립 촉성 중앙 협의회**가 결성되었다.
→ **(가) 이전, 1945년**

✔ 또 나올 암기 포인트

대한민국 정부 수립 과정

1945. 8.	광복
1946. 6.	이승만의 정읍 발언
1946. 7.	좌·우 합작 위원회 조직
1946. 10.	좌·우 합작 7원칙 발표
1947. 11.	유엔 총회에서 남북한 총선거 실시 결정
1948. 2.	• 김구가 '삼천만 동포에게 읍고함'을 발표 • 유엔 소총회에서 남한만의 단독 선거 결의
1948. 4.	평양에서 남북 지도자 회의 개최(남북 협상)
1948. 5.	5·10 총선거 실시 → 제헌 국회 수립

정부 이승만 정부 정책 반민족 행위 처벌법, 농지 개혁법 사건 6·25 전쟁, 정전 협정

36강 제헌 국회의 활동과 6·25 전쟁

대한민국 정부에 주어진 과제는 친일파 처단과 농지 개혁이었습니다. 친일파 처단은 미완으로 끝났고, 농지 개혁은 나름 성공적이었습니다. 그러나 바로 6·25 전쟁이 일어나면서 모든 정책은 중단되었습니다. 북한의 남침으로 시작된 이 전쟁으로 인하여 남한과 북한의 많은 청년들이 전장에서 숨을 거두었습니다.

6·25 전쟁, 인천 상륙 작전 ▶

1 제헌 국회의 활동

| 제헌 헌법을 제정하다

제헌절(制憲節)이 언제인가? 바로 7월 17일이다. 제헌절은 1948년 7월 17일에 대한민국 헌법이 공포된 것을 기념하는 국경일이며, 이때 제헌 국회에서는 **대통령을 행정부 수반**으로 하는 헌법을 제정하였다. 대통령 임기는 4년으로 하였고, 대통령 선출 방식으로는 **간선제를 채택**하였다.

| 친일파 청산을 위해 반민족 행위 처벌법을 제정하다

이승만 정부의 가장 큰 과제는 일제의 잔재를 없애는 것이었다. 하루빨리 친일파를 청산하고, 일본인들이 우리 땅에 놓고 간 재산들을 처리해야 했다. 이를 위해 대한민국은 정부의 수립이 선포(1945. 8. 15.)된 다음 달에 제헌 국회가 친일파를 처단하는 **'반민족 행위 처벌법'을 제정**하였다(1948. 9. 22.).

> 제1조 일본 정부와 통모하여 한일 합병에 적극 협력한 자, 한국의 주권을 침해하는 조약 또는 문서에 조인한 자와 모의한 자는 사형 또는 무기 징역에 처하고 그 재산과 유산의 전부 혹은 2분의 1 이상을 몰수한다.
>
> 제3조 일본 치하 독립운동자나 그 가족을 악의로 살상, 박해한 자 또는 이를 지휘한 자는 사형, 무기 또는 5년 이상의 징역에 처하고 그 재산의 전부 혹은 일부를 몰수한다.
>
> – 반민족 행위 처벌법 [33회]

이 법은 '나라 팔아먹는 데 적극적'이었거나 '독립운동가'들을 괴롭힌 사람들을 사형에까지 처할 수 있도록 규정하였다. 이 법을 근거로 ☆**반민족 행위 특별 조사 위원회(반민특위)가 구성**되었다(1948. 10.). 이 위원회는 10명의 국회의원으로 구성되었는데, 약 7천여 명의 친일파를 반민족 행위자로 선정하였다. 그러나 반민특위를 주도하던 의원들이 공산당과 내통하였다는 구실로 구속되고(국회 프락치 사건, 1949. 5.), 경찰이 반민특위를 습격하는 일까지 발생하였다(1949. 6.). 결국 반민족 행위 처벌법의 공소시효가 줄어들어 반민특위는 해체되었고(1949. 10.), 친일파 청산은 말끔하게 이뤄지지 못하였다.

기출 핵심 키워드 암기

반민족 행위 처벌법 제정 – [ㅂㅁㅈ ㅎㅇ ㅌㅂ ㅈㅅ ㅇㅇㅎ]가 구성되었다. [51·49회]

정답 반민족 행위 특별 조사 위원회

❙ 농지 개혁을 실시하다

제헌 국회는 **경자유전(耕者有田**, 소작농이 자기 농토를 가짐)의 원칙에 따라 ☆**'농지 개혁법'을 제정**하고(1949. 6.), 6·25 전쟁 직전에 시행하였다(1950. 3.).

> 제1조 본법은 헌법에 의거하여 농지를 농민에게 적정히 분배함으로써 농가 경제의 자립과 농업 생산력의 증진으로 인한 농민 생활의 향상 내지 국민 경제의 균형과 발전을 기함을 목적으로 한다.
>
> – 농지 개혁법 [25회]

지주는 3정보(약 9,000평) 이상의 농지는 가질 수 없었고, 무조건 정부에 팔아야 했다. 정부는 **유상 매수, 유상 분배 원칙**에 따라 농지를 농민에게 분배하였다. 농민들은 평년 생산량의 30%를 5년간 농산물로 상환하였으며, 이것은 모두 지주에게 보상되었다. 이 개혁은 지주들에게 제한적이나마 사유 재산을 인정하고, 농민들은 자기 농토를 가질 수 있게 하여서 남한의 공산화를 막는 데 일조하였다.

농지 개혁법 때문에 할 수 없이 땅을 팔고 지가 증권을 받았네.
난 그런 소문을 듣고 미리 땅을 팔아 버렸네

기출 한 컷 [12회]

또한 제헌 국회는 일제가 한반도에 남겨 놓고 간 재산 중에 농지 개혁법의 대상이 아닌 것들을 처리하기 위해 ☆**'귀속 재산 처리법'을 제정**하였다(1949. 12.). 이 법에 근거하여 일본인 소유였던 공장과 주택 등이 민간인에게 저렴한 가격으로 분배되었다.

기출 핵심 키워드 암기

① 제헌 국회 – 유상 매수, 유상 분배 원칙의 [ㄴㅈ ㄱㅎㅂ]이 제정되었다. [48·47회]
② 제헌 국회 – 일제가 남긴 재산 처리를 위하여 [ㄱㅅ ㅈㅅ ㅊㄹㅂ]이 제정되었다. [51·44회]

정답 ① 농지 개혁법 ② 귀속 재산 처리법

2 6·25 전쟁

| 한반도에 전운이 감돌다

6·25 전쟁 발발 이전에 중국이 공산화되었고(1949. 10.), 북한 편을 들기 시작했다. 그리고 미국 국무장관 애치슨은 '알류산 열도, 일본, 오키나와, 필리핀'을 연결하는 대공산권 극동 방어선을 발표하였는데(애치슨 선언, 1950. 1.), 애치슨 라인 안에 한국과 타이완은 들어가지 않았기에 북한은 애치슨 선언을 남침의 기회로 여겼다.

> 군사적 안전 보장의 입장에서 볼 때 태평양 지역의 정세 및 이 지역에 대한 미국의 정책은 어떤 것인가, 태평양 지역 방위선은 알류샨 열도에서 일본을 거쳐 오키나와, 필리핀 군도로 이어진다.
>
> – 애치슨 선언 [58회]

반면에 북한은 일찌감치 조선 인민군을 창설하고(1948. 2.), 인민 유격대를 조직하여 남파하는 등 계속된 도발 징후를 보여왔다. 북한은 소련의 스탈린으로부터 전쟁 도발의 승인을 받고, 소련과 중국의 무기를 지원받아 1950년 6월 25일 새벽, 전면적으로 남침(南侵)하였다. 북한군이 기습적으로 남침하자, 한국과 이미 한·미 상호 방위 원조 협정을 맺고 있던 미국은 전쟁 발발 직후 유엔 안전 보장 이사회를 소집하여 북한을 '침략자'로 규정하였다.

기출 핵심 키워드 암기

6·25 전쟁 배경 – [ㅇㅊㅅ] 선언이 발표되었다. [51회]

정답 애치슨

| 전쟁이 발발하다

북한의 기습 남침으로 3일 만에 서울이 함락되었다. 한국군은 북한 공산군의 한강 이남 진격을 저지하기 위하여 한강 인도교를 폭파하였다(1950. 6. 28.). 그러나 정부는 계속 밀려 부산까지 내려갔다. 정부는 부산을 임시 수도로 삼고 **낙동강 방어선을 구축**하였다. 유엔(UN)도 급히 유엔 안전 보장 이사회를 열고, 우리나라에 **유엔군을 파견**하기로 결정하였다.

남쪽으로 후퇴해 있던 국군과 유엔군은 북한군의 '허리'를 찌르기로 하였다. 맥아더 장군은 국군과 유엔군을 지휘하였고, **인천 상륙 작전을 성공**하여(1950. 9. 15.) **서울을 되찾았다**(1950. 9. 28.).

> 말씀하신 대로 인천항은 많은 난점을 안고 있습니다. …… 이와 같은 어려운 조건 때문에 적군도 이 작전이 불가능하다고 판단할 것입니다. 하지만 바로 그 점이 적을 기습할 수 있는 충분한 요소라고 확신합니다.
>
> – 더글라스 맥아더 [39회]

다음 달에는 국군과 연합군이 **평양을 탈환**하여(1950. 10. 19.), 압록강까지 진격하였다. 이제 조금만 더 북쪽으로 밀어내면 전쟁은 우리 군의 승리로 끝나는 상황이었다.

그런데, 북쪽에서 중국 공산당 군대가 내려오기 시작했다. 총을 쏘고, 북을 치면서 인해전술(人海戰術)로 많은 **중공군**들이 내려오면서(1950. 10. 25.) 전세가 역전되기 시작하였다. 국군과 유엔군은 남쪽으로 후퇴하였지만, 북쪽에 뒤처진 군인들과 민간인들은 흥남 항구를 통해 급히 철수하기도 했다(흥남 철수, 1950. 12.). 국군과 유엔군의 후퇴로 서울을 다시 빼앗겼다(**1·4 후퇴**, 1951. 1.). 서울 시민들은 피난령에 따라 다시 피난길에 올랐다. 평택, 오산까지 밀리던 국군과 유엔군은 반격을 시작하여 **서울을 다시 탈환**하였다(1951. 3.). 이후 전투는 38선 일대에서 고지를 탈환하고 빼앗기는 일을 반복하며 많은 젊은 청년들의 시체가 38선 부근에 쌓여갔다.

기출 핵심 키워드 암기

① 1950년 6월 – 북한의 전면적인 [ㄴㅊ]으로 6·25 전쟁이 발발하였다. [44회]
② 1950년 12월 – [ㅎㄴ ㅊㅅ] 작전이 전개되었다. [55·51회]

정답 ① 남침 ② 흥남 철수

정전 협정을 체결하다

전쟁이 일어나고 약 1년이 지난 시점에, 개성에서 **정전 회담(휴전 회담)이 시작**되었다(1951. 7.). 그러나 군사 분계선 설정 및 포로 송환 등의 문제로 인해 체결이 지연되었다. 2년 정도 지났을 때, 정전 협정에 반대한 이승만 대통령이 남한에 잡혀 있던 북한군 포로 중 '공산주의 반대'로 생각을 바꾼 **'반공 포로' 2만 7천여 명을 석방**하였다(1953. 6.). 이것은 당시 북한군 포로를 관리하던 미군과 정면으로 충돌하는 행동이었다. 그러나 한 달 후, 결국 판문점에서 6·25 전쟁 **정전 협정**이 조인되었다(1953. 7.). 이로 인해 남한과 북한을 가르는 군사 분계선이 확정되고, 그 사이에 비무장 지대를 설정하였다.

> 국제 연합군 총사령관을 한쪽 편으로 하고 조선 인민군 최고 사령관 및 중국 인민 지원군 사령원을 다른 쪽으로 하는 아래의 서명자들은 쌍방에 막대한 고통과 유혈을 초래한 한국에서의 충돌을 정지시키기 위하여 …… 정전 조건과 규정을 접수하며 그 제약과 통제를 받는 데 각자 공동 상호 동의한다.
>
> – 정전 협정 [42회]

기출 핵심 키워드 암기

① 1953년 6월 – 이승만 정부가 [ㅂㄱ ㅍㄹ]를 석방하였다. [35회]
② 1953년 7월 – 판문점에서 6·25 전쟁 [ㅈㅈ ㅎㅈ]이 조인되었다. [50회]

정답 ① 반공 포로 ② 정전 협정

전쟁 이후 재건 사업을 진행하다

6·25 전쟁 이후 한국과 미국 사이에 ☆**한·미 상호 방위 조약이 체결**되었다(1953. 10.). 이때부터 주한 미군이 합법적으로 한반도에 주둔할 수 있게 되었다(6·25 전쟁이 터졌을 때 미국이 우리를 도와줄 수 있게 한 '한·미 상호 방위 원조 협정'과 구분하여야 한다.).

전쟁의 결과는 참혹하였다. 국군 99만, 미군 40만, 유엔군 3만이 죽었고, 북한도 인민군이 51만, 중공군 55만 명이 죽었다. 그리고 도로, 주택, 철도 등 사회 간접 시설도 거의 파괴되었다. 그래서 6·25 전쟁으로 폐허가 된 한국을 재건하기 위해 전쟁 중에 '유엔 한국 재건단'이 세워졌다(1950. 12.). 유엔 한국 재건단은 전쟁 후에도 재건 사업을 계속하였는데, 문경 시멘트 공장을 건설한 것이 대표적인 사업이었다(1957).

이승만 정부는 미국의 경제 원조를 받아 ☆**삼백(三白) 산업**이라 불리던 **제분, 제당, 섬유** 공업을 중심으로 생산 활동을 활발하게 전개하였다. 또한 이승만 정부는 전쟁의 아픔을 딛고 '교육'에 지대한 관심을 가졌다. 아무리 힘들어도 아이들은 가르쳐야 한다는 생각에 초등학교(당시에는 국민학교라고 부름) 의무 교육 제도를 실시하였고(1950), 문맹률을 낮추기 위해 '문맹 국민 완전 퇴치 5개년 계획'을 수립하여 추진하기도 했다(1954).

기출 핵심 키워드 암기

① 6·25 전쟁 이후 – [ㅎ·ㅁ ㅅㅎ ㅂㅇ ㅈㅇ]이 체결되었다. [51·45회]

② 6·25 전쟁 이후 – 원조 물자를 가공하는 [ㅅㅂ ㅅㅇ]이 발달하였다. [48·36회]

정답 ① 한·미 상호 방위 조약 ② 삼백 산업

빈출 개념 한눈에 암기하기

1. 제헌 국회의 활동

친일파 청산	• 시행: 반민족 행위 처벌법 제정, 1) ______ (반민특위) 구성 • 한계: 국회 프락치 사건, 경찰의 반민특위 습격 사건, 공소시효 단축 • 결과: 공소시효 만료로 반민특위 해체 → 친일파 청산 실패
농지 개혁	• 시행: 2) ______ 제정 • 원칙: 경자유전의 원칙, 3정보 이상 토지 소유 금지, 유상 매수·유상 분배 • 결과: 사유 재산 인정, 남한의 공산화 저지
귀속 재산 처리	• 시행: 3) ______ 제정(일제가 남긴 재산 처리) • 내용: 일본인 소유의 공장과 주택 등을 민간인에게 저렴한 가격으로 분배

2. 6·25 전쟁

배경	• 북한의 상황: 조선 인민군 창설, 소련과 중국으로부터 무기 지원을 받음 • 남한의 상황: 4) ______ 선언 발표(미국의 극동 방위선에서 한국과 타이완 제외)
전개 과정	북한의 남침 → 서울 함락, 낙동강 방어선 구축 → 유엔군 참전(유엔 안전 보장 이사회의 참전 결정) → 맥아더 장군의 5) ______ → 서울 수복 → 중공군 참전 → 흥남 철수 → 1·4 후퇴 → 서울 재탈환 → 38선 일대에서 전쟁이 교착 상태에 빠짐 → 소련의 제의로 정전 회담 시작 → 군사 분계선 설정 및 포로 송환 문제로 체결 지연 → 이승만의 6) ______ 석방 → 판문점에서 7) ______ 조인
전쟁 이후의 상황	• 8) ______ 체결: 주한 미군의 한반도 주둔 • 9) ______ 발달: 미국의 경제 원조를 받아 제분·제당·섬유 공업 중심으로 생산 활동 전개

정답 1) 반민족 행위 특별 조사 위원회 2) 농지 개혁법 3) 귀속 재산 처리법 4) 애치슨 5) 인천 상륙 작전 6) 반공 포로 7) 정전 협정 8) 한·미 상호 방위 조약 9) 삼백 산업

실전 연습

퀴즈

1 키워드와 관련된 것을 알맞게 연결해보세요.

① 농지 개혁 • • ㉠ 귀속 재산 처리법 제정

② 일제가 남긴 재산 처리 • • ㉡ 반민족 행위 처벌법 제정

③ 친일파 처단 • • ㉢ 농지 개혁법 제정

2 〈보기〉에서 골라 빈칸을 채워보세요.

보기		
삼백 산업	한·미 상호 방위 조약	반공 포로

① 이승만 정부가 (   )를 석방하였다. [35회]

② 6·25 전쟁 이후 (   )이 체결되었다. [51회]

③ 원조 물자를 가공하는 (   )이 발달하였다. [48회]

3 아래 표에 있는 초성을 완성해보세요.

구분	6·25 전쟁
배경	미국이 극동 방위선에서 한국과 타이완을 제외한다는 ㅇㅊㅅ ㅅㅇ을 발표함
전개	북한군의 남침 → 서울 함락 → 낙동강 방어선 구축 → 유엔군 참전 → 인천 상륙 작전 및 서울 탈환 → 중공군 참전 → ㅎㄴ ㅊㅅ 및 1·4 후퇴 → 소련의 제의로 휴전 회담 시작
결과	ㅍㅁㅈ에서 정전 협정이 조인됨

4 아래 기출 사료와 관련 있는 사건을 써보세요.

> …… 말씀하신 대로 인천항은 많은 난점을 안고 있습니다. 이곳은 좁은 단일 수로로 대규모 함정의 진입이 불가능하고, 적이 기뢰를 매설할 경우 많은 피해가 예상됩니다. 이와 같은 어려운 조건 때문에 적군도 이 작전이 불가능하다고 판단할 것입니다. [39회]

→ □□ □□ □□

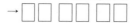

정답

1 ① ㉢ ② ㉠ ③ ㉡ 2 ① 반공 포로 ② 한·미 상호 방위 조약 ③ 삼백 산업 3 애치슨 선언, 흥남 철수, 판문점 4 인천 상륙 작전

대표 기출 문제

1

42회 43번

밑줄 그은 '국회'에 대한 설명으로 옳은 것은? [2점]

지난 5·10 총선을 통해 구성된 국회가 반민족 행위자를 처벌할 수 있는 법안을 통과시켰습니다. 이 법의 적용을 받는 자는 한·일 합방에 협력한 자, 한국의 주권을 침해하는 데 도움을 준 자, 일본 치하 독립운동자나 그 가족을 살상·박해한 자 등입니다. 아울러 반민족 행위를 예비 조사하기 위해 특별 조사 위원회를 설치하기로 했습니다.

① 민의원, 참의원의 양원으로 운영되었다.
② 한·미 자유 무역 협정(FTA)을 비준하였다.
③ 초대 대통령에 한해 중임 제한을 철폐하였다.
④ 유상 매수·유상 분배 원칙의 농지 개혁법을 제정하였다.
⑤ 의원 정수 3분의 1이 통일 주체 국민회의에서 선출되었다.

2

56회 47번

(가)에 들어갈 내용으로 옳은 것은? [2점]

한국사 특강

우리 연구회에서는 '제헌 헌법으로 출범한 제○공화국'이라는 주제로 시민들을 위한 한국사 특강을 마련하였습니다. 많은 관심과 참여 바랍니다.

▣ 특강 내용 ▣

제1강 (가)
제2강 농지 개혁법의 제정 과정
제3강 정전 협정의 체결

- 기간: 2021년 10월 ○○일~○○일
- 시간: 매주 목요일 15:00~17:00
- 장소: □□ 연구회

① 삼청 교육대의 설치
② 새마을 운동의 추진
③ 한·일 기본 조약의 비준
④ 지방 자치제의 전면 실시
⑤ 반민족 행위 처벌법의 제정

3
51회 47번

(가), (나) 사이의 시기에 있었던 사실로 옳은 것은? [2점]

> (가) 북한군의 공격에 밀려 낙동강 방어선으로 후퇴한 제1사단은 다부동 일대에서 북한군 제2군단의 공세에 맞서 8월 3일부터 9월 2일까지 치열한 전투를 벌였다. 이 전투에서 제1사단 12연대는 특공대를 편성, 적 전차 4대를 파괴하는 등 중요한 역할을 수행하며 전투를 승리로 이끌었다.
>
> (나) 개성에서 열린 첫 정전 회담에서 UN군 대표단은 어떠한 정치적 또는 경제적 문제의 논의를 단호히 거부하는 동시에 침략 재발의 방지를 보장하는 화평만이 전쟁을 종식시킬 수 있다고 공산군 대표단에게 경고하였다.

① 애치슨 선언이 발표되었다.
② 흥남 철수 작전이 전개되었다.
③ 여수·순천 10·19 사건이 일어났다.
④ 한·미 상호 방위 조약이 체결되었다.
⑤ 부산에서 발췌 개헌안이 통과되었다.

4
55회 47번

교사의 질문에 대한 학생의 답변으로 옳은 것을 〈보기〉에서 고른 것은? [2점]

이것은 국군과 유엔군이 인천 상륙 작전 이후 10여 일 만에 서울을 수복한 사실을 알리는 전단지입니다. 뒷면에는 맥아더 장군이 서울을 탈환하여 적의 보급선을 끊었으며, 앞으로 힘을 합쳐 공산군을 끝까지 몰아내자는 내용이 있습니다. 이 서울 수복 이후에 있었던 사실을 말해 볼까요?
서울탈환

〈보기〉
ㄱ. 애치슨 선언이 발표됐어요.
ㄴ. 흥남 철수 작전이 전개됐어요.
ㄷ. 소련의 제안으로 정전 회담이 개최됐어요.
ㄹ. 국군이 다부동 전투에서 북한군의 공세를 방어했어요.

① ㄱ, ㄴ ② ㄱ, ㄷ ③ ㄴ, ㄷ ④ ㄴ, ㄹ ⑤ ㄷ, ㄹ

5
42회 43번

다음 조약에 대한 설명으로 옳은 것을 〈보기〉에서 고른 것은? [2점]

> 국제 연합군 총사령관을 한쪽 편으로 하고 조선 인민군 최고 사령관 및 중국 인민 지원군 사령원을 다른 쪽으로 하는 아래의 서명자들은 쌍방에 막대한 고통과 유혈을 초래한 한국에서의 충돌을 정지시키기 위하여, 최후적인 평화적 해결이 달성될 때까지 한국에서의 적대 행위와 일체 무장 행동의 완전한 정지를 보장하는 정전을 확립할 목적으로, 아래의 조항에 기재된 정전 조건과 규정을 접수하며 또 그 제약과 통제를 받는 데 각자 공동 상호 동의한다. 이 조건과 규정들의 의도는 순전히 군사적 성질에 속하는 것이며 이는 오직 한국에서의 교전 쌍방에만 적용한다.

〈보기〉
ㄱ. 포로 송환 문제로 인해 체결이 지연되었다.
ㄴ. 미국과 소련의 군정이 종식되는 계기가 되었다.
ㄷ. 군사 분계선을 확정하고 비무장 지대를 설정하였다.
ㄹ. 미국의 극동 방위선을 조정한 애치슨 선언에 영향을 주었다.

① ㄱ, ㄴ ② ㄱ, ㄷ ③ ㄴ, ㄷ ④ ㄴ, ㄹ ⑤ ㄷ, ㄹ

대표 기출 문제의 정답 및 문제풀이 방법을 다음 페이지에서 확인하세요. →

실전 연습

대표 기출 문제 정답 및 문제풀이 방법

1	2	3	4	5
④	⑤	②	③	②

1 제헌 국회

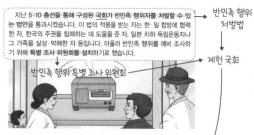

지난 5·10 **총선을 통해 구성된 국회가 반민족 행위자를 처벌할 수 있는 법안**을 통과시켰습니다. 이 법의 적용을 받는 자는 한·일 합방에 협력한 자, 한국의 주권을 침해하는 데 도움을 준 자, 일본 치하 독립운동자나 그 가족을 살상·박해한 자 등입니다. 아울러 반민족 행위를 예비 조사하기 위해 **특별 조사 위원회를 설치**하기로 했습니다.

→ 반민족 행위 처벌법 → 제헌 국회

④ 유상 매수·유상 분배 원칙의 농지 개혁법을 제정하였다.

5·10 총선을 통해 구성되었으며, **반민족 행위자를 처벌할 수 있는 법안(반민족 행위 처벌법)을 통과**시킨 국회는 **제헌 국회**이다. 제헌 국회는 **유상 매수·유상 분배 원칙의 농지 개혁법을 제정**하였다.

오답 체크

① 민의원, 참의원의 **양원**으로 운영되었다.
→ **장면 내각 시기(제5대 국회)**

② **한·미 자유 무역 협정(FTA)**을 비준하였다.
→ **이명박 정부 시기(제18대 국회)**

③ 초대 대통령에 한해 **중임 제한을 철폐**하였다.
→ **이승만 정부 시기(제3대 국회)**

⑤ 의원 정수 3분의 1이 **통일 주체 국민회의**에서 선출되었다.
→ **박정희 정부 시기(제9대~제10대 국회)**

✔ 또 나올 암기 포인트

농지 개혁법

시행	1949년 6월에 농지 개혁법을 제정하고, 1950년부터 농지 개혁이 시행됨
특징	• 경자유전의 원칙(농사짓는 자가 농토를 가짐) • 3정보 이상의 토지 소유 금지 • 유상 매입(3정보 이상의 농지를 소유한 지주에게 평년 생산량의 1.5배 지불) • 유상 분배(평년 생산량의 30%씩, 5년간 총 150%를 국가에 상환)
결과	• 소작농이 감소하고 자영농이 증가 • 6·25 전쟁 당시 남한의 공산화를 막는 데 큰 역할을 함

2 이승만 정부(제헌 국회)

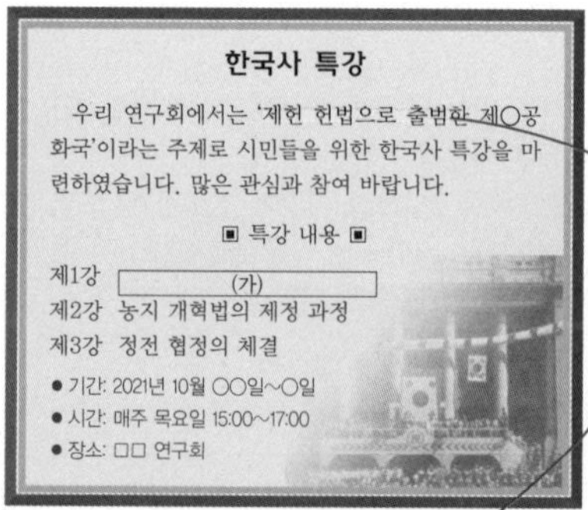
한국사 특강

우리 연구회에서는 '제헌 헌법으로 출범한 제○공화국'이라는 주제로 시민들을 위한 한국사 특강을 마련하였습니다. 많은 관심과 참여 바랍니다.

▣ 특강 내용 ▣

제1강 (가)
제2강 농지 개혁법의 제정 과정
제3강 정전 협정의 체결

● 기간: 2021년 10월 ○○일~○일
● 시간: 매주 목요일 15:00~17:00
● 장소: □□ 연구회

→ 이승만 정부

⑤ 반민족 행위 처벌법의 제정

제헌 헌법으로 출범한 공화국은 제1공화국(이승만 정부)이다. (가)에 들어갈 내용은 이승만 정부에서 발생한 사건이다. 이승만 정부는 대한민국 건국을 선포한 이후, **반민족 행위 처벌법을 제정**하였다(1948. 9.).

오답 체크

① **삼청 교육대**의 설치 → **신군부 집권기**

② **새마을 운동**의 추진 → **박정희 정부**

③ **한·일 기본 조약**의 비준 → **박정희 정부**

④ **지방 자치제**의 전면 실시 → **김영삼 정부**

✔ 또 나올 암기 포인트

제헌 국회의 활동

친일파 청산	• 내용: 반민족 행위 처벌법 제정, 반민족 행위 특별 조사 위원회(반민특위) 출범 • 한계: 정부의 비협조적인 태도, 국회 프락치 사건, 경찰의 반민특위 습격 사건
농지 개혁	농지 개혁법 제정(경자유전의 원칙, 유상 매수·유상 분배)
귀속 재산 처리	귀속 재산 처리법 제정(일제가 남긴 재산 처리)

3 다부동 전투와 정전 회담 시작 사이의 사실

(가) 북한군의 공격에 밀려 낙동강 방어선으로 후퇴한 제1사단은 다부동 일대에서 북한군 제2군단의 공세에 맞서 8월 3일부터 9월 2일까지 치열한 전투를 벌였다. 이 전투에서 제1사단 12연대는 특공대를 편성, 적 전차 4대를 파괴하는 등 중요한 역할을 수행하며 전투를 승리로 이끌었다. → 다부동 전투 승리 (1950. 8.)

(나) 개성에서 열린 첫 정전 회담에서 UN군 대표단은 어떠한 정치적 또는 경제적 문제의 논의를 단호히 거부하는 동시에 침략 재발의 방지를 보장하는 화평만이 전쟁을 종식시킬 수 있다고 공산군 대표단에게 경고하였다. → 정전 회담 시작 (1951)

② 흥남 철수 작전이 전개되었다. → 1950년 12월

(가)는 **다부동 전투**(1950. 8.), (나)는 **정전 회담**(1951)이다. (가), (나) 사이의 시기에 **중공군의 참전으로 전세가 역전**되자, **흥남 철수 작전**으로 유엔군과 국군의 일부가 흥남 항구를 통해 철수하였다(1950. 12.).

오답 체크

① 애치슨 선언이 발표되었다. → **1950년 1월, (가) 이전**
③ 여수·순천 10·19 사건이 일어났다. → **1948년 10월, (가) 이전**
④ 한·미 상호 방위 조약이 체결되었다. → **1953년 10월, (나) 이후**
⑤ 부산에서 발췌 개헌안이 통과되었다. → **1952년 7월, (나) 이후**

4 서울 수복 이후의 사실

이것은 국군과 유엔군이 인천 상륙 작전 이후 10여 일 만에 서울을 수복한 사실을 알리는 전단지입니다. 뒷면에는 맥아더 장군이 서울을 탈환하여 적의 보급선을 끊었으며, 앞으로 힘을 합쳐 공산군을 끝까지 몰아내자는 내용이 있습니다. 이 서울 수복 이후에 있었던 사실을 말해 볼까요?

→ 1950년 9월

③ ㄴ. 흥남 철수 작전이 전개됐어요. → 1950년 12월
ㄷ. 소련의 제안으로 정전 회담이 개최됐어요. → 1951년 7월

1950년 9월 15일에 **인천 상륙 작전을 성공한 국군과 유엔군은 9월 28일에 서울을 수복**하였다. 그러므로 서울 수복 이후란 1950년 9월 28일 이후를 말한다. **흥남 철수 작전이 전개**된 때는 1950년 12월이고, **정전 회담이 개최**된 때는 1951년 7월이다.

오답 체크

ㄱ. 애치슨 선언이 발표됐어요. → **1950년 1월**
ㄹ. 국군이 **다부동 전투**에서 북한군의 공세를 방어했어요. → **1950년 8월**

5 정전 협정

국제 연합군 총사령관을 한쪽 편으로 하고 조선 인민군 최고 사령관 및 중국 인민 지원군 사령원을 다른 쪽으로 하는 아래의 서명자들은 쌍방에 막대한 고통과 유혈을 초래한 한국에서의 충돌을 정지시키기 위하여, 최후적인 평화적 해결이 달성될 때까지 한국에서의 적대 행위와 일체 무장 행동의 완전한 정지를 보장하는 정전을 확립할 목적으로, 아래의 조항에 기재된 정전 조건과 규정을 접수하며 또 그 제약과 통제를 받는 데 각자 공동 상호 동의한다. 이 조건과 규정들의 의도는 순전히 군사적 성질에 속하는 것이며 이는 오직 한국에서의 교전 쌍방에만 적용한다. → 정전 협정

② ㄱ. 포로 송환 문제로 인해 체결이 지연되었다.
ㄷ. 군사 분계선을 확정하고 비무장 지대를 설정하였다.

한국에서의 충돌을 정지하고, **'정전을 확립할 목적'**으로 맺은 이 조약은 정전 협정이다. 정전 협정은 소련이 정전 회담을 제의하면서 시작되었으나 군사 분계선의 설정, **전쟁 포로의 송환 문제 등으로 지연**되었다. 결국 정전 협정이 체결되면서, 한반도에는 전선을 기준으로 **군사 분계선이 확정**되었고, 군사 분계선 남북으로 **비무장 지대가 설정**되었다.

오답 체크

ㄴ. 미국과 소련의 군정이 종식되는 계기가 되었다. → **정전 협정 이전**
ㄹ. 미국의 극동 방위선을 조정한 **애치슨 선언**에 영향을 주었다. → **정전 협정 이전**

또 나올 암기 포인트

6·25 전쟁의 전개 과정

북한의 남침	전쟁 발발(1950) → 서울 함락 → 유엔군 참전 → 낙동강 방어선 구축
↓	
국군과 유엔군의 반격	맥아더 장군의 인천 상륙 작전 → 서울 수복(1950. 9.)
↓	
중공군의 개입	중공군의 북한군 지원 → 국군과 유엔군의 흥남 철수(1950. 12.) → 1·4 후퇴(서울 재함락, 1951. 1.) → 서울 재탈환(1951. 3.) → 38도선 부근에서 전쟁이 교착 상태에 빠짐
↓	
정전 회담 시작	소련의 제의로 회담 시작(1951. 7.) → 군사 분계선 설정 및 포로 송환 문제로 체결 지연 → 이승만의 반공 포로 석방 → 판문점에서 정전 협정 체결(1953. 7.)

인물 이승만, 조봉암, 허정, 장면 개헌 발췌 개헌, 사사오입 개헌 사건 보안법 파동, 4·19 혁명

37강 이승만 정부와 4·19 혁명

이승만 정부는 두 번의 개헌을 통해 장기 집권의 바탕을 마련하였습니다. 이승만 정부 말기에는 4·19 혁명이 일어났는데, 이 단원에서는 그 원인과 결과에 대해서 살펴볼 것입니다.

4·19 혁명, 대학 교수단의 시위 행진 ▶

1 이승만 정부

| 장기 집권을 위해 개헌하다

대한민국은 제헌 헌법이 만들어진 이래, 아홉 번에 걸쳐 헌법을 개정하였다. 이 중 이승만 정부에서 두 번의 개헌이 이루어졌다. 첫 번째 개헌은 6·25 전쟁 중에 있었고, 두 번째 개헌은 전쟁이 끝난 직후에 있었다.

제1차 개헌은 **'발췌 개헌'**이라고 부른다(1952). 대통령 직선제를 중심으로 하는 여당 측의 개헌안과 내각 책임제를 중심으로 하는 야당 측의 개헌안을 '발췌'하여 붙인 헌법 개정안이었기 때문이다. 발췌 개헌은 '정·부통령을 **직접 투표**로 선거한다'는 내용을 주된 골자로 임시 수도 부산에서 계엄령이 내려진 상태에서 기립 표결로 통과되었다. 대통령 직선제를 적용한 제2대 대통령 선거에서 이승만은 재선에 성공하였다.

> 제31조 입법권은 국회가 행한다. 국회는 민의원과 참의원으로써 구성한다.
> 제53조 대통령과 부통령은 국민의 보통, 평등, 직접, 비밀 투표에 의하여 각각 선거한다.
> 부 칙 이 헌법은 공포한 날로부터 시행한다. 단, 참의원에 관한 규정과 참의원의 존재를 전제로 한 규정은 참의원이 구성된 날로부터 시행한다.
> – 제1차 개헌안(발췌 개헌안) 21회

제2차 개헌은 **'사사오입 개헌'**이라고 부른다(1954). 국회의원 203명 가운데 135명만이 찬성하여 개헌에 필요한 136표(국회 재적 의원의 3분의 2 이상의 찬성표)를 얻지 못해 부결되었으나, 자유당이 **사사오입(四捨五入)**의 논리를 내세워 통과시켰기 때문이다.

사사오입 개헌의 주된 내용은 **'헌법 공포 당시의 대통령에 한하여 중임 제한이 철폐**된다.'는 것이었다. 제헌 헌법에 따르면 대통령의 재선은 가능하나 3선은 불가능했다. 하지만 사사오입 개헌을 통해 개헌 당시의 대통령이었던 이승만에 한해서는 '중임 제한 규정'은 적용되지 않았다.

> 第55조 대통령과 부통령의 임기는 4년으로 한다. 단, 재선에 의하여 1차 중임할 수 있다. 대통령이 궐위된 때에는 부통령이 대통령이 되고 잔임 기간 중 재임한다.
>
> 부 칙 이 헌법 공포 당시의 대통령에 대하여는 제55조 제1항 단서의 제한을 적용하지 아니한다.
>
> – 제2차 개헌안(사사오입 개헌안) 50·21회

기출 핵심 키워드 암기

① 발췌 개헌 – 자유당이 정권 연장을 위해 [ㅈㅅㅈ] 개헌안을 통과시켰다. [52회]
② 사사오입 개헌 – 초대 대통령에 한해 [ㅈㅇ ㅈㅎ]을 폐지하는 개헌안이 통과되었다. [58회]

정답 ① 직선제 ② 중임 제한

독재 체제를 강화하다

제3대 대통령 선거 벽보

제2차 개헌에 따라 이승만은 제3대 대통령 선거에 출마할 수 있게 되었다(1956). 제3대 대통령 선거에서 민주당은 '못 살겠다, 갈아보자!'라는 구호를 외쳤고, 자유당은 '갈아봤자 별 수 없다'라는 구호로 응수하였다. 자유당에서는 이승만과 이기붕이 각각 대통령·부통령 후보로 나왔고, 민주당에서는 신익희와 장면이, 무소속으로는 **조봉암**과 박기출이 나왔다. 선거 결과 대통령에는 자유당의 이승만이, 부통령에는 민주당의 장면이 당선되었다.

조봉암은 낙선하였지만, 유효표의 30%를 득표하며 선전하였다. 조봉암은 이승만의 강력한 경쟁자가 되었고, 이에 위기를 느낀 이승만은 반대 세력을 강하게 억압하였다. 2년 후 조봉암을 중심으로 창당된 **진보당의 등록은 취소**되었고(1958), 평화 통일론을 주장하던 **조봉암**은 북한과 내통하였다는 혐의로 구속되어, 결국 처형되었다(1959). 또 자유당 정권은 야당을 탄압하기 위해 국가 보안법을 개정하여 여당인 자유당 단독으로 통과시키기도 했는데, 이것을 **'보안법 파동'**이라고 한다(1958).

기출 핵심 키워드 암기

① 평화 통일론을 주장한 진보당의 [ㅈㅂㅇ]이 구속되었다. [45·42회]
② 국가 보안법 개정안을 통과시킨 이른바 [ㅂㅇㅂ ㅍㄷ]이 발생하였다. [48·43회]

정답 ① 조봉암 ② 보안법 파동

2 4·19 혁명

| 이승만 정권이 무너지다

4·19 혁명이란 1960년 4월 19일에 학생들이 앞장서고 시민들이 적극적으로 참여하였던 민주주의 혁명을 말한다. 4·19 혁명의 원인을 굳이 말하자면 '3不'로 요약할 수 있다. 경제 불황(不況), 부정(不正)부패 그리고 부정(不正) 선거가 4·19 혁명을 촉발하였다.

제4대 대통령·부통령 선거에서 민주당의 대통령 후보가 사망하여 이승만은 단독 후보가 되어있었다. 이승만의 당선은 확실했으나, 문제는 부통령 후보인 이기붕의 인기가 너무 낮았다는 것이다. 그래서 여당인 자유당은 부통령 후보 이기붕의 당선을 위해 투표함 바꿔치기 등의 **3·15 부정 선거를 자행**하였다(1960).

이에 전국에서 3·15 부정 선거에 항의하는 시위가 전개되었다. 그런데 이때 마산상고의 **김주열** 학생이 시위 도중 최루탄에 맞아 사망하는 사고가 발생하였다. 김주열이 마산 앞바다에서 시신으로 발견되면서 시위는 전국적으로 확산되었다. 4월 19일에는 서울을 비롯한 대도시에서 학생들과 시민들의 부정 선거 규탄이 이어졌다. 그중 경무대(청와대)로 향하던 시위 행렬을 향하여 경찰이 발포하여 많은 희생자가 생겼다. 4월 25일에는 대통령 하야를 요구하는 **대학 교수단의 시위 행진**이 있었고, 그다음 날 이승만 대통령은 '국민이 원하면 대통령직을 사임하겠다.'라는 성명을 내고 대통령직에서 하야하였다(1960. 4. 26.). 이승만 대통령은 물러나 하와이로 망명하였고, **허정**이 외무부장관을 겸직하면서 **과도 정부**의 수반(대통령 권한 대행)이 되었다. 허정 과도 정부는 대통령 간선제, **의원 내각제(내각 책임제), 양원제**를 골자로 하는 **제3차 개헌을 단행**하였다(1960. 6.).

3 장면 내각

| 의원 내각제가 실시되다

4·19 혁명의 결과는 '이-허-장'이다. 이승만이 물러나고, 허정이 헌법을 개정하고, 그 결과 장면 내각이 등장했다. 허정 과도 정부의 3차 개헌은 대통령 중심제에서 **의원 내각제**로 바뀌는 계기가 되었고, **양원제 국회**가 출현하는 결과를 가져왔다. 제4차 대통령 선거가 다시 실시되었고, 그 결과 대통령에 민주당의 윤보선, **국무총리**에 민주당의 **장면**이 선출되었다. 새로 생긴 정부는 의원 내각제(내각 책임제)이므로 국무총리가 실권을 가지고 있었다. 그래서 이 정부를 '장면 내각'이라고 부른다. 이때는 국회가 민의원, 참의원의 양원제로 운영되었다.

빈출 개념 한눈에 암기하기

1. 이승만 정부

장기 집권 추진	• 발췌 개헌(제1차 개헌): 6·25 전쟁 중 임시 수도인 부산에서 계엄령을 선포하고 기립 표결로 개헌 통과 → 정·부통령 1) ______ 선거 • 사사오입 개헌(제2차 개헌): 개헌에 필요한 표를 얻지 못함 → 사사오입의 논리로 개헌 통과 → 개헌 당시의 대통령에 한하여 2) ______ 철폐
독재 체제 강화	• 진보당 사건: 조봉암이 진보당 창당 → 3) ______의 등록 취소, 평화 통일론을 주장한 조봉암을 북한과 내통했다는 혐의로 구속 후 처형 • 4) ______: 야당을 탄압하기 위해 국가 보안법 개정안을 여당인 자유당 단독으로 통과시킴

2. 4·19 혁명

배경	3·15 부정 선거: 자유당이 이기붕을 부통령으로 당선시키기 위해 부정 선거 자행(투표함 바꿔치기 등)
전개	5) ______에 항의하는 시위 전개 → 김주열의 시신 발견으로 시위가 전국으로 확산됨 → 4월 19일에 학생과 시민들이 부정 선거 규탄 → 대통령 하야를 요구하는 6) ______의 시위 행진 → 이승만 대통령의 하야 성명 발표
결과	• 7) ______ 과도 정부 수립 → 제3차 개헌[의원 내각제(내각 책임제), 국회 8) ______(참의원·민의원)] • 대통령 윤보선, 국무총리 장면 선출 → 9) ______ 내각 출범

정답 1) 직접 2) 중임 제한 3) 진보당 4) 보안법 파동 5) 3·15 부정 선거 6) 대학 교수단 7) 허정 8) 양원제 9) 장면

실력 UP

실전 연습

퀴즈

1 키워드와 관련된 것을 알맞게 연결해보세요.

① 제3차 개헌 •	• ㉠ 정·부통령 직선제
② 발췌 개헌 •	• ㉡ 내각 책임제
③ 사사오입 개헌 •	• ㉢ 중임 제한 철폐

2 〈보기〉에서 골라 빈칸을 채워보세요.

보기

장면　　조봉암　　보안법 파동

① 평화 통일론을 주장한 진보당의 (　　　　)이 구속되었다. [45회]

② 국가 보안법 개정안을 통과시킨 이른바 (　　　　)이 발생하였다. [48회]

③ 4·19 혁명은 (　　　)내각이 출범하는 배경이 되었다. [51회]

3 아래 표에 있는 초성을 완성해보세요.

구분	4·19 혁명(1960)
배경	부통령에 이기붕을 당선시키기 위해 3·15 ㅂㅈ ㅅㄱ를 자행함
전개	마산에서 시위가 전개됨 → ㄱㅈㅇ의 시신이 발견되면서 시위가 확산됨 → 대학 교수단이 시국 선언문을 발표함 → 이승만 대통령이 하야 성명을 발표함
결과	ㅎㅈ 과도 정부가 수립됨

4 아래 기출 사료와 관련 있는 사건을 써보세요.

제55조 대통령과 부통령의 임기는 4년으로 한다. 단, 재선에 의하여 1차 중임할 수 있다.

부　칙 이 헌법 공포 당시의 대통령에 대하여는 제55조 제1항 단서의 제한을 적용하지 아니한다.

[50회]

→ □□□□ □□

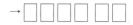

정답

1 ① ㉡ ② ㉠ ③ ㉢　2 ① 조봉암 ② 보안법 파동 ③ 장면

3 3·15 부정 선거, 김주열, 허정　4 사사오입 개헌

대표 기출 문제

1

44회 47번

다음 상황 이후에 전개된 사실로 옳은 것은? [2점]

> 5월 26일, 부산에서 국회의원 통근 버스가 헌병대로 강제 연행되어 탑승한 야당 의원 50여 명이 구금당하는 사태가 벌어졌다. 내각 책임제를 추진하던 주동 의원들이 체포되었으며, 국제 공산당 사건 혐의로 10여 명의 국회의원이 구속되었다.

① 북한의 전면적인 남침으로 6·25 전쟁이 발발하였다.

② 경찰이 반민족 행위 특별 조사 위원회를 습격하였다.

③ 정·부통령 직접 선거를 주 내용으로 하는 개헌이 이루어졌다.

④ 전조선 정당 사회 단체 지도자 협의회가 성명서를 발표하였다.

⑤ 일제가 남긴 재산 처리를 위한 귀속 재산 처리법이 처음 제정되었다.

2

45회 46번

밑줄 그은 '개헌안'의 시행 결과로 옳은 것은? [2점]

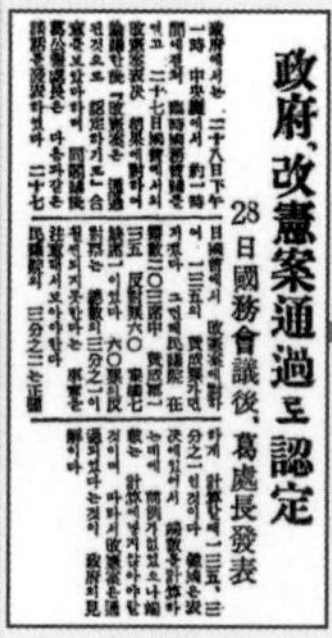
政府, 改憲案通過로 認定

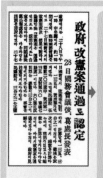

28日國務會議後, 葛處長發表

정부, 개헌안 통과로 인정

– 28일 국무 회의 후, 갈 처장 발표 –

27일 국회에서 개헌안에 대하여 135표의 찬성표가 던져졌다. 그런데 민의원 재적수 203석 중 찬성표 135, 반대표 60, 기권 7, 결석 1이었다. 60표의 반대표는 총수의 3분의 1이 훨씬 되지 못하다는 사실을 잘 주의해서 보아야 한다. 민의원의 3분의 2는 정확하게 계산할 때 $135\frac{1}{3}$인 것이다. 한국은 표결에 있어서 단수(端數)*를 계산하는 데에 전례가 없었으나 단수는 계산에 넣지 않아야 할 것이며 따라서 개헌안은 통과되었다는 것이 정부의 견해이다.

*단수(端數): '일정한 수에 차고 남는 수'로, 여기에서는 소수점 이하의 수를 의미함

① 대통령 중심제가 의원 내각제로 바뀌었다.

② 통일 주체 국민회의에서 대통령이 선출되었다.

③ 개헌 당시의 대통령에 한하여 중임 제한이 철폐되었다.

④ 선거인단이 선출하는 7년 단임의 대통령제가 실시되었다.

⑤ 우리나라 최초의 보통 선거인 5·10 총선거가 실시되었다.

3

59회 45번

밑줄 그은 '이 사건'이 일어난 시기를 연표에서 옳게 고른 것은? [3점]

1. 이 사건은 검찰이 아무런 증거도 없이 공소 사실도 특정하지 못한 채 조봉암 등 진보당 간부들에 대해 국가 변란 혐의로 기소를 하였고 ……

⋮

5. 이 사건은 정권에 위협이 되는 야당 정치인을 제거하려는 의도에서 표적 수사에 나서 극형인 사형에 처한 것으로 민주 국가에서 있어서는 안 될 비인도적, 반인권적 인권 유린이자 정치 탄압 사건이다.

6. 국가는 …… 피해자와 유가족에게 총체적으로 사과하고 화해를 이루는 등 적절한 조치를 취하여야 하며, 명예를 회복시키기 위해 형사소송법이 정한 바에 따라 재심 등 상응한 조치를 취하는 것이 필요하다.

–「진실·화해를 위한 과거사 정리 위원회 조사 보고서」

1948		1954		1960		1965		1969		1974
대한민국 정부 수립	(가)	사사오입 개헌	(나)	4·19 혁명	(다)	한·일 기본 조약	(라)	3선 개헌	(마)	인민 혁명당 재건위 사건

① (가) ② (나) ③ (다) ④ (라) ⑤ (마)

4

43회 47번

(가) 정부 시기에 있었던 사실로 옳은 것은? [2점]

이 사건은 '평화 통일'을 주장하는 조봉암이 제3대 대통령 선거에서 200여만 표 이상을 얻어 (가) 정권에 위협적인 정치인으로 부상하자 조봉암이 이끄는 진보당의 민의원 총선 진출을 막고 조봉암을 제거하려는 (가) 정권의 의도가 작용하여 서울시경이 조봉암 등 간부들을 국가변란 혐의로 체포하여 조사하였고, 민간인에 대한 수사권이 없는 육군 특무대가 조봉암을 간첩 혐의로 수사에 나서 재판을 통해 처형에 이르게 한 것으로 인정되는 비인도적, 반인권적 인권 유린이자 정치 탄압 사건이다.

–「진보당 조봉암 사건 결정 요지」

① 통일 주체 국민회의 대의원이 선출되었다.
② 농촌 근대화를 표방한 새마을 운동이 전개되었다.
③ 사회 정화를 명분으로 삼청 교육대가 설치되었다.
④ 한·독 정부 간의 협정에 따라 서독으로 광부가 파견되었다.
⑤ 국가 보안법 개정안을 통과시킨 이른바 보안법 파동이 일어났다.

5

52회 46번

밑줄 그은 '이 사건' 이후에 있었던 사실로 옳은 것은? [2점]

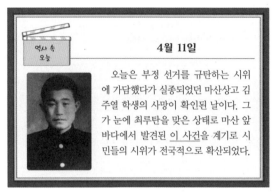

역사 속 오늘

4월 11일

오늘은 부정 선거를 규탄하는 시위에 가담했다가 실종되었던 마산상고 김주열 학생의 사망이 확인된 날이다. 그가 눈에 최루탄을 맞은 상태로 마산 앞바다에서 발견된 이 사건을 계기로 시민들의 시위가 전국적으로 확산되었다.

① 조봉암을 중심으로 진보당이 창당되었다.
② 반민족 행위 특별 조사 위원회가 설치되었다.
③ 허정을 수반으로 하는 과도 정부가 수립되었다.
④ 귀속 재산 관리를 위해 신한 공사가 설립되었다.
⑤ 자유당이 정권 연장을 위해 직선제 개헌안을 통과시켰다.

6

46회 46번

밑줄 그은 '헌법'이 적용된 시기에 있었던 사실로 옳은 것은? [3점]

민주당의 윤보선 의원이 국회에서 208표를 얻어 대통령에 당선되었습니다. 내각 책임제를 골자로 개정된 헌법에 따라 선출된 윤보선 대통령은 국가의 원수로서 나라를 대표하고, 국무총리 지명권과 긴급 재정 처분권, 그리고 국군 통수권 등의 권한을 가지며 임기는 5년입니다.

① 반민족 행위 처벌법이 제정되었다.
② 통일 주체 국민회의가 조직되었다.
③ 2년 임기의 국회의원이 선출되었다.
④ 조봉암을 중심으로 진보당이 창당되었다.
⑤ 국회가 민의원, 참의원의 양원으로 운영되었다.

대표 기출 문제의 정답 및 문제풀이 방법을 다음 페이지에서 확인하세요. ➜

실전 연습

대표 기출 문제 정답 및 문제풀이 방법

1	2	3	4	5	6
③	③	②	⑤	③	⑤

1 부산 정치 파동 이후의 사실

> 5월 26일, 부산에서 국회의원 통근 버스가 헌병대로 강제 연행되어 탑승한 야당 의원 50여 명이 구금당하는 사태가 벌어졌다. 내각 책임제를 추진하던 주동 의원들이 체포되었으며, 국제 공산당 사건 혐의로 10여 명의 국회의원이 구속되었다.
>
> → 부산 정치 파동

③ 정·부통령 직접 선거를 주 내용으로 하는 개헌이 이루어졌다. → 발췌 개헌

이승만 정부는 6·25 전쟁 중 임시 수도였던 **부산에서 계엄령을 선포**하고, **내각 책임제를 추진하던 야당 의원들을 국제 공산당의 자금을 받았다는 혐의로 구속**하였다(부산 정치 파동). 이후 **정·부통령 직접 선거를 주 내용으로 하는 발췌 개헌이 이루어졌다**(1952).

오답 체크

① 북한의 전면적인 남침으로 6·25 **전쟁이 발발**하였다.
→ **부산 정치 파동 이전**

② 경찰이 **반민족 행위 특별 조사 위원회를 습격**하였다.
→ **부산 정치 파동 이전**

④ **전조선 정당 사회 단체 지도자 협의회**가 성명서를 발표하였다.
→ **남북 협상, 부산 정치 파동 이전**

⑤ 일제가 남긴 재산 처리를 위한 **귀속 재산 처리법**이 처음 제정되었다. → **부산 정치 파동 이전**

또 나올 암기 포인트

발췌 개헌(1952)

배경	국회에서 치르는 간선제로는 재선이 어렵다고 판단한 이승만이 대통령 직선제 개헌을 시도함
전개	이승만이 개헌 추진을 논의함 → 야당 국회의원들이 반발함 → 계엄령을 선포하고 야당 국회의원들을 구속함(부산 정치 파동) → 군경이 국회를 포위한 가운데 기립 표결로 발췌 개헌안이 통과됨(1952. 7.)
결과	1952년에 실시된 제2대 대통령 선거에서 이승만이 재선에 성공함

2 사사오입 개헌

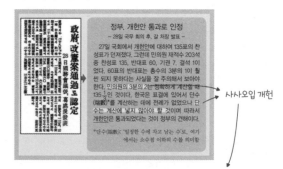

> **정부, 개헌안 통과로 인정**
> – 28일 국무 회의 후, 갈 처장 발표 –
>
> 27일 국회에서 개헌안에 대하여 135표의 찬성표가 던져졌다. 그런데 민의원 재적수 203석 중 찬성표 135, 반대표 60, 기권 7, 결석 1이었다. 60표의 반대표는 총수의 3분의 1이 훨씬 되지 못하다는 사실을 잘 주의해서 보아야 한다. 민의원의 3분의 2는 정확하게 계산할 때 135 $\frac{1}{3}$인 것이다. 한국은 표결에 있어서 단수(端數)*를 계산하는 데에 전례가 없었으나 단수는 계산에 넣지 않아야 할 것이며 따라서 개헌안은 통과되었다는 것이 정부의 견해이다.
>
> *단수(端數): '일정한 수에 차고 남는 수'로, 여기에서는 소수점 이하의 수를 의미함
>
> → 사사오입 개헌

③ 개헌 당시의 대통령에 한하여 중임 제한이 철폐되었다.

사사오입 개헌은 **국회 재적 의원 3분의 2 이상의 찬성표를 얻지 못해 부결**되었으나, 자유당이 **사사오입(반올림)의 논리로 단수(소수점 이하의 수)는 계산에 넣지 않아야 한다며 개헌안을 통과**시켰다. 이 개헌으로 **개헌 당시의 대통령(초대 대통령)에 한해 중임 제한이 철폐**되었다.

오답 체크

① 대통령 중심제가 **의원 내각제**로 바뀌었다. → **제3차 개헌**

② **통일 주체 국민회의**에서 대통령이 선출되었다.
→ **제7차 개헌(유신 헌법)**

④ 선거인단이 선출하는 **7년 단임의 대통령제**가 실시되었다.
→ **제8차 개헌**

⑤ 우리나라 최초의 보통 선거인 **5·10 총선거**가 실시되었다.
→ **제헌 헌법 공포 이전**

또 나올 암기 포인트

사사오입 개헌(1954)

배경	자유당이 이승만의 장기 집권을 위해 헌법 공포 당시의 대통령에 한하여 중임 제한을 철폐한다는 내용으로 개헌을 시도함
전개	개헌 의석 수(136석)를 넘지 못해 부결 → 이틀 후 사사오입(반올림)이라는 논리를 내세워 야당 국회의원들이 퇴장한 가운데 개헌안을 통과시킴
결과	1956년에 실시된 제3대 대통령 선거에서 이승만이 대통령에 당선됨

3 진보당 사건

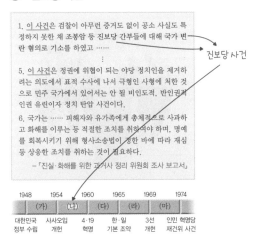

1. 이 사건은 검찰이 아무런 증거도 없이 공소 사실도 특정하지 못한 채 조봉암 등 진보당 간부들에 대해 국가 변란 혐의로 기소를 하였고 ……
⋮
5. 이 사건은 정권에 위협이 되는 야당 정치인을 제거하려는 의도에서 표적 수사에 나서 극형인 사형에 처한 것으로 민주 국가에서 있어서는 안 될 비인도적, 반인권적 인권 유린이자 정치 탄압 사건이다.
6. 국가는 …… 피해자와 유가족에게 총체적으로 사과하고 화해를 이루는 등 적절한 조치를 취하여야 하며, 명예를 회복시키기 위해 형사소송법이 정한 바에 따라 재심 등 상응한 조치를 취하는 것이 필요하다.

– 「진실·화해를 위한 과거사 정리 위원회 조사 보고서」

진보당 사건

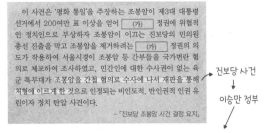

1948		1954		1960		1965		1969		1974
	(가)		(나)		(다)		(라)		(마)	
대한민국 정부 수립		사사오입 개헌		4·19 혁명		한·일 기본 조약		3선 개헌		인민 혁명당 재건위 사건

②(나)

조봉암은 1956년 제3대 정·부통령 선거에 무소속으로 출마하여 전체 유효 투표자 수의 30%를 얻었다. 조봉암은 다음 해에 **진보당**을 **창당**하고 위원장에 선임되었으나, 1958년 **국가 변란 혐의로** 기소되어(**진보당 사건**), 1959년 **사형이 집행**되었다.

4 이승만 정부

이 사건은 '평화 통일'을 주장하는 조봉암이 제3대 대통령 선거에서 200여만 표 이상을 얻어 (가) 정권에 위협적인 정치인으로 부상하자 조봉암이 이끄는 진보당의 민의원 총선 진출을 막고 조봉암을 제거하려는 (가) 정권의 의도가 작용하여 서울시경이 조봉암 등 간부들을 국가변란 혐의로 체포하여 조사하였고, 민간인에 대한 수사권이 없는 육군 특무대가 조봉암을 간첩 혐의로 수사에 나서 재판을 통해 처형에 이르게 한 것으로 인정되는 비인도적, 반인권적 인권 유린이자 정치 탄압 사건이다.

– 「진보당 조봉암 사건 결정 요지」

진보당 사건 → 이승만 정부

⑤ 국가 보안법 개정안을 통과시킨 이른바 보안법 파동이 일어났다.

이승만 정부는 제3대 대선에서 조봉암이 선전한 것에 위기감을 느껴 **조봉암을 포함한 진보당 간부들을 간첩 혐의로 구속하고 조봉암을 처형**하였다(진보당 사건). 또한 이승만 정부는 **자유당 단독으로 국가 보안법 개정안을 통과**시켰다(보안법 파동).

오답 체크

① 통일 주체 **국민회의**에서 대의원이 선출되었다. → **박정희 정부**
② 농촌 근대화를 표방한 **새마을 운동**이 전개되었다. → **박정희 정부**
③ 사회 정화를 명분으로 **삼청 교육대**가 설치되었다.
→ **신군부 정권 시기**
④ 한·독 정부 간의 협정에 따라 **서독**으로 **광부가 파견**되었다.
→ **박정희 정부**

5 김주열 시신 발견 이후의 사실

역사 속 오늘

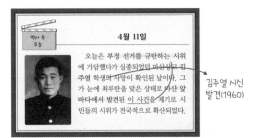

4월 11일

오늘은 부정 선거를 규탄하는 시위에 가담했다가 실종되었던 마산상고 김주열 학생의 사망이 확인된 날이다. 그가 눈에 최루탄을 맞은 상태로 마산 앞바다에서 발견된 이 사건을 계기로 시민들의 시위가 전국적으로 확산되었다.

김주열 시신 발견(1960)

③ 허정을 수반으로 하는 과도 정부가 수립되었다. → 1960년

부정 선거를 규탄하는 시위에 가담했다가 실종되었던 마산상고 **김주열** 학생의 시신이 **마산 앞바다에서 발견**되면서 확산된 이 사건은 4·19 혁명이다(1960). 4·19 혁명의 결과 **이승만이 대통령직에서 물러났으며, 허정을 수반으로 한 과도 정부가 수립되었다**(1960).

오답 체크

① 조봉암을 중심으로 **진보당**이 창당되었다. → **1956년**
② **반민족 행위 특별 조사 위원회**가 설치되었다. → **1948년**
④ 귀속 재산 관리를 위해 **신한 공사**가 설립되었다. → **1946년**
⑤ **자유당**이 정권 연장을 위해 **직선제 개헌안**을 통과시켰다. → **1952년**

6 제3차 개헌이 적용된 시기의 사실

민주당의 윤보선 의원이 국회에서 208표를 얻어 대통령에 당선되었습니다. 내각 책임제를 골자로 개정된 헌법에 따라 선출된 윤보선 대통령은 국가의 원수로서 나라를 대표하고, 국무총리 지명권과 긴급 재정 처분권, 그리고 국군 통수권 등의 권한을 가지며 임기는 5년입니다.

제3차 개헌안

⑤ 국회가 민의원, 참의원의 양원으로 운영되었다.

내각 책임제를 골자로 개정된 헌법이란 허정의 과도 정부가 단행한 제3차 개헌이다(1960). 제3차 개헌에 따라 **윤보선이 대통령**으로 선출되고, **장면이 국무총리**로 선출되었으며, **국회는 민의원·참의원의 양원으로 운영**되었다.

오답 체크

① **반민족 행위 처벌법**이 제정되었다. → **제헌 헌법 적용 시기**
② **통일 주체 국민회의**가 조직되었다. → **유신 헌법 적용 시기**
③ 2년 임기의 **국회의원**이 선출되었다.
→ **5·10 총선거, 제헌 헌법 제정 이전**
④ 조봉암을 중심으로 **진보당이 창당**되었다.
→ **사사오입 개헌안 적용 시기**

인물 박정희, 전태일 개헌 3선 개헌, 유신 헌법(제7차 개헌) 사건 YH 무역 사건, 부·마 항쟁

38강 박정희 정부

박정희 정부는 현대사에서 가장 많은 부분을 차지합니다. 1960년대에는 한·일 협정과 베트남 파병으로 전국이 떠들썩했습니다. 1970년대에는 유신 체제에 반대하는 민주화 시위가 이어졌고, 결국 1979년에 유신 체제는 막을 내렸습니다. 그럼에도 불구하고 박정희 정부 시기에는 수출이 크게 늘었습니다.

5·16 군사 정변 ▶

1 박정희 정부와 유신 체제

5·16 군사 정변, 군인들이 정권을 장악하다

박정희는 1961년 **5·16 군사 정변**으로 역사에 등장하였다. 장면 내각이 경제 제일주의를 내세우며 감군 정책을 추진하자, 내각의 무능 등을 구실로 쿠데타를 일으켜 장면 내각을 붕괴시키고 정권을 잡았다. 박정희는 당시에 5·16 군사 정변을 '5·16 군사 혁명'이라고 불렀다. 소위 '혁명'을 성공시킨 박정희는 **군사 혁명 위원회**의 이름으로 반공을 국시로 내건 혁명 공약을 발표하였다. 군사 혁명 위원회는 곧 **'국가 재건 최고 회의'**로 개편되었다. 박정희의 등장은 '5, 5, 5, 5'로 정리할 수 있다. '5·16 군사 정변'으로 정권을 잡은 박정희는 대통령 직선제를 골자로 하는 '제5차 개헌'을 단행하였다. 새 헌법에 따라 실시된 대통령 선거에서 '제5대 대통령'으로 당선되면서 박정희 정부가 출범하였다(1963. 12.). 그리고 5대, 6대, 7대, 8대, 9대 이렇게 '다섯 번' 대통령이 되었다.

제3공화국(1963~1972)이 형성되다

박정희 정부는 1972년 말에 유신 헌법(제7차 개헌)으로 통치 체계가 완전히 바뀌었기 때문에, 이것을 기준으로 제3공화국(1963~1972. 10.)과 제4공화국(1972~1981)으로 구분한다. (물론 박정희는 1979년에 사망하였으므로 제4공화국이란 최규하 정부와 전두환 정부의 초기까지를 포함한다.)

제3공화국 박정희 정부는 일본과의 국교를 정상화하기 위해 **한·일 협정(한·일 기본 조약)**을 추진하였다. 처음에는 우리 쪽 대표인 김종필과 일본 쪽 대표인 오히라가 비밀 메모를 주고받으며 '말없

이' 진행하여 회담 주요 의제가 결정되었다(1962). 그중 일부의 내용이 알려지게 되어 이 협정을 '굴욕적'이라고 느낀 국민이 **'한·일 국교 정상화'를 반대하는 시위를 전개**하였다(6·3 시위, 1964). 그럼에도 불구하고 한·일 협정은 국회를 통과하여 비준되었다(1965).

제3공화국 박정희 정부 시기에 베트남이 공산화될 위기에 처해 있었다. 자유 우방의 지원으로 6·25 전쟁을 잘 막아낸 한국 입장에서는 베트남 사태를 그냥 바라볼 수만은 없는 입장이었다. 베트남 전쟁이 확대되면서 미국이 한국군의 베트남 파병을 요청하였다. 박정희 정부는 베트남에 파병하는 조건으로 전쟁터의 각종 장비를 지원받기로 했다. 미국 정부는 **'브라운 각서'**를 통해 우리 정부에 보상을 약속하였다(1966). 한국군의 현대화와 추가 파병으로 인한 장비와 경비를 미국에서 부담하기로 한 것이다. 베트남 파병에 따른 특수로 경기가 활성화되었다.

> 1. 한국에 있는 한국군의 현대화 계획을 위하여 앞으로 수년에 걸쳐 상당량의 장비를 제공한다.
> 2. 월남에 파견되는 추가 병력에 필요한 장비를 제공하는 한편, 파월 추가 병력에 따르는 모든 추가적 원화 경비를 부담한다.
>
> – 브라운 각서 [41·31회]

한국은 1964년에 베트남에 파병해서, 미국이 베트남에서 철수하던 1973년까지 베트남의 자유 우방을 지원하였다. 그러나 미국과 우리나라가 베트남전에서 발을 빼자마자 베트남은 공산화되었다.

기출 핵심 키워드 암기

① 박정희 정부 – 한·일 국교 정상화에 반대하는 [6·3 ㅅㅇ]가 전개되었다. [55회]
② 박정희 정부 – 베트남 파병에 관한 [ㅂㄹㅇ ㄱㅅ]가 체결되었다. [58·49회]

정답 ① 6·3 시위 ② 브라운 각서

장기 집권을 위한 개헌을 추진하다

박정희는 세 번 개헌을 했다. 대통령이 되기 직전에 제5차 개헌을 했고(1962), 대통령이 된 이후에 제6차 개헌(1969)과 제7차 개헌(1972)을 했다. 이 중 제6차 개헌을 **'3선 개헌'**이라고 한다. 박정희도 역시 기존 헌법에 따라 재선까지만 가능한 상태였기 때문에 장기 집권을 위해서는 헌법 개정이 필요했다. 박정희 정부가 대통령의 **3선 연임**이 가능한 헌법 개정을 추진하자, 반대 세력은 '3선 개헌 반대 투쟁'을 전개하였다. 그러나 결국 3선 개헌은 이루어졌고, 이후 제7대 대선에서 박정희가 김대중을 누르고 당선되었다(1971).

기출 핵심 키워드 암기

박정희 정부 – 장기 집권을 위한 [3ㅅ ㄱㅎㅇ]이 통과되었다. [49회]

정답 3선 개헌안

유신 체제(제4공화국)가 성립되다

1972년 10월 **유신(維新) 체제**가 선포되고, 그다음 달 **유신 헌법(제7차 개헌)**이 국민 투표로 확정되었다. 유신 헌법은 국회가 아닌 **'통일 주체 국민회의'에서 임기 6년의 대통령을 선출**하는 방식을 채택하고, **국회의원의 3분의 1을 선출**하도록 하였다. 여기서 3분의 1은 모두 대통령이 추천한 인물들이었다. 또한 유신 헌법은 대통령에게 국민의 자유와 권리를 잠정적으로 정지할 수 있는 **'긴급 조치권'**이라는 특별한 권리도 부여하였다. 1974년에 긴급 조치 제1호가 발동했고, 1975년에 발동한 긴급 조치 제9호는 1979년까지 지속되었다. 이 긴급 조치 제9호의 시대를 사람들은 '전 국토의 감옥화'라고 조롱하기도 하였다.

> 제39조 ① 대통령은 통일 주체 국민회의에서 토론 없이 무기명 투표로 선거한다.
> 제52조 ② 대통령은 …… 국민의 자유와 권리를 잠정적으로 정지하는 긴급 조치를 할 수 있고, 정부나 법원의 권한에 관하여 긴급 조치를 할 수 있다.
> \- 제7차 개헌안(유신 헌법) [43회]

유신 체제에 대한 저항도 거세었다. 재야인사들은 **개헌 청원 1백만인 서명 운동**을 벌이기도 했고(1973), 이 과정에서 박정희 대통령의 부인인 육영수 여사가 피살되기도 하였다(1974). 또한 윤보선, 김대중, 문익환 등은 3·1절 '쉰 일곱 돌'을 맞으며 열렸던 명동 성당의 기념 미사에서 긴급 조치 철폐, 박정희 퇴진 등을 요구하며 **3·1 민주 구국 선언**을 발표하기도 하였다(1976). 이것은 유신 체제에서의 가장 큰 반정부 선언이었기에, 관련자들은 실형 선고를 받았다.

기출 핵심 키워드 암기

① 박정희 정부 – [ㅌㅇ ㅈㅊ ㄱㅁㅎㅇ]에서 대통령이 선출되었다. [58·45회]
② 제7차 개헌안(유신 헌법) – 대통령의 [ㄱㅎㅇㅇ] 1/3 추천 조항을 담고 있다. [50회]

정답 ① 통일 주체 국민회의 ② 국회의원

유신 체제가 붕괴되다

1979년 8월, 가발 제조 업체인 **YH 무역**이 공장을 불법 폐쇄하여 이 회사의 노동자들이 농성을 벌이는 사건이 일어났다. 정부는 이 농성을 강경 진압하고(**YH 무역 사건**), 이를 지지하던 **김영삼 신민당 총재의 의원직을 박탈**하였다(1979. 10. 4.). 이에 '해도 해도 너무 한다.'라며 **부산과 마산**에서 대규모 반정부 시위가 일어났다(**부·마 민주 항쟁**, 1979. 10. 16.~20.). 그리고 며칠 후 박정희 대통령이 부하인 중앙정보부장 김재규에 의해 피살되는 **10·26 사태**가 일어났고(1979. 10. 26.), 이것으로 유신 체제는 막을 내렸다.

기출 핵심 키워드 암기

박정희 정부 – YH 무역 사건 이후 [ㅂ·ㅁ ㅁㅈ ㅎㅈ]이 일어났다. [52회]

정답 부·마 민주 항쟁

2 박정희 정부의 경제·사회·통일 정책

| 경제 개발 5개년 계획을 추진하다

장면 내각이 경제 개발 5개년 계획을 수립하였으나, 5·16 군사 정변으로 중단되었다. 권력을 잡은 박정희는 1962년부터 제1차 경제 개발 5개년 계획을 추진하였고, 이후 제2차(1967~1971), 제3차(1972~1976), 제4차(1977~1981) 경제 개발 5개년 계획을 이어서 추진하였다.

제1·2차 경제 개발 5개년 계획은 **'경공업'** 육성을 중심으로 하였다. 이때 경제 개발을 위해 '달러'가 필요해서 서독(통일 이전의 서쪽 독일)에 광부(1963)와 간호사(1966)를 파견하기도 했고, 한·일 협정을 체결하기도 했다(1965). 베트남에 군대를 보낸 것은 수출을 늘리기 위한 목적이기도 했다(1964). 그리고 사회 간접 시설 확충의 일환으로 ☆**경부 고속도로를 개통**하였다(1970). '급격한 도시화'가 일어났으나 그 이면에는 어두운 그늘이 있었다. ☆**전태일이 근로기준법 준수를 요구하며 분신**하기도 했고(1970), 서울시에서 광주 대단지(지금의 성남시)로 강제 이주된 철거민들이 생업 대책을 세워주지 않는 정부에 반발한 **광주 대단지 사건**이 일어나기도 했다(1971).

기출 한 컷 41회

제3·4차 경제 개발 5개년 계획은 **'중화학 공업'** 육성을 중심으로 하였다. 이때에는 두 차례에 걸친 **석유 파동**으로 한국 경제에 큰 위기가 찾아오기도 했다(1973~1974, 1978~1980). 그러나 역설적이게도 이때 중화학 공업이 성장하면서 수출이 크게 늘어 **'수출 100억 달러'** 및 '1인당 국민 총 생산 1,000달러'를 달성하였다(1977).

기출 핵심 키워드 암기

① 박정희 정부 – [ㄱㅂ ㄱㅅㄷㄹ]를 준공하였다. [56회]
② 박정희 정부 – [ㅈㅌㅇ]이 근로기준법 준수를 외치며 분신하였다. [52·46회]

정답 ① 경부 고속도로 ② 전태일

| 교육·사회 정책을 시행하다

박정희 정부는 1960년대부터 재건 국민운동 본부를 중심으로 혼식과 분식을 장려하는 정책을 시행하였다. 1969년 1월부터 매주 수요일과 토요일을 '분식의 날', '쌀이 없는 날'로 지정하였다. 이후 통일벼라는 다수확 품종의 보급으로 쌀의 자급이 달성되자, 정부는 1977년에 분식의 날을 해제하였다.

한편, 이승만 정부가 1950년대에 초등학교 의무 교육제를 시행하였다면, 박정희 정부는 1960년대에 정부가 주도하여 교육 지표를 세우겠다며 ☆**국민 교육 헌장을 공포**하였고(1968), ☆**중학교 무시험 추첨제를 시행**하였다(1969). 또한 1970년대에는 **고등학교 연합고사와 고교 평준화를 실시**하였다(1974).

박정희 정부는 허례허식과 낭비를 없애기 위한 법령으로 가정의례 준칙을 제정하였다(1969). 혼례, 상례, 제례, 회갑연 등을 할 때 하객에게 과도한 접대를 하는 것을 막는 등의 준칙을 제정한 것이다. 그러나 뿌리 깊은 전통으로 인해 이 준칙은 잘 지켜지지 않았다.

박정희 정부는 낙후된 농촌 사회의 소득을 올리고 생활 환경을 개선하기 위해 ☆**새마을 운동을 전개**하였다(1970). 당시 사람들은 '잘 살아보세, 잘 살아보세, 우리도 한 번 잘 살아보세'를 외치며 '초가집도 없애고, 마을 길도 넓히는' 새마을 운동에 적극적으로 동참하였다.

기출 핵심 키워드 암기

① 박정희 정부 - 교육의 지표를 제시한 [ㄱㅁ ㄱㅇ ㅎㅈ]을 선포하였다. [56회]
② 박정희 정부 - 중학교 입시 제도를 폐지하고 [ㅁㅅㅎ ㅊㅊㅈ]를 실시하였다. [54·48회]
③ 박정희 정부 - 농촌 근대화를 표방하는 [ㅅㅁㅇ ㅇㄷ]이 추진되었다. [57회]

정답 ① 국민 교육 헌장 ② 무시험 추첨제 ③ 새마을 운동

분단 이후 최초로 남북 대화가 시작되다

닉슨 독트린에 의해 미국과 소련의 사이가 '갑자기' 좋아지면서 주한 미군 일부가 철수하였다. 군사비 부담이 과중하였던 남한과 북한은 대화에 적극적으로 나섰다. 그 결과 제1차 남북 적십자 회담이 개최되었다(1971~1972). 이 과정에서 ☆**7·4 남북 공동 성명이 발표**되었다(1972).

> 쌍방은 다음과 같은 조국 통일 원칙들에 합의를 보았다.
> 첫째, 통일은 외세에 의존하거나 외세의 간섭을 받음이 없이 자주적으로 해결해야 한다.
> 둘째, 통일은 상대방을 반대하는 무력 행사에 의거하지 않고 평화적 방법으로 실현하여야 한다.
> 셋째, 사상과 이념, 제도의 차이를 초월하여 하나의 민족으로서 민족적 대단결을 도모하여야 한다.
>
> \- 7·4 남북 공동 성명 [32회]

7·4 남북 공동 성명은 분단 이후 처음으로 남한과 북한이 공동으로 발표한 성명이었으며, '자주 통일, 평화 통일, 민족적 대단결'이라는 **통일의 3대 원칙**을 명시하였다. 이 성명의 결과 통일 문제를 협의하기 위한 ☆**남북 조절 위원회가 설치**되었고, 남북 회담용 **상설 직통 전화가 가설**되었다.

기출 핵심 키워드 암기

박정희 정부 - [7·4 ㄴㅂ ㄱㄷ ㅅㅁ]을 실천하기 위한 [ㄴㅂ ㅈㅈ ㅇㅇㅎ]를 구성하였다. [58회]

정답 7·4 남북 공동 성명, 남북 조절 위원회

빈출 개념 한눈에 암기하기

1. 박정희 정부와 유신 체제

5·16 군사 정변	박정희가 쿠데타를 일으켜 정권 장악, 군사 혁명 위원회(→ 국가 재건 최고 회의) 구성 및 반공을 국시로 내건 혁명 공약 발표
박정희 정부	• 한·일 국교 정상화: 한·일 회담 → 1) ______ (굴욕적 대일 외교 반대) → 한·일 협정 체결 • 베트남 파병: 미국의 요청에 따라 군대 파병, 베트남 파병에 관한 2) ______ 체결 • 3선 개헌: 대통령의 3선 연임 가능(제6차 개헌)
유신 체제	• 성립: 유신 체제 선포 후 국민 투표로 유신 헌법(제7차 개헌) 확정 • 내용: 3) ______ 에서 대통령 선출, 대통령의 권한 강화(4) ______ 1/3 추천, 긴급 조치권 부여) • 저항: 개헌 청원 1백만인 서명 운동 전개, 3·1 민주 구국 선언 발표 • 붕괴: 5) ______ 사건(노동자들이 부당한 폐업 조치에 항의) → 부·마 민주 항쟁(대규모 반정부 시위) → 10·26 사태

2. 박정희 정부의 경제·사회·통일 정책

경제 정책	• 제1·2차 경제 개발 5개년 계획 – 내용: 6) ______ 육성, 서독에 광부·간호사 파견, 경부 고속도로 개통 – 한계: 전태일 분신 사건, 광주 대단지 사건 • 제3·4차 경제 개발 5개년 계획 – 내용: 중화학 공업 육성, 수출 100억 달러 달성 – 한계: 7) ______ 으로 경제 불황 심화
교육·사회 정책	• 교육 정책: 국민 교육 헌장 공포, 중학교 8) ______ 실시, 고등학교 연합고사 및 고교 평준화 실시 • 사회 정책: 혼식·분식 장려, 통일벼 보급, 9) ______ 전개(농촌 근대화 표방)
통일 정책	• 제1차 남북 적십자 회담 개최 • 10) ______ 발표: 통일의 3대 원칙 명시(자주 통일·평화 통일·민족적 대단결), 남북 조절 위원회 설치, 남북 회담용 상설 직통 전화 가설

정답 1) 6·3 시위 2) 브라운 각서 3) 통일 주체 국민회의 4) 국회의원 5) YH 무역 6) 경공업 7) 석유 파동 8) 무시험 추첨제 9) 새마을 운동 10) 7·4 남북 공동 성명

실전 연습

퀴즈

1 키워드와 관련된 것을 알맞게 연결해보세요.

① 제1·2차 경제 개발 5개년 계획 •　　• ㉠ 수출 100억 달러 달성
② 농촌 근대화 •　　• ㉡ 경부 고속도로 개통
③ 제3·4차 경제 개발 5개년 계획 •　　• ㉢ 새마을 운동

2 <보기>에서 골라 빈칸을 채워보세요.

보기
브라운 각서　　3·1 민주 구국 선언　　무시험 추첨제

① 베트남 파병에 관한 (　　　　　)가 체결되었다. [50회]
② (　　　　　　　　)을 통해 긴급 조치 철폐 등을 요구하였다. [51회]
③ 중학교 입시 제도를 폐지하고 (　　　　　　)를 실시하였다. [50회]

3 아래 표에 있는 초성을 완성해보세요.

구분	유신 체제의 붕괴 과정
배경	경제 불황이 심화됨, YH ㅁㅇ ㅅㄱ이 발생함
과정	야당인 신민당 총재 ㄱㅇㅅ이 국회에서 제명됨 → 부산·마산에서 유신 체제 반대 시위를 전개함
결과	부·마 민주 항쟁의 진압을 둘러싸고 박정희 정부 내에서 갈등이 발생함 → 김재규가 박정희를 살해한 10·26 ㅅㅌ로 유신 체제가 붕괴됨

4 아래 기출 자료와 관련 있는 것을 써보세요.

> 남북한 당국이 통일 방안에 관한 합의를 서울과 평양에서 동시에 발표하였다. 남북한의 당국자들이 비밀리에 상호 방문한 끝에 남과 북은 자주, 평화, 민족 대단결의 통일 원칙에 합의하였고, 통일 문제 해결을 위한 남북 조절 위원회를 구성·운영하기로 하였다. [52회]

→ □·□ □□ □□ □□

정답
1 ① ㉡ ② ㉢ ③ ㉠　2 ① 브라운 각서 ② 3·1 민주 구국 선언 ③ 무시험 추첨제　3 YH 무역 사건, 김영삼, 10·26 사태
4 7·4 남북 공동 성명

대표 기출 문제

1
[40회 45번]

다음 자료가 작성된 이후에 일어난 사실로 옳은 것은? [2점]

> 1. 무상 원조에 대해 한국 측은 3억 5천만 달러, 일본 측은 2억 5천만 달러를 주장한 바 3억 달러를 10년에 걸쳐 공여하는 조건으로 양측 수뇌에게 건의함.
> 2. 유상 원조(해외 경제 협력 기금)에 대해 한국 측은 2억 5천만 달러, 일본 측은 1억 달러를 주장한 바 2억 달러를 10년 간에 걸쳐 이자율 3.5%로 제공하기로 양측 수뇌에게 건의함.
> 3. 수출입 은행 차관에 대해 한국 측은 별개 취급을 희망하고 일본 측은 1억 달러 이상을 프로젝트에 따라 늘릴 수 있도록 하자고 주장한 바 양측 합의에 따라 국교 정상화 이전이라도 협력하도록 추진할 것을 양측 수뇌에게 건의함.

① 반민족 행위 특별 조사 위원회가 구성되었다.
② 6·3 시위가 전개되고 비상 계엄령이 선포되었다.
③ 평화 통일론을 주장한 진보당의 조봉암이 구속되었다.
④ 유엔 한국 재건단의 지원으로 문경 시멘트 공장이 건설되었다.
⑤ 일제가 남긴 재산 처리를 위하여 귀속 재산 처리법이 제정되었다.

2
[49회 47번]

(가), (나) 사이의 시기에 있었던 사실로 옳은 것을 <보기>에서 고른 것은? [2점]

> (가) 국군 장교가 위원으로 선출되었으며, 3권을 장악하고 국회의 권한을 행사하는 최고 통치 기구인 국가 재건 최고 회의가 출범하였다.
> (나) 국민의 직접 선거로 대의원이 선출되었으며, 통일 정책을 최종 결정하고 대통령 선거권 등을 행사하는 통일 주체 국민 회의가 발족하였다.

<보기>
ㄱ. 장기 집권을 위한 3선 개헌안이 통과되었다.
ㄴ. 제2차 석유 파동으로 경제 불황이 심화되었다.
ㄷ. 베트남 파병에 관한 브라운 각서가 체결되었다.
ㄹ. 대통령 긴급 명령으로 금융 실명제가 실시되었다.

① ㄱ, ㄴ　② ㄱ, ㄷ　③ ㄴ, ㄷ　④ ㄴ, ㄹ　⑤ ㄷ, ㄹ

3

48회 46번

다음 기념사를 발표한 정부 시기에 있었던 사실로 옳은 것은? [2점]

> 오늘 국민 교육 헌장 선포 1주년에 즈음하여, 나는 온 국민과 더불어 뜻깊은 이날을 경축하면서 헌장 이념의 구현을 위한 우리들의 결의를 새로이 하게 된 것을 매우 기쁘게 생각하는 바입니다. 국민 교육 헌장은 우리 민족이 지녀야 할 시대적 사명감과 윤리관을 정립한 역사적 장전이며, 조국 근대화의 물량적 성장을 보완, 촉진시켜 나갈 정신적 지표이며, 국가의 백년대계를 기약하는 국민 교육의 실천 지침인 것입니다.

① 국민학교라는 명칭을 초등학교로 변경하였다.
② 과외 전면 금지와 대학 졸업 정원제를 시행하였다.
③ 문맹국민 완전퇴치 5개년 계획을 수립하여 추진하였다.
④ 미국에서 시행되고 있던 6-3-3 학제를 처음 도입하였다.
⑤ 중학교 입시 제도를 폐지하고 무시험 추첨제를 실시하였다.

4

47회 46번

밑줄 그은 '정부' 시기에 있었던 사실로 옳은 것은? [2점]

> 이것은 당시 정부가 100억 달러 수출 달성을 축하하고자 광화문 사거리에 설치한 조형물입니다. 10억 달러 수출을 달성한 지 7년 만에 100억 달러 수출을 이룬 눈부신 경제 성장을 상징합니다.

① 경제 협력 개발 기구(OECD)에 가입하였다.
② 미국과 자유 무역 협정(FTA)을 체결하였다.
③ YH 무역 노동자들의 농성을 강경 진압하였다.
④ 대통령 긴급 명령으로 금융 실명제가 실시되었다.
⑤ 대통령 직속 자문 기구인 노사정 위원회가 구성되었다.

5

52회 47번

다음 사건 이후의 사실로 옳은 것은? [3점]

시사만화로 보는 현대사

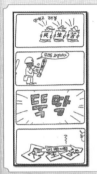

이 만화는 민생고 해결을 외치는 여성 노동자들이 경찰에게 과잉 진압되는 모습을 풍자하고 있다. 가발 생산 공장의 여성 노동자 180여 명이 업주의 폐업 조치에 맞서 신민당사에서 농성을 하자, 1천여 명의 무장 경찰이 폭력적으로 진압하였다. 이후 이 사건은 'YH 무역 사건'으로 역사에 기록되었다.

① 부·마 민주 항쟁이 일어났다.
② 3·1 민주 구국 선언이 발표되었다.
③ 민의원과 참의원의 양원제 국회가 출범하였다.
④ 6·3 시위가 전개되고 비상 계엄령이 선포되었다.
⑤ 전태일이 근로기준법 준수를 외치며 분신하였다.

6

46회 48번

(가) 민주화 운동에 대한 설명으로 옳은 것은? [2점]

> 이것은 부산과 마산 지역의 시민과 학생들이 일으킨 (가) 을/를 기념하는 탑입니다. 야당 총재의 국회의원직 제명으로 촉발된 (가) 은/는 민주화에 기여한 점을 인정받아 2019년에 국가 기념일로 지정되었습니다.

① 유신 체제가 붕괴되는 배경이 되었다.
② 시민군을 조직하여 계엄군에 대항하였다.
③ 허정 과도 정부가 구성되는 결과를 가져왔다.
④ 관련 기록물이 유네스코 세계 기록유산으로 등재되었다.
⑤ 대통령 하야를 요구하는 대학 교수단의 시위 행진이 있었다.

대표 기출 문제의 정답 및 문제풀이 방법을 다음 페이지에서 확인하세요. →

대표 기출 문제 정답 및 문제풀이 방법

1	2	3	4	5	6
②	②	⑤	③	①	①

1 한·일 회담 이후의 사실

1. 무상 원조에 대해 한국 측은 3억 5천만 달러, 일본 측은 2억 5천만 달러를 주장한 바 3억 달러를 10년에 걸쳐 공여하는 조건으로 양측 수뇌에게 건의함.
2. 유상 원조(해외 경제 협력 기금)에 대해 한국 측은 2억 5천만 달러, 일본 측은 1억 달러를 주장한 바 2억 달러를 10년 간에 걸쳐 이자율 3.5%로 제공하기로 양측 수뇌에게 건의함.
3. 수출입 은행 차관에 대해 한국 측은 별개 취급을 희망하고 일본 측은 1억 달러 이상을 프로젝트에 따라 늘릴 수 있도록 하자고 주장한 바 양측 합의에 따라 국교 정상화 이전이라도 협력하도록 추진할 것을 양측 수뇌에게 건의함.

→ 한·일 회담

② 6·3 시위가 전개되고 비상 계엄령이 선포되었다.

'**국교 정상화**'를 위해 **일본이 한국에 원조**를 한다는 이 메모는 **한·일 회담**의 내용이다. 한·일 회담은 1962년에 **김종필과 오히라**가 주고받은 '메모'로 그 내용이 정해졌으며, 1964년에 **회담에 반대하는 6·3 시위가 전개되고, 비상 계엄령이 선포**되었다. 그럼에도 불구하고 1965년에 한·일 협정은 국회를 통과하였다.

오답 체크

① **반민족 행위 특별 조사 위원회**가 구성되었다.
→ **이승만 정부, 한·일 회담 이전**

③ 평화 통일론을 주장한 진보당의 **조봉암이 구속**되었다.
→ **이승만 정부, 한·일 회담 이전**

④ 유엔 한국 재건단의 지원으로 **문경 시멘트 공장**이 건설되었다.
→ **이승만 정부, 한·일 회담 이전**

⑤ 일제가 남긴 재산 처리를 위하여 **귀속 재산 처리법**이 제정되었다.
→ **이승만 정부, 한·일 회담 이전**

✔ 또 나올 암기 포인트

6·3 시위와 한·일 협정 체결

6·3 시위	학생과 시민들이 한·일 회담 반대 시위를 전개하였으나, 정부가 계엄령을 선포하여 무력으로 진압함(1964)
한·일 협정	일본이 식민 지배에 대한 배상과 사과 대신 독립 축하금 형식으로 '무상 3억 달러, 정부 차관 2억 달러, 상업 차관 3억 달러'를 제공한다는 내용의 협정 체결(1965)

2 국가 재건 최고 회의의 출범과 통일 주체 국민회의의 발족 사이의 사실

(가) 국군 장교가 위원으로 선출되었으며, 3권을 장악하고 국회의 권한을 행사하는 최고 통치 기구인 국가 재건 최고 회의가 출범하였다. → 국가 재건 최고 회의 출범(1961)
(나) 국민의 직접 선거로 대의원이 선출되었으며, 통일 정책을 최종 결정하고 대통령 선거권 등을 행사하는 통일 주체 국민 회의가 발족하였다. → 통일 주체 국민회의 발족(1972)

② ㄱ. 장기 집권을 위한 3선 개헌안이 통과되었다.
→ 1969년(박정희 정부)

ㄷ. 베트남 파병에 관한 브라운 각서가 체결되었다.
→ 1966년(박정희 정부)

국가 재건 최고 회의가 출범한 (가)는 5·16 군사 정변 직후의 사실이다(1961). **통일 주체 국민 회의가 발족**한 (나)는 유신 헌법(제7차 개헌) 직후의 사실이다(1972). (가), (나) 사이의 시기에 **장기 집권을 위한 3선 개헌안이 통과**되었고(1969), **베트남 파병에 관한 브라운 각서가 체결**되었다(1966).

오답 체크

ㄴ. **제2차 석유 파동**으로 경제 불황이 심화되었다. → **1978~1980년**

ㄹ. 대통령 긴급 명령으로 **금융 실명제가 실시**되었다.
→ **1993년(김영삼 정부)**

3 박정희 정부 시기의 사실

오늘 국민 교육 헌장 선포 1주년에 즈음하여, 나는 온 국민과 더불어 뜻깊은 이날을 경축하면서 헌장 이념의 구현을 위한 우리들의 결의를 새로이 하게 된 것을 매우 기쁘게 생각하는 바입니다. 국민 교육 헌장은 우리 민족이 지녀야 할 시대적 사명감과 윤리관을 정립한 역사적 장전이며, 조국 근대화의 물량적 성장을 보완, 촉진시켜 나갈 정신적 지표이며, 국가의 백년대계를 기약하는 국민 교육의 실천 지침인 것입니다.

→ 박정희 정부

⑤ 중학교 입시 제도를 폐지하고 무시험 추첨제를 실시하였다.

국민 교육 헌장은 1968년에 선포되었다. '국민 교육 헌장 선포 1주년'이란 1969년으로 박정희 정부 시기이다. 박정희 정부는 **중학교 입시 제도를 폐지하고 무시험 추첨제를 실시**하였다.

오답 체크

① **국민학교라는 명칭을 초등학교로 변경**하였다. → **김영삼 정부**

② **과외 전면 금지와 대학 졸업 정원제를 시행**하였다. → **신군부 집권기**

③ **문맹국민 완전퇴치 5개년 계획**을 수립하여 추진하였다.
→ **이승만 정부**

④ 미국에서 시행되고 있던 **6-3-3 학제를 처음 도입**하였다.
→ **미 군정기**

4 박정희 정부 시기의 사실

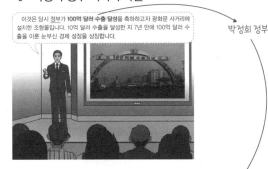

이것은 당시 정부가 100억 달러 수출 달성을 축하하고자 광화문 사거리에 설치한 조형물입니다. 10억 달러 수출을 달성한 지 7년 만에 100억 달러 수출을 이룬 눈부신 경제 성장을 상징합니다.
100억불 수출의 날
박정희 정부

③ YH 무역 노동자들의 농성을 강경 진압하였다.

100억 달러 수출 달성을 이룬 정부는 박정희 정부이다(1977). 한편 박정희 정부 말기에 YH 무역 노동자들이 부당한 폐업 조치에 저항하여 농성을 전개하자 이를 강경 진압하였는데, 이 과정에서 여성 노동자가 사망하는 사건이 발생하였다(YH 무역 사건).

오답 체크

① 경제 협력 개발 기구(OECD)에 가입하였다. → **김영삼 정부**
② 미국과 자유 무역 협정(FTA)을 체결하였다. → **노무현 정부**
④ 대통령 긴급 명령으로 금융 실명제가 실시되었다. → **김영삼 정부**
⑤ 대통령 직속 자문 기구인 노사정 위원회가 구성되었다.
→ **김대중 정부**

5 YH 무역 사건 이후의 사실

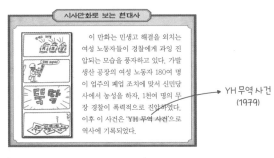

시사만화로 보는 현대사

이 만화는 민생고 해결을 외치는 여성 노동자들이 경찰에게 과잉 진압되는 모습을 풍자하고 있다. 가발 생산 공장의 여성 노동자 180여 명이 업주의 폐업 조치에 맞서 신민당사에서 농성을 하자, 1천여 명의 무장 경찰이 폭력적으로 진압하였다. 이후 이 사건은 'YH 무역 사건'으로 역사에 기록되었다.

YH 무역 사건 (1979)

① 부·마 민주 항쟁이 일어났다. → 1979년

박정희 정부 때 YH 무역 사건이 발생하였다(1979). 당시 야당이었던 신민당 총재 김영삼이 이를 비판하자, 정부는 김영삼을 국회에서 제명하였다. 이것을 계기로 부산과 마산에서 유신 체제 반대 시위가 전개되었다(부·마 민주 항쟁, 1979).

오답 체크

② 3·1 민주 구국 선언이 발표되었다. → **1976년**
③ 민의원과 참의원의 양원제 국회가 출범하였다.
→ **1960년(제3차 개헌)**
④ 6·3 시위가 전개되고 비상 계엄령이 선포되었다. → **1964년**
⑤ 전태일이 근로기준법 준수를 외치며 분신하였다. → **1970년**

6 부·마 민주 항쟁

이것은 부산과 마산 지역의 시민과 학생들이 일으킨 (가) 을/를 기념하는 탑입니다. 야당 총재의 국회의원직 제명으로 촉발된 (가) 은/는 민주화에 기여한 점을 인정받아 2019년에 국가 기념일로 지정되었습니다.
부·마 민주 항쟁
김영삼

① 유신 체제가 붕괴되는 배경이 되었다.

부산과 마산 지역의 시민과 학생들이 일으킨 것으로, 야당 총재의 국회의원직 제명으로 촉발된 민주화 운동은 부·마 민주 항쟁이다(1979). 부·마 민주 항쟁의 진압 과정에서 박정희 정부 내에서 갈등이 발생하였는데, 이 과정에서 중앙정보부장 김재규가 박정희를 살해(10·26 사태)하는 사건이 발생하여 유신 체제가 붕괴되었다.

오답 체크

② 시민군을 조직하여 계엄군에 대항하였다. → **5·18 민주화 운동**
③ 허정 과도 정부가 구성되는 결과를 가져왔다. → **4·19 혁명**
④ 관련 기록물이 유네스코 세계 기록유산으로 등재되었다.
→ **5·18 민주화 운동**
⑤ 대통령 하야를 요구하는 대학 교수단의 시위 행진이 있었다.
→ **4·19 혁명**

또 나올 암기 포인트

유신 체제의 붕괴 과정

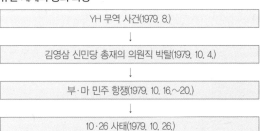

YH 무역 사건(1979. 8.)
↓
김영삼 신민당 총재의 의원직 박탈(1979. 10. 4.)
↓
부·마 민주 항쟁(1979. 10. 16.~20.)
↓
10·26 사태(1979. 10. 26.)

인물 전두환, 노태우 정책 북방 외교, 금융 실명제 사건 12·12 사태, 남북 정상 회담

39강 전두환 정부~노무현 정부

전두환은 5·18 민주화 운동을 진압하며 역사에 등장했다가, 6월 민주 항쟁으로 막을 내렸습니다. 이어서 대통령이 된 노태우는 북방 외교를 통해 사회주의 국가와 외교 관계를 수립하였습니다. 김영삼 정부는 금융 실명제라는 업적에도 불구하고, 마지막은 IMF로 끝나고 말았습니다. 김대중 정부와 노무현 정부는 남북 정상 회담을 개최하였습니다.

6월 민주 항쟁, 박종철 열사 추도식 ▶

1 전두환 정부

| 신군부가 등장하여 비상 계엄을 선포하다

박정희 대통령이 피살된(1979. 10. 26.) 후 정부는 비상 계엄령을 선포하고 통일 주체 국민회의에서 최규하 국무총리를 제10대 대통령으로 선출하였다. 그러나 곧 **전두환**을 중심으로 한 ☆**신군부 세력이 쿠데타를 일으켜 권력을 장악**하였다(**12·12 사태**, 1979. 12. 12.). 6개월이 지났는데도 비상 계엄령이 지속되자, 사람들은 계엄을 철폐하라고 요구하였다. 그러나 신군부는 오히려 ☆**비상 계엄** 적용 지역에 제주를 포함시켜 **전국으로 확대 선포**하였다(1980. 5. 17.).

기출 핵심 키워드 암기

① [ㅅㄱㅂ] 세력이 쿠데타를 일으켜 권력을 장악하였다. [39회]
② 신군부에 의해 [ㅂㅅ ㄱㅇ]이 전국으로 확대 선포되었다. [47회]

정답 ① 신군부 ② 비상 계엄

| 5·18 민주화 운동이 일어나다

☆**신군부의 비상 계엄 확대**는 **5·18 민주화 운동**을 일으키는 직접적인 원인이 되었다(1980). **광주**에서는 계엄령 해제와 수감된 야당 지도자들의 석방을 요구하며 대규모 학생 시위가 벌어졌고, 신군부가 '계엄군'을 투입하여 무차별적으로 공격하자, 광주 시민들은 이에 맞서 자발적으로 시민군을 조직하였다.

계엄군이 시위를 진압하는 과정에서 많은 사상자가 발생하였으며, 계엄군의 진압으로 5·18 민주화 운동은 좌절되고 말았다. 한편, 5·18 민주화 운동의 발발과 진압, 이후의 진상 규명 등과 관련된 기록물인 **'5·18 민주화 운동 기록물'**은 2011년 **유네스코 세계 기록유산**으로 등재되었다.

> 모든 시민과 학생들은 처음부터 평화적이고 질서정연한 투쟁을 하려고 노력해 왔다. 그러나 계엄 당국이 진지하고도 순수한 데모 대열에 무차별한 사격을 가하여 남녀노소를 불문하고 수많은 사망자가 발생하였다. …… 계엄 당국과 정부는 광주 시민과 전 국민의 민주 염원을 묵살함은 물론 민주 투사들을 난동자·폭도로 몰아 무력으로 진압하려고 하고 있다. – 5·18 민주화 운동 기록물 [55회]

5·18 민주화 운동을 진압한 신군부는 **국가 보위 비상 대책 위원회(국보위)를 설치**하여 국가 통치권을 장악하였다(1980. 5. 31.). 국보위는 사회 정화를 명분으로 전국 각지의 군부대 내에 **삼청(三淸) 교육대**를 설치하였다(1980. 8.). 폭력범과 사회 풍토 문란 사범을 교화한다는 명분으로 삼청 교육대를 만들었지만, 실제로는 무자비한 인권 탄압이 이루어졌다.

기출 핵심 키워드 암기

① 5·18 민주화 운동 – [ㅅㄱㅂ]의 비상 계엄 확대가 원인이 되어 일어났다. [45·40회]
② 5·18 민주화 운동 – 관련 기록물이 [ㅇㄴㅅㅋ ㅅㄱ ㄱㄹㅇㅅ]으로 등재되었다. [58·57회]

정답 ① 신군부 ② 유네스코 세계 기록유산

전두환 정부가 수립되다

전두환은 통일 주체 국민회의에서 제11대 대통령으로 선출되었다(1980). 전두환 대통령은 **제8차 개헌**을 통해 **대통령 임기**를 7년 단임으로 하고, **대통령 선거인단**이 대통령을 간접 선출하도록 하였다(1980).

> 제39조 ① 대통령은 대통령 선거인단에서 무기명 투표로 선거한다.
> ② 대통령에 입후보하려는 자는 정당의 추천 또는 법률이 정하는 수의 대통령 선거인의 추천을 받아야 한다.
> 제45조 대통령의 임기는 7년으로 하며, 중임할 수 없다. – 제8차 개헌안 [49회]

새 헌법에 따른 대통령 선거인단의 간접 선거로 전두환이 제12대 대통령으로 선출되었다(1981). 전두환이 제12대 대통령이 되었을 때부터 전두환의 임기가 끝날 때까지를 **제5공화국**이라고 한다(1981~1988).

아홉 시 뉴스가 시작되는 시보가 '땡'하고 울리자마자 '전두환 대통령은 오늘…'이라고 시작될 정도로 TV 방송에서 대통령 뉴스를 내보내기 바빴다. '땡전 뉴스'라는 말이 나올 정도로 전두환 정부는 언론을 장악하고 있었다. 전두환 정부는 **언론 통폐합을 강제**하고, 언론의 공적 책임을 강조한 **언론 기본법을 공포**하였다(1980).

전두환 정부는 자본 및 금융 시장의 개방화를 추진하였다. 외국인들에게 '달러를 가지고 한국으로 들어오라'고 손짓을 한 것이다. 마침내 1980년대 중반에는 **3저 호황**으로 물가가 안정되고 수출이 증가하였다. '**저금리, 저유가, 저달러**'의 3저 호황은 우리나라의 수출에 좋은 여건을 만들어 주었다. 이런 경기 부양과 함께 전두환 정부는 **최저임금법을 제정**하여 저임금 근로자를 보호하였다(1986).

1980년대에는 대학이 많이 설립되고 대학 진학률도 높아졌는데, 이때 전두환 정부는 **과외 전면 금지와 대학 졸업 정원제를 시행**하여 과도한 교육열을 식히려고 하였다(1981). 전두환 정부는 스포츠 산업도 활성화하였다. 그래서 이때 **프로 축구팀과 프로 야구단이 정식으로 창단**되었다. 롯데 자이언츠, 삼성 라이온즈, 해태 타이거즈(지금의 기아 타이거즈) 등이 이때 생겼다.

남북 분단으로 인해 1,000만 명 정도의 이산가족이 발생하였고, 그들의 상봉은 역사적 과제였다. 전두환 정부는 분단 이후 처음으로 **남북한 이산가족 상봉**을 성사시켰고, 서울과 평양에서 **이산가족 고향 방문과 예술 공연단 교환 행사가 진행**되었다(1985).

기출 핵심 키워드 암기

① 전두환 정부 – 선거인단이 선출하는 [ㄱㄴ ㄷㅇ]의 대통령제가 실시되었다. [45회]
② 전두환 정부 – 과외 전면 금지와 대학 [ㅈㅇ ㅈㅇㅈ]를 시행하였다. [48회]
③ 전두환 정부 – [ㅍㄹ ㅇㄱㄷ]이 정식으로 창단되었다. [44·35회]
④ 전두환 정부 – 최초의 [ㅇㅅㄱㅈ ㄱㅎ ㅂㅁ]과 예술 공연단 교환을 실현하였다. [58·46회]

정답 ① 7년 단임 ② 졸업 정원제 ③ 프로 야구단 ④ 이산가족 고향 방문

6월 민주 항쟁으로 대통령 직선제 개헌이 이루어지다

1980년에 야당의 양대 산맥은 김영삼과 김대중이었다. 김영삼은 가택 연금 상태였고, 김대중은 미국 망명 중이어서 정치 활동을 하지 못하고 있었다. 그러나 김영삼과 김대중은 다시 활동을 재개하였고 신군부 독재에 대항한다는 공감대로 민주화 추진 협의회를 함께 조직하였다(1984). 당시 대통령 선거는 대통령 선거인단에 의한 간접 선거였으므로, 민주화 추진 협의회(줄여서 '민추협'이라고 부른다)는 직선제 개헌을 청원하는 **1천만 명 서명 운동을 전개**하였다(1985). 그러나 전두환 정부는 서울 올림픽의 성공적인 개최를 위해 1989년에 개헌을 하자고 주장했다. 민추협은 서명 운동을 강행하였고, 이에 정부는 이들을 강하게 탄압하였다.

이런 상황에 치안본부 대공 분실에서 서울대학교 학생 **박종철**이 고문을 받다가 사망하는 사건이 발생하였다(1987. 1.). 박종철은 전기 고문과 물고문을 당하여 사망하였는데, 치안본부장은 박종철이 갑자기 '억' 소리를 지르면서 쓰러져 죽었다고 발표하였다. 이에 시민들의 분노가 폭발하였고 민

주화 요구가 더욱 분출되고 있었으나, 전두환 정부는 4월에 **개헌 논의를 금지하는 4·13 호헌 조치를 단행**하였다. 이는 현행 헌법을 그대로 유지하자는 것인데, 이것은 국민의 직선제 요구를 거부하는 조치였다.

4·13 호헌 조치의 철폐를 요구하는 전 국민적인 저항이 일어났다. 시민들은 **호헌 철폐**와 **독재 타도** 등의 구호를 내세우며 시위를 벌였고, 시위 도중 연세대학교 학생 **이한열**이 최루탄에 맞아 쓰러지는 사건이 발생하였다. 이에 전국의 시민과 학생들이 **6·10 국민 대회**를 열고 '민주 헌법 쟁취'를 외쳤다.

기출 한 컷 39회

> 국가의 미래요 소망인 꽃다운 젊은이를 야만적인 고문으로 죽여 놓고 그것도 모자라 뻔뻔스럽게 국민을 속이려 했던 현 정권에게 국민의 분노가 무엇인지를 분명히 보여주고, 국민적 여망인 개헌을 일방적으로 파기한 4·13 폭거를 철회시키기 위한 민주 장정을 시작한다. – 6·10 국민 대회 선언 45회

이것은 6·10 국민 대회 선언문의 일부로 4·13 호헌 조치에 대해 비난 여론이 빗발치는 가운데 박종철 고문 치사 사건의 사실이 밝혀지면서 국민의 분노가 극에 달했음을 보여준다. 6월 26일에 열린 '국민 평화 대행진의 날'에는 전국에서 100만 명 이상의 시민들이 시위에 참여하였다. 1987년 6월에 있었던 이런 일련의 민주화 요구를 합하여 **'6월 민주 항쟁'**이라 하며, 전두환 정부는 국민들의 민주화 요구에 굴복하여 차기 대통령 후보로 지명된 **노태우 민주 정의당 대표**로 하여금 **6·29 민주화 선언**을 발표하게 하였다. 이 선언에 따라 **5년 단임의 대통령 직선제 개헌(제9차 개헌)**이 이루어졌다.

기출 한 컷 19회

> 여야 합의하에 조속히 대통령 직선제 개헌을 하고, 새 헌법에 의한 대통령 선거를 통해 88년 2월 평화적 정부 이양을 실현토록 해야 하겠습니다. …… 오늘의 이 시점에서 저는 사회적 혼란을 극복하고, 국민적 화해를 이룩하기 위하여는 대통령 직선제를 택하지 않을 수 없다는 결론에 이르게 되었습니다. – 6·29 민주화 선언 18회

기출 핵심 키워드 암기

① 6월 민주 항쟁 – [4·13 ㅎㅎ ㅈㅊ] 철폐를 요구하는 전 국민적인 저항이 벌어졌다. [44회]
② 6월 민주 항쟁 – 호헌 철폐와 [ㄷㅈ ㅌㄷ] 등의 구호를 내세웠다. [55·53회]
③ 6월 민주 항쟁 결과 – [5ㄴ ㄷㅇ]의 대통령 [ㅈㅅㅈ] 개헌을 이끌어 냈다. [45·42회]

정답 ① 4·13 호헌 조치 ② 독재 타도 ③ 5년 단임, 직선제

2 노태우 정부(1988~1993)

3당 합당으로 민주 자유당을 창당하다

새 헌법(제9차 개헌)에 따라 대통령 선거가 치러졌고, 그 결과 노태우가 대통령으로 당선되었다(1987. 12.). 그러나 1988년 4월에 실시된 국회의원 선거에서 '여소야대'의 현상이 나타났다. 여소야대의 정국을 극복하기 위해 **민주 정의당(노태우), 통일 민주당(김영삼), 신민주 공화당(김종필)**의 3당이 합당하여 **민주 자유당**이라는 거대 여당을 창당하였다(1990).

북방 외교를 펼치며 남북 대화에 나서다

노태우 정부는 **서울 올림픽을 성공적으로 개최**하였다(1988). 서울 올림픽에는 자유주의 국가뿐만이 아니라 사회주의 국가들도 다수 참여하여 올림픽 역사에 한 획을 그었다. 노태우 정부는 한 걸음 더 나아가 **북방 외교를 추진**하였다. 헝가리, 소련 등 **사회주의 국가와 외교 관계를 수립**하였고, 처음으로 중국을 공식 방문하여 국교를 수립하였다(1992). 한편, 1991년에는 북한과의 관계에 여러 가지 변화가 있었다. **남북한**이 **유엔에 동시 가입**하였으며(1991. 9.), 남북한 간 최초의 공식 합의서인 **남북 기본 합의서를 채택**하였다(1991. 12.).

> 제1조 남과 북은 서로 상대방의 체제를 인정하고 존중한다.
> 제9조 남과 북은 상대방에 대하여 무력을 사용하지 않으며, 상대방을 무력으로 침략하지 아니한다.
> 제15조 남과 북은 …… 자원의 공동 개발, 민족 내부 교류로서의 물자 교류, 합작 투자 등 경제 교류와 협력을 실시한다.
> – 남북 기본 합의서 9회

이 합의서에는 남북한이 상대방의 체제를 인정하고, 군사적인 침략을 하지 말자고 약속하는 내용이 담겨있다. 그러나 군사적 침략에 있어 핵심은 '핵'이었다. 그래서 남북한은 1991년 마지막 날에 **한반도 비핵화에 관한 공동 선언에 서명**하였다(1991. 12.).

기출 핵심 키워드 암기

① 노태우 정부 – 남북한이 [ㅇㅇ]에 동시 가입하였다. [68·61회]
② 노태우 정부 – 남북한 간 최초의 공식 합의서인 [ㄴㅂ ㄱㅂ ㅎㅇㅅ]를 교환하였다. [71·68회]
③ 노태우 정부 – 남북한이 [ㅎㅂㄷ ㅂㅎㅎ] 공동 선언에 서명하였다. [71·65회]

정답 ① 유엔 ② 남북 기본 합의서 ③ 한반도 비핵화

3 김영삼 정부(1993~1998)

| 개혁 정책을 실시하다

제14대 대통령 선거에서 김영삼이 당선되었다(1992). 5·16 군사 정변 이후 30여 년 만에 민간인 출신의 대통령이 이끄는 정부가 수립되었으므로, '문민정부'라고 칭했다(1993).

오늘 김영삼 대통령은
금융 실명제를 긴급명령으로
전격 발표하였습니다.
금융실명제 전격 실시
기출 한 컷 22회

김영삼 정부는 출범하자마자 대통령 긴급 명령으로 **금융 실명제를 실시**하였다(1993). 금융 실명제는 실명으로 금융 거래를 하게 해서, 금융 질서를 바로잡고 '검은 돈'을 막아보자는 취지였다. 또 **경제 협력 개발 기구(OECD)에 가입**해 시장 개방 정책을 추진하였다(1996).

김영삼 정부는 노태우 정부에서 부분적으로 실시했던 **지방 자치제를 전면적으로 확대 실시**하였다(1995). 노태우 정부에서는 광역 단체장 선거가 없었으나, 김영삼 정부에서는 광역 단체장까지 선거로 뽑았다. 또한 **'역사 바로 세우기 운동'의 일환으로 조선 총독부 건물을 철거**하고(1995), 전직 대통령인 전두환과 노태우를 12·12 사태 및 5·18 민주화 운동과 관련하여 반란 및 내란죄 혐의로 구속 기소하였으며(1995), 황국 신민 학교를 줄인 **'국민학교'를 '초등학교'로 개칭**하였다(1996).

기출 핵심 키워드 암기

① 김영삼 정부 – 대통령 긴급 명령으로 [ㄱㅇ ㅅㅁㅈ]가 실시되었다. [52·49회]
② 김영삼 정부 – [ㄱㅈ ㅎㄹ ㄱㅂ ㄱㄱ](OECD)에 가입하였다. [56·54회]

정답 ① 금융 실명제 ② 경제 협력 개발 기구

| 외환 위기를 맞다

김영삼 정부의 여러 정책 추진과 노력에도 불구하고 정부 말기에는 외환 부족으로 경제 위기를 맞이하여 **국제 통화 기금(IMF)의 구제 금융**을 받게 되었다(1997). 우리는 IMF에서 '달러'를 수혈받는 대신 IMF의 권고에 따라 환율 정책을 변경하고 부실 기업을 정리해야 했다.

> …… 이 정책은 현재의 재정적 어려움을 초래한 근본 원인을 해결하여 시장의 신뢰를 회복하며, 한국 경제를 강력하고 지속 가능한 성장의 길로 이끌 수 있을 것입니다. 이 경제 계획을 지원하기 위해 한국 정부는 향후 3년간 특별 인출권(SDR) 155억 달러 규모의 국제 통화 기금(IMF) 대기성 차관을 요청합니다.
>
> – 국제 통화 기금(IMF) 구제 금융 신청 52회

4 김대중 정부(1998~2003)

| 외환 위기를 극복하다

제15대 대통령 선거에서 김대중이 당선되었다(1997). 그러나 김대중 정부 초기는 IMF 위기 상황이었다. 김대중 정부 때는 IMF 사태에서 탈출하기 위해 우선 외환 위기 극복을 위한 **금 모으기 운동이 전개**되었다(1998). 이 운동으로 인해 많은 국민이 자기가 가진 금을 자발적으로 내놓았고, 그 결과 2백 톤이 넘는 금이 모였다. 가히 '제2의 국채 보상 운동'이라고 부를 수 있을 정도였다. 또한 노동 단체, 사용자 단체, 정부가 합의하여 대통령 직속 자문 기구인 **노사정 위원회를 구성**하여 경제와 사회의 개혁에 힘썼다(1998). 이 모든 노력으로 우리나라는 IMF 지원 자금을 조기에 상환하고 IMF 관리 체제에서 벗어날 수 있었다(2001).

> 지난 5년 동안 우리 국민은 세계가 놀라워하는 업적을 이룩해 냈습니다. 외환 위기를 맞이하자 우리 국민은 '금 모으기'를 전개하여 전 세계를 감동시켰습니다. …… 금융, 기업, 공공, 노사의 4대 개혁을 고통과 희생을 감내하면서 지지하고 적극 협력함으로써 우리 경제는 3년을 앞당겨 IMF 관리 체제에서 벗어날 수 있었습니다.
>
> – 김대중 대통령 연설문 [55회]

김대중 정부는 이외에도 사회적 약자에 대한 지원을 강화하기 위해 **국민 기초 생활 보장법을 실시**하였다(2000). 이 법은 말 그대로 생활이 어려운 국민의 최저 생활을 보장하기 위한 법이었다.

기출 핵심 키워드 암기

김대중 정부 – 외환 위기 극복을 위해 [ㄱ ㅁㅇㄱ] 운동이 전개되었다. [44·35회]

정답 금 모으기

| 최초로 남북 정상 회담이 성사되다

김대중 정부의 출범과 함께 남북 교류가 진전되었다. 김대중 정부는 남북한 사이의 화해와 한반도의 평화 정착을 위한 정책을 꾸준히 실천하였다. 우선 **해로를 통한 금강산 관광이 시작**되었다(1998). 금강산 관광선인 '금강호'가 처음으로 출항한 이후 약 100만 명의 관광객이 금강산을 둘러보았다. 김대중 정부는 분단 이후 처음으로 **남북 정상 회담**을 성사시켰다(2000). 대한민국의 김대중 대통령과 북한의 김정일 국방 위원장이 평양에서 직접 만남을 가졌고, 그 마지막 날 **6·15 남북 공동 선언을 채택**하였다(2000).

1. 남과 북은 나라의 통일 문제를 그 주인인 우리 민족끼리 서로 힘을 합쳐 자주적으로 해결해 나가기로 하였다.
2. 남과 북은 나라의 통일을 위한 남측의 연합제 안과 북측의 낮은 단계의 연방제 안이 서로 공통성이 있다고 인정하고 앞으로 이 방향에서 통일을 지향시켜 나가기로 하였다.

- 6·15 남북 공동 선언 [36회]

6·15 남북 공동 선언에서 남측의 연합제 안과 북측의 낮은 단계의 연방제 안이 공통성이 있다고 인정하고, 남북 교류 확대 등에 합의하였다. 그 결과 남한의 현대 아산과 북한의 김정일 국방 위원장이 **개성 공업 지구 조성에 합의**하기도 하였다(2000). 그러나 북한에 돈을 주고 정상 회담을 했다는 대북 송금 의혹으로 인해 관련자가 처벌되기도 하였다.

기출 핵심 키워드 암기

① 김대중 정부 – [ㄱㄱㅅ] 해로 관광 사업을 시작하였다. [48·45회]
② 김대중 정부 – 분단 이후 최초로 [ㄴㅂ ㅈㅅ ㅎㄷ]을 성사시켰다. [35회]

정답 ① 금강산 ② 남북 정상 회담

5 노무현 정부(2003~2008)

| 시장을 개방하고, 인권이 성장하다

제16대 대통령 선거에서 노무현이 당선되었다(2002). 노무현 정부는 우리나라의 첫 자유 무역 협정(FTA)인 ☆**한·칠레 자유 무역 협정(FTA)을 체결**하였다(2004). 이어 한·싱가포르 FTA, 한·EFTA(유럽 자유 무역 연합) FTA 등 여러 FTA가 체결되었고, 드디어 ☆**한·미 자유 무역 협정(FTA)도 체결**되었다(2007). (한·미 FTA는 발효가 늦어져 이명박 정부 시기인 2012년에 국회를 통과하였다.)

노무현 정부 시기에는 사회적으로 많은 변화가 있었다. 우선 가부장적이며 여성 차별적 제도라고 비판받아 왔던 **호주제(戶主制)가 폐지**되었다(2005). 그리고 목욕이나 집안일 등 일상생활을 혼자 하기 어려운 노인들을 돕기 위해 **노인 장기 요양 보험법이 제정**되었다(2007).

기출 핵심 키워드 암기

① 노무현 정부 – [ㅊㄹ]와 자유 무역 협정(FTA)을 체결하였다. [54·48회]
② 노무현 정부 – [ㅎ·ㅁ] 자유 무역 협정(FTA)이 체결되었다. [49·39회]

정답 ① 칠레 ② 한·미

남북 교류를 활성화하다

노무현 정부는 김대중 정부의 대북 정책을 이어갔고, **개성 공업 지구 건설도 본격적으로 시작**하였다(2003). 그리고 **제2차 남북 정상 회담을 개최**하였다(2007). 김대중 정부에 이어 두 번째 정상 회담이었다. 정상 회담의 마지막 날에 노무현 대통령과 북한의 김정일 국방 위원장은 **10·4 남북 공동 선언을 채택**하여 6·15 남북 공동 선언의 적극 구현, 한반도의 평화 및 핵 문제 해결, 남북 경제 협력 사업의 활성화 등에 합의하였다.

> 1. 남과 북은 6·15 공동 선언을 고수하고 적극 구현해 나간다.
> 5. 남과 북은 민족 경제의 균형적 발전과 공동의 번영을 위해 경제 협력 사업을 공리공영과 유무상통의 원칙에서 적극 활성화하고 지속적으로 확대 발전시켜 나가기로 하였다.
> 7. 남과 북은 인도주의 협력 사업을 적극 추진해 나가기로 하였다.
>
> – 10·4 남북 공동 선언 [26회]

기출 핵심 키워드 암기

① 노무현 정부 – 남북한의 교류 협력을 위한 [ㄱㅅ ㄱㅇ ㅈㄱ] 건설에 착수하였다. [50회]
② 노무현 정부 – [10·4 ㄴㅂ ㄱㄷ ㅅㅇ]을 채택하였다. [46·45회]

정답 ① 개성 공업 지구 ② 10·4 남북 공동 선언

빈출 개념 한눈에 암기하기

1. 전두환 정부

5·18 민주화 운동	전두환 중심의 [1] 세력이 쿠데타를 일으켜 권력 장악(12·12 사태) → 신군부의 [2] 전국 확대 → 광주에서 대규모 시위 발생 → 신군부가 계엄군을 투입하여 무력 진압 → 시민들이 시민군을 조직하여 대항 → 계엄군의 강제 진압으로 다수의 사상자 발생 → 이후 관련 기록물이 유네스코 세계 기록유산으로 등재됨
전두환 정부	• 제8차 개헌: 선거인단이 선출하는 7년 단임의 대통령제 실시 • 주요 정책: 언론 통폐합, 3저 호황, 최저임금법 제정, 과외 전면 금지, 대학 [3] 시행, 프로 야구단 창단, 최초의 [4] 고향 방문과 예술 공연단 교환
6월 민주 항쟁	1천만 명 서명 운동 전개(직선제 개헌 청원) → 박종철 고문 치사 사건 → 4·13 호헌 조치 발표 → 이한열 최루탄 피격 사건 → 6·10 국민 대회 개최 및 시위 전개(호헌 철폐·[5] 등의 구호) → 6·29 민주화 선언 발표 → 5년 단임의 대통령 직선제 개헌(제9차 개헌)

2. 노태우 정부~노무현 정부

노태우 정부	• 3당 합당: 여소야대의 정국 극복을 위해 3당 합당 → 민주 자유당 창당 • 서울 올림픽 개최: 사회주의 국가도 다수 참여 • 북방 외교: 사회주의 국가(소련, 중국 등)와 외교 관계 수립 • 통일 노력: 남북한 [6] 동시 가입, 남북 기본 합의서 채택, 한반도 비핵화 공동 선언
김영삼 정부	• 주요 정책: 금융 실명제 실시, [7] (OECD) 가입, 지방 자치제 전면 시행 • 역사 바로 세우기 운동: 조선 총독부 건물 철거, 전직 대통령(전두환, 노태우) 구속 • 외환 위기: 국제 통화 기금(IMF)에 구제 금융 신청
김대중 정부	• 외환 위기 극복: [8] 운동 전개, 노사정 위원회 설치 • 사회적 제도 마련: 국민 기초 생활 보장법 실시 • 통일 노력: [9] 해로 관광 시작, 제1차 남북 정상 회담 → 6·15 남북 공동 선언 채택, 개성 공업 지구 조성 합의
노무현 정부	• 주요 정책: 호주제 폐지, 노인 장기 요양 보험법 제정 • 자유 무역 협정(FTA) 체결: 한·칠레 자유 무역 협정, 한·미 자유 무역 협정 • 통일 노력: 개성 공업 지구 건설, 제2차 남북 정상 회담 → [10] 채택

정답 1) 신군부 2) 비상 계엄 3) 졸업 정원제 4) 이산가족 5) 독재 타도 6) 유엔 7) 경제 협력 개발 기구 8) 금 모으기 9) 금강산 10) 10·4 남북 공동 선언

실전 연습

퀴즈

1 키워드와 관련된 것을 알맞게 연결해보세요.

① 노태우 정부 •	• ㉠ 6·15 남북 공동 선언
② 김대중 정부 •	• ㉡ 10·4 남북 공동 선언
③ 노무현 정부 •	• ㉢ 남북 기본 합의서

2 〈보기〉에서 골라 빈칸을 채워보세요.

보기
한·미 자유 무역 협정　　금융 실명제　　금 모으기 운동

① 김영삼 정부 때 대통령 긴급 명령으로 (　　　　　)를 실시하였다. [51회]

② 김대중 정부 때 외환 위기 극복을 위해 (　　　　　)이 전개되었다. [44회]

③ 노무현 정부는 (　　　　　)을 체결하였다. [51회]

3 아래 표에 있는 초성을 완성해보세요.

구분	전두환 정부의 주요 정책
강압 정책	언론 통제, 민주화 운동 탄압, ㅅㅊ ㄱㅇㄷ 운영
유화 정책	ㅍㄹ ㅇㄱㄷ 창단, 중학교 의무 교육 실시, 교복 자율화
경제 발전	3ㅈ ㅎㅎ(저달러·저금리·저유가)으로 경제 성장

4 아래 기출 사료와 관련 있는 사건을 써보세요.

광주 시민들에 따르면, 공수 부대가 학생들의 시위에 잔인하게 대응하면서 상호 간에 폭력적인 결과를 가져왔다고 한다. 계엄령 해제와 수감된 야당 지도자의 석방을 요구하는 학생들이 행진하면서 돌을 던졌다고 하지만, 그렇게 폭력적이지는 않았다고 한다. [43회]

→ □·□□ □□□ □□

정답
1 ① ㉢ ② ㉠ ③ ㉡　2 ① 금융 실명제 ② 금 모으기 운동 ③ 한·미 자유 무역 협정　3 삼청 교육대, 프로 야구단, 3저 호황
4 5·18 민주화 운동

대표 기출 문제

1

48회 49번

(가) 민주화 운동에 대한 설명으로 옳은 것은? [1점]

□□신문
제△△호　　2020년 ○○월 ○○일

경찰관 부당 징계 취소

경찰청은 (가) 40주기를 맞아 신군부의 명령을 거부하고 시민들을 보호했다는 이유 등으로 부당하게 징계를 받은 퇴직 경찰관 21명의 징계 처분을 직권 취소했다고 밝혔다. 당시 경찰관에 대한 징계는 국가 보위 비상 대책 위원회의 문책 지시에 따라 이루어졌다.

경찰청은 징계 처분이 재량권을 남용한 하자가 있는 행정 처분이라고 판단하였고, 중앙 징계 위원회를 개최하여 심의·의결을 거쳐 징계 처분을 직권 취소하게 되었다.

① 박종철과 이한열의 희생으로 확산되었다.
② 호헌 철폐와 독재 타도 등의 구호를 내세웠다.
③ 관련 기록물이 유네스코 세계 기록유산으로 등재되었다.
④ 대통령 중심제에서 의원 내각제로 바뀌는 계기가 되었다.
⑤ 대통령 하야를 요구하며 대학 교수단이 시위행진을 벌였다.

2

49회 49번

다음 기사에 보도된 민주화 운동의 결과로 옳은 것은? [2점]

□□신문
제△△호　　○○○○년 ○○월 ○○일

민주 헌법 쟁취를 위한 국민 대회 열려

경찰이 사상 최대 규모인 5만 8천여 명의 병력을 동원하여 전국 집회장을 원천 봉쇄한다는 방침을 밝힌 가운데 서울을 비롯한 전국 20여 개 도시에서 국민 대회가 열렸다.

민주 헌법 쟁취 국민 운동 본부는 "국민 합의를 배신한 4·13 호헌 조치는 무효임을 전 국민의 이름으로 선언한다."라고 발표하면서 민주 헌법 쟁취를 통한 민주 정부 수립 의지를 밝혔다.

① 국가 보위 비상 대책 위원회가 설치되었다.
② 신군부가 비상 계엄을 전국으로 확대하였다.
③ 5년 단임의 대통령 직선제 개헌이 이루어졌다.
④ 허정을 수반으로 하는 과도 정부가 수립되었다.
⑤ 조봉암이 혁신 세력을 규합하여 진보당을 창당하였다.

3

46회 49번

밑줄 그은 '선거'가 실시된 배경으로 가장 적절한 것은? [2점]

① 3당 합당으로 민주 자유당이 창당되었다.
② 국제 통화 기금(IMF)의 구제 금융을 받게 되었다.
③ 비상 계엄이 선포된 가운데 발췌 개헌안이 통과되었다.
④ 여당 부통령 후보 당선을 위한 3·15 부정 선거가 자행되었다.
⑤ 호헌 철폐 등을 내세운 시위로 6·29 민주화 선언이 발표되었다.

4

48회 50번

다음 정부 시기의 통일 노력으로 옳은 것은? [2점]

① 남북 조절 위원회를 설치하였다.
② 개성 공업 지구 조성에 합의하였다.
③ 10·4 남북 공동 선언을 발표하였다.
④ 금강산 해로 관광 사업을 시작하였다.
⑤ 한반도 비핵화 공동 선언에 서명하였다.

5

48회 48번

다음 명령을 시행한 정부 시기에 있었던 사실로 옳은 것은? [2점]

> **금융실명거래 및 비밀보장에 관한 긴급재정경제명령**
>
> 제1조(목적) 이 명령은 실지명의에 의한 금융거래를 실시하고 그 비밀을 보장하여 금융거래의 정상화를 기함으로써 경제정의를 실현하고 국민경제의 건전한 발전을 도모함을 목적으로 한다.
>
> 제3조(금융실명거래) ① 금융기관은 거래자의 실지명의(이하 "실명"이라 한다)에 의하여 금융거래를 하여야 한다.
> ② 금융기관은 이 명령 시행 전에 금융거래계좌가 개설된 금융자산(이하 "기존금융자산"이라 한다)의 명의인에 대하여는 이 명령 시행 후 최초의 금융거래가 있는 때에 그 명의가 실명인지의 여부를 확인하여야 한다. ……
>
> 제5조(기존비실명자산의 실명전환의무) ① 실명에 의하지 아니하고 거래한 기존금융자산(이하 "기존비실명자산"이라 한다)의 거래자는 이 명령 시행일부터 2월(이하 "실명전환의무기간"이라 한다) 이내에 그 명의를 실명으로 전환하여야 한다. 이 경우 실명전환의무기간은 대통령령이 정하는 바에 의하여 1월의 범위 안에서 이를 연장할 수 있다. ……

① 경부 고속도로를 준공하였다.
② 경제 협력 개발 기구(OECD)에 가입하였다.
③ 칠레와 자유 무역 협정(FTA)을 체결하였다.
④ 제1차 경제 개발 5개년 계획을 추진하였다.
⑤ 원조 물자를 가공하는 삼백 산업이 발달하였다.

6

49회 50번

밑줄 그은 '정부'의 통일 노력으로 옳은 것은? [2점]

① 금강산 관광 사업을 시작하였다.
② 남북한이 유엔에 동시 가입하였다.
③ 제1차 남북 적십자 회담을 개최하였다.
④ 한반도 비핵화 공동 선언을 채택하였다.
⑤ 남북 간 이산가족 상봉을 처음 실현하였다.

대표 기출 문제의 정답 및 문제풀이 방법을 다음 페이지에서 확인하세요. →

대표 기출 문제 정답 및 문제풀이 방법

1	2	3	4	5	6
③	③	⑤	⑤	②	①

1 5·18 민주화 운동

제△△호 2020년 ○○월 ○○일

경찰관 부당 징계 취소

경찰청은 (가) 40주기를 맞아 신군부의 명령을 거부하고 시민들을 보호했다는 이유 등으로 부당하게 징계를 받은 퇴직 경찰관 21명의 징계 처분을 직권 취소했다고 밝혔다. 당시 경찰관에 대한 징계는 국가 보위 비상 대책 위원회의 문책 지시에 따라 이루어졌다.
경찰청은 징계 처분이 재량권을 남용한 하자가 있는 행정 처분이라고 판단하였고, 중앙 징계 위원회를 개최하여 심의·의결을 거쳐 징계 처분을 직권 취소하게 되었다.

1980년 → 5·18 민주화 운동

③ 관련 기록물이 유네스코 세계 기록유산으로 등재되었다.

5·18 민주화 운동을 진압한 **신군부**는 국가 보위 비상 대책 위원회를 조직하였다. **5·18 민주화 운동의 관련 기록물은 유네스코 세계 기록유산으로 등재**되었다(2011).

오답 체크

① **박종철과 이한열의 희생**으로 확산되었다. → **6월 민주 항쟁**
② **호헌 철폐와 독재 타도** 등의 구호를 내세웠다. → **6월 민주 항쟁**
④ 대통령 중심제에서 **의원 내각제로 바뀌는 계기**가 되었다.
→ **4·19 혁명**
⑤ **대통령 하야를 요구**하며 **대학 교수단이 시위 행진**을 벌였다.
→ **4·19 혁명**

✔ 또 나올 암기 포인트

5·18 민주화 운동

배경	• 신군부 세력이 전국에 비상 계엄을 확대(1980. 5. 17.) • 주요 정치 인사와 학생 운동 지도부를 체포·구속
전개	광주 지역의 학생과 시민들이 민주화 운동 전개 → 신군부의 계엄군 투입과 무자비한 진압 → 시민군을 조직하여 저항 → 계엄군의 강제 진압으로 다수의 사상자가 발생

2 6월 민주 항쟁의 결과

민주 헌법 쟁취를 위한 국민 대회 열려

경찰이 사상 최대 규모인 5만 8천여 명의 병력을 동원하여 전국 집회장을 원천 봉쇄한다는 방침을 밝힌 가운데 서울을 비롯한 전국 20여 개 도시에서 국민 대회가 열렸다.
민주 헌법 쟁취 국민 운동 본부는 "국민 합의를 배신한 4·13 호헌 조치는 무효임을 전 국민의 이름으로 선언한다."라고 발표하면서 민주 헌법 쟁취를 통한 민주 정부 수립 의지를 밝혔다.

→ 6월 민주 항쟁

③ 5년 단임의 대통령 직선제 개헌이 이루어졌다.

민주 헌법 쟁취 국민 운동 본부가 4·13 호헌 조치를 비판하며 전개하였던 민주화 운동은 **6월 민주 항쟁**이다(1987). 6월 민주 항쟁의 결과 **5년 단임의 대통령 직선제를 골자로 하는 제9차 개헌**이 이루어졌다(1987).

오답 체크

① **국가 보위 비상 대책 위원회**가 설치되었다.
→ **국가 보위 비상 대책 위원회 설치**
② **신군부**가 **비상 계엄을 전국으로 확대**하였다.
→ **신군부의 비상 계엄 확대**
④ **허정을 수반으로 하는 과도 정부가 수립**되었다.
→ **4·19 혁명의 결과**
⑤ **조봉암**이 혁신 세력을 규합하여 진보당을 창당하였다.
→ **조봉암의 진보당 창당**

✔ 또 나올 암기 포인트

6월 민주 항쟁

배경	전두환 정부의 권위주의적 통치와 강압적 통제로 인해 민주화 운동이 활성화됨
전개	개헌 청원 1천만 서명 운동 전개(직선제 개헌 요구) → 박종철 고문 치사 사건 → 전두환 정부가 4·13 호헌 조치 발표(현행 헌법 유지) → 이한열 최루탄 피격 사건 → 6·10 국민 대회(호헌 철폐·독재 타도·민주 헌법 쟁취 요구)
결과	노태우가 직선제 개헌을 약속하는 6·29 민주화 선언 발표 → 5년 단임의 대통령 직선제로 개헌(제9차 개헌)

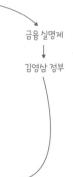

3 제13대 대선(직선제) 실시 배경

대통령 직선제

제13대 대선 (1987)

⑤ 호헌 철폐 등을 내세운 시위로 6·29 민주화 선언이 발표되었다. → 1987년

국민의 손으로 대통령을 직접 뽑을 수 있게 되었으며(직선제), 노태우, 김영삼, 김대중, 김종필 등이 대통령 후보로 나온 선거는 제13대 대선이다(1987). 6월 민주 항쟁(호헌 철폐 등을 내세운 시위)의 결과 6·29 민주화 선언이 발표되었고, 이에 따라 제9차 개헌이 이루어지고, 제13대 대선이 치러졌다.

오답 체크

① 3당 합당으로 민주 자유당이 창당되었다. → **노태우 정부 시기**

② 국제 통화 기금(IMF)의 구제 금융을 받게 되었다.
→ **김영삼 정부 시기의 외환 위기**

③ 비상 계엄이 선포된 가운데 발췌 개헌안이 통과되었다.
→ **이승만 정부 장기 집권의 배경**

④ 여당 부통령 후보 당선을 위한 3·15 부정 선거가 자행되었다.
→ **4·19 혁명의 배경**

4 노태우 정부 시기의 통일 노력

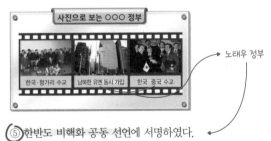

노태우 정부

⑤ 한반도 비핵화 공동 선언에 서명하였다.

북방 외교를 추진하여 헝가리, 중국과 수교하고, 남북한이 유엔에 동시 가입한 정부는 노태우 정부이다. 노태우 정부는 남북 기본 합의서를 채택하고, 곧이어 한반도 비핵화 공동 선언에 서명하였다.

오답 체크

① 남북 조절 위원회를 설치하였다. → **박정희 정부**

② 개성 공업 지구 조성에 합의하였다. → **김대중 정부**

③ 10·4 남북 공동 선언을 발표하였다. → **노무현 정부**

④ 금강산 해로 관광 사업을 시작하였다. → **김대중 정부**

5 김영삼 정부 시기의 사실

금융실명거래 및 비밀보장에 관한 긴급재정경제명령

제1조(목적) 이 명령은 실지명의에 의한 금융거래를 실시하고 그 비밀을 보장하여 금융거래의 정상화를 기함으로써 경제정의를 실현하고 국민경제의 건전한 발전을 도모함을 목적으로 한다.

제3조(금융실명거래) ① 금융기관은 거래자의 실지명의(이하 "실명"이라 한다)에 의하여 금융거래를 하여야 한다.
② 금융기관은 이 명령 시행 전에 금융거래계좌가 개설된 금융자산(이하 "기존금융자산"이라 한다)의 명의인에 대하여는 이 명령 시행 후 최초의 금융거래가 있는 때에 그 명의가 실명인지의 여부를 확인하여야 한다. ……

제5조(기존비실명자산의 실명전환의무) ① 실명에 의하지 아니하고 거래한 기존금융자산(이하 "기존비실명자산"이라 한다)의 거래자는 이 명령 시행일부터 2월(이하 "실명전환의무기간"이라 한다) 이내에 그 명의를 실명으로 전환하여야 한다. 이 경우 실명전환의무기간은 대통령령이 정하는 바에 의하여 1월의 범위 안에서 이를 연장할 수 있다. ……

금융 실명제

↓

김영삼 정부

② 경제 협력 개발 기구(OECD)에 가입하였다.

금융 실명제를 긴급재정경제명령으로 발표한 정부는 김영삼 정부이다(1993). 김영삼 정부는 시장 개방 정책을 추진하여 경제 협력 개발 기구(OECD)에 가입하였다(1996).

오답 체크

① 경부 고속도로를 준공하였다. → **박정희 정부**

③ 칠레와 자유 무역 협정(FTA)을 체결하였다. → **노무현 정부**

④ 제1차 경제 개발 5개년 계획을 추진하였다. → **박정희 정부**

⑤ 원조 물자를 가공하는 삼백 산업이 발달하였다. → **이승만 정부**

6 김대중 정부 시기의 통일 노력

김대중 정부

① 금강산 관광 사업을 시작하였다.

외환 위기를 극복하기 위해 국민들이 금 모으기 운동에 참여하고, 정부는 강도 높은 구조 조정, 노사정 위원회 설치 등을 하였던 정부는 김대중 정부이다. 김대중 정부는 금강산 관광 사업을 시작하였다(1998).

오답 체크

② 남북한이 유엔에 동시 가입하였다. → **노태우 정부**

③ 제1차 남북 적십자 회담을 개최하였다. → **박정희 정부**

④ 한반도 비핵화 공동 선언을 채택하였다. → **노태우 정부**

⑤ 남북 간 이산가족 상봉을 처음 실현하였다. → **전두환 정부**

Ⅷ. 통합 주제

40강 지역사 및 유네스코 세계 유산

한국사 단기합격의 모든 것, 해커스한국사
history.Hackers.com

40강 지역사 및 유네스코 세계 유산

각 지역마다 품고 있는 역사적 사건이 따로 있습니다. 간도는 간도의 역사를, 평양은 평양의 역사를 품고 있습니다. 한 지역의 역사만 따로 모아서 살펴보는 것은 매우 흥미로운 일입니다. 우리의 문화 유산은 유네스코에 등재된 것이 많습니다. 전세계가 그 문화적 가치를 인정하는 문화재가 어떤 것인지 함께 살펴보도록 합시다.

『직지심체요절』 ▶

1 지역사

| 지금은 중국의 땅인 간도

만주 지역에 청이 세워진 후, 청과 조선 사이에 국경선 문제가 계속해서 발생하였다. 이에 조선 숙종(1674~1720) 때 그 경계를 명확히 하기 위해 **'백두산 정계비'를 세웠다**(1712).

> 오라총관 목극등이 국경을 정하기 위하여 백두산에 이르렀다. 우리나라에서는 접반사 박권, 함경도 순찰사 이선부, 역관 김경문 등을 보내어 응접하게 하였다. …… 목극등이 중천(中泉)의 물줄기가 나뉘는 위치에 앉아서 말하기를, "이곳이 분수령이라 할 수 있다."라고 하고, 그곳에 경계를 정하고 돌을 깎아서 비를 세웠다.
>
> – 서영보 등, 『만기요람』 40회

『만기요람』의 일부이다. 청나라의 오라총관 목극등이 조선과 청나라의 경계를 세우는 임무를 받고 변경에 이르자 접반사 박권, 함경도 관찰사(순찰사) 이선부가 그를 만나 경계 확정을 심의하여 정계비를 세웠다. 이 비석에서는 그 경계를 '서위압록(西爲鴨綠) 동위토문(東爲土門)'이라 했는데, 이것은 서쪽으로는 압록강을, 동쪽으로는 토문강을 국경으로 삼는다는 의미이다. 그러나 이후에 비문에 대한 해석에 이견이 있어 간도 귀속 문제가 벌어지기도 했다.

대한 제국 정부는 간도 문제에 적극적으로 나섰다. 고종 황제는 **이범윤을 간도 관리사로 임명·파견**하는 한편, 이를 한국 주재 청국 공사에게 통고하고 간도의 소유권을 주장하였다. 또한 간도를 함경도의 행정 구역으로 편입하였다.

간도는 일제 강점기에 참변이 일어난 지역이기도 하다. 1920년 일제는 봉오동 전투 등에 참패하였고, 이에 대한 분풀이와 독립운동의 근거지를 없애기 위해 간도의 한인 마을을 습격하여 무차별적으로 양민을 학살하였다(**간도 참변**, 1920. 10.).

기출 핵심 키워드 암기

간도 – 숙종 때 청과의 경계를 정한 [ㅂㄷㅅ ㅈㄱㅂ]를 세웠다. [49·47회]

정답 백두산 정계비

| 지금은 러시아의 땅인 연해주

1860년에 연해주가 러시아의 영토로 편입되자 우리는 러시아와 국경이 맞닿게 되었다. 1860년대에 함경도 농민들이 두만강을 건너 정착하면서부터 연해주로의 한인 이주가 시작되었다. 이후 한인들의 이주가 증가하면서 신한촌이 건설되었다. 일제의 대륙 침략이 본격화된 1937년에는 연해주의 한인들이 카자흐스탄, 우즈베키스탄 등 중앙아시아로 강제 이주를 당하기도 했다. 이때 봉오동 전투를 승리로 이끌었던 홍범도 장군도 강제 이주되었다.

연해주는 최초의 망명 정부인 **대한 광복군 정부**가 세워진 땅이다(1914). 대한 광복군 정부를 세운 단체는 권업신문을 발행했던 **권업회**였으며(1911), 3·1 운동 이후 **대한 국민 의회**가 결성된 곳도 연해주이다(1919).

| 지금은 북한인 평양과 개성

평양

고구려의 장수왕이 수도를 평양으로 옮기면서 평양이 주목받게 되었다(427). 고려 시대에 평양은 수도는 아니었지만, 서경이라고 불리며 개경(개성)만큼이나 중요하게 여겨졌다. 심지어 묘청은 **'서경 천도 운동'**을 일으켜 서경(평양)으로 수도를 옮기자고 주장하기도 했다(1135).

근대에 들어서는 미국 상선 **제너럴셔먼호**가 평양의 대동강을 거슬러 올라오다가 평양 주민들에 의해 불태워진 사건이 일어났고(1866), 이 사건은 미국 군대가 쳐들어온 신미양요의 원인이 되기도 했다(1871).

> (대동강을 거슬러) 평양부에 와서 정박한 이양선(異樣船)에서 포를 쏘고 총을 쏘아대어 우리 쪽 사람들이 살해되었습니다. 그들을 제압하고 이기는 방책으로는 화공 전술보다 더 좋은 것이 없었으므로 일제히 불을 질러서 그 불길이 저들의 배에 번져가게 하였습니다.
>
> – 평안 감사 박규수의 장계 [18회]

일제 강점기에는 평양에서 **조만식** 등을 중심으로 **조선 물산 장려회가 발족**하였다(1920). 회사령 철폐로 일본 회사가 우리나라에 쉽게 들어오고(1920), 관세 철폐령으로 일본산 물품에 부과되는 관세가 없어지면서(1923), 우리는 물산 장려 운동이라는 국산품 애용 운동을 벌여야 했다.

1930년대에는 노동 운동이 격렬해졌는데, 우리는 고무 공장에서 일하던 여성 노동자 **강주룡**을 기억해야 한다. 강주룡은 고구려의 누각인 **평양 을밀대**의 지붕 위에 올라가 임금 착취에 저항하여 고공 농성을 벌였다(1931). '높은 곳'에서 시위한 첫 번째 노동자였던 강주룡은 결국 경찰서로 끌려가 숨지고 말았다.

개성

개성은 예전부터 '소나무가 울창하다.'는 의미로 송악(松岳)이라고 불렸다. 후삼국 시대에 궁예가 후고구려를 건국했던 곳도 송악이었다. (그래서 조선 후기에 개성에서 활동했던 무역상들을 송상이라고 불렀다.)

고려 시대에는 이곳을 수도로 삼고, '서울 경(京)'자를 붙여 개경(開京)이라 불렀다. 고려 무신 정권 때, 최충헌의 노비였던 **만적**이 개경에서 '장군이나 재상의 씨가 어디 따로 있느냐?'면서 반란을 일으켰다(1198).

> 만적 등 6명이 북산에서 땔나무를 하다가 공사(公私)의 노복들을 불러 모아 모의하며 말하기를, …… "장상(將相)에 어찌 씨가 있겠는가? 때가 되면 (누구나) 차지할 수 있는 것이다. 우리들이라고 어찌 뼈 빠지게 일만 하면서 채찍 아래에서 고통만 당하겠는가?"라고 하였다. 여러 노(奴)들이 모두 그렇다고 하였다.
>
> –『고려사』 51회

고려 말에는 이방원이 '만수산 드렁칡이 같이 서로 얽혀 백 년까지 누리자'고 했지만, 정몽주가 '일백 번 고쳐 죽더라도 뜻이 변하지 않으리라'고 답하며 조선 왕조에 참여하지 않겠다는 의지를 보였다. 이때 이방원이 **정몽주**를 죽인 선죽교도 바로 개성에 있다.

현대에 이르러 남북한이 분단이 된 이후 개성이 경제 협력의 물꼬를 튼 적도 있었다. 김대중 정부 시기에 남북한 경제 협력 사업의 일환으로 **개성 공단**(개성 공업 지구) 조성에 합의가 이루어졌고, 노무현 정부 때 본격적으로 건설에 들어갔다(2003).

기출 핵심 키워드 암기

① 평양 – 조만식 등을 중심으로 [ㅈㅅ ㅁㅅ ㅈㄹㅎ]가 발족되었다. [43·38회]
② 평양 – 노동자 강주룡이 [ㅇㅁㄷ] 지붕에서 고공 농성을 벌였다. [71·69회]
③ 개성 – [ㅁㅈ]을 비롯한 노비들이 신분 해방을 도모하였다. [63회]
④ 개성 – [ㅈㅁㅈ]가 이방원 세력에 의해 피살되었다. [69회]

정답 ① 조선 물산 장려회 ② 을밀대 ③ 만적 ④ 정몽주

이름이 헷갈리는 두 지역, 충주와 청주

충주

충주는 오래전에 **중원경**으로 불리기도 하였다. 고려 시대에 들어 **김윤후**가 관노들과 함께 몽골군에 항전하였던 공으로 **국원경**으로 승격되기도 하였다.

충주의 대표적인 문화재는 **충주 고구려비(중원 고구려비)**이다. 고구려 장수왕이 한강 유역을 차지하고 더 남쪽으로 내려가 세운 비석으로 추정하고 있다.

기출 한 컷 [48회]

임진왜란이 일어났을 때, **충주 탄금대**에서 **신립**이 8천여 명의 군사를 거느리고 왜군을 맞아 격전을 치렀다. 신립은 '배수의 진'을 치고 싸웠다(1592). 물을 등지고 싸우면서 후퇴하지 않겠다는 의지를 보인 것이었다. 그러나 결국 신립은 패했고, 남한강에 투신하여 자살하였다.

청주

일제 강점기에 일본에서 발견된 **'민정 문서'**는 바로 청주에 대한 기록이다. 당시 청주는 서원경(西原京)으로 불리고 있었는데, 민정 문서는 이 서원경 부근 4개 자연 촌락의 과세 등을 위해 만든 문서이다.

청주에는 **현존하는 가장 오래된 금속 활자본**이 있었다. 고려 우왕 때 청주 흥덕사에서 금속 활자로 간행된 **『직지심체요절』**이 그것이다(1377). 프랑스 국립 도서관에서 사서로 일하던 박병선 박사가 이 책을 발견하여 국내에 알려졌다. 지금은 프랑스에 보관되어 있으나 그 문화재적 가치가 높아 유네스코 세계 기록유산으로 등재되어 있는 상태이다(2001).

기출 핵심 키워드 암기

① 충주 – [ㄱㅇㅎ]와 함께 관노들이 몽골군에 항전했어요. [59회]
② 충주 – [ㅅㄹ]이 배수의 진을 치고 왜군에 항전하였다. [48·44회]
③ 청주 – 『[ㅈㅈㅅㅊㅇㅈ]』이 금속 활자로 간행되었다. [48·46회]

정답 ① 김윤후 ② 신립 ③ 직지심체요절

가깝고도 먼 섬, 독도와 강화도

독도

독도는 울릉도 옆에 있는 섬이다. 일본은 다케시마(竹刀)라고 부른다. 『세종실록』 「지리지」에 보면 독도가 강원도 울진현 소속으로 되어 있는데, 일제 강점기 직전에 '경상도' 소속으로 바뀌었다.

17세기 조선 숙종 때 **안용복**이 울릉도에 들어온 일본인을 몰아내고, 일본에 건너가 울릉도와 독도가 우리 영토임을 확인받았다. 이런 안용복의 활동은 일본의 역사서인 『통항일람』에도 나타나 있다.

'독도의 날'은 10월 25일인데 **대한 제국 칙령 제41호**에 따라 울릉도를 군으로 승격시켜 독도를 관할하게 한 것을 기념한 날이다(1900. 10. 25.).

> 제1조 울릉도를 울도라 개칭하여 강원도에 소속하고, 도감을 군수(郡守)로 개정하여 관제 중에 편입하고 군의 등급은 5등으로 할 일.
>
> 제2조 군청 위치는 태하동으로 정하고 구역은 울릉도 전체와 죽도, 석도를 관할할 일.
>
> – 대한 제국 칙령 제41호 [12회]

그러나 일본은 ☆**러·일 전쟁** 중에 **시마네현 고시 제40호**를 발표하고 독도를 불법으로 일본의 영토로 편입하였다(1905).

광복 후, 이승만 대통령이 '인접 해양에 대한 주권에 관한 선언'을 발표하여 '독도는 우리 땅'이라는 사실을 확인하였는데(1952), 이 선언을 계기로 독도 문제를 두고 양국이 대립하기 시작했다. 2005년에 일본의 시마네현이 '다케시마의 날'을 제정하여 독도 영유권을 주장하여 한국인들을 더욱 화나게 했다.

강화도

강화도는 혈구(穴口), 해구(海口) 등으로 불렸는데 서울로 들어가는 관문이므로 옛 이름에 입구를 뜻하는 '구(口)'자가 많이 들어갔다.

강화도에는 **고인돌 유적지**가 있다. 특히 강화도 부근리의 고인돌 유적이 유명하다. 고창, 화순과 함께 강화도의 고인돌 유적지는 세계 유네스코 문화유산에 등재되어 있다(2000).

고려 시대에 강화도는 몽골이 쳐들어왔을 때 **임시 수도**가 되었던 적도 있었으며(1232~1270), 삼별초의 항쟁이 전개된 곳이었다.

근대에는 **병인양요**가 발생한 곳이었다. 프랑스의 극동 함대 사령관 로즈(Rose) 제독이 7척의 군함을 이끌고 강화도에 침입하였을 때 **양헌수**의 군대가 정족산성에서 프랑스 군대를 격파하였다(1866). 그러나 강화도 외규장각에 보관되어 있던 『의궤』 등이 이때 프랑스군에 의해 약탈되었다. **신미양요**와도 관련이 깊다. 제너럴셔먼호 사건을 구실로, 미국 함대가 침입한 곳이 강화도이기 때문이다. 이때 ☆**어재연**의 부대가 광성보와 갑곶에서 죽기 살기로 싸웠으며(1871), 어재연이 이 전쟁에서 전사하였다. 운요호 사건을 계기로 조선과 일본이 ☆'**강화도 조약(조·일 수호 조규)**'을 체결한 곳도 바로 강화도이다. 강화도 조약은 강화도의 연무당이라는 건물에서 맺어졌다(1876).

기출 핵심 키워드 암기

① 독도 – [ㅇㅇㅂ]이 일본으로 건너간 배경을 조사한다. [30회]
② 독도 – 일본이 [ㄹ·ㅇ ㅈㅈ] 중에 불법으로 편입하였다. [36·30회]
③ 강화도 – [ㅇㅈㅇ] 부대가 결사 항전하였다. [51·37회]
④ 강화도 – [ㅈ·ㅇ ㅅㅎ ㅈㄱ]가 체결되었다. [51회]

정답 ① 안용복 ② 러·일 전쟁 ③ 어재연 ④ 조·일 수호 조규

2 유네스코 세계 유산

| 유네스코 세계 문화유산과 자연유산

해인사 장경판전

우리나라는 김영삼 정부 때인 1995년부터 유네스코에 문화재를 등재하기 시작했다. 1995년에 제일 먼저 등재된 세계 문화유산은 '석굴암·불국사', '합천 해인사 장경판전', '종묘'이다. **합천 해인사 장경판전에는 팔만대장경이 보관**되어 있다. 팔만대장경은 고려 시대의 문화재로 '고려대장경판 및 제경판'이라는 이름으로 유네스코 세계 기록유산에 등재되어 있고, 그것을 보관하는 조선 초기의 건축물인 '합천 해인사 장경판전'은 세계 문화유산에 등재되어 있다. **종묘(宗廟)는 조선의 역대 왕과 왕비의 신주를 모신 사당**이다. 종묘 안의 정전과 영녕전에서 때에 맞추어 제사를 지냈다.

조선 시대 궁궐 중에서는 유일하게 **'창덕궁'**이 세계 문화유산에 등재되어 있다. 임진왜란 때 불탔다가 흥선 대원군 때 겨우 중건된 경복궁과 일제가 창경원으로 이름을 바꾸고 이후에 동물원이 되기도 했던 창경궁은 문화재적 가치가 높지 못해서 현재는 '창덕궁'만 유네스코에 등재되어 있는 상태이다.

유네스코 세계 문화유산에는 성(城)이 두 개 등재되어 있다. **'남한산성'**과 **'수원 화성'**이다. 그러나 북한산성은 등재되어 있지 않다. 남한산성은 험준한 산속에 있어서 **병자호란 때 인조가 피신**하여 청나라 군대와 맞서 싸우기도 했던 곳이다.

유네스코 세계 문화유산에는 한 지역 전체가 등재된 경우가 있는데 바로 **'경주 역사 유적 지구'**와 '백제 역사 유적 지구'이다. '경주 역사 유적 지구'는 남산 지구, 월성 지구, 대릉원 지구, 황룡사 지구, 산성 지구로 구성되어 있고, **'백제 역사 유적 지구'**는 공주시, 부여군, 익산시가 포함되어 있다. 특히 공주시에는 공산성과 공주 송산리 고분군(공주 무령왕릉과 왕릉원)이 있는데 **무령왕릉**이 바로 이 공주 송산리 고분군 안에 있다. 부여군에는 관북리 유적, 부소산성, **정림사지 5층 석탑**, 능산리 고분군(부여 왕릉원), 부여 나성이 있다. 익산시에는 왕궁리 유적, 미륵사지가 있다.

유네스코 세계 자연유산에는 '제주 화산섬과 용암 동굴' 하나밖에 없었는데, 2021년에 '한국의 갯벌'이 추가되면서 이제 자연유산도 두 개가 되었다.

기출 핵심 키워드 암기

① 종묘 – 역대 국왕과 왕비의 [ㅅㅈ]를 모신 곳이다. [44·41회]
② 남한산성 – [ㅇㅈ]가 피신하여 청군에 항전하였다. [42회]
③ 백제 역사 유적 지구(공주 송산리 고분군) – [ㅁㄹㅇ] 부부의 무덤이 발견되었다. [41회]

정답 ① 신주 ② 인조 ③ 무령왕릉

[유네스코 세계 문화유산과 자연유산]

합천 해인사 장경판전(1995)	• 팔만대장경 목판을 보관하기 위해 지은 조선 시대의 건축물 • 자연 통풍이 잘 되고 온도, 습도 유지가 뛰어나 대장경을 보관하기에 용이함
종묘(1995)	• 조선의 왕과 왕비의 신주를 모시고 제사를 지내던 사당 • 건축물과 함께 제사, 음악, 무용 등이 무형유산으로 함께 보존됨
석굴암·불국사(1995)	• 통일 신라 경덕왕 때 김대성이 불국토를 실현하기 위해 건립함 • 신라인의 예술 감각과 뛰어난 기술이 주변 환경과 잘 어우러져 고대 불교 예술의 정수를 보여줌
창덕궁(1997)	• 태종 때 지은 궁궐로, 임진왜란 때 불에 탄 것을 광해군 때 중건하여 정궁 역할을 함 • 자연과 건축물이 조화롭게 배치된 후원이 특징임
수원 화성(1997)	• 정조가 건설하려 한 이상 도시로, 군사적·행정적·상업적 기능을 보유함 • 정약용이 거중기를 이용하여 건축함, 축조 과정을 정리한 『화성성역의궤』를 편찬함
고창·화순·강화 고인돌 유적(2000)	한 지역에 수백 기 이상의 고인돌이 집중 분포되어 있어 한국 청동기 시대의 사회 구조, 고인돌의 변천 등을 파악할 수 있는 유적지
경주 역사 유적 지구(2000)	• 경주에 흩어져 있는 신라의 유적 지구로 남산 지구, 월성 지구, 대릉원 지구, 황룡사 지구, 산성 지구의 5지구로 구성됨 • 대표 유적지: 황룡사(지), 계림, 안압지(동궁과 월지)와 첨성대 등
제주 화산섬과 용암 동굴(2007)	• 제주도에 위치한 한국 최초의 세계 자연유산 지구 • 거문오름 용암 동굴계, 성산 일출봉 응회구, 한라산의 3구역으로 구성됨
조선 왕릉(2009)	조선의 왕, 왕비 및 추존된 왕, 왕비의 무덤과 부속 시설
한국의 역사 마을: 하회와 양동(2010)	• 조선 초기의 유교적 양반 문화를 반영한 역사적인 씨족 마을 • 안동의 하회 마을과 경주의 양동 마을로 구성됨
남한산성(2014)	조선 시대에 유사시에 대비하여 임시 수도로서 기능을 담당하도록 건설된 산성
백제 역사 유적 지구(2015)	• 백제의 옛 수도였던 공주시, 부여군과 천도를 시도했다고 알려진 익산시의 역사 유적 • 대표 유적지: 공주 공산성, 공주 송산리 고분군(공주 무령왕릉과 왕릉원), 부여 사비성, 부여 정림사지, 미륵사지, 익산 왕궁리 유적 등
산사, 한국의 산지 승원(2018)	한국 불교의 깊은 역사성을 보여주는 양산 통도사, 영주 부석사, 안동 봉정사, 보은 법주사, 공주 마곡사, 순천 선암사, 해남 대흥사 등 7곳의 산지 승원
한국의 서원(2019)	• 16세기 중반~17세기 중반 건립된 조선 시대의 성리학 교육 시설 • 영주 소수서원, 함양 남계서원, 경주 옥산서원, 안동 도산서원, 장성 필암서원, 대구 도동서원, 안동 병산서원, 정읍 무성서원, 논산 돈암서원 등 9곳의 서원으로 구성됨
한국의 갯벌(2021)	서천갯벌(충남 서천), 고창갯벌(전북 고창), 신안갯벌(전남 신안), 보성 - 순천갯벌(전남 보성·순천) 등 총 4개로 구성된 자연유산

유네스코 세계 기록유산

'유네스코 세계 기록유산'이란 유네스코에 등재된 '책'을 의미한다. 2022년 현재 유네스코 세계 기록유산으로 등재된 우리의 문화재는 총 16개이다.

『승정원일기』

『일성록』

기록유산에는 일기류가 많다. 매일매일 기록한 것이 문화재적 가치가 높기 때문이다. 『승정원일기』, 『일성록』, 『난중일기』 등이 기록유산으로 등재되어 있다. 특히 **『승정원일기』**는 원본이 1부 밖에 없는 귀한 자료로서, **국왕의 비서 기관에서 발행**한 관보의 성격을 가지고 있다. 왕의 '국정 다이어리'와 같은 **『일성록』은 정조가 세손 시절부터(영조 때부터) 쓴 일기**로 후대 왕들도 이것을 모범으로 삼아 각자 '일성록'을 쓰기도 했다.

『조선왕조실록』

유네스코 세계 기록유산으로 등재된 **『조선왕조실록』**은 연대순으로 기록되어 있는데, 이런 편찬 체제를 **편년체(編年體)**라고 한다. 왕이 죽으면 춘추관에서 '실록청'이라는 프로젝트 관청을 만들어서 실록을 편찬했다. **실록청은 「사초」, 『시정기』, 『승정원일기』 등을 바탕으로 『조선왕조실록』을 편찬**하였다.

『직지심체요절』

『조선왕조실록』을 포함하여 유네스코 세계 기록유산에는 'ㅈ'으로 시작하는 것들이 많다. '『조선왕조실록』, 조선왕조 『의궤』, 조선 왕실 어보와 어책, 조선 통신사에 관한 기록물, 『직지심체요절』' 등이 여기에 해당한다. 특히 **『직지심체요절』은 고려 우왕 때 청주 흥덕사에서 인쇄**된 책으로, **현존하는 최고(最古)의 금속 활자본**이다.

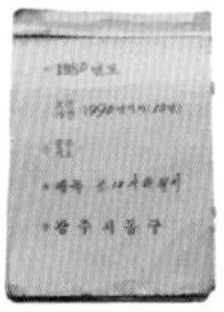
5·18 민주화 운동 기록물

또 특이한 점을 찾자면, 의서 중에는 『동의보감』만 등재되어 있고, 『향약집성방』이나 『마과회통』은 유명하지만 등재되어 있지 않다. 민주화 운동 기록물 중에는 5·18 민주화 운동 기록물은 등재되어 있지만 4·19 혁명 기록물은 등재되어 있지 않다. 국정 기록으로서 『승정원일기』는 등재되어 있지만 『비변사등록』은 등재되어 있지 않다.

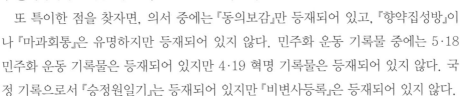

기출 핵심 키워드 암기

① 『승정원일기』 - 국왕의 [ㅂㅅ] 기관에서 발행한 관보이다. [51·44회]
② 『일성록』 - [ㅈㅈ]가 세손 시절부터 쓴 일기에서 유래하였다. [51·44회]
③ 『조선왕조실록』 - 「[ㅅㅊ]」, 『[ㅅㅈㄱ]』 등을 바탕으로 실록청에서 편찬하였다. [51·50회]
④ 『직지심체요절』 - 청주 흥덕사에서 [ㄱㅅ ㅎㅈㅂ]으로 간행되었다. [51·36·33회]

정답 ① 비서 ② 정조 ③ 사초, 시정기 ④ 금속 활자본

[유네스코 세계 기록유산]

『조선왕조실록』(1997)	태조~철종까지의 통치 내용을 「사초」, 『시정기』 등을 바탕으로 편찬한 편년체 역사서
『훈민정음』 해례본(1997)	『훈민정음』에 대해 설명한 일종의 한문 해설서
『승정원일기』(2001)	조선 시대 승정원에서 왕과 신하 간에 오고 간 문서와 국왕의 일상 업무 내용을 일지 형식으로 작성한 것
『직지심체요절』(하권)(2001)	• 1377년 청주 흥덕사에서 금속 활자로 간행된 현존하는 가장 오래된 금속 활자본 • 현재 프랑스 국립 도서관에 소장되어 있음
고려대장경판 및 제경판(2007)	고려 시대에 부처의 힘으로 몽골의 침입을 극복하기 위해 제작함
『의궤』(2007)	조선 왕실의 중요 행사(결혼, 장례, 연회 등)를 그림과 글로 기록한 의례서
『동의보감』(2009)	허준이 편찬한 의학 지식과 치료법에 관한 백과사전식 의서
5·18 민주화 운동 기록물(2011)	5·18 민주화 운동의 발발과 진압, 이후의 진상 규명 및 보상 등과 관련된 문서·사진·영상
『일성록』(2011)	• 조선 국왕(정조~순종)들의 동정과 국정을 기록한 일기 • 정조 즉위 후 자신의 통치에 대해 성찰하고 국정 운영에 참고할 목적으로 씀
새마을 운동 기록물(2013)	새마을 운동 당시의 행정 문서와 성공 사례 원고, 교재, 사진 등의 자료
『난중일기』(2013)	이순신이 임진왜란 때 쓴 친필 일기
한국의 유교 책판(2015)	조선 시대에 718종의 유교 서책을 간행하기 위해 판각한 책판
'이산가족을 찾습니다' 기록물(2015)	남한 내에서 흩어진 이산가족을 찾기 위해 1983년 KBS에서 방영된 특별 생방송의 녹화 원본, 업무 수첩, 신청서 등의 기록물
조선 왕실 어보와 어책(2017)	조선 왕실에서 책봉 혹은 존호를 수여할 때 제작된 의례용 도장인 어보와 그 교서인 어책
조선 통신사 기록물(2017)	1607년부터 1811년까지 일본에 총 12회 파견되었던 조선 통신사에 관한 기록물
국채 보상 운동 기록물(2017)	1907년부터 1910년까지 전개된 국채 보상 운동의 전 과정을 보여주는 기록물

빈출 개념 한눈에 암기하기

1. 지역사

간도	[조선 시대] 숙종 때 1) ______ 건립(청과의 경계 확정) [근대] 이범윤을 간도 관리사로 파견, [일제 강점기] 간도 참변
연해주	[일제 강점기] 권업회·대한 광복군 정부·대한 국민 의회 설립
평양	[고대] 고구려 장수왕의 남진 정책, [고려 시대] 묘청의 서경 천도 운동 [근대] 제너럴셔먼호 사건, [일제 강점기] 2) ______ 발족(조만식 중심), 강주룡의 을밀대 고공 농성
개성	[고려 시대] 고려의 수도, 3) ______ 의 난(신분 해방 도모), 정몽주가 선죽교에서 이방원에 의해 피살 [현대] 개성 공단(개성 공업 지구) 건설
충주	[고대] 충주 고구려비(중원 고구려비) 건립, [조선 시대] 충주 탄금대 전투(4) ______ 의 항전)
청주	[고려 시대] 『5) ______』(금속 활자) 간행
독도	[조선 시대] 숙종 때 6) ______ 이 일본에 건너가 우리나라 영토임을 확인받음 [근대] 대한제국 칙령 제41호(울릉도를 군으로 승격, 독도 관할), 일본의 시마네현 고시 제40호(7) ______ 중 독도를 불법으로 편입)
강화도	[선사 시대] 고인돌 유적지, [고려 시대] 몽골 침입기의 임시 수도 [근대] 병인양요·신미양요, 8) ______ (조·일 수호 조규) 체결

2. 유네스코 세계 유산

유네스코 세계 문화 유산	합천 해인사 장경판전, 종묘, 석굴암·불국사, 창덕궁, 수원 화성, 고창·화순·강화 고인돌 유적, 경주 역사 유적 지구, 제주 화산섬과 용암 동굴, 조선 왕릉, 한국의 역사 마을(하회와 양동), 남한산성, 백제 역사 유적 지구, 한국의 산지 승원, 한국의 서원, 한국의 갯벌
유네스코 세계 기록 유산	『조선왕조실록』, 『훈민정음』 해례본, 『승정원일기』, 『직지심체요절』(하권), 고려대장경판 및 제경판, 『의궤』, 『동의보감』, 5·18 민주화 운동 기록물, 『일성록』, 새마을 운동 기록물, 『난중일기』, 한국의 유교 책판, '이산가족을 찾습니다' 기록물, 조선 왕실 어보와 어책, 조선 통신사 기록물, 국채 보상 운동 기록물

정답 1) 백두산 정계비 2) 조선 물산 장려회 3) 만적 4) 신립 5) 직지심체요절 6) 안용복 7) 러·일 전쟁 8) 강화도 조약

실력 UP

실전 연습

퀴즈

1 키워드와 관련된 것을 알맞게 연결해보세요.

① 『조선왕조실록』 •	• ㉠ 정조가 세손 시절부터 쓴 일기에서 유래
② 『직지심체요절』 •	• ㉡ 현존 최고의 금속 활자본
③ 『일성록』 •	• ㉢ 편년체 역사서

2 〈보기〉에서 골라 빈칸을 채워보세요.

보기

독도　　제주도　　평양

① (　　　) - 노동자 강주룡이 을밀대 지붕에서 고공 농성을 벌였다. [52·45회]

② (　　　) - 4·3 사건으로 많은 주민이 희생되었다. [50회]

③ (　　　) - 대한 제국 칙령 제41호에서 관할 영토로 명시한 곳이다. [45회]

3 아래 표에 있는 초성을 완성해보세요.

구분	강화도
선사 시대	ㄱㅇㄷ 유적지
고려 시대	ㅅㅂㅊ의 항쟁 전개
근대	병인양요, 신미양요, 운요호 사건 발생, 강화도 조약(ㅈ·ㅇ ㅅㅎ ㅈㄱ) 체결

4 아래 기출 자료와 관련 있는 지역을 써보세요.

국외 소재 우리 문화유산을 찾기 위해 헌신한 박병선 박사를 조명하는 다큐멘터리가 방영될 예정입니다. 그녀는 이 지역의 흥덕사에서 금속 활자로 간행된 『직지심체요절』을 프랑스 국립 도서관에서 발견하였습니다. [54회]

→ □□

정답

1 ① ㉢ ② ㉡ ③ ㉠　2 ① 평양 ② 제주도 ③ 독도
3 고인돌, 삼별초, 조·일 수호 조규　4 청주

대표 기출 문제

1

[59회 48번]

교사의 질문에 대한 학생의 답변으로 옳은 것은? [2점]

이것은 1872년에 제작된 우리 고장의 지방도입니다. 임진왜란 때 신립 장군이 왜군과 맞서 싸우다 투신한 장소인 탄금대와 임경업 장군의 충절을 기리기 위해 세운 충렬사 등이 표시되어 있습니다. 우리 고장에서 있었던 사실을 말해 볼까요?
탄금대
충렬사

① 인조가 이괄의 난으로 피란했어요.
② 견훤이 후백제의 도읍으로 삼았어요.
③ 김윤후와 함께 관노들이 몽골군에 항전했어요.
④ 강주룡이 을밀대 지붕에서 고공농성을 벌였어요.
⑤ 박재혁이 경찰서에서 폭탄을 터뜨리는 의거를 일으켰어요.

2

[46회 17번]

다음 지역에서 있었던 사실로 옳은 것은? [3점]

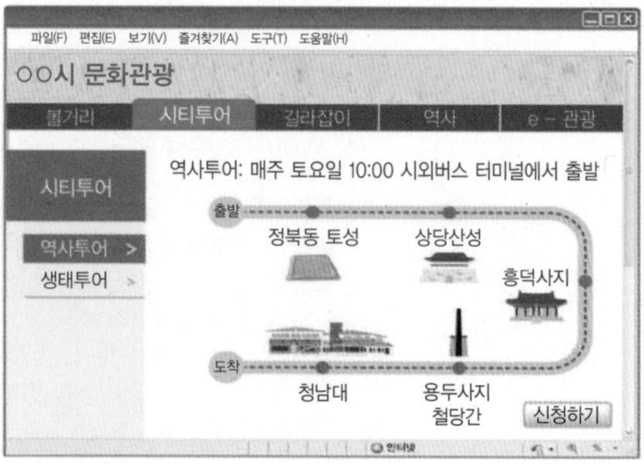

① 유형원이 『반계수록』을 저술하였다.
② 안승을 왕으로 하는 보덕국이 세워졌다.
③ 금속 활자로 『직지심체요절』이 간행되었다.
④ 백제와 신라 사이에 황산벌 전투가 벌어졌다.
⑤ 전태일이 근로 기준법 준수를 외치며 분신하였다.

3

45회 9번

(가)에 해당하는 섬에 대한 설명으로 옳은 것은? [1점]

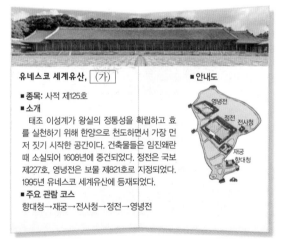

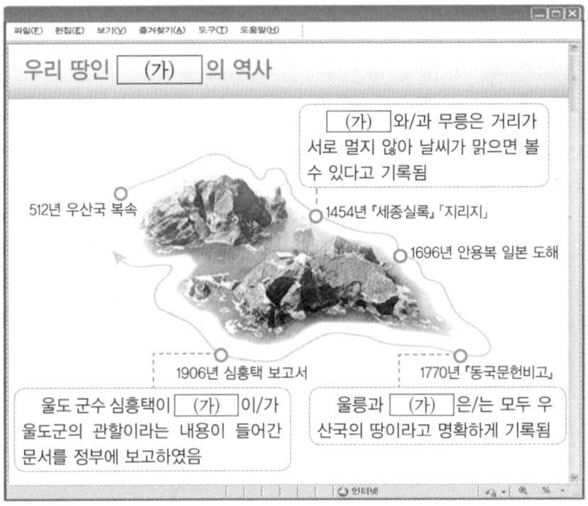

우리 땅인 (가) 의 역사
(가) 와/과 무릉은 거리가 서로 멀지 않아 날씨가 맑으면 볼 수 있다고 기록됨
512년 우산국 복속
1454년 『세종실록』 「지리지」
1696년 안용복 일본 도해
1906년 심흥택 보고서
1770년 『동국문헌비고』
울도 군수 심흥택이 (가) 이/가 울도군의 관할이라는 내용이 들어간 문서를 정부에 보고하였음
울릉과 (가) 은/는 모두 우산국의 땅이라고 명확하게 기록됨

① 몽골에 항전할 때 임시 수도였다.
② 정약전이 『자산어보』를 저술한 섬이다.
③ 하멜 일행이 표류하다가 도착한 곳이다.
④ 양헌수 부대가 프랑스군을 격퇴한 장소이다.
⑤ 대한 제국 칙령 제41호에서 관할 영토로 명시한 곳이다.

4

41회 21번

(가) 문화유산에 대한 설명으로 옳은 것은? [1점]

유네스코 세계유산, (가)

■ **종목:** 사적 제125호
■ **소개**
태조 이성계가 왕실의 정통성을 확립하고 효를 실천하기 위해 한양으로 천도하면서 가장 먼저 짓기 시작한 공간이다. 건축물들은 임진왜란 때 소실되어 1608년에 중건되었다. 정전은 국보 제227호, 영녕전은 보물 제821호로 지정되었다. 1995년 유네스코 세계유산에 등재되었다.
■ **주요 관람 코스**
향대청→재궁→전사청→정전→영녕전

■ **안내도**

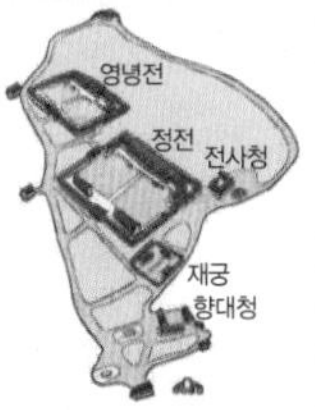

영녕전
정전
전사청
재궁
향대청

① 역대 국왕과 왕비의 신주가 모셔져 있다.
② 공자와 여러 성현들의 위패를 모셔 놓았다.
③ 신농씨와 후직씨에게 풍년을 기원하는 곳이다.
④ 토지와 곡식의 신에게 제사를 지내는 공간이다.
⑤ 일제에 의해 경내에 조선 총독부 청사가 세워졌다.

5

26회 20번

다음 책에 대한 설명으로 옳은 것은? [2점]

이 책의 원래 이름은 『백운화상초록불조직지심체요절』인데, 『직지심체요절』 또는 『직지』라고도 한다. 승려 백운 화상이 석가모니의 가르침에서 중요한 내용을 뽑아 해설한 책이다. 직지심체는 사람의 마음을 직관하여 부처의 깨달음에 도달한다는 의미이다.

① 주자소를 설치하여 인쇄하였다.
② 신미양요 때 약탈된 문화유산이다.
③ 불국사 3층 석탑 안에서 발견되었다.
④ 청주 흥덕사에서 금속 활자로 간행되었다.
⑤ 세계 기록유산으로 해인사에 보관되어 있다.

6

27회 15번

(가)에 대한 설명으로 옳은 것을 〈보기〉에서 고른 것은? [1점]

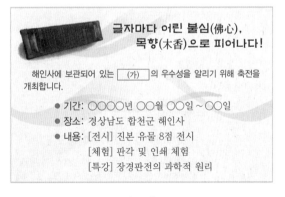

글자마다 어린 불심(佛心), 목향(木香)으로 피어나다!

해인사에 보관되어 있는 (가) 의 우수성을 알리기 위해 축전을 개최합니다.

● 기간: ○○○○년 ○○월 ○○일 ~ ○○일
● 장소: 경상남도 합천군 해인사
● 내용: [전시] 진본 유물 8점 전시
[체험] 판각 및 인쇄 체험
[특강] 장경판전의 과학적 원리

〈보기〉

ㄱ. 주자소에서 제작을 담당하였다.
ㄴ. 거란 격퇴의 염원을 담아 만들어졌다.
ㄷ. 최씨 무신 정권의 후원으로 제작되었다.
ㄹ. 유네스코 세계 기록유산으로 등재되었다.

① ㄱ, ㄴ ② ㄱ, ㄷ ③ ㄴ, ㄷ ④ ㄴ, ㄹ ⑤ ㄷ, ㄹ

대표 기출 문제의 정답 및 문제풀이 방법을 다음 페이지에서 확인하세요. ➜

대표 기출 문제 정답 및 문제풀이 방법

1	2	3	4	5	6
③	③	⑤	①	④	⑤

1 충주

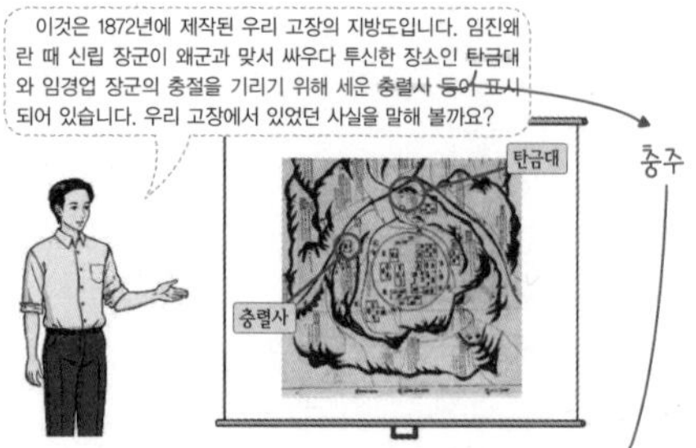

이것은 1872년에 제작된 우리 고장의 지방도입니다. 임진왜란 때 신립 장군이 왜군과 맞서 싸우다 투신한 장소인 탄금대와 임경업 장군의 충절을 기리기 위해 세운 충렬사 등이 표시되어 있습니다. 우리 고장에서 있었던 사실을 말해 볼까요?
탄금대
충렬사
충주

③ 김윤후와 함께 관노들이 몽골군에 항전했어요.

신립 장군이 배수의 진을 치고 왜군과 싸운 **탄금대**는 **충주**에 있다. 임경업 장군의 충절을 기리기 위해 세운 **충렬사**도 역시 충주에 있다. 고려 시대에 **몽골이 침입**하였을 때, 처인성(지금의 경기도 용인)에서 몽골 장수 살리타를 죽였던 김윤후는 이후 충주로 이동하여 **충주산성 방호별감이 되어 관노들과 함께 몽골군에 항전**하였다.

오답 체크

① **인조**가 **이괄의 난**으로 **피란**했어요. → **공주**
② **견훤**이 **후백제의 도읍**으로 삼았어요. → **전주**
④ **강주룡**이 **을밀대 지붕에서 고공농성**을 벌였어요. → **평양**
⑤ **박재혁**이 **경찰서에서 폭탄**을 터뜨리는 의거를 일으켰어요. → **부산**

✔ 또 나올 암기 포인트

지역사 - 충주

충주 고구려비 (중원 고구려비)	• 고구려의 장수왕이 남하 정책을 기념하기 위해 건립 • 국내에 있는 유일한 고구려 비석
충주산성	몽골의 5차 침입 때 충주산성에서 김윤후가 몽골군에 맞서 항쟁하여 충주산성을 지켜냈음
탄금대	임진왜란 당시 신립 장군이 충주 탄금대에서 배수의 진을 치고 결사적으로 싸웠으나 왜군에 패하고 전사하였음

2 청주 지역의 역사

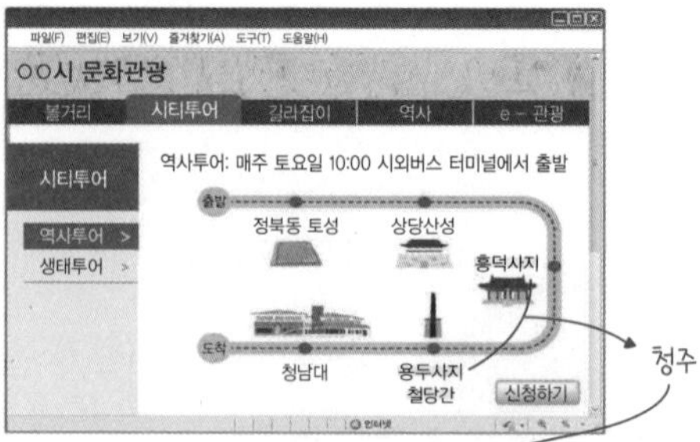

③ 금속 활자로 『직지심체요절』이 간행되었다.

흥덕사는 고려 우왕 때 **「직지심체요절」이 금속 활자로 인쇄**된 절이다. **용두사는 철당간이 남아 있는 절**이다. 흥덕사와 용두사는 모두 **청주**에 있다.

오답 체크

① **유형원**이 **『반계수록』**을 **저술**하였다. → **부안**
② 안승을 왕으로 하는 **보덕국**이 세워졌다. → **익산**
④ 백제와 신라 사이에 **황산벌 전투**가 벌어졌다. → **논산**
⑤ **전태일**이 근로 기준법 준수를 외치며 **분신**하였다. → **서울**

3 독도 지역의 역사

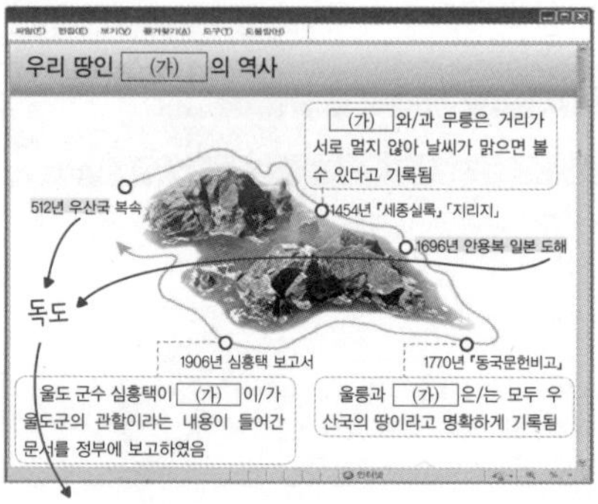

우리 땅인 (가) 의 역사
(가) 와/과 무릉은 거리가 서로 멀지 않아 날씨가 맑으면 볼 수 있다고 기록됨
512년 우산국 복속
1454년 『세종실록』 「지리지」
1696년 안용복 일본 도해

1906년 심흥택 보고서
1770년 『동국문헌비고』
울도 군수 심흥택이 (가) 이/가 울도군의 관할이라는 내용이 들어간 문서를 정부에 보고하였음
울릉과 (가) 은/는 모두 우산국의 땅이라고 명확하게 기록됨

⑤ 대한 제국 칙령 제41호에서 관할 영토로 명시한 곳이다.

독도는 **신라 지증왕이 우산국을 복속**한 이후부터 우리 영토였으며, 조선 숙종 때는 **안용복이 일본에 건너가 독도가 우리나라의 영토**임을 확인 받고 돌아왔다. **대한 제국 시기에는 칙령 제41호를 통해 울릉도를 군으로 승격시키고 울도군수가 독도를 관할**하게 하였다.

오답 체크

① **몽골**에 항전할 때 **임시 수도**였다. → **강화도**
② **정약전**이 **『자산어보』**를 저술한 섬이다. → **흑산도**
③ **하멜** 일행이 표류하다가 도착한 곳이다. → **제주도**
④ **양헌수 부대**가 **프랑스군**을 **격퇴**한 장소이다. → **강화도**

4 종묘

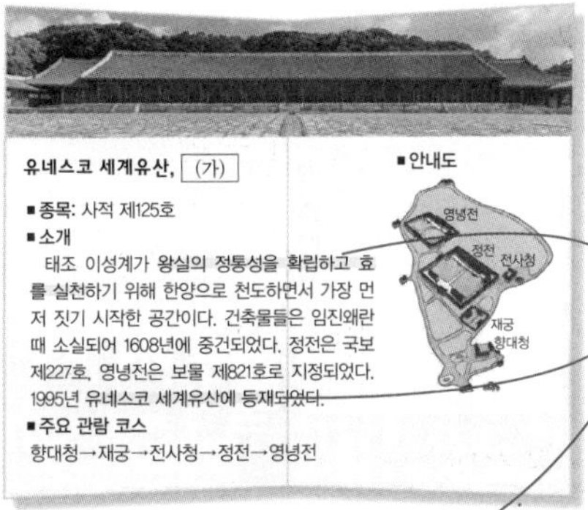

종묘

① 역대 국왕과 왕비의 신주가 모셔져 있다.

태조 이성계가 **왕실의 정통성을 확립하고 효를 실천**하기 위해 지은 공간이고, 정전과 영녕전으로 구성되어 있으며, 1995년에 **유네스코 세계유산에 등재**된 (가) 문화재는 종묘이다. 종묘에는 **역대 국왕과 왕비의 신주**가 모셔져 있다.

오답 체크

② **공자**와 여러 **성현**들의 **위패**를 모셔 놓았다. → **성균관·향교**
③ **신농씨**와 **후직씨**에게 **풍년**을 **기원**하는 곳이다. → **선농단**
④ **토지**와 **곡식의 신**에게 제사를 지내는 공간이다. → **사직단**
⑤ 일제에 의해 경내에 **조선 총독부 청사**가 세워졌다. → **경복궁**

✔ 또 나올 암기 포인트

종묘

- 조선의 왕과 왕비의 신주를 모시고 제사를 지내던 사당
- 태조 이성계가 왕실의 정통성 확립을 위해 한양으로 천도하면서 짓기 시작함
- 건축물과 함께 제사, 음악, 무용 등이 무형유산으로 함께 보존됨
- 1995년에 유네스코 세계 문화유산으로 등재됨

5 『직지심체요절』

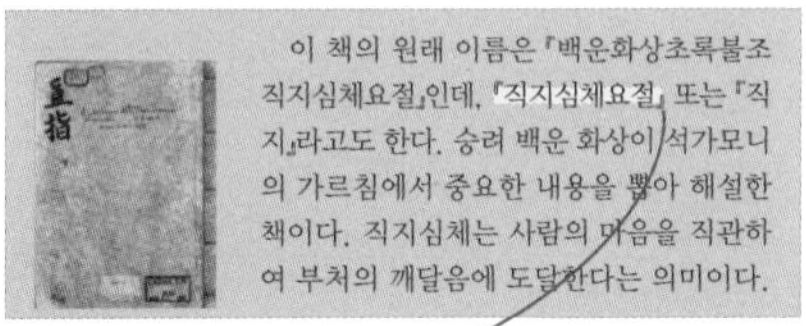

이 책의 원래 이름은 『백운화상초록불조직지심체요절』인데, 『직지심체요절』 또는 『직지』라고도 한다. 승려 백운 화상이 석가모니의 가르침에서 중요한 내용을 뽑아 해설한 책이다. 직지심체는 사람의 마음을 직관하여 부처의 깨달음에 도달한다는 의미이다.

④ 청주 흥덕사에서 금속 활자로 간행되었다.

『직지심체요절』은 **고려 우왕 때 청주 흥덕사**에서 간행된 **세계 최고(最古)의 금속 활자 인쇄본**으로, 현재 프랑스 국립 도서관에 보관되어 있다.

오답 체크

① **주자소**를 설치하여 인쇄하였다.
　→ **주자소는 조선 태종 때 설치된 활자 주조 담당 관청**
② **신미양요** 때 약탈된 문화유산이다. → **어재연 수자기**
③ **불국사 3층 석탑** 안에서 발견되었다. → **『무구정광대다라니경』**
⑤ **세계 기록유산**으로 **해인사**에 **보관**되어 있다. → **팔만대장경**

6 팔만대장경

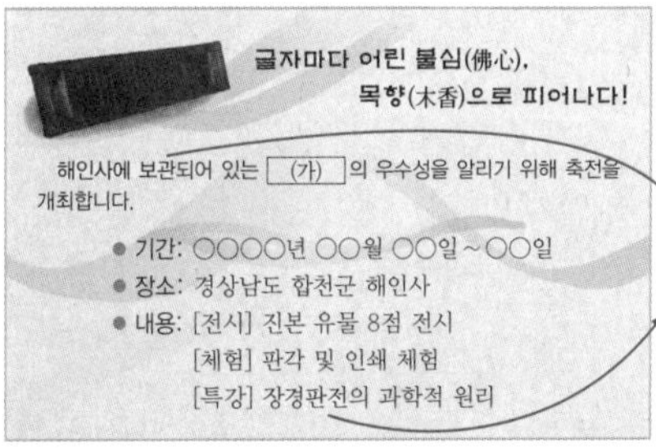

팔만대장경

⑤ ㄷ. 최씨 무신 정권의 후원으로 제작되었다.
　ㄹ. 유네스코 세계 기록유산으로 등재되었다.

경상남도 합천군 **해인사의 장경판전에 보관**되어 있는 (가)는 **팔만대장경(재조대장경)**이다. 팔만대장경은 **최씨 무신 정권의 집권자였던 최우의 후원**으로 강화도에 대장도감을 설치하고 제작하였다. 팔만대장경은 현재 **유네스코 세계 기록유산에 등재**되어 있다.

오답 체크

ㄱ. **주자소**에서 제작을 담당하였다. → **계미자, 갑인자 등 금속 활자**
ㄴ. **거란 격퇴**의 염원을 담아 만들어졌다. → **초조대장경**

해커스

이명호 스토리로 암기하는 한국사능력검정시험 심화 [1·2·3급] 하 근대-현대

초판 3쇄 발행 2025년 1월 6일
초판 1쇄 발행 2022년 7월 6일

지은이	이명호
펴낸곳	㈜챔프스터디
펴낸이	챔프스터디 출판팀
주소	서울특별시 서초구 강남대로61길 23 ㈜챔프스터디
고객센터	02-537-5000
교재 관련 문의	publishing@hackers.com 해커스한국사 사이트(history.Hackers.com) 교재 Q&A 게시판
동영상강의	history.Hackers.com
ISBN	978-89-6965-297-3 (13910)
Serial Number	01-03-01

저작권자 © 2022, 이명호
이 책의 모든 내용, 이미지, 디자인, 편집 형태는 저작권법에 의해 보호받고 있습니다.
서면에 의한 저자와 출판사의 허락 없이 내용의 일부 혹은 전부를 인용, 발췌하거나 복제, 배포할 수 없습니다.

한국사능력검정시험 1위,
해커스한국사(history.Hackers.com)

해커스한국사

- 해커스 스타강사의 **본 교재 인강**(교재 내 할인쿠폰 수록)
- **한국사 무료 동영상강의, 한국사 기선제압퀴즈, 데일리 한국사 퀴즈** 등 다양한 무료 학습 자료

주간동아 선정 2022 올해의교육브랜드파워 온·오프라인 한국사능력검정시험 부문 1위

이렇게 고퀄인데 모두 무료!?

해커스한국사 무료 학습자료 모음

무료 강의

해커스한국사 바로가기

시대 흐름 잡고 해설 총평까지 잡아준다!

기본/심화 기출문제와 한국사 큰 흐름을 잡아주는 강의!

무료 학습자료

해커스한국사 바로가기

합격을 도와주는 해커스만의 콘텐츠

합격을 위한 해커스한국사만의 무료 콘텐츠! 쉽고 재미있게 한국사 공부!

한국사 SNS

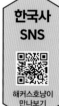

해커스호냥이 만나보기

유튜브 영상

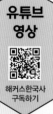

해커스한국사 구독하기

합격률 UP! 개념부터 고득점 문제까지 완벽 정리!

언제 어디서나 편리하게 들을 수 있도록 개념설명부터 총정리까지! 내 실력에 맞게 골라 듣기!

한능검의 모든 것 **해커스한국사** 검색 에서 확인 가능합니다. **history.Hackers.com**